人力

U0637081

人力资源管理
工具箱

徐 伟◎编著

【第3版】

中国铁道出版社
CHINA RAILWAY PUBLISHING HOUSE

图书在版编目(CIP)数据

人力资源管理工具箱/徐伟编著. —3 版. —北京:中国
铁道出版社,2019.3

ISBN 978-7-113-23964-0

Ⅰ.①人… Ⅱ.①徐… Ⅲ.①人力资源管理 Ⅳ.①F243

中国版本图书馆 CIP 数据核字(2018)第 255915 号

书　　名:**人力资源管理工具箱(第 3 版)**

作　　者:徐伟　编著

责任编辑:吕　芝　　　电　　话:010-51873022　　　邮箱:lvwen920@126.com

责任校对:王　杰

封面设计:MXK DESIGN STUDIO

责任印制:赵星辰

出版发行:中国铁道出版社(100054,北京市西城区右安门西街 8 号)

网　　址:http://www.tdpress.com

印　　刷:三河市兴达印务有限公司

版　　次:2013 年 8 月第 1 版　2019 年 3 月第 3 版　2019 年 3 月第 1 次印刷

开　　本:700 mm×1 000 mm　1/16　印张:30.75　字数:534 千

书　　号:ISBN 978-7-113-23964-0

定　　价:88.00 元

前　　言

　　人力资源管理是企业持续发展的动力源泉和根本保障。特别是在如今知识经济和互联网经济大爆发的时代，人的因素更为突出和重要。可以说，人力资源已经成为企业最重要的战略性资源，谁拥有最优秀的人力资源谁就能在激烈的竞争中胜出。

　　但是，相对于其他资源，人力资源也是最难管理的。人具有感情和思想，具有很强的能动性，这就增加了管理的难度。管得好，人力资源就是企业最宝贵的财富；管得不好，人力资源则会成为企业的累赘，甚至毁灭的根源。因此，如何掌握优秀的人力资源，如何进行人力资源的管理，已经成为困扰企业管理者的首要难题。人力资源管理已经成为当前最热门的专业之一，很多企业的管理者也急需掌握和应用这些知识。

　　基于这样的消费需求，我们精心设计和编排了这本书，以便解决众多企业管理者的心头之患。本书包含了大量人力资源管理方面的专业知识，分七个部分，分别从员工的招聘、培训、在职、离职、薪酬与绩效管理等方面进行详细的讲解。

　　首先，本书内容全面完整，第一部分对人力资源的概念和制度合同进行了介绍；第二部分重点讲述了企业招聘员工的细节和新员工的入职、培训方案；第三部分针对员工在职期间的沟通与冲突、劳动争议、心理健康、满意度等问题做出阐述；第四部分则是企业设计薪酬时所必须掌握的知识；第五部分提供了全面而丰富的人力资源操作表单；第六部分列举了一些实用性强、极具代表性的实战案例及分析；第七部分收集了最新版与人力资源管理相关的主要法律法规。

　　其次，针对互联网经济的特点，本书突出了互联网思维在人力资源管理中的运用，并在第六部分列举了一些著名互联网企业人力资源管理的案例及点评分析。

　　再次，为了做到尽善尽美，我们查阅和借鉴了很多相关文献和法律规定，尽可能地考虑到企业在人力资源管理过程可能遇到的各种问题，在书中对这些问题的解决方法进行重点强调。同时采用了最新的法律规定，比如晚婚假的取消、产假的调整等。

本书附赠书中人力资源管理相关的重点制度、合同与实用表单。与大部分图书赠送 PDF 版不同，本书赠送 WORD 版本资料，既可以随查随用，又可供使用者根据自身情况少做修改，拿来即用。

文件下载形式有两种。

第一种：建议使用手机二维码扫描进行下载。二维码在书中相关部分会有所体现。另外，本文后会给出下载二维码，即扫即下。这是首推的下载方式。

第二种：建议使用最新版本的 IE 浏览器进行 PC 电脑端的下载。具体下载网址见本文后。如下载不成功，很可能是您的浏览器版本的原因造成的，建议更新您的 IE 浏览器版本，或尝试第一种下载方式。

本书可谓集知识性、技能性、工具性于一体，实乃企业管理者必备的实用管理全书。

企业拥有了优秀员工还远远不够，重点是要将这些员工出色的智慧和能力为自己所用。本书的核心就在于，帮企业如何满足 80、90 新生代员工对企业的多元化、个性化需求，帮企业的人力资源管理人员紧跟时代潮流，对人力资源管理机制进行大刀阔斧的改革。只有取得了员工信任，才能让其心甘情愿地为企业奉献力量。

人才不仅是再生型资源、可持续资源，而且是资本性资源。人力资源管理工作对企业的生存与发展起着决定性作用。重视人力资源的开发和投入，可以提高企业人力资源的利用程度。相信阅读了本书后，充分利用书中提供的方法就能激励员工发挥自身的潜力，进而使人力资源管理制度更趋完善，让公司上下充满活力、生机勃勃。

徐　伟

扫码下载人事制度
PC 端下载网址：
http://upload. m. crphdm. com/
2018/1220/1545264829295. doc

扫码下载人事表单
PC 端下载网址：
http://upload. m. crphdm. com/
2018/1220/1545264831177. doc

目 录
CONTENTS

第一部分 人力资源管理概述与制度合同

第二部分　员工招聘与培训

第三部分　员工入职与离职管理

第四部分　薪酬与绩效管理

第五部分　人力资源实用表单

第三十六章　员工调动及离退申请表单 ············ 388

第三十七章　员工出勤及差旅情况表单 ············ 401

第六部分　实战案例解析

第七部分　人力资源管理相关法律法规

扫码下载人事制度
PC端下载网址：
http://upload.m.crphdm.com/
2018/1220/1545264829295.doc

扫码下载人事表单
PC端下载网址：
http://upload.m.crphdm.com/
2018/1220/1545264831177.doc

第一部分
人力资源管理概述与制度合同

内容提要

- 人力资源管理概述与组织结构
- 人力资源规划与岗位管理
- 人力资源管理流程与制度
- 人力资源专项制度
- 人力资源劳动合同
- 岗位职责说明书

第一章
人力资源管理概述与组织结构

人力资源的概念

人力资源的概念比较抽象,目前学术界对它的定义尚不统一。一些人认为可用于生产产品或提供各种服务的活力、技能和知识的人便是人力资源;有些人认为企业人力结构的生产力和顾客商誉的价值是人力资源;有些人认为企业内部成员及外部的可提供潜在服务及有利于企业预期经营的人的总和才能称之为人力资源;还有人认为具有智力劳动和体力劳动的人们的总称才是人力资源。

以上各种定义都只是涉及了人力资源管理的各个侧面,其实,人力资源是指现有和潜在的劳动力在一定时间、空间条件下的数量和质量的总和。其中,时间条件是指现有劳动力和未来的潜在劳动力;而空间条件则区分为国家或地区、区域、产业或企业乃至家庭和个人的劳动力,它涵盖了劳动力的数量、质量以及结构。另外,人力资源的范畴还包括劳动者的体质、智力、知识、经验和技能等方面的内容。不过,现在人们常说的人力资源,大多是各国法律所规定的劳动年龄范围内具有劳动能力的人口。

如果我们了解了人力资源的几点特性,就能更充分地理解它的概念。

自有性

人力资源的自有性,是指其属于劳动者自身所有,具有不可剥夺性。从表面上看,它虽然会被雇主所使用,且只能在雇佣劳动中得以体现,但其终极所有权仍然归劳动者所有。人力资源的自有性是它区别于其他任何资源的根本特征。

生物性

人力资源具有生物性,是指在使用过程中能体现出体能、智力、情感以及经验等生物因素特征。它存在于人体之中,是与人的生命特征、基因遗传等紧密相关的一种"活"的资源。每一种工作岗位对于人力资源的要求是不一样的,例如技术和智力密集型岗位对劳动者的智力、情感和经验等要素要求较高,而劳动密集型岗位则对劳动者的体能要求较高。

时效性

人力资源具有时效性。由于人在不断地成长变化,故而人力资源的形成、开发、配置、使用以及培训都与人的生命周期紧密相连。人力资源在人的一生中都在不断地积累，但是，其被开发和利用的频繁阶段却只是一生的中间阶段。而在这一阶段中，每个人因为劳动的类型和知识水平不同，其发挥作用的最佳年龄段也不同。即使同为高级人才，技术类人才与社科类人才发挥作用的最佳期也不尽一致，即便同为技术型人才，生物医学人才与 IT 产业人才的最佳期也不尽相同。

由于人力资源的时效性只有在使用中才能发挥其作用，不能像物质财富那样储存起来，所以企业管理者一定要把握好。智力型的人力资源，一旦长期得不到开发使用，不仅会造成浪费，还可能因跟不上时代步伐而贬值。而体力型的人力资源就不仅会造成浪费，还会消耗其他资源来维持它。另外，人力资源可使用的效果在一天中的不同时段也不一样，为了使人在不同阶段的潜能得到最大限度发挥，企业管理者就需要合理使用。同时，管理者的手段也影响人力资源时效性。无效的管理会导致人力资源的浪费和流失，而有效的管理则能够长期使人力资源发挥出最佳的功效。

创造性

人力资源具有创造性表现为劳动者拥有自我意识，是与其他资源最显著的区别之处。作为意识活动的智力让人力资源具有巨大的创造力，这种创造力在丰富了人们的生产和生活资料的同时，还不断增强人自身的能力。人力资源的这种创造性特征，从个人角度来看，要求增加智力投资，选择最适合自己的专业，以使人力资本投资收益最大化；从企业角度来看，要求给予恰当的激励以提高人力资源使用效益；从社会角度来看，要求给予科学的制度安排和制度创新来调动人的积极性和有效地配置资源。

能动性

人力资源具有能动性。作为自我开发的主体，尽管劳动者的劳动力是被社会、企业和单位所开发的对象，但劳动者个人的主观能动性却在影响着人力资源开发的效果。在行使主观能动性的时候，劳动者个人就成为开发的主体，而劳动者的能力则成了开发的对象。在一定条件下，人力资源的开发程度和效果还会受到个人因素和家庭影响的直接制约。由此可见，劳动者的自我开发与被开发是不可分割的整体，具有相互联系性。

个人因素对人力资源能动性的影响常常可以在自我强化、选择专业和职业、劳动态度和敬业精神这三个方面表现出来。

连续性

物质资源经过多次开发，形成相对固定的产品形式，即开发到此结束。与此不同的是，人力资源是可连续开发的资源，尤其是智力型人力资源，其使用过程本身就是开发过程。随着现代社会经济的日趋国际化,以及逐渐缩短的知识更新周期,人力资源管理者应把自己的管理对象视作需要不断被开发的资源,并不断地加以有效开发利用,以使人力资源的价值不断增加。

人力资源概念可抽象可具化,需要企业管理者去学习、理解与研究。

人力资源管理的内容

制订人力资源计划

根据公司的发展战略和经营计划,评估公司的人力资源现状以及发展趋势,收集并分析人力资源供求方面的信息和资料,预测人力资源供求的发展趋势,然后制订出人力资源招聘、调配、培训、开发及发展计划等政策和措施。

人力资源成本会计工作

人力资源管理部门应与财务等部门合作,建立人力资源会计体系,对人力资源的投入成本与产出效益进行核算。人力资源的会计工作不仅能改进人力资源管理的工作本身,同时还能为决策部门提供准确和量化的依据。

岗位分析与工作设计

分析公司中的各个工作和岗位,确定每一个工作和岗位对员工的具体要求,并使之形成书面材料。材料内容包括技术及种类、范围和熟悉程度;学习、工作与生活经验;身体健康状况;工作的责任、权利与义务等方面的情况。这就是工作岗位职责说明书,它不仅是招聘工作的依据,也常常作为标准用来对员工的工作表现进行评价,以此为根据对员工进行培训、调配、晋升等工作。

人力资源的招聘与选拔

根据公司内的岗位需要及工作岗位职责说明书,利用接受推荐、刊登广告、举办人才交流会、到职业介绍所登记等各种方法和手段,从公司内部或外部吸引应聘人员。并且经过接受教育程度、工作经历、年龄、健康状况等方面的资格审查,从应聘人员中初选出一定数量的候选人,再经过笔试、面试等严格考试和评价中心、情景模拟等方法进行筛选,确定最后要录用的人选。人力资源的选拔,应遵循平等就业、双向选择、择优录用等原则。

雇佣管理与劳资关系

员工一旦被公司聘用,就会与公司形成一种雇佣与被雇佣的相互依存的劳资关系,因此就有必要就员工的工资、福利、工作条件和环境等事宜达成一定协议,签订劳动合同,以保护双方的合法权益。

入职教育、培训和发展

任何应聘进入一个公司的新员工,都必须接受入职教育,这是一种为了帮助新员工了解和适应公司、接受公司文化的有效手段。入职教育的主要内容包括公司的历史、发展状况、未来发展规划、职业道德和组织纪律、劳动安全卫生、社会保障和质量管理知识与要求、岗位职责、员工权益及工资福利状况等。

为了提高广大员工的工作能力和技能，有必要开展富有针对性的岗位技能培训。对于管理人员，尤其是即将晋升者，有必要开展提高性的培训和教育，以促使他们尽快具有在更高一级职位上工作所需的全面知识、熟练技能、管理技巧和应变能力。

工作绩效考核

工作绩效考核，就是按照工作岗位的职责说明书和工作任务，来评价员工的业务能力、工作表现以及工作态度等，并最终给予量化处理。这种评价既可以是自我总结式，也可以是他评式或者综合评价式。考核的结果是员工晋升、接受奖惩、发放工资、接受培训等工作的有效依据。进行工作绩效考核有利于调动员工的积极性和创造性，也能检查和改进人力资源管理工作。

帮助员工发展职业生涯

人力资源管理部门和管理人员应该鼓励和关心员工的个人发展，并有责任帮助员工制订个人发展计划，并及时进行监督和考察。这样做有利于促进公司的发展，使员工拥有对公司的归属感，进而激发其工作的积极性和创造性，提高公司效益。人力资源管理部门在帮助员工制订个人发展计划时，有必要考虑它与公司组织发展计划的协调性或一致性。只有这样，人力资源管理部门才能对员工实施有效的帮助和指导，促使个人的发展计划顺利实施并取得成效。

员工工资与福利保障

科学、合理的工资报酬福利体系决定着员工队伍在公司中的稳定与否。人力资源管理部门要按照员工的资历、职级、岗位及实际表现和工作成绩等为员工制订相应的、具有吸引力的工资报酬福利标准和制度。工资报酬应该伴随着员工工作职务的升降、工作岗位的变换、工作表现的好坏以及工作的成绩进行相应的调整。

员工福利是社会和公司保障的一部分，是工资报酬的补充或延续。它主要包括政府所规定的退休金或养老保险、医疗保险、失业保险、工伤保险以及节假日。同时，为了保障员工的工作安全卫生而提供的必要的安全培训教育、良好的劳动工作条件等也是福利内容。

保管员工档案

人力资源管理部门有责任保管员工入职时的简历以及入职后的关于工作主动性、工作表现、工作成绩、工资报酬、职务升降、奖惩、接受培训和教育等方面的书面记录材料。

人力资源管理的目标

简而言之,人力资源管理就是对公司的人力资源需求进行预测,做出人力需求的计划、招聘和选择人员并进行有效的组织,通过考核工作绩效以支付报酬,进行有效的激励、结合组织与个人的需要进行有效开发,以便使公司的绩效达到最优,这个过程体现着公司以人为本的思想。虽然人力资源管理继承了人事管理的许多特征和内容,且具有与人事管理大体相似的职能,但由于指导思想的不同,使得二者从形式、内容到效果上都出现了质的区别。

人力资源管理是对公司内人力资源的管理,然而近年来由于公司组织形式的发展,尤其是虚拟组织的出现,使组织的边界变得模糊,以往被认为是组织外的人力资源如今也被纳入组织内部来进行管理,由此使得人力资源管理的对象进一步扩大。例如,摩托罗拉就对其供应商与代理商都实施培训,进行管理。

由于我们管理别人的方式都是建立在某种"人性假设"的基础上,而人力资源管理尤其符合这一点,并且对人的这些假设构成了人力资源管理哲学。所以,"人事管理"(Personnel Management)和"人力资源管理"(Human Resource Management)的区别实际上只是一种哲学上的区别。

人事管理是以"复杂人"的假设为基,假设人在不同的情境下有不同的需求,然后依据这些需求对其进行激励。而人力资源管理则是以一种全新的"价值人"的假设为基础,认为每个人即使其生理、安全、社交和尊重的需要还没有得到完全的满足,都有自我发展、自我实现、求上进、求发展的欲望与追求,他突破了传统的马斯洛需求层次理论,这在高等教育日趋普及、人口素质普遍提高、知识经济即将到来的今天是站得住脚的。这种假设使企业将人力资源管理的目标放在提高员工工作生活质量、满足他们成长和自我实现的需要上。当然,这种实现自我价值的需要在相同的外界物质条件下也会存在较大的个体差异,在公司的生存与发展中起决定性作用的是那些自我实现欲望强烈的人。

在人事管理中,企业对人的看法局限于人力是一种成本,所以在使用时就会以节约为目标;而人力资源管理则是将人看作可开发并能带来收益的资源来进行开发与控制。其中的成本是为了实现目标而必须作出的付出,而资本却是能带来剩余价值的价值。这样,人力资源管理就将工作的重点放在了以个人与公司组织的共同实现与发展为目标的人力资源开发上面。人事管理中虽然有培训,且这些培训也能给员工带来发展,但从企业的角度来看,这些培训只是为满足工作需要而不得不作出的成本付出。而人力资源开发中的培训却是以提高员工自身素质与能力、提高他们的工作绩效为目标的主动培训。

在人事管理中，由于企业的所有者直接将人视为了成本，所以在他们看来，雇员所得到的恰恰是他们所失去的。也正是由于他们仅仅把这看成是一个简单的零和游戏，所以劳资关系比较紧张，常常使得人事部门陷于劳资纠纷的陷阱中，从而导致他们不得不通过服务、保障、职工参与等手段来缓和劳资关系。在人力资源管理中则把人看作可开发并能带来收益的资源，企业会主动与之建立互相信任、充分参与合作的关系，使零合游戏变成了双赢游戏。

在组织上，以前的人事部门仅仅是组织的众多部门中的一个，其功能也仅仅是整个人员管理中的一部分，其他如行政、生产等部门都承担了相应的工作。而在人力资源管理中，人力资源管理则被作为一种思想贯穿于企业的各个层面，在组织内部建立起了整合式的功能。人事管理的主要对象是管理层，企业中的操作层则仍然被视为劳动力进行管理，这就使得操作层的积极性受到了伤害，导致双方关系发生不融洽。而在人力资源管理中，由于视员工为资源且以个人与企业的共同发展为目标，所以对这种资源的开发就不仅仅局限于管理层，而是拓展到了劳资关系的各个方面。人事管理中，绩效评价是为了体现员工绩效的现状，以此作为报酬、奖惩、提升的有力依据，这就往往会引起员工的抵触心理，使得他们惧怕绩效评价。而人力资源管理中的绩效评价则是为了获得员工绩效现状的信息，从而找到他们与目前及未来要求的差距，给予绩效优秀的员工物质奖励和提升等鼓励。而绩效较差的员工也会得到培训机会，从而为未来的职业生涯发展打下基础。由于所有员工都可以从中受益，所以绩效考评成为员工与企业之间主动交流的有力手段。也因此，使得人力资源部在企业中的作用日趋重要。

以往的人事部门，所做的工作往往是被动的、例行的，如考勤、工资发放等，一旦遇到问题往往是平息了事；而人力资源管理则是从资源开发、职工的职业发展与企业的发展角度出发，前瞻性地注意组织内外环境的变化，如技术更新、员工心态等，并根据组织发展的需要进行挑战性的开拓。

总之，人事管理与人力资源管理的差别并非仅仅在形式上，而是在本质上存在着根本的不同。人力资源管理对于人事管理来说是一次思想上的创新。

人力资源管理的新思维

现在已经进入互联网时代，人力资源管理也应该与时俱进，充分利用互联网思维，基于平等、互动、开放、大数据、平台化的角度，对企业的组织形式、人员沟通与管理、部门合作等方面进行有效调整与管理。

1.调整组织形式

在互联网时代,出现了各种新型组织形式,比如自组织、创客组织等。这些新型组织更具效率和创造力,人力资源管理者一定要顺应时代变化,根据企业的自身情况及时调整组织结构。

2.即时沟通,增强情感

在互联网时代,人与组织之间、人与人之间的沟通非常方便,几乎没有阻碍。比如阿里巴巴建立了一个员工内部沟通的信息和邮件平台,借住这个平台,全公司不管是领导还是员工都可以更加频繁与具体地进行交流和沟通。这既可以减少企业内部的矛盾与冲突、降低管控与交易成本,减少内耗,同时还可以增强相互之间的感情,提高凝聚力。

3.员工与客户共创价值

在互联网时代,员工与客户之间没有了严格的界限。员工是客户,客户是员工,两者之间角色互换,价值创造无边界,共同为客户创造价值,为企业创造价值,为员工创造价值。比如小米的粉丝军团就成为小米的产品技术创新与品牌传播的生力军,美国维基百科的数十万编辑,既是客户,又是具有专业化知识与技能的员工。

4.大数据决策

互联网使得人力资源管理基于数据,并用数据说话和决策成为可能,使人力资源价值计量管理成为提升人力资源效能管理的有效途径。基于数据的分析、整理,会成为人力资源管理的重要工作。

比如企业可以随时随地收集关于工作现场、员工个人和员工互动互联的数据,将员工行为与情感数据化,从而从大数据分析中进行选人决策;

从大数据中分析员工价值诉求与期望从而制定薪酬策略;

从大数据分析中寻求职位系统与能力系统的最佳效能匹配关系,剔除人力浪费,从而提升人才匹配决策的科学性;

从大数据中分析劳资关系与冲突的临界点,减少企业内部的矛盾与冲突,降低管控与交易成本,减少内耗。

5.去中心化,让员工自主发挥

互联网改变了人与组织的关系,改变了人与组织的力量对比。个体借助于组织平台,其价值创造能量和效能被极度放大。也就是说,任何一个"小人物"都有可能创造大价值,或者搅动群体行为。

在这样的组织体系中,CEO不再是唯一的指挥命令中心,他更多的是起到引导作用,而每一个成员都高度自治、自主经营。组织不再界定核心员工,每一个员工都可以在自己的岗位上发挥关键作用。比如腾讯的项目制管理、华为倡导的让听得见炮声的人做决策、小米的合伙人负责制与去 KPI 都是去中心化与员工自主化经营的具体体现。

6. 实现无边界管理，搭建"共赢生态圈"

互联网时代是一个"共赢生态圈"的时代，从金字塔式、命令式的协同方式到自动交互协同，流程化、团队化会变得更重要。人与岗位之间、人与人之间在以组合交互的方式进行劳动方式和合作方式的创新。

它不仅是围绕客户的一个问题，更重要的是围绕客户的价值创造来形成不同的团队，打破部门界限和岗位职责界限，管理也相应的要转变为流程管理和团队管理。这就要求人力资源管理具有跨界思维，站在不同的角度协调各方面关系，推动企业发展。

人力资源部的职能

人力资源部门主要承担以下职能：

- 根据实际工作需要提出用人计划，也就是招聘员工；
- 做职工教育培训工作，这样做的目的就是提高员工的素质；
- 负责签订劳动合同；
- 负责公司的档案、工资、福利和保险待遇的调整工作；
- 社会保险管理，对员工的退休进行认定等；
- 对员工的工作业绩进行考评；
- 做各种统计报表，并向领导报告；
- 人事档案管理。

第二章
人力资源规划与岗位管理

人力资源规划的概念

人力资源规划的概念分狭义和广义两种。

从狭义上来说：人力资源的规划是指企业从战略规划和发展目标出发，根据其内外部环境的变化，预测企业未来发展对人力资源的需求，以及为满足这种需要所提供人力资源的活动过程。

从广义上来说：人力资源规划的概念则是指企业所有各类人力资源规划的总称。

人力资源规划又被称为人力资源计划，是指根据组织的发展战略、目标及组织内外环境的变化，运用科学的方法对组织人力资源的需求和供给进行预测，制定相宜的政策和措施，从而使组织人力资源供给和需求达到平衡，实现人力资源合理配置，有效激励员工的过程。

按期限可分为：长期（五年以上）、短期（一年及以内），以及介于两者的中期计划。

按内容可分为：战略发展规划、组织人事规划、制度建设规划、员工开发规划。

人力资源规划的概念包括以下四层含义：

- 人力资源规划的制定必须依据组织的发展战略、目标；
- 人力资源规划要适应组织内外部环境的变化；
- 制定必要的人力资源政策和措施是人力资源规划的主要工作；
- 人力资源规划的目的是使组织人力资源供需平衡，保证组织长期持续发展和员工个人利益的实现。

人力资源规划的内容

晋升规划

晋升规划实质上是组织晋升政策的一种表达方式。为了满足职务对人的要求，企业组织的一个重要职能就是要有计划地对有能力的人员进行提升，以满足员工自我实现的需求。晋升规划一般用指标来表达，例如晋升到上一级职务的平均年限和晋升比例。

补充规划

为了合理填补组织在中长期内可能产生的职位空缺而进行补充规划。补充规划与晋升规划有着十分密切的关系。晋升规划会使得组织内的职位空缺一级一级地向下移动，最终落在较低层次人员的需求上。正因如此，在吸收录用低层次人员时，就要事先考虑到他若干年后的晋升问题。

培训开发规划

为弥补企业中长期的职位空缺而事先进行所需人员的准备正是培训开发规划的目的。虽然有时候员工自己也会培养自己，但由于缺乏有目的的、有计划的培训开发规划，所以效果未必理想，也未必符合组织对空缺职务的要求。要想明确培训的目的性并明显提高培训的效果，我们就要把培训开发规划与晋升规划、补充规划联系在一起。

调配规划

调配计划就是通过有计划地让人员进行内部流动，以实现组织内人员未来职位的分配。

工资规划

工资规划主要是为了确保未来的人工成本能保持在一个合理的支付限度内，是一项必不可少的内容。而组织内的员工如何分布会决定未来的工资总额，不同的分布状况，成本是不一样的。

人力资源规划的作用

人力资源规划主要有以下五个作用。

第一，有利于组织制定战略目标和发展规划。组织的发展战略不可缺少人力资源规划，而人力资源规划也是实现组织战略目标的重要保证。

第二，使组织在生存发展过程中对人力资源的需求得到保证。人力资源部门必须分析组织人力资源供与求之间的差距，从而制定出各种规划，以满足对人力资源的需求。

第三，有助于保证人力资源管理活动的有序化。人力资源规划由总体规划和各种业务计划构成，为管理活动提供可靠的信息和依据，进而保证管理活动的有序化，是企业人力资源管理的基础。如确定人员的需求量、供给量、调整职务和任务、培训等。

第四，能够有效地调动起员工的积极性和创造性。人力资源管理要求不能只是实现组织的目标，为了激发员工持久的积极性，同时也应该满足员工的物质需要和精神需要。要让员工知道自己可满足的东西以及满足的水平,就少不了对人力资源的规划。

第五,使组织能够更好地控制人力资源成本。人力资源规划是预测组织人员的变化,调整组织的人员结构,把人工成本控制在合理的水平上,是组织持续发展所不可缺少的一个环节。它可以让企业更好地检查和测算出人力资源规划方案的实施成本以及所带来的效益。

人力资源规划主管岗位职责

人力资源规划主管的岗位职责就是根据本企业的整体发展战略,依从并协助人力资源部经理为企业规划人力资源战略,通过对在环境变化中的企业人力资源需求与供应的情况进行科学的预测和分析,从而制定出必要的政策与措施,使企业在需要的时间和岗位上保证能获得所需的人才,从而保障企业如期实现其战略发展目标。

职责 1:研究并领悟企业的整体发展战略,编制《人力资源规划书》,并对规划书内容组织实施。

职责 2:整合、分析现有的人力资源,并进行统计和评估,之后提交针对人力资源的分析报告。

职责 3:制订"人力资源部年度工作计划"及"人力资源部月度工作计划与预算"。

职责 4:对各类岗位人员的离职、补充、配备以及使用计划进行规划。

职责 5:对企业人力资源的培训、薪酬绩效、劳动关系计划进行规划。

职责 6:测算人力资源管理的费用和人工成本的总额,对员工的总量进行控制、调整和规划。

人力资源规划专员岗位职责

人力资源规划专员的岗位职责,即依从或协助人力资源规划主管去规划和开发企业人力资源,以及其他各项相关具体工作。

职责 1:定期调查、分析和预测企业的人力资源需求。

职责 2:提交企业人力资源需求分析与预测报告。

职责 3:对企业人力资源的使用状况进行了解,将相关数据收集起来并进行整理,然后上报给人力资源规划主管。

职责 4:负责对各部门的年度人员编制计划进行起草,以及公司年度人员储备计划的制订。

　　职责 5：在人力资源规划主管规划人力资源的补充、培训、晋升和配备等工作时对其施以协助。

　　职责 6：负责设计公司的岗位体系框架。

　　职责 7：负责收集与人力资源的发展、规划、管理等有关的资料，并进行整理和归档。

第三章
人力资源管理流程与制度

人力资源规划工作流程

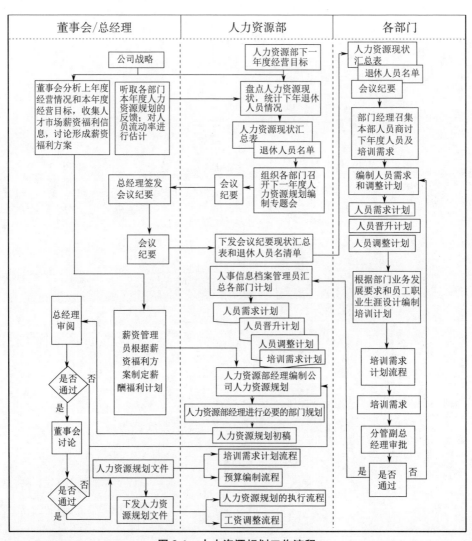

图 3-1 人力资源规划工作流程

人力资源规划内容的联系

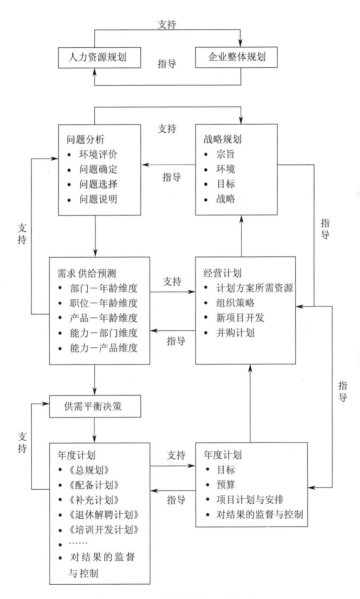

图 3-2 人力资源规划内容的联系

人力资源规划制定流程

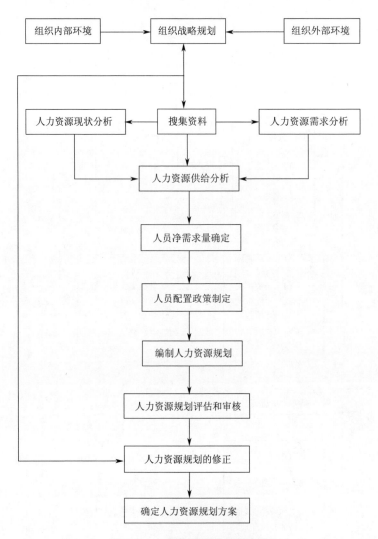

图 3-3　人力资源规划制定流程

人力资源预算管理流程

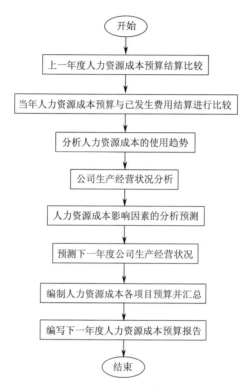

开始

上一年度人力资源成本预算结算比较

当年人力资源成本预算与已发生费用结算进行比较

分析人力资源成本的使用趋势

公司生产经营状况分析

人力资源成本影响因素的分析预测

预测下一年度公司生产经营状况

编制人力资源成本各项目预算并汇总

编写下一年度人力资源成本预算报告

结束

图 3-4　人力资源预算管理流程

人力资源规划管理制度

人力资源规划管理制度(范本)

第一章　总　　则

第一条　适用范围

本规划方法适用于××有限公司(下文一律简称公司)。

第二条　目的

人力资源规划是公司各项人力资源管理工作的依据,是公司的发展战略所不可缺少的一部分。人力资源规划的目的是根据公司发展战略目标的要求,对公司在变化环境中的人力资源的供求情况进行科学的预测和分析，并制订出必要的政策和措施，以使公司在需要的时间和岗位上能获得各种所需的人才。

第三条 原则

1.可行性原则。

由于在制定人力资源规划时会遇到实施条件的限制，所以在制订时就应该注意要在结合内部条件与外部环境来研究和寻求动态平衡的基础上去制订。诸如法律变更、政策改变、经济转型、新科技发明等外来因素，以及诸如组织变革、经营策略改变、工序改善、员工职业生涯改变等内在因素都会影响人力资源的规划。

2.一致性原则。

一致性是指外部的一致性和内部的一致性。人力资源规划应当同公司的战略计划、经营计划、年度计划相配合，这是外部一致性；人力资源规划应当同所有其他如招聘、培训、工作分析、薪酬等计划的人力资源管理活动相一致，这是内部一致性。

第二章 人力资源规划的内容

第四条 人力资源规划的层次

人力资源规划分为总体规划和各项业务计划这两个层次。人力资源的总体规划是有关计划期内人力资源的开发与利用的总目标、总政策、实施步骤以及总预算安排。而各项业务计划则包括：配备计划、退休解聘计划、补充计划、使用计划、培训开发计划、职业计划、绩效与薪酬福利计划、劳动关系计划。配备计划是指中长期内不同职务、部门或工作类型的人员的分布状况；退休解聘计划是指因各种原因离职的人员情况及所在岗位情况；补充计划是指需要补充人员的岗位、数量和对人员的要求；使用计划是指人员晋升政策和时机，轮换工作的岗位情况、人员情况、轮换时间；培训开发计划是指对有关培训对象、目的、内容、时间、地点、培训师资等的计划与安排；职业计划是指骨干人员的使用和培养方案；绩效与薪酬福利计划是指有关个人及部门的绩效标准、衡量方法、薪酬结构、工资总额、工资关系、福利项目以及绩效与薪酬的对应关系等；劳动关系计划是指减少和预防劳动争议、改进劳动关系的目标和措施。

第五条 人力资源规划的期限

人力资源规划的期限，短期一般是 1 年、中期一般是 2～5 年、长期是 5～10 年。期限的长短要求要与公司的总体规模相一致。公司所处环境的稳定性和确定性以及对人力素质的要求的不同会决定应该使用何种期限。一般来说，当经营环境不稳定、不确定，或人力素质要求低且随时可以从劳动力市场上补充时，可以以短期规划为主；相反，如若经营的环境相对稳定和确定，且对人力素质要求较高,并补充比较困难时,就需要或应当制定中长期的规划。

第三章　人力资源规划的编制

第六条　人力资源规划的审核与评估

只有遵循编制人力资源规划的程序与方法,才能让公司对人力资源进行科学的规划。在制定人力资源的规划时,可以按着下列的七个步骤来进行。

1.收集并分析有关的信息资料。

2.预测人力资源的需求。

3.预测人力资源的供给。

4.确定人员的净需求。

5.确定人力资源规划的目标。

6.制定人力资源方案。

7.审核并评估人力资源的计划。

第七条　收集分析有关信息资料

有关的信息资料是指:企业的经营战略和目标、组织结构的检查与分析、职务说明书、现有人力资源的数量、质量、结构及分布状况等。收集与分析这些信息资料对规划人力资源有着很大的影响。

第八条　预测人力资源需求

主要是预测人力需求的结构和数量,在选择预测技术时需要根据公司的发展战略和本公司的内外条件来确定。它分为现实人力资源需求预测、未来人力资源需求预测和未来流失人力资源需求预测三部分。

对人力资源需求的预测有如下具体步骤。

1.根据职务分析的结果,来确定职务编制和人员配置。

2.盘点人力资源,对人员的缺编、超编等情况以及是否符合职务资格的要求进行统计。

3.与部门管理者讨论并修正上述的统计结论。

4.根据企业的发展规划来确定各部门的工作量。

5.视工作量的增长情况不同,来确定各部门是否有职务及人数尚需增加,然后进行汇总统计。

6.统计在预测期内退休的人员。

7.根据历史数据预测未来可能发生的离职情况。

8.汇总统计和预测的结果以得出未来流失后的人力资源需求。

9.将现实的人力资源需求、未来的人力资源需求和未来流失的人力资源需求汇总,就可以得到企业整体人力资源需求的预测。

第九条 预测人力资源供给

人力资源供给预测，一是根据现有人力资源及其未来变动情况，预测出规划期内各时间点上的人员拥有量；二是确定在规划期内各时间点上可以从企业外部获得的各类人员的数量。由于内部人员拥有量一般是比较透明的，且预测的准确度较高，而外部人力资源的供给则有较高的不确定性。所以在进行人力资源供给预测时，公司应把重点放在预测内部人员的拥有量上，而外部供给量的预测则应侧重于各类高级人员、技术骨干人员等关键人员。

对人力资源供给的预测有如下具体步骤。

1. 进行人力资源盘点，了解公司员工现状。

2. 对公司的职务调整政策和员工调整历史数据进行分析，把员工调整的比例统计出来。

3. 从各部门经理那里了解可能出现的人事调整情况。

4. 汇总第 2、第 3 项的情况，从而得出企业内部人力资源供给的预测。

5. 对公司所在地的人力资源整体现状、有效人力资源的供给现状、对人才的吸引程度、公司能够提供的各种福利对人才的吸引程度等影响外部人力资源供给的地域性因素进行分析。

6. 对全国相关专业的大学生毕业人数及分配情况、国家关于就业的法规和政策、企业所从事行业在全国范围的人才供需状况、全国范围内从业人员的薪酬水平和差异等影响外部人力资源供给的全国性因素进行分析。

7. 根据第 5 项、第 6 项的分析，得出公司外部人力资源供给的预测。

8. 汇总企业内部人力资源供给预测和企业外部人力资源供给预测从而得出企业人力资源供给的预测。

第十条 确定人员净需求

完成了人员需求和供给的预测后，对比分析公司的人力资源需求的预测数与在同期内公司内部可供给的人力资源数，从中得出各类人员的净需求数。如果这个数是正的，就表明公司有招聘新员工或对现有员工进行针对性培训的需要；如果是负的，就表明公司这方面的人员过剩，就应精简或调配人员。

第十一条 确定人力资源规划目标

由于人力资源规划的目标会随着公司所处的环境、公司的战略、组织结构以及员工工作行为的变化而不断改变。所以对公司的人力资源规划目标进行制订就需要在摸清公司的人力资源需求与供给的情况下，依据公司的战略规划、年度计划来进行。

第十二条 制订人力资源规划方案

包括制订配备计划、退休解聘计划、补充计划、使用计划、培训开发计划、职业计划、绩效与薪酬福利计划、劳动关系计划。计划中不仅需要有指导性、原则性的政策，还需要有具体的操作性强的措施。

第十三条　审核并评估人力资源规划

人力资源管理人员需要对人力资源相关的项目及其预算进行审核、评估与调整。公司成立由总经理、人力资源部经理、财务部经理以及若干专家和员工代表组成的人力资源管理委员会，负责对各项人力资源政策的执行情况进行定期检查，并对政策的修订提出修改意见。

第十四条　审核评估的方法

可以以原定的目标为标准采用目标对照审核法逐项地进行审核评估；也可以对有关的数据进行广泛地收集然后再对其进行分析研究。如收集和分析研究各种工作人员之间的比例关系，在某一时期内各种人员的变动情况，员工的跳槽、旷工、迟到、员工的薪酬、福利、工伤、抱怨等情况。人力资源计划审核的定期与非定期的展开，能及时地引起公司高层领导的高度重视，从而及时改进并落实相关的政策和措施，对员工积极性的调动产生有利的一面，以使人力资源管理工作的效益得到提高。

第四章　附　　则

第十五条　本方案由人力资源部负责解释

第十六条　实施

人力资源规划管理规范

人力资源规划管理规范（范本）

第一条　目的

为了使公司的整体经营目标得到实现，根据公司发展所需要的内外部环境，运用科学有效的方法，进行人力资源的预测、投资和控制，并以此为基础去制订职务编制、人员配置、教育培训、薪资分配、职业发展、人力资源投资方面人力资源管理方案的全局性的计划，以保证公司能在持续发展中获得竞争力，使公司的整体发展战略能得到人力资源方面的保证与服务。

第二条　范围

公司高层领导、人力资源部、各部门主要负责人。

第三条　职责

人力资源部负责制订和修改公司的人力资源规划制度，负责开发人力资源规划工具和方法,并且指导公司各部门进行人力资源的规划,并由公司人力资源部安排专职人员执行和完成其工作。各部门需向人力资源规划专员提供真实详细的规划所需信息,并及时配合人力资源部完成本部门需求的申报工作。

第四条 控制方法和过程

1. 人力资源规划环境分析

(1)在人力资源部准备正式制订人力资源规划时,必须向各职能部门索要公司整体战略规划数据、企业组织结构数据、财务规划数据、市场营销规划数据、生产规划数据、新项目规划数据、各部门年度规划数据等信息以及整理企业人力资源政策数据、公司文化特征数据、公司行为模型特征数据、薪酬福利水平数据、培训开发水平数据、绩效考核数据、公司人力资源人事信息数据、公司人力资源部职能开发数据等信息。人力资源规划专员负责从以上数据信息中提炼出所有与人力资源规划有关的进行整理编报,以提供基本数据对人力资源进行有效地规划。

(2)获得以上数据后,公司人力资源部应在其基础上进行组织内部的讨论,将人力资源规划系统划分为环境层次、数量层次、部门层次,并为每一个层次设定一个标准,再由这些不同的标准衍生出不同的人力资源规划活动计划,然后人力资源部应制订出"××年度人力资源规划的工作进度计划",并报请各职能部门负责人、公司人力资源部负责人以及公司总裁审批,最后知会全体员工。

(3)公司人力资源部应根据公司的经营战略计划和目标要求以及"××年度人力资源规划工作进度计划"下发"人力资源职能水平调查表"、"各部门人力资源需求申报表",让各部门职员在限定的工作日内填写后收回。

(4)公司人力资源部需要在人力资源规划环境分析阶段,完成"人力资源流动成本分析表""人力资源职位结构分类工具""人力资源年龄结构分析工具(职位—年龄维度)""人力资源年龄结构分析工具(部门—年龄维度)""人力资源专业能力分析工具(部门—专业维度)""人力资源专业能力分析工具(职位—专业维度)""人力资源数量分析工具(职位—数量维度)""人力资源数量分析工具(部门—数量维度)""教育程度与人力资源成本分析工具"的填写工作,并且将以上表格工具获取的数据制作整理为 Excel 数据或其他电子数据库形式。

(5)在所有数据收集完毕之后,公司人力资源部要安排专职人员去描述统计分析以上数据,制作出"××年度人力资源规划环境描述统计报告",再由公司人力资源部审核小组完成环境分析的审核工作。人力资源环境分析审核小组一般由各部门负责人、人力资源部环境分析专员、人力资源部负责人等成员构成。

（6）在"××年度人力资源规划环境描述统计报告"经过审核无误后，人力资源部应将其报请公司总裁层审核批准才能使用。

（7）根据部门的业务需要和实际情况，各职能部门应该在人力资源规划活动中及时全面地向正在进行人力资源环境分析的公司人力资源部提供与人力资源有关的信息数据。同时，公司人力资源环境分析工作人员也应该认真吸取和接纳各职能部门所传递的环境信息。

2. 人力资源规划供给需求预测

（1）经公司高级管理层批准同意"××年度人力资源规划环境描述统计报告"后，由公司人力资源部的人力资源规划预测人员结合企业战略发展方向、各部门经营计划、年度计划，运用各种预测工具，对公司整体人力资源规划的需求和供给情况运用各种预测工具进行科学的趋势预测统计分析。

（2）在人力资源规划预测人员完成对公司人力资源情况的趋势预测统计分析之后，制作"××年度人力资源规划需求趋势预测报告"和"××年度人力资源规划供给趋势预测报告"报请公司领导审核、批准。

3. 人力资源供需平衡决策

在人力资源部负责人审核批准"××年度人力资源规划需求趋势预测报告"和"××年度人力资源规划供给趋势预测报告"之后，由公司人力资源部组建"公司人力资源规划供需平衡决策工作组"。

（1）公司人力资源规划供需平衡决策工作组由公司高层、公司各职能部门负责人、公司人力资源部负责人与相关工作人员等成员构成。

（2）公司人力资源规划供需平衡决策工作组会议安排：

①人力资源规划环境分析和人力资源规划供需预测报告会议；

②人力资源规划供需决策会议。

4. 制定人力资源规划书

（1）在公司人力资源规划供需平衡决策工作组的工作日程之后，由制定专员完成会议决策信息的整理工作，并且制定出"××年度人力资源规划书制订时间安排计划"。

（2）公司人力资源部召开制订人力资源规划的专项工作会议。

会议内容如下：

①传达公司人力资源规划供需平衡决策工作组会议决策；

②描述公司人力资源总规划；

③商讨人力资源总规划，形成"人力资源总规划草案"；

④商讨人力资源配备计划，形成"人力资源配备计划草案"；

⑤商讨人力资源补充计划，形成"人力资源补充计划草案"；

⑥商讨人力资源使用计划,形成"人力资源使用计划草案";

⑦商讨人力资源退休解聘计划,形成"人力资源退休解聘计划草案";

⑧商讨人力资源培训计划,形成"人力资源培训计划草案";

⑨商讨人力资源接班人计划,形成"人力资源接班人计划草案";

⑩商讨人力资源绩效管理计划,形成"人力资源绩效管理计划草案";

⑪商讨人力资源薪酬福利计划,形成"人力资源薪酬福利计划草案";

⑫商讨人力资源劳动关系计划,形成"人力资源劳动关系计划草案";

⑬评审公司人力资源部的职能水平,决策公司人力资源部的战略方向;

⑭商讨公司人力资源部职能水平改进计划,形成"人力资源部职能水平改进计划草案";

⑮分配人力资源规划各个具体项目的实施单位或工作人员。

(3)对全部人力资源规划具体项目计划,公司人力资源部要指派专人进行汇总,而后编制"××年度人力资源规划书",报给公司人力资源部全体职员核对,报给公司的各职能部门负责人审议评定,再交由公司人力资源部负责人审核,通过后报请公司总裁批准。

(4)"××年度人力资源规划书"内部职员沟通活动由公司人力资源部负责组织实施,用以保障全体职员对人力资源规划的内容都能了解到,从而保障人力资源规划的实施能够顺利进行。

(5)"××年度人力资源规划书"应该被作为重要机密文件由人力资源部进行存档,并将对其的管理纳入公司的有关商业机密和经营管理重要文件的管理制度中。

第五条　人力资源规划配备表格

人力资源规划配备表格包括:"人力资源职能水平调查表""人力资源职位结构分类工具""人力资源流动成本分析表""人力资源年龄结构分析工具(部门—年龄维度)""人力资源年龄结构分析工具(职位—年龄维度)""人力资源专业能力分析工具(部门—专业维度)""人力资源专业能力分析工具(职位—专业维度)""人力资源数量分析工具(职位—数量维度)""人力资源数量分析工具(部门—数量维度)""教育程度与人力资源成本分析工具""管理人员接续""计划数据表单"。

第六条　人力资源规划支持文件

人力资源规划支持文件包括:"人力资源规划操作流程图示""标准人力资源规划——总体规划操作办法""人力资源规划系统基础建设""人力资源规划操作基础数据清单""编写人力资源计划的步骤"。

第四章
人力资源专项制度

招聘录用管理制度

招聘录用管理制度（范本）

第一条　目的

为了适应公司的发展需要，使本公司的员工队伍建设得到加强，使员工的基本素质得到提高，使招聘工作进一步规范化、程序化，特制定本制度。

第二条　适用范围

本制度适用于公司内各部门的所有求职者。

第三条　责任

1. 总经理室

总经理室负责建立公司内部的控制机制或将其健全，以确保能够有效地执行本制度产生、修改、取消和管理的基本要求。

2. 人力资源部

人力资源部是公司员工招聘工作的归口管理部门，负责制定、解释、修订本制度；

负责建立公司的人才库并归档保管人事相关的资料。

3. 办公室

办公室负责审核、审批年度招聘计划及编制外的招聘事宜。

4. 各部门

在组织实施招聘工作时，各部门及单位应向人力资源部提供协助。

第四条　招聘原则

按计划用人，使编制保持在控制内。

第五条　年度招聘计划

各部门应向人力资源部提交本部门结合了现有人力资源状况及定岗定编计划的《年度人员需求计划表》。人力资源部对其进行审核并汇总报公司审批。

第六条　日常招聘计划

在根据实际人员需求状况确认无内部横向调职的可能性后，各部门应编制

《部门用工申请单》报人力资源部,由人力资源部对相关的招聘进行组织。如属定编外的招聘需求需报办公室、总经理审批后方进行招聘。新设岗位需编制该职位的《岗位说明书》。

第七条　内部招聘

如果经确认发现用工需求可以从内部进行选拔后,各部门应报人力资源部,由人力资源部通过内部通知面向全公司发布内部招聘信息。"公开"、"公正"、"公平"是内部招聘必须遵循的原则,必须坚持能力为先,择优录用。关键岗位也可采取"竞争上岗"形式。

第八条　外部招聘

外部招聘方式主要有:内部推荐、现场招聘会、广告招聘、网络招聘、猎头公司等。

第九条　招聘信息发布

招聘信息的统一对外发布由人力资源部来进行。

第十条　招聘条件

应聘人员所学的专业要与所从事岗位的专业要求对口;应聘人员的工作经验要与岗位要求的匹配度较高;应聘人员要具有符合岗位所要求的身体素质。

应聘人员凡有下列情况中的一项者,则不得聘用:

1.与其他单位有雇佣关系且尚未解除(借聘人员除外);

2.专业与岗位的要求不对口且工作经验也不能匹配岗位;

3.应聘人员对自己的学历、经历、年龄、婚姻状况等方面进行了隐瞒或欺骗;

4.患有急性或慢性传染病或其他严重疾病且医生认为影响正常工作的,不得录用。如肝炎、肺结核等病症患者;

5.正在孕期和哺乳期的女性应聘者。

第十一条　招聘流程及注意事项

1.内部招聘流程

(1)人力资源部发布内部招聘信息,应聘员工填写《内部自荐表》。

(2)人力资源部初步筛选出合格者,再由用人部门(单位)对其进行面试。完成必要的测试后,按岗位要求对其进行评估。

(3)综合测试后得出合格者,由人力资源部报与总经理进行审批。

(4)审批同意后,由人力资源对人事聘用名单进行通知并办理人事入职手续。

2.管理人员招聘

(1)收集招聘资料:由人力资源部发布招聘消息,之后再收集应聘资料。

（2）首先，由人力资源部对应聘资料进行初步筛选。当人力资源部对应聘者的简历进行初步筛选后，组织应聘者填写《报名表（管理人员）》，通过初试（笔试、HR软件测评及简单面试）确定出可以进入下一步的面试人选，将其推荐到用人部门进行面试。

（3）其次，再由用人部门再次筛选：要对应聘者的工作经验、工作能力、岗位匹配度认真地做出公平、公正、客观、全面的评价，并将面试合格人员的名单及时反馈给人力资源部。

（4）最后，经过复试最终确定出录用名单。人力资源部将面试合格人员的名单、《试用审批表》、《面试问题记录表》和各种相关资料报与董事长或总经理审批，并根据岗位的重要性组织必要的复试，确定最终被录用人员的名单。

3. 非管理人员招聘

（1）收集招聘资料：由人力资源部发布招聘消息，而后让应聘者填写《报名表（非管理人员）》。

（2）组织面试事宜：人力资源部通知应聘者进行面试，具体面试由××部主任/厂长负责进行。

（3）审批录用名单：用人部门应及时报与人力资源部面试合格者的名单，由人力资源部进行审核后将拟定录用人员的名单转交给总经理，由总经理审批并确定最终的录用名单。

第十二条　面试相关注意事项

1. 申请资料审核

（1）人力资源部应根据岗位要求审核所有申请资料，做到一视同仁，不分材料来源；

（2）在最终录用前，人力资源部应根据情况对面试合格者做有效的背景调查；

（3）人力资源部在面试中要着重考察这几点：应聘者的外表、谈吐、学历、理解力、应聘动机、基本技能应用等；

（4）用人部门则要着重考察应聘者的资力和经验、工作才能、发展潜力、对所应聘的岗位认识程度等。

2. 面试过程注意事项

（1）要合理布置面试房间的环境、光线和座位；

（2）尽可能为应聘者营造出亲切、自然、轻松的氛围环境；

（3）要搞清楚自己所问问题的侧重点以及了解所要获知的答案；

（4）要尊重对方的人格；

（5）随时将面试结果记录到《面试问题记录表》上。

3.公司信息介绍的注意事项

(1)介绍公司信息时要做到实事求是;

(2)对空缺职位情况的描述要做到准确;

(3)描述工作环境(班车、午餐、保险、办公场地等)也要做到准确;

(4)一些诸如公司会有海外培训安排、几年后会晋升等较为敏感的问题则不能透露;

(5)鼓励求职者提问题。

员工培训管理制度

员工培训管理制度(范本)

一、员工培训实施办法

第一章 总 则

第一条 本办法的制订是以本公司人事管理规划第×条的有关规定为依据。

第二条 员工培训的宗旨与目的。

(1)加强人事管理,提高员工的素质。

(2)把本公司对社会所负的使命传达给员工,并激发其求知欲和创造力,使其不断努力充实自己。

第三条 本公司对员工按不定期教育训练与定期教育培训两种方式进行培训。

第四条 凡是属于本公司的员工,就必须接受本办法所定的制度。

第二章 不定期培训

第五条 各部门主管要经常对所属员工实施本公司员工培训。

第六条 各部门主管应拟定培训计划,并按计划切实推行。

第七条 为了增进所属员工的处理业务能力,并充实其处理业务时应具备的知识,各部门主管要经常对其进行督导,必要时应该指定所属员工阅读与业务有关的专业书籍。

第八条 各部门主管应经常以各种方式实施培训,比如利用集会,以专题研讨报告或个别教育等方式。

第三章 定期培训

第九条 本公司每年按上半期(3月、4月)及下半期(11月、12月)分两次对员工举行定期培训,按其实际情况分别办理。

第十条 各部门的培训计划均由主管拟定,在会同培训部安排了日程后,可以邀请各单位干部或聘请专家讲课。

第十一条 依照不同的性质和内容,可把不定期培训分为针对普通员工的初级班和针对主管及以上干部的高级班,但也可结合实际情况进行合并举办。

第十二条 对于高级干部要分为专修班及研修班进行培训,培训由总经理视必要时随时开展,培训的课程、进度另定。

第十三条 普通班的培训内容包括一般实务(公务概况、公司各种规章、各部门职责、事务处理程序等)、精神教育以及新员工的基本教育。

第十四条 普通技术班的培训内容除了包括一般实务外,也要重视技术管理和专修计算机的各种知识。

第十五条 高级班的培训内容为主管所必修的知识与技能。

第十六条 高级技术班的培训内容包括法律法规、了解设计、严格督导、切实配合工作进度、控制资材、节省用料、提高技术水准等研修课题。

第十七条 各级培训的课程和进度另定。

第十八条 年终考核以各部门主管所实施培训的成果的考绩考核记录为资料。成绩特优的员工,可择选派往国外进行实习或考察。

第十九条 凡是接到培训通知的人员,除非有重大疾病或重大事故且经该单位主管出具了证明申请可以免予培训,否则应在指定时间内向主管单位报到。

第四章 附 则

第二十条 除非另有规定,培训一律在总公司内实施。

第二十一条 在培训期间只提供饮食补贴,不提供其他津贴。

第二十二条 本办法的实施需要经过总经理的核准。

二、在职员工培训制度

第一章 目 的

第一条 本制度的制定是为了提高本公司从业人员的素质,使其知识与技能得到充实,从而增进其工作质量及绩效。

第二章 适用范围

第二条 凡属于本公司的从业人员,均依照本办法对其进行在职培训或有关事项的作业。

第三章　工作职责划分

第三条　培训部有以下工作职责。

1.负责举办全公司的共同性培训课程。

2.负责拟定并呈报全公司的年度或月份培训课程。

3.负责制定和修改培训制度。

4.呈报全公司在职教育培训实施成果及改善对策。

5.负责编撰和修改共同性培训教材。

6.负责审议培训计划。

7.负责督导、追踪并考核培训的实施情况。

8.负责外聘讲师。

9.负责审核与办理全公司培训人员的外派。

10.负责管理外派受训人员所携的书籍、资料和书面报告。

11.负责研究拟定并执行其他与人才发展有关的方案。

12.负责拟定各项培训计划的费用预算。

第四条　各部门有以下工作职责。

1.负责汇总并呈报全年度的培训计划。

2.负责制订和修改专业培训的规范,以及推荐讲师或助教的人选。

3.负责举办内部的专业培训课程以及汇报其成果。

4.负责编撰和修改专业的培训教材。

5.在培训结束后,负责督导与追踪以确保培训成果。

第四章　培训规范制定

第五条　培训的实施以"从业人员在职培训规范"作为依据,此规范应由培训部召集各有关部门共同制定。规范的内容包括:

1.各部门的工作职务分类;

2.各职务的培训课程及时数;

3.各培训课程的教学大纲。

第六条　各部门组织机能变动或引进新技术使生产条件等变化时,培训部应配合实际需要修改培训规范。

第五章　培训计划的拟订

第七条　各部门以培训规范及对实际需要的配合为依据,拟订"在职培训计划表"呈报培训部进行审核,之后作为训练实施的依据。

第八条　在各部门提出培训计划后,培训部应对其进行汇编,并将汇编得出的"年度培训计划汇总表"呈报人力资源部核签。

第九条　各主办单位在各项培训课程的开展前应填写"在职培训实施计划表",呈报人力资源部核签后,通知有关部门及人员参加培训。

第十条　临时培训课程的实施,亦需在实施之前填写"在职培训实施计划表"呈报人力资源部进行核签。

第六章　培训实施

第十一条　培训主办部门应依"在职培训实施计划表",按期实施并负责该项培训诸如培训场地安排、教材分发、教具借调,通知讲师及受训单位等全部事宜。

第十二条　如有补充教材,讲师应于开课前一周将讲义原稿送培训部统一印刷,以便上课时发给学员。

第十三条　在各项培训结束后应举行考试。考试题目分 3～4 种,由讲师在开课前送交主办部门。监考由主办部门或讲师负责。

第十四条　各项在职培训实施中,参加培训的学员应签到,培训部应对上课的状况进行了解。

第十五条　参加培训的人员应准时出席,因故不能参加者应办理请假手续。

第十六条　培训部应定期召开检查会,对各项培训课程的实施成果进行评估,并记录下来送交各有关单位。

第十七条　凡缺席于各项培训考试者,事后一律需要补考;不补考者一律算作零分。

第十八条　培训考试的成绩将被用以作为考核及升迁的参考。

第七章　培训成绩报告

第十九条　讲师应在每项培训结束后的一周内,评定出学员的成绩,并填入"在职培训测验成绩表",连同试卷送人力资源部门,以建立完善的个人培训资料。

第二十条　每项培训办理结束后,主办单位应在一周内填报"在职培训结报表"及"讲师钟点费用申请表",连同"成绩表"及"学员意见调查表"报培训部,以此作为支付各项费用的凭证,同时进行归档处理。

第二十一条　对教材的编撰如需支付费用,主办部门应填写"在职培训教材编撰费用申请表",送相关部门核签后作为费用支付的依凭。

第二十二条 各部门应让所属人员应填写"从业人员在职培训表"。

第二十三条 为了了解各部门最近的在职培训实施状况,各部门应每三个月填写一次"在职培训实施结果报告",报送人力资源部与培训单位。

第八章 评 估

第二十四条 每项培训办理结束时,主办部门应根据实际需要向学院分发"在职培训学员意见调查表"以供填写,然后与考试试卷一并收回,并汇总学员意见作为以后再举办类似培训的参考。

第二十五条 就各部培训成效的评估,培训部应定期分发"培训成效调查表",供各单位主管进行填写,在汇总意见形成书面报告后,分送各部门及有关人员作为再举办类似培训的参考。

第九章 外派培训

第二十六条 各部门有工作或升迁等任职新工作的需要时,应将有关人员推荐培训部审议,然后经过总经理核准后方可外派培训。出差手续依人事管理规章办理出差手续。

第二十七条 外派培训人员返回后,应将培训的书籍、教材及资格证件等有关资料送培训部归档保管,并在培训资历表上记录其培训成绩。

第二十八条 外派培训人员应将培训所学知识整理成册,作为举办培训班时的内部培训教材,并担任讲师培训有关人员。

第二十九条 在有培训费需要报销时,培训部应对其外派培训的资料是否交回进行审核,并于报销单据上签注,如只有经过审核后,会计部门才能予以付款。

第三十条 本条款适用于参加公司外的培训,对因升迁、储备需要,于任职前可集中委托外协部办理培训,但每年以两次为限。

三、新进员工培训制度

第一条 除非人事管理规则及员工教育实施办法另有规定,否则,新员工的培训均依本制度实施。

第二条 临时职员、试用人员、临时雇用人员及其他认为应接受培训的员工均为本制度所指的新员工。

第三条 本培训的宗旨与目的。

1.为使新员工能恪守章则,完成本职工作,而使其达到对企业机构组织系统深度了解,并进而对本公司组织概况、各部门分管事务、经营方针及人事管理规章都做到明了。

2.让新员工深切体会到本公司的远大抱负,从而使其求知欲、创造心得到激发,并不断充实自己,努力向上,借此使公司基础得以奠定。

第四条 本培训的培训时间根据新进员工每批的报到人数多少另行确定,一经核准即可依照本制度实施。

第五条 对经过培训的新进员工,按其能力给予调派适当职务。但因实际需要而需要先行调派职务者也可以随后再进行补训。

第六条 凡被指定需要接受培训的人员,一律不得故意回避或不到,否则将从严论处。如有特殊情况应事先请假,经人事主管签报核准方可免训。

第七条 培训课程的内容不光有公司组织、各种管理章则、各部门掌管的事务及营业方针等一般摹本实务教育,同时也要配合实施精神上的教育。

第八条 培训课程的编排及时间需要另外依实际需要制订。

第九条 本制度只有经总经理核准后方可施行或修改。

四、各类管理人员培训制度

第一章 高层管理人员培训

第一条 本公司高层管理人员必须有开拓创新的思想观念,为此应做到以下两点。

1.勇于创新,摆脱旧观念的羁绊。

2.接受新思想、新观念,解开过去经验的束缚,创造性地开展工作。

第二条 凡高层管理人员都应具有下列意识。

1.引进新产品或改良原有产品。

2.掌握新的生产方法,了解公司经营的新技术。

3.努力开拓新市场、新领域。

第三条 每一位高层管理人员都必须随时培养自身的素质,以下几方面要重点做好。

1.身为高层管理者的责任心、使命感。

2.经营的态度要独立。

3.生活态度要严谨。

4.经营方针要诚实守信。

5.热忱服务社会的高尚品质。

第四条 凡本公司高层管理人员须培养创造利润的思想观念,以提高企业的经营效益为目的。

第五条 高层管理人员对市场应随时进行调查与研究,借以推进营销活动,促进效益的提高。

第六条 营销研究的基本步骤。

1.确定研究的主题和目标。

2.决定所需要的资料及资料来源。

3.对调查样本进行选择。

4.实地搜集资料。

5.对所收集的资料进行整理和分析。

6.进行总结并写出报告。

第二章 中层管理人员培训

第七条 对中层管理人员进行教育培训的基本目标。

1.使公司的经营目标和方针得到明确。

2.使其掌握相应的领导能力和管理才能。

3.使其具有良好的协调、沟通能力。

第八条 本公司中层管理人员一律应坚持以下标准。

1.对下属的工作支持是否足够以及是否为下属提供了足够的晋升空间和机会。

2.在分派工作时是否适当,是否使下属有公平感。

3.所定的计划,是否得到了下属的理解和衷心的支持。

4.向下属许下的诺言是否能够信守。

5.在发布命令或进行指导时,是否做了妥善的考虑。

第九条 中层管理人员应具备以下条件。

1.具有相关工作所需的知识。

2.掌握了本公司的管理方法。

3.教育培训技术掌握熟练。

4.努力培养作为领导者所应具备的人格。

第十条 中层管理人员应具备以下能力。

1.计划能力。

(1)明确工作的目的和方针。

(2)掌握有关事实。

(3)以科学有效的方式从事调查。

(4)拟定实施方案。

2.组织能力。

（1）分析具体的工作目标和方针。

（2）分析并决策职务内容。

（3）设置机构,制定组织图表。

（4）选任下属人员。

3.控制能力。

（1）制定执行的客观标准和规范。

（2）对标准严格实施并及时向上级反馈。

第十一条　中层管理人员应采用下列指示的方法。

1.口头指示。

（1）条理清楚、切合主题。

（2）对实行的时间、期限、场所等要明确地指明。

（3）保证能明确地传达给下属。

（4）在实行时遇到应注意之处,须要指出并指明困难所在。

（5）下属有提问时要耐心地予以解答。

2.书面指示。

（1）对目标要明确,要点要逐条列举。

（2）如有应注意的问题要提前指示。

（3）必要时,以口头命令补充。

（4）核查下属是否已接受命令。

第十二条　中层管理人员贯彻指示的要求。

1.对指示内容进行整理。

2.严格遵循贯彻程序。

3.确认下属对指示已彻底理解。

4.使下属乐于接受指示,并使他们的工作态度得到改进,且工作积极性也得到提高。

第十三条　中层管理人员人际关系的处理要求。

1.要经常同其他管理人员展开合作,彼此协助。

2.面对批评和建议,要乐于接受。

3.彼此做到信息和情报的交换,不越权行事。

4.在处理上级与下属的关系时,不得将个人情绪带到工作中来,而应以工作效果为原则。

第十四条　中层管理人员接见下属的要求。

1.为使下属放松,场所的选择要适当,态度要亲切。

2.如果涉及较为私人的问题,应确保为下属保密,使其减少顾虑。

3.要善于倾听并适当做询问,确保让下属能无所不谈。

4.应注意不要轻易承诺。

第十五条　中层管理人员为维持正常的工作关系应注意的事项。

1.对人的差异性要有所认识,做到对下属人格的尊重。

2.把握工作人员的共同心理和需要。

3.对待下属须公平,要做到不偏不倚。

4.对下属的工作积极性可以适当去进行培养,但他们的意见和建议也要重视,对他们的正确意见要保留。

5.当下属在工作和生活中遇到问题时,解决要妥善。

第十六条　中层管理人员配置人力时应注意的事项。

1.在安排职位时要考虑到每位员工的知识、能力,以求做到人尽其才、才尽其用。

2.适当地对下属进行鼓励,使其在工作中感受到自己的成就感,增强其工作的积极性,形成一个良好的开端。

3.有效地实施培训,增强下属的工作能力。

第十七条　中层管理人员对待下属时应注意的事项。

1.对下属不要抱有成见和偏见。

2.在衡量别人时要杜绝以个人偏好为凭据。

3.观察实际工作情况时要冷静,不能使下属有受人监视的感觉。

4.利用日常的接触、面谈、调查,多方面了解下属,严守下属的秘密,公私分明。

第十八条　中层管理人员发挥下属积极性时应注意的事项。

1.适时地称赞员工,不要忽视任何一个细微的行为,同时也不要忽视默默无闻、踏实肯干的下属。

2.对下属授予权责后,要避免做不必要的干涉,分派工作时不应以下命令的方式,而应尽可能以商量的口气。

3.鼓励下属提出自己的见解,并诚心接受,要尊重下属的意见。

(1)培养下属的创造性,鼓励并尊重其研究、发明。

(2)使下属对所从事工作的重要性有充分认识,并对之有荣誉感。

第十九条　中层管理人员批评下属时应注意的事项。

1.时间的选择要合适,同时冷静并避免冲动。

2.场所的选择要适当,无其他人在场的场合尤其合适。

3.批评应适可而止,避免无端的讽刺和一味地指责。

4.将事实列举出来,杜绝拐弯抹角。

5.批评中也不能忘记去进行激励。

第二十条　中层管理人员培养后备人选时应注意的事项。

1.对后备人选的判断力进行考察。

2.对后备人选的独立行动能力进行检查。

3.对后备人选的协调和沟通能力进行培养。

4.对后备人选的分析能力进行培养。

5.使代理人的责任感和工作积极性得到提高。

第三章　基层管理人员培训

第二十一条　基层管理人员与公司内部各级的关系。

1.对上关系:对上级的工作进行辅助。

2.对下关系:进行指挥和监督。

3.横向关系:与各部门同事互助协作。

第二十二条　基层管理人员的基本责任。

1.组织生产,使之按预定工作进度和程序进行。

2.使产品质量得到保证。

3.使生产成本得到降低。

第二十三条　基层管理人员的教育培训职责。

1.将公司有关政策和工作技术解释和传授给新员工,对新员工的工作给予指导。

2.对下属进行培训并为之提供晋升机会。

3.对后补人员进行培训。

4.负责其他教育培训。

第二十四条　基层管理人员处理人际关系应注意以下几个方面。

1.对下关系:进行家庭调查,举行聚会、郊游,为下属排忧解难。

2.对上关系:除了报告自己的建议和看法外,既要听取上级的要求,也要将员工的意见进行反映。

3.横向关系:与其他部门的同事进行全力合作。

4.积极开展对外活动,树立良好的公司形象,形成良好的公共关系。

第二十五条　基层管理人员必须具备的能力。

1.领导和管理能力。

2.组织协调能力。

3.丰富的想象力和敏锐的观察力。

4.丰富的知识和熟练的工作技能。

第二十六条 基层管理人员教育培训的种类。

1.后备管理人员教育培训。

2.培训发展计划。

3.再培训计划。

4.调职、晋升教育培训。

第二十七条 考核管理基层人员教育培训时应注意的事项。

1.出勤率。

2.员工的工作积极性。

3.原材料的节约情况。

4.产品的质量。

5.控制加班费用。

第二十八条 高中层管理人员须将合理的权力授予基层管理人员，并且对其进行必要的教育培训。

第四章 附 则

第二十九条 无论高层、中层和基层，凡公司管理人员的教育培训均按本制度执行。

五、外部培训管理办法

第一条 目的

使外部培训的管理规范化，使效果得到提高。

第二条 适用范围

公司所有外派培训以及从外聘请讲师到公司进行培训。

第三条 权责

1.人力资源部负责审核并组织管理公司外部培训的计划及各单位的外部培训申请。

2.对各单位提出的外部培训需求进行核准，并随后参加或实施外部培训。

第四条 内容

1.流程图

2.外部培训适用情形

(1)使国家所规定特种岗位人员取得证件并复审。

(2)新管理体系、新技术、新设备等引进所需要的外部培训或外聘讲师到公司培训。

(3)公司内部缺乏相关讲师或讲师专业技能不能达标的课程培训。

（4）其他需参加的外部培训（如脱产参加外部学历提升教育等）。

3.外部培训信息收集

信息的收集由人力资源本部的培训管理人员负责，各单位可根据本单位的实际工作需要协助提供相关信息，由人力资源部组织评估与确定。

外部培训信息包含以下内容。

（1）外部培训机构的信息包括机构名称、成功案例或成功辅导企业、主要服务项目、主要培训师、年度公开课或专项公开课计划、所在地区、联系人和联系电话等，重点为北京、上海、广州、深圳、厦门等地的培训机构。

（2）外部培训师的信息包括培训师的个人基本情况、擅长课程以及曾辅导过的企业等。

4.外部培训的申请与核定权限

（1）根据公司的年度培训计划和实际工作需要，拟定参加外派培训的相关人员或从外部聘请到公司进行培训的讲师填写"培训申请表"，由经理级或经理级以上的主管审核后交人力资源部进行审批，人力资源部根据公司实际及外部培训适用情形进行评审，确定外部培训机构和外聘讲师。

（2）包括培训报名费和差旅费在内的外派培训费用，达到或超过 2 000 元的，报总裁审批。

（3）外聘讲师到公司展开培训需与讲师所在的培训机构签订"培训协议"，以使培训的时间安排、效果评估、费用计算标准与支付办法等明确化，并报总裁审批。

（4）本单位主管对"培训申请表"进行确认后，属于外派培训的应于培训日期七天前送交人力资源部，属于外聘讲师到公司培训的应于培训开始日期十五天前送交人力资源部，逾期不予办理。

（5）在试用期间的新进人员不能申请外派培训。

5.外部培训实施

在培训申请得到核准后，"培训申请表"的复印件由人力资源部交给培训人的直接上级主管，由上级主管对培训人的准时参加转知负责；对外聘讲师到公司培训的，另附"培训协议"复印件一并交给负责单位的主管组织实施。

6.外派培训合同的签订

人力资源部的培训管理人员应在培训人员外出参加培训前与其签订"培训合同"。

7.外部培训的借款、付款与结算

（1）参加外派培训的人员在外派培训前，到财务部填写付款通知书借款或依批准的"培训申请表"复印件和签订的"培训合同"借款，由培训人负责到培训机构交款;培训结束取得发票后,经人力资源本部审核签名,培训合格的到财务本部办理借款结算手续,培训不合格的,则自负所有培训费用,从其工资中扣回。

(2)培训地点在本地区以外的,差旅费按公司的出差相关规定核算。

(3)外聘讲师到公司培训的费用结算按"培训协议"规定来处理。

8.外派培训的考勤

(1)外派培训人员应在外出培训前,按《出勤管理办法》的有关规定填具"公出单"。

(2)外派培训期内的上课若遇到夜间或节假日,不能报加班或调休。

(3)外派培训人员参加学习必须按时,无故不参加培训者一旦被查实,将予以记小过以上处分,并自付全部培训费用;中途退出者亦然。

(4)参加外派的培训人员如果因重大特殊原因而无法参加外部培训时,应提前向人力资源部说明,由人力资源部和单位主管另行安排人员参加或另外安排时间参加。

9.外部培训的训后要求

(1)参加外部培训的人员应于培训结束后七天内,将培训资料、证书复印件或培训心得报告上缴到人力资源部存档处理,逾期未交将被给予记严重警告以上处分,并失去一年内参加外训的资格。

(2)人力资源部要结合情况需要,组织外训人员举办培训心得交流会,如果外训取得的资料不足以当教材,则应由外训人员负责编写相应的教材,并按要求配合完成。

(3)如是从外聘请讲师到公司培训,人力资源部就应根据情况对讲师的教学效果进行评估,以后公司是否要再次聘请此位讲师以及选择外部培训机构都将以评估的结果为依据。

绩效考核管理制度

绩效考核管理制度(范本)

第一章 总 则

第一条 目的

1.绩效考核可以传递组织的目标和压力,促使员工的工作能力和绩效得到提高、使员工出现的偏差得到纠正,使员工能更好地为公司服务,得到培养,并实现公司与个人之间的双赢。

2.使公司的计划性得到加强,使组织的管理过程得到改善,使管理更加科学化和规范化。

3.不仅让员工的绩效和贡献得到客观公正的评价,还能为薪资调整、绩效薪资发放、职务晋升等人事决策和组织员工培训提供依据。

4.对员工的绩效表现进行反馈,使对过程得管理和各级管理者的管理责任得到加强,促进管理者对下属的指导、帮助、约束与激励。

5.月度绩效考核的主要目的在于:通过考核1个月内的工作计划安排和任务完成情况,对员工的工作业绩进行全面的评价,不仅为员工的绩效工资提供必要的依据,也为人力资源部对员工的晋升、降职、解聘和岗位调整提供依据,从而使公司的整体绩效得到有效提升。

6.年终考核主要是为了对员工和部门每年的年度工作绩效做评价,为年终奖金的发放、工作效率、岗位目标执行、人事调整政策的评价提供依据。

第二条　理念

1.以目标计划为基础,通过关键业绩的指标对绩效进行考核,绩效的达成是强调的重点。

2.目标是提高绩效。

3.强调的是绩效管理的过程,而不是简单的结果评判。

第三条　考核原则

1.相对一致性:在一段连续时间内,不能让考核的内容和标准发生较大的变化,至少应使1年内的考核方法保持一致性。另外,对考核的具体指标及权重分配可以在必要的时候,基于适当的原因做相应的调整。

2.客观性:考核在反映员工的实际工作情况时一定要客观,不宜因亲近、偏见以及光环效应等带来误差。

3.公平性:考核职位类别相同的员工要使用相同的考核标准,最大限度地保障评估结果的一致性和防止评估结果的偏见性。

4.公开性:体系如何运作必须让每位员工都清楚知道,员工应针对考核的结果签名,并可表述、申诉自己对结果的意见。如无签名,考核结果同样有效。

5.保密性:除与公司绩效的考核管理有必要关系者外,主管及被考核者不能将考核结果泄露给第三方。

6.管理人员主导性:公司各级管理人员要对绩效考核体系在员工管理中所起的作用有正确的认识,如果实施本体系对大部分人造成了负担,则要相应地修改考核的制度。

第四条　适用范围

本制度适用于公司××部员工。

第二章 考核规程

第五条 考核要素

1. 专业技能。

2. 责任感,进取心和团队合作精神等。

3. 工作质量和工作效率等。

4. 其他依据。

第六条 考核责任

1. 原则上实行多级考评体制,即结合了自评、直接上级主考、人力资源主办复核的体制。

2. 考核责任由直接上级和被考核者共同承担。被考核者作为一级考核者进行自评,直接上级作为二级考核者进行主评。人力资源主办方及被考核者所在部门负责人负责监督和指导考核,以月度工作关键业绩指标确保考核结果的公正与客观性。部门负责人及以上管理人员、总经理助理的工作由总经理负责考核。

3. 月度、年终考核由绩效考核领导小组实施,小组成员由员工代表,职能部门负责人、管理者代表等组成,具体成员由经理办公会决定。以此体现公正、公平、公开原则。

第七条 考核责权

1. 人力资源部门。

(1)负责绩效考核方案的制订、定期修订以及报总经理批准。

(2)负责绩效考核工作的组织。

(3)负责参与考核的各级管理人员的培训。

(4)负责考核工作全过程的监督和指导。

(5)负责汇总考评分数以及归档考核资料。

(6)将考核结果与薪资挂钩,计算并报批实施。

(7)对考核领导小组所委托的相关工作进行办理。

2. 一级考核者(员工本人)和二级考核者(员工直接上级)。

(1)了解考核的程序与方法。

(2)确保考核的公平与公正。

(3)考核责任范围内的直线下级。

(4)考核后对被考核者进行详细的工作指导和辅导。

3. 由人力资源主办方会同被考核者所在部门的负责人对考核表及工作计划(关键业绩指标及满意度指标)的真实性进行严格审核,确保考核结果的公平与公正。

（1）对以权谋私，违背考核宗旨的个人进行严肃处理。

（2）负责考核工作的整体性与及时性，并有计划地按公司的战略规划和年度工作目标、年度经营目标推行新的考核体系。

4.绩效考核领导小组。

（1）负责对相关的考核细则进行拟定并报总经理批准，组织执行年中、年终的考核方案。

（2）负责调控和协调考核工作的柔性。

（3）处理对考核的重大申诉、投诉事件。

第八条　考核权限

每位员工对其进行自考，直接上级对其进行主考，人力资源主办方会同被考核者所在部门的负责人对考核进行审核，绩效考核领导小组负责指导和监督考核的全过程，并负最终审核责任。

第三章　考核实施

第九条　月度绩效考核

月度考核分为员工自评和直接上级考评两个环节，以员工的当月工作表现和实际工作业绩为考核依据。

1.员工自评

员工以本岗位的考核表为标准给自己评分，在评分时应做到认真、严肃、客观。员工自评是员工自省和反映真实自我的重要机会，也是直接上级考评的依据之一。

2.直接上级考核

直接上级对员工的当月表现和实际工作业绩进行评分，直接上级对下级进行评分应本着对事不对人的客观态度。在评分时应对员工的自评情况做适当参照，以避免对下级可能存在的信息失真。

3.人力资源主办会同部门负责人复核

为了防止人为因素对考评的客观性产生影响，人力资源主办方会同部门负责人要在员工自评和直接上级评分后，对考评进行最后的复核。

经复核无异议后，人力资源主办对本部门员工的考核表按以下汇总计算：

各员工的最终得分＝员工自评分×20％＋直接上级考评分×80％

4.月考核时间

当月 5 日前（次月×日前）。

第十条　年度绩效考核流程

1.由公司绩效考核领导小组对员工的月度、年度绩效考核统一进行。

2.由公司绩效考核领导小组直接负责以"先员工自评、部门自评，再由绩效考核领导小组考评"的考核程序对公司的各部门进行考核。

3.部门的年终考核在次年 1 月 4～10 号进行。

第四章　考核结果及运用

第十一条　考核等级

对员工绩效进行综合评价后所得的结论即是考核等级。考核 A(优秀)、B(良好)、C(合格)、D(差)、E(不合格)。

考核等级表

平均分值	59 分及以下	60～69 分	70～79	80～89 分	90 及以上
等级	E	D	C	B	A

第十二条　考核结果

1.考核结果的运用

工资、奖金、职务的晋升(降)、任职资格等级的调整、员工培训的安排,都将以考核结果作为重要依据,现有薪资中的绩效月薪、奖金部分按考核分数换算后的系数发放。

2.奖惩措施

(1)年度绩效等级为"不合格"的人员,将对其予以辞退。

(2)年度绩效等级为"差"的人员,在本岗位内降低其岗位工资一级,岗位工资已为最低级的则在原标准的基础上降低 10%。绩效的等级连续两个半年度为"差"者,将予以辞退。

(3)年度绩效等级为"合格"的人员,其岗位工资不变,绩效等级连续两个半年度为"合格"者,在本岗位内降低其岗位工资一级,岗位工资的档次已为最低者则在原标准的基础上降低 10%。

(4)年度绩效等级为"良好"的人员,其岗位工资不变,绩效等级连续两个半年度为"良好",且其所在部门当次的"部门半年度绩效等级"在"良好"及以上者,岗位工资在原标准的基础上上升 10%。

(5)年度绩效等级为"优秀",且其所在部门当次的"部门半年度绩效等级"在"良好"及以上者,其岗位工资在本岗位内上升一级,并予以颁发荣誉证书,授予"优秀团队"称号。连续两个半年度为"优秀",且其所在部门连续两次"部门半年度绩效等级"在"良好"及以上者,经部门交叉互评和总经理办公会讨论,对不宜晋升职务者,由总经理办公会决定给予团队一次性 2 000～5 000 元的特殊物质奖励。对年度(岗位)绩效等级"优秀",但其所在部门当次"部门半年度绩效等级"未能达到"良好"及以上者,仅给该岗位任职者颁发荣誉证书。

(6)"部门年度绩效等级"为"优秀"的部门,总经理办公会将一次性给予该部门3 000~8 000元的部门团队奖金,由部门负责人自主奖励部门内表现突出的员工。

(7)主动放弃员工自评者,自评得分算作零,连续不参与自评达到两次即作为"不合格"来处理。

第五章 附 则

第十三条 解释权

公司的综合管理部对本制度拥有解释说明权。

第十四条 实施细则

对本制度未尽事宜及相关实施细则的补充,由公司综合管理部与各部门共同进行,经总经理核准后实施。公司拟定考核员工的颁发以此管理制度为根据。

第十五条 修改、废除权

公司对本制度拥有最终决定、修改和废除权。

第十六条 实施时间

自×年×月×日起执行。

薪酬福利管理制度

薪酬福利管理制度(范本)

第一条 目的

本制度的制定主要是为了使薪酬的激励作用得到充分发挥,从而使员工的职业上升通道得到进一步拓展,使一套相对密闭、循环、科学、合理的薪酬体系得到建立,以适应企业的发展要求。

第二条 制定原则

本方案的制订以公平、竞争、激励、经济、合法的原则为本。

1. 公平:是指不同员工若岗位相同,在薪酬上享受的待遇级别同等;不过在职级薪级上,会根据员工绩效、服务年限、工作态度等方面的表现不同而进行动态调整,在公平的基础上同时体现出不同的工资差异。

2. 竞争:使公司和同行业、同区域在薪酬体系竞争上具备一定的优势。

3. 激励:是指为充分调动员工的积极性和责任心,实行具有上升和下降的动态管理,对相同职级的薪酬实行区域管理。

4. 经济：根据集团公司承受能力的大小、利润的情况，对薪酬进行合理制定，保障利益能够使员工与企业共享。

5. 合法：方案在遵守国家相关政策、法律法规和集团公司管理制度的基础上建立。

第三条　管理机构

1. 薪酬管理委员会

主任：总经理。

成员：分管副总经理、财务总监、人力资源部经理、财务部经理。

2. 薪酬委员会

(1) 对人力资源部提出的薪酬调整策略及其他各种货币形式的激励手段（如年终奖、专项奖等）进行审查。

(2) 对个别薪酬调整及整体薪酬调整方案和建议进行审查并审定。

本规定以薪酬管理委员会为薪酬管理的最高机构，人力资源部负责日常的薪酬管理。

第四条　制定依据

本规定是依据内外部劳动力的市场状况、地区及行业差异、员工岗位价值及员工职业发展生涯等因素而制订。岗位价值包括对企业的影响、解决问题、责任范围、监督、知识经验、沟通、环境风险等要素。

第五条　岗位职级划分

集团所有岗位分为以下六个层级：

第一层级（A）——集团总经理；

第二层级（B）——高管级；

第三层级（C）——经理级；

第四层级（D）——副经理级；

第五层级（E）——主管级；

第六层级（F）——专员级。

第六条　薪酬组成

员工薪酬＝基本工资＋岗位工资＋绩效奖金＋加班工资＋各类补助＋个人相关扣款＋业务提成＋奖金。

1. 基本工资

是薪酬的基本组成部分，属于员工基本生活保障性工资，根据相应的职级和职位予以核定。凡正常出勤者都可享受。

2. 岗位工资

是指对主管以上行使管理职能的岗位，或基层岗位专业技能突出的员工予以的津贴。由岗位的复杂程度、责任大小和履行岗位职责所需要的技能水平、熟练程度决定，与薪酬的级别对应。

3. 绩效奖金

绩效奖金是指员工完成岗位责任及工作，公司依据员工的工作业绩，根据绩效考核结果而支付的工资，不包含在员工的月工资里。

4. 加班工资

员工在双休日、国假以及 8 小时以外接受了额外的工作任务，对其额外的工作进行支付的工资部分即是加班工资。公司 D 职级（包含 D 级）以上的岗位以及实行提成制的相关岗位由于实行的是不定时工作制，工作时间以完成固定的工作职责与任务为主，所以不享受加班工资。

5. 各类补助

（1）特殊津贴：是指集团对高级管理岗位人员基于他的特长或特殊贡献而协议确定的薪酬部分。

（2）其他补贴：其他补贴包括通讯补贴、住房补贴、午餐补贴、交通和出差补贴等。

6. 个人相关扣款

扣款包括员工因违反公司相关规章制度而被处以的罚款，以及享受各种福利时个人必须缴纳的费用和个人所得税等。

7. 业务提成

公司相关业务人员享受业务提成。

8. 奖金

奖金是公司对完成了专项工作或对企业做出突出贡献的员工进行的一种奖励，如突出贡献奖和专项奖等奖励。

第七条　试用期薪酬

（1）试用期的工资构成为基本工资＋岗位工资。

（2）因为不符合岗位要求而在试用期间被终止劳动关系的或试用期间自己离职的，将失去享受试用期绩效奖金的资格。

（3）员工如在试用期合格并转正，则正常享受试用期绩效奖金。

第八条　见习期薪酬

见习员工的薪酬详见公司关于见习期的相关规定。

第九条　薪酬调整

薪酬调整分为整体调整和个别调整。

（1）整体调整：包括薪酬水平调整和薪酬结构调整，是指集团公司根据物价水平和国家政策等宏观因素的变化、行业和地区的竞争状况、集团公司发展战略的变化以及公司的整体效益情况而进行的调整,调整幅度需要根据经营状况,由董事会来决定。

(2)个别调整:主要指调整薪酬的级别,分为定期调整与不定期调整。

薪酬级别的定期调整:指公司根据年度绩效考核结果,在年底对员工岗位工资进行的调整。

薪酬级别的不定期调整:指由于职务变动等原因,公司在年中对员工的薪酬进行调整。

(3)由薪酬管理委员会对各岗位员工薪酬的调整进行审批,调整方案和各项薪酬发放方案在通过审批后由人力资源部执行。

第十条 薪酬的支付

1.薪酬支付时间计算方式如下。

(1)执行月薪制的员工,日工资标准统一按国家规定的当月平均上班天数计算。

(2)薪酬支付时间:当月工资为下月 15 日。遇到双休日及假期,提前至休息日的前一个工作日发放。

2.薪酬中有下列各款项须直接从中扣除。

(1)员工工资的个人所得税。

(2)应由员工个人缴纳的社保费用。

(3)应从个人工资中扣除的与公司订有协议的款项。

(4)罚款等由法律、法规以及公司所规定的应从工资中扣除的款项。

(5)司法或仲裁机构在判决或裁定中要求代扣的款项。

3.工资计算期间中途聘用或离职的人员,当月工资按照以下的公式进行计算:

应发工资=(基本工资+岗位工资)-(基本工资+岗位工资)×缺勤天数/20.83。

4.各类假别薪酬支付标准如下。

(1)产假:按国家相关规定执行。

(2)婚假:按正常出勤结算工资。

(3)丧假:按正常出勤结算工资。

(4)公假:按正常出勤结算工资。

(5)事假:员工事假期间不发放工资。

(6)其他假别:按照国家相关规定或公司相关制度执行。

第十一条 社会保障及住房公积金

(1)××户籍员工养老保险金、失业保险金、医疗保险金、住房公积金的缴纳,依照劳动合同约定的工资基数进行。

(2)非××户籍的员工在由本人提出申请后,也可在经过公司审批后按××户籍员工同等标准缴纳。

(3)其他非××户籍的员工一律缴纳××的综合保险。

第十二条 薪酬保密

人力资源部、集团财务及所有经手员工及管理人员必须保守薪酬秘密。非工作需要,不得将员工的薪酬信息透漏给任何第三方。薪酬信息的传递必须通过正式渠道。有关薪酬的书面材料(包括各种有关财务凭证)必须加锁管理。工作人员在离开办公区域时,不得将相关保密材料堆放在桌面或容易泄露的地方。有关薪酬方面的电子文档必须加密存储,密码不得转交给他人。员工需查核本人工资情况时,必须由人力资源部会同财务部门出纳进行核查。违反薪酬保密相关规定的一律视为严重违反公司劳动纪律,予以开除。

公司执行国家规定发放的福利补贴应不低于国家规定标准,并随国家政策性调整而相应调整。

考勤休假管理制度

考勤休假管理制度(范本)

本制度的制定是为了确保公司的经营管理有秩序,使员工的最大效能发挥到最大,使各项工作任务能在规定时间内完成,使员工的行为更加规范,特制定本制度。

第一章 考勤管理

第一条 考勤纪律

1. 公司实行八小时工作制,正常作息时间为:(冬季)上午 8:00—12:00,下午 1:30—5:30;(夏季)上午 8:00—12:00,下午 2:00—6:00。

2. 每个员工要提前 5 分钟到岗,严禁迟到早退、无故旷工。

3. 各部门的考勤工作由公司指定考勤员兼职。

4. 对有违反考勤纪律者,按照公司管理制度处罚办法进行处罚。

第二章 假期管理

第二条 休假待遇

1. 各种休假都将算入年度考核的范围。

2. 事假:按所休的事假天数,对工资进行扣除。

3.病假:病假工资须在领导批准医院所开具的证明后才可享受。病假工资按北京市最低工资的80%计发。

所休病假超过3个月的,按所属市及区的有关规定执行。

(1)因病需要到医院就医的职工,必须先填写就医请假单供主管领导签字,在获得批准后,要交给考勤员进行记录。特殊情况不能到单位填写就医请假单的,要打电话请假,并在就医后及时补办手续。对于任何请假手续都没有的,将按事假或旷工记录。

(2)就医后不需要休息的,为避免考勤员继续记录请假时间,要及时确定就医时间。

(3)就医后需要休息的,须出示就医定点医院所出具的建议休息假条给领导,经领导签字批准后交考勤员作为考勤记录的依据。需要继续休息的休假者,应及时续交经领导所批准的病假条,否则将被记录为旷工。

4.婚假:结婚的员工可以享受3天的婚假。婚前检查给假一天。

5.产假:女员工生育,可休128天产假(产假遇假期不顺延)。工资按生育保险有关规定执行。

6.丧假:配偶、子女、父母、岳父、岳母、公公、婆婆死亡,给3天假期。

7.工伤假:在工作时间内因工负伤,经申报劳动局工伤部门批准后,凭医院的诊断证明休假。工伤假期间工资,按照工伤保险条例的规定执行。

第三条 休假审批

1.1天的假期可由部门经理批准,2天的假期由副总经理批准,3天以上由总经理批准。部门经理、项目部经理及副总经理的休假,一律由总经理负责批准,之后方可休息。

2.员工的休假一律按审批制度严格执行,先填写请假单,经主管领导签字批准后方可休息,有事不能上班者要提前填写请假单向领导请假,经领导签字批准后才能休息。因特殊情况而不能亲自到单位填写请假单者,可打电话或委托他人请假,并在事后补填请假单,经领导签字批准后交考勤员。没有补办手续的,考勤员将记录为旷工。

第四条 考勤制度

公司考勤员每月末把本部门人员考勤连同休假单经部门经理签字后,报到人力资源部。人力资源部汇总后上报主管经理批准后交由财务中心执行。

第五条 违反考勤制度的处理办法

1.迟到、早退15分钟以内,每次罚款10元,15分钟以上、30分钟以内,每次罚款20元;30分钟以上,算作旷工并进行处理。

2. 每月迟到、早退共计 5 次或累计时间达 60 分钟以上,按旷工一天进行处理。

3. 旷工一天,扣罚工资。当月累计旷工 5 天,停发工资及一切待遇。连续累计旷工 15 天或一年内累计旷工超过 30 天,按自动离职处理。

4. 负责考勤的工作人员,不能弄虚作假或漏记,否则,每次罚款 30 元。

商业秘密管理制度

××公司商业秘密管理规定(范本)

第一章　总　　则

第一条　本管理规定是结合公司实际,依照国家有关法律、法规以及集团公司的相关规定而制定,用以加强公司的商业秘密管理,保护公司的合法权益。

第二条　本规定所称的商业秘密作为公司重要的无形资产,是指采取了合理保密措施的且不为公众所知悉的,能为公司带来经济利益的,具有实际和潜在商业价值的技术信息和经营信息。公司商业秘密所涉及内容的确定《中国××集团公司秘密信息分级保护目录》(以下简称《分级保护目录》)以事项为参照。

第三条　对公司的商业秘密遵循"需要才知道"、"分割"和"隔离"等原则进行管理,在既保守商业秘密的同时又不能对各项工作的开展产生不利。

第四条　本规定在公司总部及公司国内外的分公司以及直属项目部(以下称所属单位)皆适用。实施细则可由各所属单位根据自身的业务情况进行制定。

第二章　保密组织的机构和职责

第五条　公司按 5 类分级、统一领导的原则来进行商业秘密的保护工作。

第六条　公司商业秘密事项的归口管理工作;保密管理和技术防范措施的落实;保密制度的制定;商业秘密保护责任制的建立;秘密保护宣传教育的开展;分公司商业秘密工作情况的检查指导等均由公司保密委员会负责。

第七条　商业秘密的日常管理工作,对各部门的协调、单位商业秘密保护的具体工作,对保密制度落实情况的检查,会同法律、监察等有关部门调查、处理失、泄、窃密事件等均由公司保密办公室(以下简称保密办)负责。

第八条 对公司的涉密行政文件和资料等商业秘密的保护和管理,以及确认并标识保密的级别均为公司总经理办公室所负责的工作。

第九条 各部门各自范围内企业的生产、经营和法律信息等商业秘密的保护、管理,密级的确认和标识工作由公司的各部门负责。

第十条 公司各部门、分公司及项目部负责指导本专业系统的保密工作。

第十一条 公司涉密网络、信息系统、计算机和移动存储介质的保密管理工作由公司信息技术部门负责。

第十二条 公司所属各分公司的商业秘密保护工作由本单位的保密领导小组负责,根据条件制定本单位保密管理的实施细则,审定和管理本单位商业秘密保护重点单位、要害部门(部位),对落实情况进行监督和检查等。

第十三条 各分公司保密管理的日常工作由本单位的保密办公室(以下简称分公司保密办)负责。

第十四条 为了切实做好公司商业秘密的保护工作,公司的全体员工都有义务认真对待对公司商业秘密所进行的保护工作。

第三章 商业秘密的范围、密级和保密期限

第十五条 公司商业秘密统一纳入集团公司油商秘密管理体系,秘密信息的范围、密级和保密期限按照《分级保护目录》规定事项进行确定。

第十六条 商业秘密按重要程度由高到低依次划分为油商密★★★(三星级)、油商密★★(二星级)和油商密★(一星级);保密期限划分为 1 年、3 年、5 年、10 年、20 年、30 年,其中三星级期限最长 30 年,二星级最长 20 年,一星级最长 10 年。

三星级商业秘密是核心秘密,会对集团公司的整体利益、运营安全和竞争优势产生严重影响,它由公司直接或间接参与产生,包括涉及国家能源安全的石油战略储备、油气管道建设、敏感区域油气勘探开发、重大海外发展战略、集团公司核心技术、重大经营管理决策、重大合资合作项目等事项的相关信息。

二星级商业秘密是由公司直接或参与产生,包括集团公司重要技术、重要经营管理、重要交易等事项的相关信息。对集团公司的整体利益、运营安全以及竞争优势会产生一定影响。

一星级商业秘密包括一般的技术和经营等事项的相关信息,对集团公司局部利益、运营安全和竞争优势产生一定影响的秘密,它由公司直接或间接参与产生。

第十七条 各单位、部门常用商业秘密事项的范围、密级、保密期限等信息可参照《××公司商业秘密参考目录》来确定,其他未尽事项依据《分级保护目

录》执行。

第十八条　产生秘密的单位对《分级保护目录》中对秘密的范围、密级和保密期限不明确或未包括在内的事项，可以提出意见并报本单位的保密办进行核定。

第四章　商业秘密的标定

第十九条　公司遵循"谁产生，谁标定，谁管理，谁负责"的原则标定商业秘密，部门和单位如产生秘密，须及时依据国家有关保密规定和《分级保护目录》，由承办人员对秘密信息提出密级、保密期限、知悉范围等事项建议，并经本单位、部门负责人审定签字，否则无法生效。

秘密应根据工作需要将其知悉范围限定在最小范围。

商业秘密一旦被确定为二星级及以上，密源部门或单位就应报公司保密办进行备案。

第二十条　确定了密级及保密期限的商业秘密，应在在文件首页右上角用3号方正黑体字标注密级和保密期限。如：油商密★××年、油商密★★××年和油商密★★★××年。

三星级商业秘密文件，应于首页左上角标注文件份数序号。

第二十一条　涉密载体的外包装上须要标明密级，保持与内容的密级一致。不能将密级标识与涉密载体分离开。

凡是以文字、数据、符号、图形、图像、视频和音频等形式记载了秘密信息的计算机、移动存储介质以及纸介质等物品均为本规定所指的涉密载体。

第二十二条　对秘密信息进行摘录、引用的，应将与原件一致的密级和保密期限标注在派生载体上。

第二十三条　如在文件资料汇编中有涉密文件，应标注出各独立文件的密级和保密期限，并在封面上按照汇编中的最高密级和最晚到期时限做出标识。

第二十四条　各单位和部门应在标注了商业秘密后，立即进行登记并建立台账，由专人按照依公司档案管理有关规定建立的相关制度管理台账的查阅、借阅。

第五章　商业秘密的变更与解密

第二十五条　密源部门或单位对确定了密级和保密期限的信息资料，若发现不符合有关规定的，或公司保密办等有关部门发现不符合有关规定并及时进行了通知的，应及时予以变更或解除。

第二十六条　秘密具备下列情形之一的，应及时变更：

1. 因泄漏明显改变了集团公司利益的损害程度的。

2. 因工作需要,而须改变原知悉范围的。

3. 事项密级或保密期限已被《分级保护目录》作了调整的。

第二十七条 秘密具备下列情形之一的,应及时解除。

1. 保密期限届满,公司有关部门认为不再有维持保密工作需要的。

2. 公开后也不会对集团公司利益造成损害的。

3. 公开后更有利于集团公司利益的。

4. 经集团公司批准认为已经可以公开的。

第二十八条 变更与解密商业秘密,须要密源部门或单位填写"变更、解密申请书",经批准后才可以执行。具体权限如下。

(1)油商密★★★级的由公司保密办审核,公司保密委员会批准。

(2)油商密★★级属公司机关的由公司保密办审核,公司主管领导批准,属分公司的由分公司保密领导小组批准。

(3)油商密★级的由密源部门、单位负责人批准。

如果密源单位或部门已被撤销、分立或合并,则由承担其原职能的单位或部门负责其密级、保密期限的变更及解除工作。无法确定相应承担单位、部门的,由同级保密办指定。

第二十九条 密源部门应在密级、保密期限变更后,及时变更相应标识。

第六章 商业秘密的保护措施

第三十条 应在制作、收发、传递、使用、保管和销毁的各环节,对商业秘密载体进行严格的保密管理。

1. 密源产生单位在商业秘密载体的制作上,应按照第四章的规定进行定密、标密,建立台账,并严格按批准的范围进行发放,同时作好对发放工作的登记和管理;秘密载体原则上应在本单位制作,只有事前签订了保密协议或在合同条款中约定了保密事项及违约后应承担的责任,才可委托外单位制作,且应及时销毁制作过程中形成的校样、印版、底片和废品等。

2. 若收到商业秘密载体,一定要对其进行清点和签收,并登记商业秘密汇总台账。

3. 商业秘密载体的传递不能通过普通传真机、公用电子邮件、非加密电话、移动电话和平信、挂号信、特快专递等普通邮政和通讯方式。商业秘密载体在公司总部和所属单位之间传递时,应按秘密等级使用加密传真、专网电话等通信系统和机要交换手段。

4. 除知悉范围的人员外,公司员工须经本级保密办或主管领导批准才能查阅油商密★★★级和油商密★★级文件和资料,但不得借出。阅读和使用油商密★级密件须要经密源部门负责人批准,原则上应当在办公场所进行,若的确有需要,也须经单位主管领导批准后,在采取了安全措施的情况下才可借出。

5. 严禁对油商密★★★级秘密载体进行复制。对于油商密★★级以下的商业秘密载体,经由本单位保密办审核且主管领导予以批准,才可在公司内进行复制,复制件的登记管理视同原件进行;对涉密文件和资料进行汇编,须事先得到密源产生单位的许可,汇编成册的文件和资料,应按其中最高密级和最长保密期限进行密级文件管理。

6. 对于商业秘密载体的保存,应当在场所、部位和设备的选择上注意安全保密。管理人员在办理移交手续后方可离职。单位如被撤销、合并,应向承担原职能的单位或保密部门移交秘密载体,并履行登记、签收手续。

7. 对商业秘密载体进行销毁,须在保密办指定的场所,经本单位保密办审核,主管领导批准后进行,且销毁过程需要派专人进行监督,并填写《商业秘密销毁登记表》,禁止将秘密载体作为废品出售。

8. 对各级机关工作人员使用的涉密计算机和各类移动存储介质进行专项管理,按《中国××集团公司涉密计算机及移动存储介质保密管理暂行办法》和公司的有关规定执行。

第三十一条　因公出差的公司工作人员,不得携带涉及商业机密的文件、资料、软盘和其他介质。如因工作需要确实需携带的,须获得本部门主管领导的同意,并经本单位保密办审核,履行审批手续。出差期间要增强安全防范意识,妥善保管,回单位后要及时交还。

不得将油商密文件、资料、软盘和其他介质携带或邮寄出境。因特殊情况而必须携带的,必须履行保密审查手续,由单位或公司保密办审查批准属油商密★级的,由本单位保密领导小组或公司保密委员会批准属油商密★★级的,并且必须由公司保密委员会对属油商密★★★级的进行审查批准。

经批准同意携带出境的,要采取严格的保护措施,妥善保管,防止泄露和丢失,回国后及时交还。

第三十二条　公司的文件、资料和讲话稿等,凡涉及商业秘密者,不得私自对外发布;如有内容需要进行宣传报道,必须经过公司、所属单位宣传部门的保密审查,重大活动宣传报道,如涉及公司主要领导参与的,其保密审查由公司保密办负责;参加学术交流活动或对外投稿的论文、交流材料等,不得涉及公司商业秘密,并应由主编单位负责保密审查。

第三十三条　公司商业秘密保护管理规定,必须在对外谈判和执行合作项目的过程中严格执行,如涉及公司商业秘密的资料是必须进行提供的,须在事前签订保密合同,使其所提供和使用的范围得到严格界定,并办理必要的审批手续。涉及重大保密工作事项的,应提前向同级或上级保密管理机构报告,共同研究采取必要的保密措施。

第三十四条 召开涉密会议时,公司和各单位的会议场所一定要选择具备保密条件的。且必须在会议文件、资料上标注密级,主办(承办)单位应组织签订保密承诺书,对印制数量和发放范围进行控制,严禁擅自带出或复制,会议结束后及时收回。

第三十五条 加强管理各级的信息计算机系统,凡涉及公司商业秘密的各类各级信息系统应,严格执行《中国××集团公司计算机信息系统保密管理暂行规定》(油密字〔2001〕2 号文件)和公司的有关规定。

第三十六条 涉密人员和涉密场所手机使用的保密管理,应严格执行《中国石油天然气集团公司手机使用保密管理暂行规定》(油密字〔2006〕3 号文件)和公司的有关规定。

第三十七条 公司各类商业秘密文件资料,只能按有关规定上报至主管部门、传送应知单位和交付给合同或协议所规定的有关单位。此外,任何单位和个人不得以任何形式提供、传递或转让给外单位或个人进行复制、摘抄和使用。

第三十八条 对于发生泄露或可能出现泄露情况的公司商业秘密,有关部门应立即采取措施进行补救,并向各级保密办及时报知。已经发生泄露的应立即报告公司保密委员会,由其采取进一步的行政、经济或法律措施。年度内未发生失、泄密的,进行"零"报告。

第三十九条 公司和分公司保密办要对商业秘密开展定期或不定期的监督检查。

第七章 奖　　惩

第四十条 公司将表彰或奖励对公司商业秘密保守成绩显著的部门和个人。

第四十一条 对违反本规定,因故意或者过失而使得企业的商业秘密造成泄露的部门和个人,将追究当事人责任以及部门领导的相应责任,情节严重的,将依法追究刑事责任。

第八章 附　　则

第四十二条 对本规定的解释由公司保密委员会负责。

第四十三条 本规定自印发之日起施行,20××年××月××日发布的《××公司商业秘密管理暂行规定》(××字〔20××〕××号)同时废止。

奖励惩罚管理制度

奖励惩罚管理制度（范本）

第一条　制定目的

通过奖励鼓励员工奋发向上，以求做出更大成绩，通过惩罚对员工的违纪失职行为进行防止或纠正；保障公司工作秩序正常运行并顺利完成各项经营目标。

第二条　基本原则

1.奖惩分明：公正严明地进行执法，坚决做到有功必奖，有过必罚。

2.奖惩适当：在奖励和处罚的执行中，要做到功奖相称，处罚相当。

3.注重时效：奖励的目的是通过表彰先进，激励一批人；惩罚的目的是通过严肃纪律，教育一批人。必须保障奖励和惩罚的及时性和有效性，

第三条　适用范围

1.本制度属于公司内部行政管理制度的范围。

2.本制度适用公司各直属职能部门及所属部门的行政管理。

3.本制度适用于公司全体工作人员。

第四条　管理职责

1.本制度的制定、考核和过程统计汇总由公司人力资源部负责。

2.本制度执行过程的监督管理由公司人力资源部和办公室负责。

3.本制度的执行与过程管理由公司下属的各单位及部门负责。

第五条　奖励制度

1.奖励类别

奖励的类别包括一般性奖励、嘉奖、记小功、记大功、通令嘉奖和授予先进工作者。在给予上述的奖励时，可以发给一次性奖金，或加薪、晋升职位等。

（1）一般性奖励和嘉奖：员工只要认真履行了本职工作岗位的职责，且在本部门内有比较突出的工作业绩，即可获得。

（2）记小功、记大功和通令嘉奖：员工在履行工作职责的过程中，在公司范围内做出有重大影响的十分突出的工作业绩，则按其敬业贡献的影响程度确定嘉奖类别。

（3）授予先进工作者：授予先进工作者属于年终综合评比的范畴，按年终评比与奖励的规定进行办理。

2.奖励方式

通令嘉奖，当月奖励 50～100 元；记大功，当月奖励 500～800 元或加薪一

级;记小功,当月奖励 200～300 元;嘉奖,当月奖励 10～100 元;一般性奖励,当月奖励 100 元。

3.奖励原则

将精神鼓励和物质奖励相结合,强调平时的奖励;每年开展一次先进集体、先进个人的评选活动,年终被评为先进工作者,在本年度的平时工作应被记小功一次以上。

4.奖励条件

凡员工有下列表现之一,由直接主管部门领导酌情上报,人力资源部审核,公司总经理或董事长审批后,予以奖励:

(1)在本公司的业务上做出了特殊功绩或贡献,或者提出合理化且施行有效的建议的;

(2)对业务的流程与方法进行积极研究和改进,特别有成效地提高了工作效率和业绩的;

(3)事先发现或防止了舞弊或危害本公司权益之事,或在面临突发事件的情况下能够临机应变使用得当措施或经过奋勇救护而减少或者避免了公司和员工利益遭受损失的;

(4)同坏人坏事作斗争,对维护正常的工作秩序,有显著功绩的;

(5)在对财经纪律的维护和对歪风邪气的抵制上,有突出事迹的;

(6)能够勤奋、出色地做好本职工作,一贯忠于职守,积极负责,且能自觉维护公司形象的;

(7)以有方的领导,迅速使业务得到发展且收效显著的;

(8)拥有卓著的才能和优异的成绩且对现职以上职务能够胜任的;

(9)其他应当给予奖励的。

第六条 处罚制度

主要分为两种,即经济处罚和行政处罚。

1.经济处罚

罚款、减发奖金、扣工资。

2.行政处分

警告、记小过、记大过、降薪、降级、辞退、开除。

受到一次警告则当月罚薪 50 元;被记一次小过则当月罚薪 100 元;被记一次大过则当月罚薪 300 元。奖金和补助在留用察看期间停发,且工资减半。凡是受到记小过以上的处分,均在公司范围内通报。

3.处罚细则

(1)未提前请假或未经领导准假就擅自不上班者,记为旷工。旷工达 1 天则扣罚 2 天的工资；一个月内旷工达 3 天或全年累计旷工达 6 天者，予以辞退或开除。

（2）工作时间不待在自己的岗位，而是窜到别人岗位上且妨碍他人工作者，发现一次则罚款 10 元。

（3）工作时间内，擅自离开自己岗位，且对本职工作产生影响者，记小过一次，如情节严重，予以开除。

（4）员工不按公司规定进行着装或不佩戴工作证上班，发现一次罚款 10 元，自行车、摩托车、汽车等一切车辆不停在规定地点的，发现一次则罚款 20 元以上。

（5）对检查劳动纪律的人员进行污辱谩骂，发现一次则罚款 100 元，性质严重的将被记过处分。

（6）在工作场所大声喧哗、嬉闹和追逐，或在工作时间有穿背心、穿拖鞋以及勾肩搭背等影响公司形象的行为者，每次罚款 50～100 元，经批评后仍然不改者，将其岗位调离或辞退。

（7）在公司场所区域内随地吐痰，每次罚款 20 元。

（8）乱丢果皮纸屑或上班时间吃东西等，每次罚款 50 元。

（9）工作时间看与工作无关的书籍、报刊等，每次罚款 20 元。

（10）工作时间睡觉、下棋、打扑克，每次罚款 100 元，中层以上干部给予警告、降职或降薪等处罚。

（11）在公司内赌博，或无理取闹、聚众闹事者，每次每人罚款 100 元，并将其年终奖金取消，严重者予以开除。

（12）打架斗殴、寻衅滋事者一律开除，严重者送公安部门处理。

（13）利用公司设备做私事，对当天的工资、设备损耗费、电费等进行扣罚，此外每次罚款 50 元以上。

（14）人为损坏公司里的设备和财物，除按价赔偿外，每次还将处以 100 元以上的罚款。

（15）消极怠工，不服从工作分配、调动和指挥且无正当理由者，每次处以 50 元的罚款，并勒令其停工。超过三次者给予开除处理。出言不逊，对领导教育不服者，每次罚款 100 元，对于殴打领导者，一律开除，严重者送公安部门处理。

（16）盗窃公司财物，一律开除，并扣罚全月工资，且要追回原物，并按十倍价格处罚。

（17）乱扔杂物和垃圾每次罚 20 元。

（18）凡以事假、病假的名义欺骗领导，到其他单位务工者，一经发现，立即开除，并扣除当月的全部工资。

(19)下班后未关闭电源、门窗等使公司蒙受损失者,将在让其赔偿损失的同时处以每次 50 元以上的罚款。

(20)将公司的专业技术、商业秘密向外泄露或出卖者,追究其违约责任,并予以开除,情节严重者,追究其法律责任。

(21)擅离职守或故意对公司财物有浪费、损害行为者,或者不认真履行岗位职责而给公司造成损失者,除令其赔偿全部损失外,还将处以 10 倍以上的罚款,情节严重者,追究其法律责任。

(22)徇私舞弊、假公济私、贪污公款等对公司利益损害严重者,除令其对公司损失进行赔偿外,还将处以 10 倍以上罚款。情节严重的一律开除,并依法追究其法律责任。

(23)有过错的员工,若认错态度好,可从轻处罚,认错态度不好,可把处罚加重 1～2 倍。

4.对于下列情形之一的,应从重处罚:

(1)有不端正的品行、做出粗暴的行为或对工作不负责,且屡教不改的;

(2)职能岗位的人员因较差的工作服务遭到投诉的;

(3)因违反业务操作规程或因玩忽职守,使公司财产遭受损失的;

(4)对工作秩序进行扰乱,或妨碍他人工作以及对同事进行侮辱等行为超过三次的;

(5)对事实真相进行了歪曲或谎报或欺上瞒下的行为超过三次的;

(6)因过失造成而浪费或对公司的财物造成损害超过三次的;

(7)对工作中的重大问题失察或有渎职、失职现象的。

5.员工被辞退者,如经公司领导批准的,可发放当月工资。如为受到开除处分者,当月的所有工资一律扣除。

第七条　奖励程序

1.首先,将准确的申请报告提出来,然后进行奖励申请单的填写,此过程由主管部门负责。奖励包括以下一些内容:其做出贡献所在的是什么岗位;所做的贡献有什么样的影响;是个人还是集体做出的成绩;对于像敬岗爱业的精神和勤劳服务的精神或良好的工作作风等先进事迹应给予何种奖励。

需要注意的是,准备的材料一定要具体,语言一定要清晰,不可以言辞模糊,说一些空泛话。

2.对情况进行调查与核实。在接到申请报告后,人力资源部对其进行审查,并做适当补充,以使在决策奖励时能有事实为依据和并得到相关的奖励建议。

3.对嘉奖以上级别的奖励的审批由公司总经理负责,通令嘉奖和先进工作者的审批则须要由董事长负责。奖励在通过审批后,其办理由人力资源部负责。

4.奖励申请的级别在嘉奖以上的,其存档管理由人力资源部统一负责。

5.审批一般性奖励的工作由分管主管来进行,人力资源部办理并存档。分管主管即总监或副总经理。

第八条　处罚程序

1.结合公司的行政管理制度,人力资源部或办公室可以定期对员工的工作或行为进行检查。

2.一旦发现违纪现象,任何员工都可以向违纪者所在的部门或办公室、人力资源部进行直接举报。人力资源部或办公室在接到员工的举报后应立即将事实查清。

3.对于一般员工,由其部门主管负责对其出现的违纪行为进行处罚;涉及辞退或开除的处罚,应向公司总经理进行呈报,通过审批后由人力资源部负责其处理。

4.中层管理人员若出现违纪行为,要结合违纪行为的不同级别而进行不同的处分。对其一般违纪行为,给予警告的处罚,其审批由分管主管负责;对其严重违纪行为进行记小过、记大过、降薪、降职的处分,甚至进行辞退或开除,由分管主管提出或审核,人力资源部核查,审批最终由公司董事长负责。

以上的分管主管即是总监或副总经理。

5.高层管理人员若出现了违纪行为,由董事长进行审批,再由人力资源部负责办理对其的处罚。

6.在发现日常管理工作中的一般违纪现象时,人力资源部和办公室有权直接开出处罚单并向分管主管呈报审批。

7.所有处罚单为一式三份,违纪者、违纪者所在部门、人力资源部各一份。人力资源部在月底将考核统计作出并递交财务部,由财务部在发放工资时将相应的罚款从中扣除。

第九条　制度衔接

本制度与公司的《考勤管理制度》、《请假管理制度》等行政管理制度相衔接,其制定、修正与解释由公司人力资源部负责。

本制度自下发之日起试行。

离职辞退管理制度

员工离职、辞退管理制度(范本)

第一条　制定目的

本制度的制定是以劳动法以及相关的行政法律法规为依据,并与本公司的实际情况进行了结合，以使对员工辞退及离职工作的管理得到加强，使辞退和离职的手续程序更为明确，从而使员工个人和公司的合法权益得到维护。

第二条 辞退条件

1. 所有新进员工必须经过试用期的考察才能转为正式员工，试用期考察须至少维持 1 个月，企业和个人均可在试用期间随时提出辞退或辞职。

2. 刚入厂的学徒工须签署《学徒工协议书》，并须经历 6 个月的学徒期，以接受公司对其进行的技术培训，培训费用为 3 000 元，以从工资中扣除的方式收取，每月扣 50 元，直到扣满。只要是本公司的学徒工，未满 3 年不可辞职。对于辞职的员工，在公司工作达到 3 年的，公司将一次性返还技术培训费以作为对员工的奖励；工作未满 3 年而辞职的，则不再返还所收取的技术培训费，被公司辞退或开除的也同样不返还此项费用。

3. 如果公司发现员工的工作能力和态度等不能达到公司的要求，在提前 1 个月告知其后，可以在合同期内对其进行辞退，若被辞退的员工未提前收到告知，公司须支付其 1 个月的工资作为补偿。

4. 在合同期内，如果员工自己在合同期内认为对本公司的工作无法继续胜任的，可以提前 1 个月通过向直接主管递交书面申请来提出离职，在部门负责人报总经理审批通过后，方可在 1 个月后离职。离职手续尚未办理或办理申请手续后不到 1 个月就擅自离职者，作为处罚，公司将扣发其 1 个月的工资。

5. 对于期满的合同，双方可以商议是否进行续签。如果不同意续签，需要在期满前的一个月向对方提出。劳资关系在双方都未提出异议的情况下，则会自动延续。

6. 离职的员工，手续如果是按规定进行了办理，将按照实际的离职日期和当月的实际工资标准对其离职工资进行核算。

7. 离职的员工，其日期若在奖金发放之前，则不再拥有评定各种奖金的资格，也不会在离职后对其发放任何奖金。

第三条 辞退程序

1. 因故而需要离职的员工，本人须将书面的离职申请递交给直接主管，主管给予明确答复后，填写《离职申请表》，先后由直接主管、部门负责人和总经理对其签字，签字同意后再依次到相关部门进行正式离职手续的办理。

离职审批程序：

离职员工（书面离职申请）→直接主管→部门负责人→总经理→审批通过。

2. 如公司需要对员工进行辞退，直接主管或部门负责人须先把书面辞退意见书提交给总经理，得到总经理的审批和同意方可对被辞退员工进行通知，让其本人进行离职申请表的填写。辞退手续的办理和工资的结算均按本规定进行。

公司办公室对本制度拥有解释权。

本制度有效期为1年,公司总经理随签字随生效,并随颁布随实施。

总经理签字:

××机电制造有限公司

20××年×月×日

申诉处理管理制度

申诉处理管理制度(范本)

第一条 总则

1.本制度的制定是为了使员工工作、学习和生活的合法权益得到保护,使员工得到激励从而更好地服务公司,使问题隐患得到及时发现和处理,并使企业的整体利益得到维护。

2.本规定在公司的所有正式员工中均适用。

第二条 申诉内容范围要求

员工只有在以下的情况下所进行的申诉才是合法的。

1.上级有贪污受贿的现象或以权谋私等违法乱纪行为的情况。

2.上级因泄密而对企业造成危害或者出卖企业的情况。

3.上级滥用职权,极不公正地对待申诉者的情况。

4.由于上级的违章指挥而导致了严重事故隐患发生的情况。

5.企业的行政处分对职工的合法权益造成侵犯的情况。

6.将员工安排在了会危害身体健康的作业条件的情况。

7.有其他严重不合理行为的情况。

8.对于上述情况,员工进行申诉不仅是使用权力也是履行义务。

第三条 申诉方式与途径

1.申诉人在进行申诉时可采取面谈、信函(署名)等方式。

2.申诉人在选择受理申诉对象时可根据其能否对所申诉的问题进行处理以及其公正可信程度来进行。

3.申诉人的申诉可以越过多个层级进行,或者向有关的行政部门进行申诉。遇到的情况若在企业内部无法处理,可向政府的有关执法部门或仲裁委员会进行申诉。

第四条 申诉处理

1.受理申诉人要本着迅捷、客观和保密的原则进行调查与取证的过程,相关部门必须积极进行配合。被调查的人员一律须据实出证,并对调查事项保密。

2.员工的申诉若被隔级的上级及有关部门负责人受理,其应当在十五日之内做出对申诉的裁决,裁决的结果若为申诉人所愿意服从则必须将之履行。

3.员工的申诉若被人力资源部受理,则其有权为员工辩护,有权代表员工就有关细节向其行政领导或有关行政部门进行了解,且调解的做出不应超过15日,一旦申诉人服从调解,就必须履行。

4.申诉人对所作出的调解仍然不服的,可继续向政府有关执法部门或仲裁委员会进行申诉。

5.申诉及申诉处理的责任。

(1)申诉人有责任且必须保证其所申诉内容的真实性。经查后如不属实,公司将对其处以重大处罚,情形严重的将依法追究其法律责任。

(2)对于处理申诉的过程和结果,受理申诉人必须负全责,经调查确有所申诉的不公正或泄密行为等,公司可直接从重处罚受理人和受理部门的领导,情形严重的依法追究其法律责任。

(3)凡申诉内容所涉及的被调查人员,经调查的确有泄密、隐瞒或出具伪证等行为的,公司必对其处以重大处罚,情形严重的依法追究其法律责任。

(4)任何人不得打击或报复员工的合法申诉行为。一经发现,公司将对其从重处罚,情形严重的依法追究其法律责任。

(5)对于裁决或调解的结果,当事人无异议却坚决不愿履行的,公司可强制其执行,如有必要,将对其进行处罚。

第五条 附则

1.本规定制定自人力资源部,经总经理批准后执行。

2.本规定自颁布之日起施行。

第五章
人力资源劳动合同

完整的劳动合同

劳动合同（范本）

甲方（用人单位）名　　　称：_____

通信地址：_____

法定代表人（主要负责人）：_____

乙方（劳动者）姓　　　名：_____

身份证号码/护照号码：_____

户籍所在地：_____

家庭住址：_____

邮政编码：_____

联系方式：（固定电话）_____（移动电话）_____

紧急联系人：_____紧急联系人电话：_____

　　甲、乙双方就建立劳动关系与其权利义务等事宜，根据《中华人民共和国劳动法》与《中华人民共和国劳动合同法》等有关法律、法规和规章，在甲方已向乙方如实告知涉及劳动合同的有关情况基础上，双方本着合法、公平、平等自愿、协商一致、诚实信用的原则签订本合同，双方对合同内容充分理解，并承诺共同信守本合同所列各条款。合同一经签订，即具有法律效力，双方务必严格履行。

　　第一条　合同的前提条件

　　1.甲、乙双方均为本合同的当事人。

　　2.甲方为具有在中华人民共和国注册的合法用工资格的用工主体。

　　3.乙方向甲方保证所提供的应聘资料真实，不存在欺诈行为，且在本劳动合同签订之时，与任何第三方不存在尚未解除或终止的劳动关系或雇佣关系，亦不违反有关竞业限制义务，且乙方保证与原用人单位之间没有任何足以对本合同的生效和履行产生影响的事宜。

　　4.受聘于甲方后，乙方能保证所从事甲方交付的任何工作均不会对此前曾受聘单位的商业秘密及其他合法权益造成侵犯。如有违反,乙方将自行承担相应的法律责任。

第二条 合同的类型与期限

1. 甲、乙双方就合同期限选择以下_____类劳动合同。

(1)有固定期限合同:本合同期限自_____年_____月_____日起,至_____年_____月_____日。其中试用期为_____个月,自_____年_____月_____日起,至_____年_____月_____日止。如该期限与以后签订的培训服务期有冲突,劳动合同期限延续到培训协议约定的服务期届满之日止。

(2)无固定期限合同:本合同期限自_____年_____月_____日起履行,其中试用期为_____个月,自_____年_____月_____日起,至_____年_____月_____日止。如出现法定的解除或终止条件,劳动合同即行终止。

(3)以完成一定工作任务为期限的合同:本合同自_____年_____月_____日起履行,至_____工作完成时止,并以_____为该工作完成并终止合同的标志。

2. 本合同试用期尚未结束之时,乙方未对甲方进行解除劳动合同书面通知的,甲方有义务通过口头或书面的形式对乙方就转正相关事宜进行通知;在试用期内乙方若不符合有关录用条件或具有本合同10.2.5条所规定情形时,甲方有权解除劳动合同。

3. 本合同期满,且不具有法定续签条件的,则本合同即行终止。

4. 如甲乙双方签订本合同的起始日期非实际用工日期,则甲、乙双方的劳动关系从实际用工日期起建立,劳动合同与试用期期限亦自实际用工之日起算。

第三条 工作内容与工作地点

1. 甲方根据生产经营需要,安排乙方在_____部门,所从事工作的具体任务或职责是_____。乙方应对本岗位的工作职责认真履行(见附件),保证本职工作能按时、按质、按量完成。

2. 乙方的工作地点在_____。如因甲方的经营范围扩大而需要委派乙方至其他城市工作时,双方必须事先协商一致。

3. 甲方根据经营需要、乙方工作能力、工作表现及身体状况等因素,可依法对本条中规定的乙方工作部门、工作内容及工作地点进行合理变更。

第四条 工作时间和休息休假

1. 甲方实行标准工时制,具体工作时间由甲方制定或变更。每天的午餐及休息时间不算在劳动时间内。

2. 结合部分岗位的特征、业务的状况,甲方可以在获得劳动行政部门的批准后,实行不定时工作制或综合计算工时工作制。

在本合同期内,乙方所在岗位经劳动行政部门批准实行不定时工作制或综合计算工时工作制后,则本合同所约定的工作时间自动变更为不定时工作制或综合计算工时工作制。

3.甲方可以根据工作需要安排乙方加班,甲方将依法支付超时工作的劳动报酬,或给予调休。乙方加班须征得甲方确认或同意,否则不视为加班。

加班须根据相关规定办理加班申请手续。

4.乙方所在工作岗位申请不定时工作制或综合计算工时工作制后,加班报酬按照相关法律执行。

5.乙方享有国家规定的法定节假日和婚假、丧假等假期。

第五条　劳动报酬

1.乙方正常出勤,且在规定工作时间内能把甲方安排的工作任务保质保量完成,即有权获得劳动报酬。

甲方实行岗位绩效工资制度,乙方的工作收入是在岗位工作的基础上,加以奖金和津贴。甲方根据乙方的工作岗位和实际技术业务水平,确定乙方的岗位工资收入标准为＿＿＿＿＿＿＿元;乙方奖金与其工作数量和质量以及出勤率等实绩挂钩;津贴按国家和公司的相关规定执行。其中,试用期的工作收入为人民币＿＿＿＿＿＿＿元。

2.甲方发薪期为当月或次月的＿＿＿＿日至＿＿＿＿日。甲方对劳动报酬的支付延迟有合理解释的,不属于对乙方工资的拖欠。工资按照甲方规定的方式支付。

3.本条第一款所列乙方收入为税前收入,乙方应依法缴纳个人所得税。

4.甲方有权根据自身经营状况、经济效益及乙方的业务能力、绩效情况、岗位地点变化等对乙方的劳动报酬进行合理调整,包括提高或降低,且乙方对甲方的决定没有异议。

5.奖金和津贴的执行以甲方内部规章制度为根据。甲方有权根据需要制订奖金和津贴制度并对其进行修改、完善或废止。

第六条　社会保险及福利待遇

1.甲方应按照国家和＿＿＿＿＿＿＿省(区/市)有关规定,为乙方按比例进行社会保险和住房公积金的缴纳,乙方也应对其所应承担的部分按比例进行缴纳,并由甲方在工资内代为扣除。乙方须及时向甲方递交办理社会保险和住房公积金的有限凭证,如有任何后果是因乙方的迟延递交而造成,则相应责任由乙方承担。

2.乙方因公负伤或非因工负伤或因病离职期间,其待遇按法律、法规及相关规定执行。

3.乙方如为女职工,其孕期、产假和哺乳假等待遇按法律、法规及相关规定执行。

4.甲方将结合乙方的工作岗位或地点根据公司相关规定向乙方支付其他补贴及福利费用,或对其进行调整。具体标准的制定由甲方负责。

5.甲方有对员工进行培训的政策,甲方会有计划地为乙方提供职业培训。同时,甲方也鼓励员工的个人发展,除各种内部培训活动外,甲方对乙方自己参加一些外部的培训活动或课程持鼓励态度。

如为甲方对乙方提供专项培训费用来进行专业技术培训的,则双方约定服务期至少为_____个月。如乙方在服务期内提出辞职或因过失被甲方解除劳动合同,甲方有权让乙方支付违约金。

服务期违约金=(应服务月数-已服务月数)/应服务月数*培训费总额

如甲、乙双方在本合同外另行签订有培训协议的,则该协议为本合同的附件。存在冲突之处以另行签订的培训协议为准。

6.甲方可对乙方的各项福利待遇根据自身经营状况、经营效益等做相应调整。

第七条 劳动保护、劳动条件和职业病防护

1.甲方提供给乙方的工作环境必须符合国家规定的劳动安全标准,从事工作的环境条件不能危害到乙方的人身安全和人体。

2.甲方应按照国家有关规定,结合乙方岗位的实际情况向乙方提供必要的劳动防护用品。

3.为避免乙方的人身安全和人体免受职业病的危害,甲方将按照国家及当地政府的相关规定,积极采取防护措施。

第八条 劳动纪律

1.在不与法律法规相抵触的情况下,甲方有遵循民主原则对员工手册及其他各项规章制度进行制订的权利。甲方对乙方的劳动纪律依据前述制度进行日常管理。乙方应对甲方所制定的前述制度进行严格遵守,否则甲方可根据单位的规章制度,对乙方进行相应的处分。

2.甲方将及时公示所制定的各项规章制度。甲方要求乙方对所公示的相关内容进行认真阅读,以保证对甲方的各项信息做到及时了解。如乙方因不在公司而无法阅读,甲方要求乙方在返回公司出勤后的一周之内及时进行阅览。对于乙方因未能阅览上述信息而造成的后果,其一切责任由乙方独自承担。

3.甲方可以在本合同的履行期间修订其员工手册及其他各项规章制度,或者制定新的规章制度。对于甲方新的制度与原规章制度不一致的地方,乙方同意按照甲方新的规章制度执行。

4. 乙方有责任对甲方财物进行妥善保管,乙方如因任何原因离职,均须将甲方财物归还,包括但不限于电脑、软件、光盘、技术文档等。如乙方蓄意损坏或因疏忽而丢失,应予赔偿。

5. 对于提供给甲方的所有信息、资料、证明等,乙方均须保证其真实、有效,并承担相应责任。

6. 乙方因尚未与原用人单位解除或终止劳动合同关系而致甲方损失的,应当予以赔偿。

第九条　保密及知识产权归属

1. 乙方对在履行工作职责时所接触到的甲方商业秘密及有关知识产权的保密事项有保密的义务,这些事项均属甲方的财产和权利。

2. 对于甲方的任何保密规章、制度,乙方必须从本合同生效之日开始遵守,并履行与其工作岗位相应的保密职责。未经甲方书面同意或非为履行属本合同项下的职责和义务,乙方不得向任何第三方泄露甲方的任何商业秘密。第三方包括不能知悉该项秘密的甲方其他员工。

3. 对于乙方因职务需要而持有或保管的一切记录着甲方秘密信息的任何形式的载体,甲、乙双方应确认其全部归甲方所有。

4. 乙方因履行甲方交付的工作任务或主要利用甲方的物质和技术条件、业务信息等在甲方任职期间完成的发明创造、计算机软件、技术秘密、著作权等,其相关的知识归属于甲方(应属于乙方的省份性权利除外)。

5. 对于属于甲方或者虽属于他人但甲方承诺有保密义务的秘密信息,乙方保证对其正确进行使用并妥善进行保管,不得利用前述信息为自己或者第三方牟利。乙方承诺,其在职期间和离职后,除了履行职务外,不得未经甲方书面授权而对甲方或者属于他人但对甲方承诺了保密义务的秘密信息进行泄露、告知、公布、发布、出版、传授、转让,或者以其他任何方式使任何第三方知悉,并且,除非甲方宣布解密或保密信息已经实际上公开,否则不得在履行职务之外使用这些秘密信息。

6. 乙方必须在双方的劳动关系解除或终止后,返还甲方所有的机密信息和资料及其复印件,并向甲方保证本人不再有任何权力使用该信息或者资料,并申明已退还给甲方该资料和信息的所有原件及复印件。由于乙方未及时归还前述资料而给甲方造成损失的,乙方必须承担相应的赔偿责任。

7. 凡未经甲方书面同意或非为履行本合同项下的职责和义务而以直接或间接、口头或书面等形式提供给第三方涉及保密内容的行为均属泄密,造成甲方损失的,乙方必须承担相应的赔偿责任。

第十条 合同的变更、解除及终止

1. 劳动合同的变更

（1）本合同应随着其订立时所依据的法律、法规、规章或政策规定发生的变化而进行内容上的相应变更。

（2）本合同如因不可抗力致使无法履行，经过协商取得彼此的同意后，可以对合同的相关内容进行变更。

（3）甲、乙双方协商一致，可以变更本合同的部分条款。

（4）甲方在双方未签订书面变更合同或协议时，调整了乙方的工作岗位、地点或职务，且乙方自到岗位后一个月内未提出书面异议的，则视为乙方对该调整采取了同意态度。

2. 劳动合同的解除

（1）本合同在经甲、乙双方协商一致后，可以进行解除。

（2）如乙方单方面对本合同进行解除，应当以书面形式提前三十日通知甲方，并向主管或人事部门呈交辞职书，由双方对乙方的最后工作日期进行协商确定。乙方如在试用期结束前辞职，须提前三日对甲方进行书面通知。

（3）甲方有法律、法规规定的恶劣情形的，乙方可对劳动合同进行解除。

（4）乙方有下列情形之一的，甲方可对劳动合同进行解除，但是应当以书面形式提前三十日对乙方进行通知，或对乙方额外支付一个月工资：

①乙方患病，或者在非因公负伤的情况下，医疗期满后无法继续从事原工作也不能从事由甲方另行安排的工作的；

②乙方对工作无法胜任，经过培训或者调整工作岗位仍无法胜任工作的；

③劳动合同订立时所依据的客观情况发生重大变化，致使原劳动合同无法履行，双方经过协商不能达成协议对劳动合同进行变更的。

（5）有下列情形之一的，甲方可以随时进行解除劳动合同并可不支付经济补偿金，并依法由双方进行退工手续的办理：

①乙方在使用期内被证明不符合录用条件的；

②乙方对劳动纪律或甲方的规章制度违反情况严重的；

③乙方严重失职、营私舞弊给甲方造成重大损害的；

④乙方被依法追究刑事责任或被劳动教养的；

⑤乙方在应聘时向甲方所得提供的资料被查出为虚假的；

⑥乙方与其他单位建立雇佣关系，严重影响了对甲方工作任务的完成情况或者经甲方提出仍拒不改正的；

⑦以欺诈、胁迫等手段或乘人之危的方式，使甲方违背自己的真实意愿订立了导致本合同无效的劳动合同的；

⑧法律、法规规定的其他情形的。

3.有下列情形之一的,劳动合同终止:

①劳动合同期限届满的;

②甲方宣告破产的;

③甲方决定解散、营业执照被吊销、责令关闭或者资格被撤销的;

④乙方开始依法享有基本养老保险待遇的;

⑤乙方死亡,或者被人民法院宣告死亡或失踪的;

⑥法律、行政法规规定的其他情形的。

4.乙方如出现下列情形之一,甲方不能依据本合同10.2.4的规定对劳动合同进行解除或终止(法律另有规定的从其规定):

①乙方从事接触职业病危害作业未进行离岗前职业健康检查或者乙方因疑似职业病在诊断或医学观察期间的;

②乙方患职业病或因工负伤并被确认丧失或者丧失部分劳动能力的;

③非因公负伤或者患病,且在规定医疗期间的;

④女职工在孕期、产期、哺乳期的;

⑤在甲方连续工作满十五年,且不足五年即达到法定退休年龄的;

⑥法律、行政法规规定的其他情形的。

5.劳动合同在被解除或终止时,甲方如需支付经济补偿金,将按照法律规定执行。

6.乙方必须配合所在部门及其他部门根据甲方的要求,在最后的工作日前将所有的工作交接办理完,交接工作包括:

①归还所有代表公司员工身份的证明文件,如工作证、介绍信函、员工信息卡等;

②归还所有公司文件、资料、记录、设备、工具、文具、通讯设备等;

③归还更衣箱、工具箱以及员工保管的所有公司的钥匙;

④向继任者或公司指派的其他同事交代清楚所有工作;

⑤与财务部门结算所有应付款项、应收款项;

⑥其他根据公司规定必须移交的物品。

交接工作的办理程序根据甲方的要求进行。工作交接完毕,由甲方在工作交接清楚单上签字确认。甲方有权要求乙方对因乙方不按规定办理交接手续而给甲方造成损失的进行赔偿。

第十一条　违约及赔偿责任

1.乙方如在本合同期限内接受了甲方提供的出资培训,或者约定了竞业限制的,违约及赔偿责任依照双方的约定进行办理。乙方违约,应承担违约责任,乙方给甲方造成的损失超过违约金数额的,乙方还应赔偿超过违约金部分的损失。

2.甲乙双方任何一方违反本合同规定,给对方造成损失的,应给予赔偿。

3.乙方侵占甲方财产造成损失的,乙方应返还相应财物,并对甲方损失进行赔偿。乙方所获得的甲方利益不在法律规定或者合同约定中的,乙方应向甲方返还所获的不当得利。

第十二条 其他事项

1.本合同如与现行相关法律、法规、规章不一致,应以相关法律、法规、规章为准。如果相关法律、法规、规章出现了变更,应以新的有效的法律、法规、规章为准。

2.双方就本合同的未尽事宜另有约定的,从其约定;双方没有约定的,遵照相关法律、法规、规章执行;法律、法规、规章没有规定的,双方应遵循平等自愿、协商一致的原则另行签订协议作为本合同的补充协议。

3.对于因履行本合同而产生的争议,甲、乙双方应进行友好协商,协商不成的,任何一方可向有管辖权的劳动争议仲裁委员会提出劳动仲裁。不服仲裁裁决的,可以依法向人民法院提起诉讼。

4.本合同中所称"法律"、"法规"、"规章",若未作特殊说明,均系指中华人民共和国及甲方所在地的法律、法规、规章。

本合同中所称"第三方",若未作特殊说明,均系指除甲、乙双方之外的第三方。

5.本合同一式两份,经双方签字、盖章后生效,双方各执一份。两份合同具有同等法律效力。

第十三条 乙方确认事项

1.劳动合同期内,乙方的户籍所在地址、现居住地址、联系方式等如发生变化,应当在 3 日内及时告知甲方。如乙方以上事项变更,没有及时通知甲方,甲方依此信息送达法律文书,将视为已经送达。

2.乙方在签订本劳动合同的同时,已详细阅看,对合同内容予以全面理解,并已知晓甲方的各类规章制度。规则制度包括但不限于《员工手册》、《岗位说明书》等,作为劳动合同的附件,与劳动合同其他附件一起,与劳动合同有同等法律效力。

甲方:＿＿＿＿＿＿＿＿＿＿ 乙方:＿＿＿＿＿＿＿＿＿＿

法定代表人或授权代理人:＿＿＿＿＿＿＿＿＿＿

签订日期:＿＿＿年＿＿＿月＿＿＿日 签订日期:＿＿＿年＿＿＿月＿＿＿日

简要的劳动合同

劳动合同（范本）

合同编号：＿＿＿＿＿＿＿＿＿＿＿＿＿＿＿＿＿＿＿

甲方

名称：＿＿＿＿＿＿＿＿＿＿＿＿＿＿＿＿＿＿＿＿＿

通信地址：＿＿＿＿＿＿＿＿＿＿＿＿＿＿＿＿＿＿

法定代表人（负责人）：＿＿＿＿＿＿＿＿＿＿＿＿

乙方

姓名：＿＿＿＿＿＿＿＿＿＿＿＿＿＿＿＿＿＿＿＿＿

家庭地址：＿＿＿＿＿＿＿＿＿＿＿＿＿＿＿＿＿＿

通信地址：＿＿＿＿＿＿＿＿＿＿＿＿＿＿＿＿＿＿

身份证号码：＿＿＿＿＿＿＿＿＿＿＿＿＿＿＿＿＿

文化程度：＿＿＿＿＿＿＿＿＿＿＿＿＿＿＿＿＿＿

联系电话：＿＿＿＿＿＿＿＿＿＿＿＿＿＿＿＿＿＿

根据《中华人民共和国劳动合同法》和《劳动合同法实施条例》，双方平等、资源、协商一致的基础上，订立本合同，并共同遵守履行。

第一条 合同期限

本合同为：□ 固定期限劳动合同，期限自＿＿＿＿年＿＿＿＿月＿＿＿＿日起至＿＿＿＿年＿＿＿＿月＿＿＿＿日止。□ 无固定期限劳动合同，从签订之日起至符合法定终止时间止（在□中打勾选择，下同）。其中前＿＿＿＿个月为试用期。

第二条 工作内容和工作地点

乙方在＿＿＿＿岗位（工种）工作，工作地点为＿＿＿＿＿＿＿＿＿＿。如需对工作岗位和工作地点进行变更，应由双方事先协商。

第三条 工作时间和休假制度

甲方根据国家有关规定及企业实际情况并与职工协商一致，规定工作时间和制定休息休假制度，实行 □标准工时工作制 □综合计算工时工作制 □不定时工作制。

第四条 劳动报酬

试用期工资不低于甲方相同岗位最低档工资的百分之八十或者本合同约定工资的百分之八十，并不低于××市职工最低工资标准。试用期满后实行＿＿＿＿＿＿＿＿（填计时或计件或其他）工资，每月基本工资＿＿＿＿＿元，其余根据考核情况确定。当月工资在次月底前发放。

第五条　社会保险

甲方依法为乙方办理社会保险,乙方自付部分由甲方在乙方工资中代扣代缴。

第六条　劳动法规

甲乙双方都必须严格遵守国家安全生产、劳动保护、劳动条件和职业危害防护相关规定,乙方还应严格遵守相关操作规程。

第七条　合同的变更、解除和终止

对于劳动合同的变更、解除和终止,甲乙双方都应依法进行。在解除终止劳动合同后,甲方应在 15 天内为乙方办理档案和社会保险关系转移手续,乙方应当及时办结工作交接手续。

第八条　争议解决

甲乙双方对因履行合同而发生的争议,应当进行协商解决。如协商不成,任何一方可向甲方所在地的劳动保障管理服务所申请调解,也可直接向市劳动争议调解仲裁部门申请调解仲裁。

第九条　其他事项

乙方应严格遵守甲方所依法制订的员工手册、规章制度。乙方如变更了通讯地址,应当于_____天内对甲方进行书面形式通知。

本合同未尽事宜,均按现行法律、法规和规章的规定执行。

第十条　其他约定

_____。

甲方:_____(盖章)　　乙方:_____

法人代表或委托代理人:_____

订立日期:_____年_____月_____日

集体合同

集体合同(范本)

甲方(企业)名称:_____

通信地址:_____

法定代表人(委托代理人):_____

联系电话：_____

乙方(企业工会)名称：_____

通信地址：_____

法定代表人(委托代理人)：_____

联系电话：_____

本合同由企业工会(以下简称乙方)代表全体职工与企业(以下简称甲方)签订。

第一章　总　　则

第一条　为使所建立的劳动关系能够和谐稳定,使职工和甲方的合法权益得到依法维护,促进甲方的发展能够持续稳定协调,经甲、乙双方协商一致,根据《中华人民共和国劳动法》、《中华人民共和国工会法》、《中华人民共和国劳动合同法》、《××省集体合同条例》、《集体合同规定》等规定,签订本合同。

第二条　本合同是甲、乙双方代表就劳动报酬、工作时间、休息休假、劳动安全卫生、保险福利等事项,根据法律、法规的有关规定,在平等协商一致的基础上签订的书面协议。

第三条　本合同对甲、乙双方和全体职工具有约束力。就劳动报酬和劳动条件等标准,在甲方与职工个人签订的劳动合同中所规定的不能比本合同中所规定的低。

第四条　甲方对乙方依法开展的工作持尊重并支持的态度,对乙方对生产经营和涉及职工切身利益问题的意见及建议进行听取并与乙方协商进行处理,以保障职工的合法权益。

第五条　乙方对甲方依法进行的生产经营和管理持尊重并支持的态度,依法代表职工的合法权益并对其进行维护,教育职工遵守甲方依法制定的各项规章制度、爱岗敬业、努力工作,使甲方的各项工作任务得到圆满完成。

第二章　劳动合同

第六条　甲方与职工订立了书面劳动合同,方可建立劳动关系。

第七条　进行劳动合同的订立、解除、变更或终止,甲方必须遵守国家法律、法规的相关规定。

第八条　乙方对职工在与甲方签订劳动合同进行帮助和指导,使其在合法、公平、平等自愿、协商一致、诚实信用的原则下进行,并对劳动合同的履行情况进行监督。

第九条　甲方对新招用职工的试用期限应按《中华人民共和国劳动合同

法》的相关规定执行。

第三章　劳动报酬

第十条　甲方以货币形式对职工支付工资,必须足额且及时支付,不得拖欠。

第十一条　甲方必须以高于当地政府公布的最低工资标准对职工进行工资的支付。

第十二条　方依法在日法定标准工作时间以外,安排职工延长工作时间的,对职工工资必须按照不低于劳动合同所规定职工本人小时工资标准的150%进行支付;安排职工在休息日工作且不能安排补休的,对职工工资的支付按照不低于劳动合同所规定职工本人日或小时工资标准的200%进行支付;安排职工在法定休假日工作的,对职工的工资须按照不低于劳动合同所规定职工本人日或小时工资的300%进行支付。

第十三条　对依法享受年休假、探亲假、婚假、丧假期间的职工支付工资,甲方应当按照有关规定或者劳动合同的约定进行。对于在法定工作时间内依法参加社会活动期间的职工,甲方应视其提供了正常劳动而对其进行工资支付。

第十四条　甲方应保证职工收入随着经济效益的增长而同时相应地增长。

第四章　休息休假

第十五条　甲方依法实行的工时制为每日工作八小时,平均每周工作四十小时。如工作种类和岗位因其生产特点、工作性质而不能实行标准工时制度的,经劳动行政保障部门审批,可实行综合计算工时工作制和不定时工作制。

第十六条　如甲方由于生产经营而确实需要,在与乙方和职工进行协商后可以对工作时间进行延长,一般每日不得超过一小时,最长不得超过三小时,每月不得超过三十六小时。

第十七条　职工在劳动合同期内有权享有国家所规定的以及甲方所安排的各项休息、休假。

第五章　劳动安全卫生

第十八条　甲方对国家、××省与劳动安全卫生有关的法律、法规严格执行,将劳动安全卫生制度建立完善。

第十九条　甲方必须为职工提供符合国家规定的劳动安全卫生条件和必要的劳动防护用品。

第二十条　甲方应就安全卫生对职工进行教育,保证员工具备和掌握必要的安全生产知识和本岗位的安全生产操作技能。

第二十一条　甲方必须严格遵守安全生产技术规范进行生产活动。

第二十二条　如甲方管理人员违章指挥、强令冒险作业,职工有权拒绝执行,且有权批评、检举和控告危害生命安全和身体健康的行为。

第六章　社会保险和福利

第二十三条　甲方按照国家和××省有关规定为职工参加基本养老保险、基本医疗保险、工伤保险、失业保险和生育保险。

第二十四条　甲方根据经济效益状况为职工建立补充保险。

第二十五条　甲方按有关规定对福利费进行提取和使用,并每年把当年的福利费使用情况报告给职代会。

第二十六条　甲方应当创造条件,对集体福利进行改善,使职工的福利待遇得到提高。

第七章　职业技能培训

第二十七条　甲方应根据实际情况,按照有关规定,建立职业培训规章制度或使其得到健全,并使其对职工的职业技能培训工作得到规范。

第八章　女职工和未成年职工特殊保护

第二十八条　女职工在怀孕期、产期、哺乳期的,甲方不得把其基本工资降低或者把劳动合同解除。

第二十九条　甲方禁止将矿山井下、国家规定的第四级体力劳动强度的劳动安排给女职工从事。

第三十条　甲方不得把国家所规定的禁忌劳动安排给未成年工从事。

第九章　职工裁减

第三十一条　甲方若出现《劳动合同法》第四十一条所规定情形,确需对人员进行裁减的,应当将此情况提前三十日向乙方或者全体职工进行说明,并从乙方或者职工听取意见,在向劳动行政部门报告人员裁减方案后,可以裁减人员。

第三十二条　甲方在对人员进行了裁减后的六个月内,需要重新招用人员的,应当对被裁减人员进行通知,并在同等条件下对被裁减人员进行优先录用。

第十章 奖惩措施

第三十三条 甲方对职工的精神和物质奖励按照国家、××省以及甲方依法制定的规章制度的规定进行。

第三十四条 甲方需要处分职工时,应事先征求乙方意见,乙方有权对所认为甲方不适当的地方提出意见。

第十一章 集体合同期限

第三十五条 本合同期限为____年,自_____年_____月_____日至_____年_____月_____日止。

第十二章 变更、解除集体合同的程序

第三十六条 本合同可以在甲、乙双方协商一致的情况下,对其进行变更或解除。

第三十七条 有下列情形之一的,可对本合同进行变更和解除:

1.甲方因解散、破产或被兼并而无法继续履行本合同的;

2.因不可抗力等原因而无法履行本合同或部分无法履行的;

3.出现了本合同所约定的变更或解除条件的;

4.法律、法规、规章规定的其他情形。

第十三章 在集体合同的履行中发生争议时的协商处理办法

第三十八条 甲、乙双方对履行本合同发生的争议经过协商仍无法解决的,可以依照法定程序向劳动争议仲裁委员会申请仲裁或向人民法院提起诉讼。

第十四章 违反集体合同的责任

第三十九条 因一方过错而对本合同不履行或者不完全履行的,过错方应当继续对本合同的履行义务并承担相应的违约责任。

第十五章 附 则

第四十条 本合同自签订之日起十日内报送劳动行政部门审查,劳动行政部门自收到本合同文本之日起十五日内未提出异议的,本合同即行生效。

第四十一条 本合同未尽事宜,按照国家和××省有关法律、法规的相关规定执行。

甲方:(盖章)	乙方:(签字)
法定代表人:	法定代表人:
(或委托代理人)(签字)	(或委托代理人)(签字)
签字日期:　　年　月　日	签字日期:　　年　月　日

说明:

1.此文本为综合性集体合同示范文本。各用人单位与工会签订的集体合同可以不限于上述内容。双方也可以就工资、女职工特殊权益保护等内容进行协商,签订单项集体协议。

2.文本中所涉及的如不同工作岗位人员签订劳动合同的期限、工资调整、工资支付日期、休息休假、适合本单位的补充保险和福利等各项具体劳动标准,可以根据本单位的具体情况详细约定。

3.为使集体合同审查工作能在法律法规规定的时限内完成,各用人单位正式签订集体合同前,可将合同文本非正式送劳动行政部门征求意见后再正式签订。各用人单位应按照法律法规规定的时限将签订后的集体合同报送审查。

4.企业化管理的事业单位,签订行业性、区域性集体合同可参照本文本执行。

劳务派遣协议

劳务派遣协议(范本)

甲方(用人单位):＿＿＿＿＿＿＿＿＿＿＿＿＿＿＿

法定代表人(或委托人):＿＿＿＿＿＿＿＿＿＿＿＿

通信地址:＿＿＿＿＿＿＿＿＿＿＿＿＿＿＿＿＿＿＿

联系电话:＿＿＿＿＿＿＿＿　传真:＿＿＿＿＿＿＿＿

乙方(派遣单位):＿＿＿＿＿＿＿＿＿＿＿＿＿＿＿＿

法定代表人(或委托人):＿＿＿＿＿＿＿＿＿＿＿＿

通信地址:＿＿＿＿＿＿＿＿＿＿＿＿＿＿＿＿＿＿＿

联系电话:＿＿＿＿＿＿＿＿　传真:＿＿＿＿＿＿＿＿

甲、乙双方根据《劳动合同法》的相关法规,就乙方向甲方派遣人员的事宜,进行平等互利的友好协商,达成如下协议。

第一章　派遣与费用

第一条　派遣系指乙方按照本协议的约定,向甲方派遣与乙方建立有劳动关系的人员(下称派遣人员)以从事劳务的行为。

第二条 乙方根据甲方需求,向甲方派遣_____从事_____工作。

第三条 由甲方根据工作需要对派遣人员的工作地点、工作内容、工作岗位等进行确定。

第四条 甲方支付给乙方的劳务费包括以下方面。

1. 派遣人员的劳动报酬。

2. 派遣人员的养老、失业、医疗、工伤社会保险。(自派遣之日起由乙方办理养老保险、失业保险、医疗保险、工伤保险等社会保险。)

3. 劳务管理费。

第五条 根据派遣人员的数量,甲方每月对乙方支付_____元的劳务费。(其中派遣人员的劳务报酬、各项社会保险费、劳务管理费的支付标准为每人_____元/月。)

第二章 甲方的责任、义务与权利

第六条 以下责任与义务由甲方承担。

1. 对派遣人员的民族习惯要尊重,对派遣人员的合法权益进行维护。

2. 提供必要的办公场所给乙方所派往现场的工作人员,并对乙方的工作人员进行协助,以做好各项服务工作。

3. 对《劳动合同法》的相关规定严格贯彻执行,向派遣人员公开甲方制订或执行的安全生产、行为规范、考核办法等管理规章制度,并送乙方备案,以便共同监督执行。

4. 甲方应对乙方的派遣人员在甲方工作期间由于工伤事故造成的伤、残、亡等积极采取抢救措施,并及时向乙方通报事故情况,由甲、乙双方对人员的工伤事故共同进行处理。所发生费用由保险公司承担,工伤保险以外的所有费用由甲方承担。

5. 乙方派遣人员如将满试用期,甲方应提前 5 个工作日,将派遣人员的试工情况以书面形式向乙方进行通知(逾期则视为合格),以便乙方办理相关手续。

6. 及时向乙方以书面形式反馈派遣人员的工作、培训、考核等情况,协助乙方做好派遣人员的管理工作。

7. 试用期满的派遣人员,经实践证明对甲方工作无法胜任的,甲方可安排其进行必要的技能培训,经培训后仍无法胜任工作的,甲方可向乙方退回派遣人员,但应提前 5 天向乙方及派遣人员进行书面形式的通知,并按照规定对工作期间的劳务报酬、保险及乙方与派遣人员解除劳动合同依法支付的补偿金等费用进行支付。

8. 在向乙方按时支付劳务费的前提下,对因乙方原因造成的派遣人员劳务报酬、社会保险延误等问题不承担任何责任。

9. 甲方要把加班费、绩效奖金按时足额地支付给派遣人员,并为之提供与工作岗位相关的福利待遇,以及个人所得税的代扣。

10. 甲方不得再向其他用工单位派遣乙方的派遣人员,连续用工的甲方单位,应实行正常的工资调整机制。

11. 甲方应对派遣人员依法参加或者组织工会的权利提供保障。

12. 甲方对劳务派遣人员实行每天八小时的工作制度,甲方因生产而需要劳务人员加班的应按有关国家规定给予调休。

第七条　甲方享有如下权利。

1. 甲方可对派遣人员规定＿＿＿＿＿＿天的试用期,并有权对不符合条件的人员终止试用,但应按照规定支付试用期间的劳动报酬。

2. 甲方有权批评、教育、处罚及奖励派遣人员。乙方派遣人员有下列情况之一的,甲方有权直接将之退返乙方,但应提前 5 天对乙方进行书面形式的通知。涉及经济处罚或经济赔偿等问题时,按照甲、乙双方的相关规定进行处理。

具体情况如下:

(1)对劳动纪律和规章制度有严重违反现象的;

(2)严重失职,给甲方利益造成的损失达＿＿＿＿＿＿元以上的;

(3)刑事责任被依法追究的;

(4)试用期内不符合甲方录用条件的;

(5)对工作不胜任或连续＿＿＿＿＿＿次考核不合格的。

第三章　乙方的责任、义务与权利

第八条　以下责任与义务由乙方承担。

1. 根据甲方的要求进行合适人选的推荐,并与甲方所审核合格的人员签订劳动合同。

劳动合同:三个月以上不满一年的劳动合同(试用期不超过 30 天),一年以上不满三年的劳动合同(试用期不超过 60 天),三年以上的劳动合同(试用期不超过半年)。

2. 负责对派遣人员进行基础培训,主要包括:①劳动法规和职业道德的培训;②安全防护、遵章守纪意识的培训;③职业技能的培训等。

3. 乙方应当与派遣人员订立 2 年以上的固定期限劳动合同,同时规定乙方在派遣人员无工作期间(即在劳动合同期限之内,派遣期限未满,没有新的用工单位时),按照乙方所在地人民政府规定的最低工资标准按月向派遣人员支付报酬。

4. 对派遣人员的劳动报酬按月按时足额支付。

5. 对《劳动合同法》及用工单位有关安全管理的法规和规定进行严格贯彻和执行,加强派遣人员的安全教育管理。

6. 为派遣人员依法办理养老、失业、医疗和工伤等社会保险手续并按时缴纳保险费用;为新签及终止或解除了劳动合同的派遣人员及时进行社会保险关系转移等事宜的办理。

7. 定期安排派遣人员到指定医院进行体检,项目包括:肝功能、心电图、内、外科及耳、鼻、喉、眼科检查(招工体检费用由派遣人员自行负担)。

8. 根据甲方工作需要,安排管理人员到甲方进行现场办公,做好服务工作。

9. 对派遣人员开展教育,使其对甲方管理规章制度严格遵守,并把工作任务优质、高效地完成。

10. 提供良好的工作环境和工作条件给派遣人员。

11. 负责组织派遣人员按照《劳动合同法》有关工伤事故处理的规定,对工伤事故进行处理。事故的申报及处理由乙方依照人员管理权限及事故处理程序进行,并由甲方负责所发生的费用。

12. 派遣人员故意或无意地违反了服务期的约定(保守商业秘密)从而造成重大损失的,经甲乙双方或相关机构认定后,可向责任人员索要赔偿,甲方在进行追偿时有权获得乙方的配合。

13. 如甲方有需要或要求,乙方应对劳务人员进行岗前培训,在劳务人员取得岗前培训合格证后,方可派遣其到甲方工作。

第九条　乙方享有如下权利。

1. 甲方违反本协议有关条款或对乙方和派遣人员的合法权益造成侵害,乙方有权对其提出书面意见或索赔要求。甲方收到乙方的意见后,应在 10 个工作日之内以书面形式给予乙方回复。

2. 甲方如违反《劳动合同法》以及本协议的约定,将本协议擅自解除,乙方有权要求其进行经济赔偿,补偿金由甲方按照《劳动合同法》的相关规定及标准向乙方支付。

第四章　费用及结算

第十条　派遣人员上月的出勤考核情况,甲方须于每月_____日前提供给乙方,并以支票形式于每月_____日前将上月的劳务费支付给乙方(如遇到休息日或者法定节假日可以适当顺延但最长不能超过 5 日)。

第十一条　乙方收到甲方支付的费用后,须开具正式的发票给甲方,并按时支付派遣人员的劳动报酬,按时缴纳派遣人员的各项社会保险。

第十二条　甲方如因特殊情况导致劳务费用不能按时支付,应提前向乙方进行书面形式的通知,并向乙方说明原因。

第十三条　甲方不按协议规定的付款方式拨付劳务费用时,乙方可向甲方发出付款要求通知,在收到乙方通知 30 天后,甲方仍不能按要求支付时,甲方应承担从拖欠之日起的违约责任,如超过 60 日仍未能支付的,乙方可单方面解除本协议,并向甲方追索所欠的费用。

第十四条　加班费的计算及发放按照《劳动合同法》及甲方现行规定执行。

第五章　协议终止

第十五条　本协议在以下情况下终止。

1.本协议期满。

2.发生不可抗力(自然伤害,经济危机等)致使本协议无法履行。

3.协议任何一方宣布破产或依法解散、关闭或撤销。

4.协议任何一方本协议条款违反严重。

5.协议任何一方发生本章上述第 2、第 3、第 4 条的情况时,应向另一方发生书面通知,经对方书面确认后 30 日内解除本协议。

6.法律、行政法规规定的其他情形。

对由违约所导致的协议终止,按照《劳动合同法》的规定及本协议有关约定执行赔偿行为。

第六章　争议处理

第十六条　甲、乙双方应本着协商的原则解决在本协议执行过程中所发生的争议,协商不成再采取诉讼的方式解决。

第七章　其他条款

第十七条　本协议未尽事宜,国家有规定的按国家规定执行,国家无规定的由甲、乙双方协商解决,或另行约定。

第十八条　如在本协议的履行过程中,有新的《劳动合同法》被颁布且使得必须对本协议的条款进行修订时,其修订均应以新的法规为准,并由甲、乙双方协商进行。

第十九条　因甲、乙双方不认真履行协议而造成的损失,其赔偿责任应由责任方全部承担。

第二十条　本协议的有效期自＿＿＿＿年＿＿＿＿月＿＿＿＿日起至＿＿＿＿年＿＿＿＿月＿＿＿＿日止。如协议任何一方希望使本协议书的期限得到延长,则应在本协议书期满前的 30 日前,对另一方进行书面形式的通知,并经甲、乙双方协商一致后,重新签订书面协议约定。

第二十一条 本协议书一式六份。甲乙双方各持正本一份、副本两份,副本分送甲乙双方财务部门、合同管理部门一份备案。

第二十二条 双方约定的其他事项:_____

_____

_____

_____

甲方: 乙方:

代表签章: 代表签章:

  年 月 日   年 月 日

用工合同

用工合同(范本)

甲方(用人单位) 名称:_____

  企业类别:_____

  法定代表人(或委托人):_____职务_____

  通信地址:_____

乙方(劳动者) 姓名:_____年龄:_____

  性别:_____民族:_____

  户籍所在地:_____省_____市_____区(县)

  _____街_____乡(镇)_____村

  户口种类:非农业户口( );农业户口( )

  居民身份证号码:_____

  国籍及护照号码:_____

  现住址:_____

本合同为甲乙双方根据《中华人民共和国劳动法》和《××省实施劳动合同制度规定》等规定,在平等自愿、协商一致的基础上所签订。

第一条　合同期限

本合同期限执行下列＿＿＿＿＿＿款。

1.本合同期限为＿＿＿年(月)，自＿＿＿年＿＿＿月＿＿＿日起至＿＿＿年＿＿＿月＿＿＿日止。其中试用期为＿＿＿月。

2.本合同为无固定期限合同，自＿＿＿年＿＿＿月＿＿＿日始，其中试用期为＿＿＿月(日)。

劳动合同的终止条件经约定如下：

(1)＿＿＿＿＿＿＿＿＿＿＿＿＿＿＿＿＿＿＿＿＿＿＿＿

(2)＿＿＿＿＿＿＿＿＿＿＿＿＿＿＿＿＿＿＿＿＿＿＿＿

(3)＿＿＿＿＿＿＿＿＿＿＿＿＿＿＿＿＿＿＿＿＿＿＿＿

3.以完成一定的工作为期限

＿＿＿＿＿＿＿＿＿＿＿＿＿＿＿＿＿＿＿＿＿＿＿＿＿＿＿

第二条　工作内容

甲方根据生产工作需要，经双方协商并同意的情况下，现安排乙方在＿＿＿＿＿＿＿＿＿＿岗位工作。乙方工作内容为完成本岗位所要求的工作。

第三条　劳动报酬

1.甲方对乙方的工资报酬按照双方协商的最终结果，按年(月)支付。

2.甲方每月对工资的支付形式为现金。

3.年薪制支付方式为先预支双方协商同意总年薪的30％，剩余部分平均至每月并按月发放。

4.工资支付的具体办法、标准及有关内容，经约定如下：

(1)＿＿＿＿＿＿＿＿＿＿＿＿＿＿＿＿＿＿＿＿＿＿＿＿

(2)＿＿＿＿＿＿＿＿＿＿＿＿＿＿＿＿＿＿＿＿＿＿＿＿

(3)＿＿＿＿＿＿＿＿＿＿＿＿＿＿＿＿＿＿＿＿＿＿＿＿

第四条　工作时间和休息休假

甲方按国家的规定执行工时制度，每日的工作时间最多八小时，每周的工作时间平均不超过四十小时。如甲方确有生产经营需要，可以相应延长工作时间，但须提前与工会和乙方进行协商，所延长的工作时间，一般每日不超过一小时，或者特殊情况下每日不超过三小时；每月不超过三十六小时。员工按××区域商场的上班作息时间执行。

1.甲方在乙方岗位实行＿＿＿＿＿＿＿＿＿＿工时制度。

2.甲方延长乙方的工作时间，应按照《劳动法》和本市的有关规定对乙方支付所延长工作时间的工资报酬。

3.甲方保证乙方按照国家和本市的有关规定，对各种休息休假依法享受。

（特殊日期结合公司需要可以对假期进行调节）

第五条 社会保险和福利待遇

1.对乙方非因工负伤或患病的情况实行医疗期制度。医疗期内的病假工资、疾病救济费和医疗待遇以及医疗期期限均按有关规定执行。

2.保险和福利待遇事项按如下约定进行：

(1)＿＿＿＿＿＿＿＿＿＿＿＿＿＿＿＿＿＿＿＿＿＿＿；

(2)＿＿＿＿＿＿＿＿＿＿＿＿＿＿＿＿＿＿＿＿＿＿＿；

(3)＿＿＿＿＿＿＿＿＿＿＿＿＿＿＿＿＿＿＿＿＿＿＿；

(4)＿＿＿＿＿＿＿＿＿＿＿＿＿＿＿＿＿＿＿＿＿＿＿；

(5)＿＿＿＿＿＿＿＿＿＿＿＿＿＿＿＿＿＿＿＿＿＿＿。

第六条 劳动保护和劳动条件

1.甲方须对国家和本市有关劳动保护方面的规定予以严格执行,对乙方进行操作规程和安全生产教育培训,努力使劳动条件得到改善,保证乙方在生产过程中的安全与健康。

2.凡在劳动过程中,乙方必须对劳动安全卫生和操作规程严格遵守。

3.乙方如因工负伤或死亡,甲方须按国家和本市有关规定给予各项待遇。

第七条 劳动纪律

1.依据国家和本市的有关规定,甲方拥有本单位规章制度的制定权,并按规章制度来管理乙方并实行奖惩。

2.乙方应对甲方所制定的各项规章制度和劳动纪律予以遵守,并服从管理,按本合同的约定保守甲方的商业秘密(保守商业秘密具体事项在本合同第十四条中约定)。

第八条 本合同的变更

有下列情形之一的,甲乙双方可对本合同的相关内容进行变更：

1.甲乙双方经过协商,对变更部分条款取得同意的；

2.因客观情况发生重大变化而不能完全履行本合同的；

3.订立本合同时所依据的有关规定已修改或废止的。

第九条 本合同的终止

本合同在出现下列情况之一时终止：

1.合同期满,不再续订的；

2.甲方被依法宣告破产、解散、撤销的；

3.乙方死亡的；

4.甲乙双方约定的合同终止条件出现的；

5.出现不可抗力因素致使无法继续履行本合同的。

第十条 本合同的续订

甲乙双方可以进行协商,在取得彼此的同意后对本合同于期满后进行续订,合同的续订手续办理应约束在合同期满前的 15 日内。

第十一条 本合同的解除

1.在甲乙双方协商一致的情况下,本合同可以解除。

2.下列之一的情形出现的,甲方可以对本合同进行解除。

(1)乙方在试用期间被证明不符合录用条件的。

(2)乙方对劳动纪律或甲方规章制度违反现象严重的。

(3)乙方严重失职、营私舞弊或泄露甲方商业秘密,严重损害了甲方利益的。

(4)乙方被依法追究刑事责任或被劳动教养的。

(5)乙方患病或者非因工负伤,医疗期满后无法继续从事原工作,对甲方所另行安排的工作也无法从事的。

(6)对本合同约定的任务,乙方不能按要求完成,或者同工种同岗位人员的工作量,经过培训或者调整工作岗位仍不能胜任工作的。

(7)本合同订立时所依据的客观情况发生重大变化,致使本合同无法履行,经甲乙双方协商无法达成协议变更合同的。

(8)甲方濒临破产进行法定整顿期间或者经有关部门确认生产经营状况发生严重困难,确需裁减人员的。

甲方依据(5)至(8)项解除劳动合同的,应当提前三十日以书面形式通知乙方本人。

3.甲方解除本合同,符合本条 1 款、2 款(5)至(8)项规定的甲方应按国家和本市有关规定给予乙方经济补偿;符合本条第 2 款(5)项还应按规定支付医疗补助费。

4.有下列情形之一的,甲方不得解除本合同。

(1)合同期未满,又不符合本条 1、2 款规定的。

(2)乙方患职业病或者因工负伤并经劳动行政部门劳动鉴定委员会确认丧失或者丧失部分劳动能力的。

(3)乙方因工患病或负伤,在规定的医疗期内的。

(4)女职工在符合国家和本市有关计划生育规定的孕期、产期、哺乳期内的。

(5)法律和行政法规规定的其他情形。

5.乙方解除合同的情形。

(1)应提前三十日以书面形式通知甲方,违反本合同约定的要依法承担责任。

(2)有下列情形之一的,乙方可以随时通知甲方解除本合同:①乙方在试用期内;②甲方以暴力、威胁或者非法限制乙方人身自由的手段强迫劳动的;③甲方的劳动安全卫生条件恶劣、对乙方的身体健康造成危害的;④甲方未按本合同约定支付劳动报酬的。

第十二条 违反本合同的责任

1.由于甲乙双方的任何一方因过错行为而使得不能履行或者不能完全履行本合同的,应承担违约责任;如属双方违约,则由双方根据实际情况分别各自承担各自应负的违约责任。违约金的约定如下:

_____

_____

2.甲乙双方任何一方对本合同有违反现象,并给对方造成损害的,按照国家和本市有关规定对其进行赔偿。

3.因不可抗力原因影响到对本合同的继续履行,从而给任何一方造成了损害的,双方不承担违约责任。

第十三条 双方约定的其他事项

_____

_____

第十四条 劳动争议处理

在执行本合同的过程中,甲乙双方若发生争议,应通过协商的方式来解决;协商若无效则可进行调解;如调解失败,则任何一方均可向有管辖权的劳动争议仲裁委员会申请仲裁;对仲裁裁决不服的,可以向有管辖权的人民法院提起诉讼。

第十五条 其他事项

1.本合同如有未尽事宜或与法律、法规发生抵触的条款,按国家和 XX 市的有关规定执行。

2.本合同经甲乙双方签字盖章后,甲方应在一个月内到劳动行政部门办理鉴证,双方必须严格遵照执行。本合同一式两份,甲乙双方各执一份。

甲方(签字或盖章) 乙方(签字或盖章)

法定代表人或委托代理人
(签字或盖章)

年 月 日 年 月 日

劳务外包合同

劳务外包合同（范本）

甲方：（劳务发包单位）名　　称：_____

登记注册所在地：_____

法定代表人：_____

营业执照号：_____

组织机构代码证号：_____

联系方式及电话：_____

乙方：（劳务承包单位）名　　称：_____

登记注册地：_____

法定代表人（或负责人）：_____

营业执照号：_____

组织机构代码证号：_____

联系方式及电话：_____

甲乙双方依据《中华人民共和国合同法》的有关规定，根据平等自愿、诚实信用、互利互惠的原则，现就甲方_____劳务工作承包给乙方的有关事宜，订立如下协议，双方共同遵守。

第一条　甲方同意将己方的_____劳务工作承包给乙方。

第二条　乙方从甲方所承包劳务工作的具体内容包括：

1._____；

2._____；

3._____；

4._____；

5._____。

第三条　劳务承包期限为_____，自_____年_____月_____日起至_____年_____月_____日止。

第四条 劳务费用价款为人民币 ＿＿＿＿＿＿＿＿ 元,支付方式为＿＿＿＿＿＿＿＿。

第五条 对劳务人员的招聘由乙方负责,但上岗工作前须经甲方考核合格。甲方有权根据工作需要在劳务人员的工作过程中对其工作岗位进行调整。

第六条 乙方应当与劳务人员签订书面劳动合同,并按照国家的有关规定为劳务人员办理社会保险,且向劳务人员支付的工资不得低于法定最低工资的标准。

第七条 乙方劳务人员在甲方工作期间应当服从甲方工作安排,遵守甲方规章制度,对劳动安全卫生规程予以执行并妥善完成甲方的工作任务。

第八条 甲方有权向乙方退回违反甲方规章制度或者不胜任工作的乙方劳务人员,并由乙方负责退回人员的安置及费用。乙方应当调换合适劳务人员接替其工作岗位。

第九条 在保证甲方工作任务完成的情况下,乙方劳务人员的工作时间和休息休假由乙方自行安排和掌握。

第十条 甲方对乙方劳务人员的劳动过程拥有监督权和检查权,劳务工作合格和验收标准由甲乙双方协商确定。

第十一条 甲方应当就劳动安全向乙方劳务人员提供必要的培训和指导,并确保劳动环境的安全,由甲方因素对乙方劳务人员的人身造成损害的,甲方应当向乙方进行相应的赔偿。乙方应承担用人单位的法定责任。

第十二条 对于本合同的约定,甲乙双方如有违反则应承担违约责任,按照劳务费用年价款的双倍的标准向对方予以赔偿。

第十三条 如在履行本合同过程中发生争议,双方当事人应本着友好协商的方式予以解决;协商不成的,再将争议提交＿＿＿＿＿＿＿＿仲裁委员会仲裁裁决。

第十四条 其他注意事项:＿＿。

第十五条 本合同一式四份,双方各持两份。

甲方:(签章)   乙方:(签章)

    年 月 日   年 月 日

第六章
岗位职责说明书

总经理职责说明书

一、工作内容

1.董事会提出了战略目标后,组织人员根据战略目标对公司进行中长期发展战略与经营方案的制订并推动实施。

2.拟定公司内部管理机构设置方案和对公司高层人事任命书进行签发。

3.对公司的工资奖金分配方案和经济责任挂钩办法进行审定并组织实施。

4.审核以公司名义(盖公章)发出的文件并签发。

5.主持公司的全面经营管理工作,组织常务副总、销售副总对董事会决议进行分解实施。

6.向董事会提出企业的预算外开支计划、更新改造发展规划。

7.对公司的重大对外关系问题进行处理,以及负责对公司重大突发事件的处理。

8.推进建设公司的企业文化,使公司树立良好的企业形象。

9.从事经营管理的全局开创性工作,为公司发展做出艰巨的探索和尝试。

10.负责总经理办公会议、专题会议等的召集和主持,总结工作、听取汇报,检查工作、督促进度和协调矛盾。

二、权力权限

1.有权对公司的投资计划、发展规划及其他与公司发展密切相关的文件进行审批或否决。

2.有权审批或否决公司的经费支出。

3.有权主持公司的重大经营管理项目,并有权对预算范围内的资金进行支配。

4.有权对直属下级进行监督和指导。

5.有权对人事进行任免。

6.有权对财务部门的资金流向进行监督和检查。

7.公司章程赋予的其他权力。

三、岗位职责

1.对公司经营管理的重大决策及公司的盈利状况负责。

2.负责主持公司重大经营管理项目。

3.对公司是否合法经营或对全体员工负法律责任或连带法律责任。

4.常务副总、销售副总在工作中出现重大失误负领导责任。

5.对公司机密信息的外露负管理责任。

6.公司章程规定的其他责任。

信息部经理职责说明书

一、岗位信息

1.职务名称:信息部经理。

2.隶属部门:信息部。

3.直接上级:信息管理中心总监。

4.直接下级:部门助理、系统管理员(工程师)、网络管理员(工程师)。

二、岗位职责

1.全面负责信息管理部的各项日常事务。

2.负责公司的整体规划和预算。

3.负责信息管理部的全部员工进行合理的工作安排和管理。

4.与其他部门就工作进行协调。

5.负责编制信息管理部的内部培训计划、方案和考核文档。

6.负责检查本部门人员的工作,并对其进行考核。

7.负责编制本部门的制度。

8.完成公司领导布置的其他工作任务。

三、任职条件

1.计算机相关专业大专及以上学历,5年以上管理相关工作经验。

2.熟练的计算机操作能力,掌握计算机网络集成、硬件设备、系统软件及各种应用软件的专业知识。

3.具有很强的沟通协调能力,较好的文字功底。

技术开发部经理职责说明书

一、岗位信息

1.职务名称:经理。

2.隶属部门:技术开发部。

3.直接上级:总经理。

4.直接下级:技术开发部员工。

二、岗位职责

负责开发公司的新产品或改良现有产品,以及制订公司的技术标准,管理本部门的工作,确保公司所开发的产品可以满足市场需求。

1.职责一

职责表述:协助技术总监的工作,并参与公司的技术管理与技术开发决策。

工作任务:

(1)当技术总监制定技术开发战略和公司年度研发计划时,帮助其开展协助性工作,并负责实施;

(2)组织对相关信息的收集工作,及时对技术开发战略的执行情况进行了解和监督;

(3)参与部门年度新产品开发计划和预算方案的制订。

2.职责二

职责表述:负责开发新产品和改良产品技术。

工作任务:

(1)组织论证新产品开发项目的技术可行性;

(2)组织新产品的开发项目并付诸实施,对开发过程进行监督和控制,促进新产品开发;

(3)组织研发项目评审并对评审的系统资料进行准备;

(4)负责对科研档案的管理工作进行监督和检查,保证科研资料的规范收集和整理。

3.职责三

职责表述:负责创新公司的技术。

工作任务:

(1)负责对国际、国内同类产品的技术发展趋势进行掌握和跟踪,确定并提出新技术、新产品的研发方向,与有关单位、政府部门保持密切联系,进一步促进技术的立项;

(2)负责对技术协作与技术交流活动进行组织,寻找技术合作伙伴,并与之建立长期合作关系;

(3)负责根据公司业务需要从外部引进先进技术,并对其进行转化,从而形成生产力;

(4)负责组织对国内外先进技术信息与资料的系统收集,以及对研发工作的支持;

(5)负责组织公司内部进行技术交流与培训;

(6)负责组织对先进技术的研究,并积累技术经验。

4. 职责四

职责表述：组织技术支持工作。

工作任务：

(1)组织对客户培训的参与工作，对在合同履行过程中和售后维护中遇到的技术问题进行解决；

(2)组织评估供应商的技术能力；

(3)组织生产工艺方案的编制工作，从技术上对供应商提供支持，对生产中所出现的技术问题进行解决；

(4)就重大产品出现的批次质量问题组织技术分析工作。

5. 职责五

职责表述：部门组织管理工作。

工作任务：

(1)负责建设本部门的员工队伍，提出对下属人员的调配、培训和考核意见；

(2)组织对研发管理制度的制定工作，并对制度的执行情况进行监督和检查；

(3)负责对下属员工之间以及本部门和相关部门之间的关系进行协调；

(4)对下属员工的工作目标执行情况进行监督并及时给予指导。

三、岗位权力

1.在公司年度新产品开发计划的制订上，具有建议权。

2.在公司技术管理标准、工艺标准、新产品开发技术标准的制定上，具有建议权。

3.在对供应商提供技术培训的工作上，具有监督权。

4.针对供应商的技术能力，具有评价权。

5.针对属于权限内的财务工作，具有审批权。

6.在对直属下级人员进行调配、奖惩的工作上具有建议权以及对其进行任免工作上的提名权，还有对考核的评价权。

7.对所属下级的工作具有监督权和检查权。

8.在所属下级发生工作争议时，具有对争议的裁决权。

四、工作关系

1.内部协调关系(采购部、生产部、质检部、销售部、财务部等)。

2.外部协调关系(供应商、政府机关等)。

五、考核指标

1.新产品开发任务的完成情况、新产品的商品转化率、产品技术的稳定性；

技术管理体系的完善程度,由产品改进所导致的产品成本节约,重要任务完成情况。

2. 费用的控制情况、下属行为的管理、关键员工的流失率、制度建设的完善性。

3. 部门合作满意度。

4. 领导能力、判断与决策能力、人际沟通能力、计划与执行能力、专业知识及技能。

财务部经理职责说明书

一、岗位信息

职务名称:财务部经理。

隶属部门:财务部。

直属上级:总经理。

直接下级:部门助理、财务会计。

二、工作内容

1. 对总经理的公司发展战略制定工作进行协助。

2. 负责管理公司的资金运营、负责管理与分析日常财务、负责运营资本、负责筹资方略、负责对外的合作谈判等。

3. 负责核算项目成本并进行控制。

4. 负责公司财务管理及内部控制,根据公司业务发展的计划完成年度财务预算,并对其执行情况进行跟踪。

5. 按时写好财务报告和必要的财务分析,并确保这些报告的可靠性和准确性,然后将之提供给总经理。

6. 制定公司财务管理程序和政策,并对其进行维护和改进,以使风险得到控制。

7. 组织进行财务方面的管理制度及有关规定的制定工作,并对其执行情况进行监督,以及对年度、季度财务计划进行制定。

8. 对可能会给公司造成经济损失的重大经济活动进行监督,并及时报告给总经理。

9. 为确保批准的项目在预算范围内和控制之中进行,以及不将未经批准的项目实施,凡是公司的重大投资项目,都要予以监督。

10. 负责财务部的所有日常管理工作。

11. 负责财务预算报告、月/季/年度财务报告的编制工作,并组织实施。

12. 负责公司全面的奖金调配，成本核算、会计核算和分析工作。

13. 负责管理公司的资产和资金。

14. 对管理与银行、税务、工商及其他机构的关系进行管理，并及时办理对公司与其之间的业务往来及时进行办理。

15. 完成上级交给的其他日常事务性工作。

三、权责范围

1. 权力。

(1)对公司各部门的经费支出具有总经理所授权的总体控制权。

(2)在业务上，有对下属人员的指导权和考核权。

(3)有权对各部门的财务计划执行情况进行检查和考核。

(4)有权拒付违反财经纪律、不符合财务制度的费用和开支。

2. 责任。

(1)对公司财务计划的完成负监督实施责任。

(2)对资产管理、利润成本管理、会计核算管理等负组织责任。

(3)对资金筹措及负债管理负直接责任，如因管理不善给公司造成损失，应负相应的经济责任、行政责任甚至法律责任。

生产部经理职责说明书

一、岗位信息

岗位名称：生产部经理。

隶属部门：生产部。

直接上级：常务副总。

直接下级：副经理、跟单员、统计员、计划员。

二、任职条件

1. 学历在大专以上，企业管理专业。

2. 受过品质管理、物料管理、生产管理、企业管理、ISO/9001 质量管理体系等方面的专业培训。

3. 从事生产管理相关工作 8 年以上，生产部主管职位以上的工作经验 3 年以上。

4. 技能技巧：

(1)对生产运营管理非常熟悉，具有主持生产运作的能力；

(2)熟悉材料，具备良好的生产经营管理理念和能力，有一定的财务知识；

(3)均衡生产观念极其强烈，并能非常出色地对进度进行控制；

(4)组织协调、决断、创新能力较强;

(5)能进行战略思考;

(6)市场观念、效益观念、成本观念、质量观念、创新观念较强,且有科学管理经验;

(7)具有一定的文字功底,语言表达能力、沟通能力良好;

(8)其他相关工作。

三、工作概述

对公司的生产活动进行全面管理,并对生产过程中所遇到的重大问题进行决策。具体工作内容包括:

(1)跟随常务副总经理的领导,负责对生产部的全面工作进行主持,组织部门人员对生产本部职责范围内的各项工作任务进行全面完成,并予以监督;

(2)负责组织制定生产部的各类管理制度,并对其进行实施、检查、监督和控制;

(3)负责组织年、季、月度生产作业计划的编制工作,定期就月度生产工作主持召开会议;

(4)负责每三天组织召开一次生产调度会;

(5)负责审核操作规程、生产工艺流程以及作业指导书,及时安排、组织新产品的试产;

(6)负责对安全生产、现场管理、劳动保护、环境保护等专项工作进行统筹;

(7)负责组织人员将生产统计核算工作做好;

(8)负责组织生产本部各级管理人员的业务指导工作和培训工作,并对其工作进行检查、考核和评比;

(9)负责制定本部门的工作目标和工作计划,并及时组织实施、指导、协调、检查、监督及控制工作;

(10)负责本部门质量记录的检查完善工作;

(11)完成上级安排的其他工作及对其他部门的工作予以协助。

四、权责范围

1.权力。

(1)具有决定生产计划的权力和对生产进行调度的权力。

(2)具有在职责范围内对生产的各项工作继续审批的权力。

(3)具有对限额范围内的生产管理费用进行审批的权力。

(4)具有对本部门员工进行奖赏或处罚的权力。

(5)具有对本部门员工的薪金进行建议的权力。

(6)其他相关权利。

2.责任。

(1)将本部门各项质量管理制度进行建立,或将其健全。

(2)对本部门的人员进行指导或引导,使其达成质量管理的目标。

(3)有责任对本部门的全员动向及各项事务的执行力度予以关注。

(4)对本部门人员具有进行培训和业务指导的责任。

五、工作关系

1.报告对象:常务副总经理。

2.监督:生产部门人员。

3.指导:生产部门人员。

4.合作部门:销售部、技术部。

质保部经理职责说明书

一、岗位信息

职位名称:质保部经理。

隶属部门:质保部。

直属上级:总工程师。

直属下级:化验室与质检室所有员工。

二、职位概要

为了使产品的最终质量得到保障,全面负责对公司的原材料、半成品和成品等进行化验和质检。

三、工作内容

1.服从总工程师的领导,主持本部门的全面工作,并对化验室和质检部人员全面完成本部职责范围内的各项工作任务进行组织和督促。

2.负责组织对年、季、月度产品质量的提高与改进,以及管理等工作的编制,并组织对其的实施、检查、协调和考核。

3.负责建立产品质量保证体系并使之完善。制定公司质量纲要并组织实施,将质量管理网络健全,制定管理目标负责制并完善之,以使产品质量得到保障。

4.负责按国家现行技术标准判定原料、内外包装材料、标签、使用说明书、中间产品成品的合格与否,并追踪分析质量问题。

5.负责对公司的内部质量纠纷和外部质量事故进行解决,参与对产品的调查,处理产品在市场上所引起的质量异议、退货、索赔等质量事件,并向主管领导及时汇报处理意见。

6.对本部岗位的责任制和工作标准进行贯彻落实,与生产、营销、计划、财务、人事等部门展开紧密的工作联系,强化与有关部门的协作配合工作。

7.按照国家现行技术标准,负责有关质量检验管理制度、取样留样制度、质量标准、检验操作规程等标准文件的制定工作,并确定物料的储存期及失效期。

8.参与新产品的研究试验和稳定性考察等试验,使新产品的注册有准确的数据依据。

9.如公司领导交办其他工作事项,按时予以完成。

四、任职条件

1.药学、化学、化学工艺等相关专业本科以上学历。

2.不低于3年的相关工作经验。

3.有较丰富的本公司产品质量管理实践经验。

4.熟悉本公司产品工艺流程,掌握质量检验和管理知识。

5.能对相关办公软件熟练使用。

6.工作态度严格、谨慎,坚持原则。

7.有较强的工作责任感和事业心。

8.热爱公司,有较强的综合协调能力和组织管理能力。

五、权利权限

1.对本部门不合理的工作行为拥有制止权。

2.对本部门的人员任免拥有决定权。

营销部经理职责说明书

一、岗位信息

职位名称:市场部营销经理。

所属部门:市场营销部。

直接上级:总经理。

直接下级:市场营销部员工。

二、工作内容

1.结合公司的整体战略,组织市场营销战略规划的制订工作以及全国市场的营销推广工作。

2.对公司市场营销系统的整体运营、营销定位进行规划,将公司的市场策略进行拓展,把握公司在业内的发展方向,完成公司的市场定位,并及时提供市场反馈。

3.负责各项规章制度的建立,并负责将其健全,使公司市场营销系统的管理更加规范和科学。

4. 依据公司整体的年度经营目标,制定市场营销计划的执行方案,对市场营销的实施全过程进行监督并完成任务。

5. 塑造企业形象,并对公司品牌进行维护,对公司品牌管理的市场营销策略进行制订。

6. 以品牌建设为目标,策划各阶段的大型主题营销活动并推广实施。

7. 对公司产品的市场状况进行全面把握,对同业竞争的策略与消费的有效需求加以充分了解,以准确科学的数据来决策公司产品的市场定位,对实效营销、广告宣传、专题推广、口碑传播等一系列的整套网络营销的内容和形式的创意和设计进行规划。

8. 对媒介策略、推广计划以及实施方案进行制定,选择更具有 ROI 考核标准的网络媒体和媒介资源,进行媒介资源购买的商务谈判。

9. 定期主持召开公司营销工作会议,对公司的营销运行状况准确全面地进行把握,培训市场营销人员,建设和管理高素质的营销团队,指导对各项市场营销任务的完成,并对之考核。

三、工作关系

1. 公司内部

(1)上级:进行工作的汇报。

(2)其他部门经理:对工作进行沟通协调。

(3)部门内部:工作分配与检查。

2. 公司外部

负责全面制定公司的市场计划并组织实施。

四、工作条件

1. 工作时间:时间固定,为星期一至星期五,8:30～17:00。根据工作需要加班或出差。

2. 工作场所:办公室、户外。

3. 环境状况:舒适。

4. 使用设备:电脑、传真机、复印机。

5. 危险性:有一定危险,无职业病危险。

6. 工作饱满度和劳动强度:一般,主要是室内工作。

五、任职条件

1. 年龄:30～45 岁。

2. 性别:不限。

3. 教育背景:大学本科以上,具有助理经济师以上职称证书,企业管理、市场营销、公共关系、新闻等专业。八年以上企业管理、市场营销管理工作经验、三年以上营销同等职位工作经验。接受过系统的战略市场营销、企业战略管理、变革管理、管理能力开发、财务管理等方面的综合培训。

4.专业知识与技能：

(1)能深刻认知市场工作，对市场具有敏锐的感知力，能够对市场动态和市场方向进行良好把握；

(2)与网络媒体合作密切，拥有良好的互联网人脉资源以及广泛的网络媒介资源；

(3)能够胜任筹划、组织大型活动的工作，并且有能力进行现场管理；

(4)工作热情高涨，能与团队展开良好合作，沟通、协调、组织与开拓能力优秀。

5.个人素质：

(1)对人及组织变化敏感，具有很强的沟通、协调和推进能力；

(2)对工作有责任感和高度的热情且工作态度细致、严谨，具有战略前瞻性思维，判断和决策能力、交际能力、计划和执行能力都较强；

(3)与各类性格的人都能展开良好的交往，能够做到公平对待每个人；

(4)有很强的原则性和保密性。

客户服务部经理职责说明书

一、岗位信息

岗位名称：客服部经理。

隶属部门：运营中心。

直接上级：运营总监。

直接下级：客服职员、VIP客服。

二、岗位职责

由运营总监直接领导，对客户服务部的管理工作进行全面的主持，将客户服务体系建设完善，以使客户的满意度得到不断提高，使企业的品牌形象得到维护和加强。

1.职责一：客服部规章制度的建设。

工作任务：

(1)对相关重大经营管理活动提出建议；

(2)根据公司年度经营计划，对本部门的整体工作计划进行编制，并负责落实和监督；

(3)组织对部门内部相关制度与流程的编制工作,或组织对其进行完善,并负责对其的贯彻执行进行监督。

2.职责二:部门内部管理。

工作任务:

(1)安排部门内部的各项工作,对下属人员完成各项工作并予以指导;

(2)对部门内部的管理费用支出进行合理控制;

(3)对下属人员的招聘、培训和职业发展等工作的组织提供协助,以使下属人员的素质和能力得到提升;

(4)对直接下属进行绩效管理,以帮助下属提高工作绩效。

3.职责三:客服系统的建设。

工作任务:

(1)负责组织对全过程的客户服务管理体系的建立工作;

(2)负责管理公司所有的客户数据库,包括监督各客服负责人员数据录入的及时性、完整性、真实性,定期对客户数据进行备份,以及提出建议以使功能得到完善;

(3)组织对客户服务的标准进行制定,组织对客服流程每一环节操作规程的制定,使标准化的服务要求得以形成,并监督其执行情况。

4.职责四:客户资料的管理。

工作任务:

(1)组织对覆盖开户、做单、销户全过程的客户信息资料库进行建立,并登记录入客户信息管理系统;

(2)负责组织管理客户的文本资料档案,并对管理工作进行监督。

5.职责五:VIP服务区的管理。

工作任务:

(1)组织对 VIP 区客户服务标准以及服务流程每一环节的操作规程进行制定,使服务标准化并监督其执行;

(2)对 VIP 区饮品原料、器具、耗材进行保管并合理控制其使用;

(3)对销售的收入、成本、费用及耗材器具等进行登记,制作明细账目;

(4)处理 VIP 区的日常工作以及突发事件。

6.职责六:客户管理。

工作任务:

(1)负责对客户的服务要求、投诉、反馈、处理等过程进行随时监控,并通过分析,使关键性问题得到及时发现,再提出改进意见并实施;

(2)对定期分类整理客户所提出的意见和建议的工作进行组织,形成供上

级和有关部门参考的分析报告,通过提前考虑,使产品开发的每一个环节都能紧密结合客户的需求进行;

(3)为各地现场客服人员提供咨询,协助他们做好客户服务工作。

三、任职条件

1.大学本科,工商管理相关专业。

2.熟悉客服工作流程及相关的知识、政策法规以及客户服务信息管理系统,了解文秘、管理类或档案类的相关知识。

3.优秀的沟通协调能力、组织策划能力以及很强的语言表达能力、危机处理能力。

人力资源部经理职责说明书

一、岗位信息

职位名称:人力资源经理。

隶属部门:人力资源部。

直接上级:分管副总。

直接下级:人力资源主管。

二、岗位职责

1.本职工作。

负责公司的人力资源管理和人才开发。

2.工作内容。

(1)根据公司战略提出人力资源部的年度工作计划,完成部门工作目标。

(2)对部门员工的工作进行指导。

(3)对人事管理的各项工作全面负责。

(4)负责优化配置公司的人才,或对其进行增补。

(5)公司组织的变动或整合,对组织的结构或部门功能进行调整。

(6)公司员工关系工作策划和组织。

(7)设定公司各部门、员工的绩效机制并予以监督或辅导。

(8)制定年度员工培训开发战略。

(9)对各部门经理进行推动和辅导,使其管理水平和效率得到提高。

(10)负责设计公司的薪资政策。

(11)对公司的人力资源管理模式进行统筹设计。

(12)主导策划核心价值观设计。

(13)负责公司中长期人才激励机制的制定。

(14)公司人力资源管理软件的开发和应用。

(15)公司领导交办的其他工作。

三、工作重点考核项目

1.员工满意度提升率。

2.员工流动率。

3.劳动生产率。

4.员工培训学时。

5.人力资源开发措施。

四、领导责任

1.负责本部门工作的质量和效率,员工的工作纪律和精神面貌。

2.负责公司制度在本部门的执行效果。

3.负责人力资源部目标的完成。

4.负责企业员工素质的提升。

五、任职要求

1.大学本科以上学历,企业管理或人力资源管理专业,40岁以下,性别不限,且身体健康。

2.很强的沟通能力和组织协调能力;良好的英语和计算机水平;具有管理技能和讲师培训技能以及人力资源开发设计技术。

3.担任大中型高科企业人力资源管理经理3年以上,且从事人力资源工作5年以上,有IT企业工作背景优先考虑;具有推动公司管理和观念创新经验。

4.为人稳重、公正,有活力、知识面广。

会计主管职责说明书

一、岗位信息

岗位名称:财务会计。

隶属部门:财务部。

直接上级:财务部经理。

直接下级:实习生。

二、职责概述

1.负责财务会计核算的工作及对账务进行管理,负责编制纳税申报和各类财务的报表。遵守财经纪律,确保财务各类凭证和报表的准确性、合规性,以及确保对会计档案进行规范的管理。

2. 负责办理银行、财税、工商等相关业务。

三、工作描述

1. 负责日常会计处理、账务核算。

2. 负责对账簿进行登记和账账、账实核对。

3. 负责结账和会计报表的编制,以及安排申报各项税费。

4. 负责对经营计划、预算编制及考核管理。

5. 财务部经理如临时布置任务,对其各项任务予以完成。

四、任职条件

1. 教育背景:会计学、财务管理等相关专业,学历不能低于大专。

2. 培训经历:受过财务知识等方面的培训,具有会计证书及相关经验者优先。

3. 经验:具有同岗位工作经验,具有中级以上职称者优先。

4. 技能:

(1)能在一定程度上对财务进行分析;

(2)对国家的各项相关财务、税务、审计等法规政策十分了解;

(3)对财务应用软件能熟练地进行使用,能够熟练处理账务以及编制各种报表。

5. 个性特征:

(1)做事负责任、讲原则,处理事件公正客观;

(2)严谨勤勉,对压力有很好的承受能力;

(3)分析判断能力和语言表达能力良好;

(4)心胸开阔,拥有敬业精神和良好的团队精神。

6. 体能要求:身体健康,能承受快节奏的工作。

秘书职责说明书

一、岗位信息

岗位名称:总经理办公室秘书。

隶属部门:办公室。

直接上级:总经理。

二、岗位工作

协助总经理处理办公室接待客人和打电话等日常工作,以及配合总经理对所需信息进行收集和决策等相关工作。

三、岗位职责

1. 听取总经理的指令,按要求对本企业综合性的业务计划、报告、总结、决议等公文函件进行起草。

2.在办公室主任对总经理办公会议和行政会议进行安排时，予以协助工作并做好会议记录。对各项决定和决议的贯彻执行情况进行检查，并及时了解信息和进行反馈。

3.在来访来信、日常接待等有关事宜上对总经理进行协助。

4.对各种日常用的文件和资料进行妥善管理，方便总经理对其查阅。

5.总经理如交代了其他工作任务，负责完成。

四、绩效标准

1.工作完成情况的有效性和及时性。

2.各项资料提供情况的准确性和及时性。

3.日常接待工作的有效性和完整性。

五、工作关系

1.内部关系。

(1)所受监督：总经理对其接待工作和日常事务性工作进行监督。

(2)合作关系：与总经理办公室展开密切的合作，与其他各部门人员协调合作。

2.外部关系。

(1)保持与关联公司的良好合作关系。

(2)热情接待上门联系业务的公司，并展开积极合作。

六、工作权限

1.有权对公司相关文件进行审核。

2.有权对相关合同进行审核。

七、工作时间

除有时需要因特殊情况加班加点外，其余均在公司制度规定的正常上班时间内工作。

八、工作环境

多数时间在有空调的办公室工作，偶尔因需要外出办事。

九、任职要求

1.大专以上学历，本科优先，文科类专业。

2.懂得并有能力进行公文写作，能够进行文档处理，对各项会计工作都十分了解。

3.从事秘书、行政相关工作至少不低于2年，有相关工作经验者优先。

素质良好，能在待人接物时展现和蔼可亲的态度，处理事务机敏，有条理，善于团结同事并与之保持良好的工作关系。

业务员职责说明书

一、岗位信息

职务名称：业务员。

隶属部门：业务部。

直接上级：业务经理。

二、本职工作

负责公司片区的业务营销工作。

三、岗位职责

1. 对公司的销售管理规定和实施细则认真进行贯彻执行，努力使自身业务水平得到提高。

2. 对规定或承诺的销售量指标积极完成，主动、热情地为客户提供服务，让客户感到满意、周到。

3. 办理各项业务工作，要做到积极联系，事前请示、事后汇报。

4. 负责与客户签订销售合同，对合同的履行进行督促，保证其正常如期进行，并对所欠款项进行催讨。

5. 帮助客户妥善处理在销售和使用过程中所出现的问题以及须办理的手续，或帮助联系有关部门单位。

6. 对一线营销信息和用户意见进行收集，对公司的营销策略、广告、售后服务、产品改进以及新产品开发等提出参考意见。

7. 填写有关的销售表格，提交销售分析和总结报告。

8. 能够以公司利益为重，对各项业务负责到底。

9. 积极发展新客户，与客户保持良好的关系和持久的联系，对业务渠道进行不断开拓。

10. 出差时不应奢侈浪费，对交通、住宿、业务请客等各种费用应节俭使用。

11. 不得利用业务为自己牟私利，更不得为换取私利而对本公司利益进行损害，或将业务介绍、转移给其他公司。

12. 负责搬运货物以及协助保管员进行盘点。

四、工作权限

1. 就公司的客户信息，有权对除业务经理以外的任何人员实行保密。

2. 对客户所委托的货物，有权提出需要注意的事项，并将其注明在发货清单上，提供给配载办理。

3. 有权在公司市场营销价格的基础上决定给客户合理的货运价格，必须呈报业务经理备案。

五、工作流程

开发客户→建立档案→联系货源→签署协议→跟踪发货→回收货款→做好每单登记。

六、协作关系

1.配合驾驶员和搬运工对每一批货进行装货、卸货、接货。

2.出纳做货款回收工作时予以配合。

3.协助内勤做好对货物的统计查询工作,向客户提供全程的信息跟踪服务。

4.与公司内勤配合,将货物异常反馈及理赔工作做好。

出纳员职责说明书

一、岗位信息

职位名称:出纳员。

隶属部门:财务部。

直属上级:财务部经理。

二、岗位职责

主要负责核算公司的货币资金、支收现金、核发工资以及往来结算等,具体如下。

1.对国家的财经法规、现金管理制度认真执行,以及对本公司的财务管理制度严格遵守。

2.遵守财务人员职业道德,在工作时,坚持实事求是、廉洁奉公的原则。

3.对本公司的商业机密予以保守,除非获得了领导的同意,否则不许将会计信息泄露给第三方。

4.负责收付货币资金并对其进行管理。

5.负责每天对各项经营收入进行收款的工作,每天对所收入款项的到账情况进行逐笔核对,并在收到款的第一时间将收据开出然后交由会计开送货单。

6.销售款若为直接收到的现金,出纳员要在第一时间存入公司指定账户,不能对其进行私自挪用和外借,否则公司将严惩不贷。

7.每日将现金、银行存款根据凭证逐笔登记日记账,账簿一律采用订本式,做到记账准确、整洁、日清月结。不得对账簿进行随意更换或涂改。

8.需要向外借款或支出报销时,要对原始单据进行仔细的审核,与报销程序和管理制度相符且金额无误方可付款。市场部经理或会计未进行签字确认或批准的,出纳不得付款。无论经理是否签字同意,借款要本着"前账不清,后账不借"的原则。

9.负责每日对库存现金进行清点,对现金日记账进行核对,保证账实相符以及现金的安全。如出现现金长短款要及时将原因查明,否则由出纳负责对不明原因的长短款进行赔偿。

10.服从领导安排,及时配合会计做好其他日常工作。

三、任职条件

1.会计、金融、财务或相关专业,大学专科及以上学历。1年以上出纳、会计工作经验,有初级会计师及以上职称;从事过相关行业的优先。受过管理学、经济法、统计学、企业运营流程、产品知识方面的培训。

2.熟悉公司的财务分析、财务管理、预算管理;熟悉财务政策法规;能非常熟练地使用相关财务软件和办公软件。责任感强、工作自主;有较强的学习能力;思路清晰;有影响力和说服力,较强的沟通协调能力,具备团队合作精神。

四、权责范围

1.权力:对公司各项会计票据的审核权;有权拒绝违反公司财务制度的支出,并及时向上级反映;对财务开支手续不完善不合格的支出有权拒绝办理。

2.责任:对本职工作的质量负责,发现问题及时上报,因工作失误给工作造成损失负相应的经济责任。

五、工作环境

1.工作场所为办公室。

2.环境状况舒适。

3.基本无危险,无职业病危险。

采购员职责说明书

一、岗位信息

岗位名称:采购员。

隶属部门:采购部。

直接上级:采购部经理。

二、岗位描述

1.遵从采购部经理的指导,对采购部的各种日常事务进行处理,在经理对产品的年度、季度、月度采购计划和采购物资到位进行跟催时,协助其将工作做好。

2.接受生产计划和采购申请单,将订单产品申购物资库存状况的评审与采购信息传递联系以及采购合同的签订等工作做好。

3.将采购信息及数据的处理与跟踪反馈工作做好。

4.与供应商和生产部门保持及时的联系,简历供方档案和采购计划、发货运单等资料并将之进一步补充完整。

5.参与供方的评审工作,对供应商进行合理选择,收集并整理市场供货产品的相关信息。

6.对供方意见进行整理并反馈。

7.协调内外部关系、建立沟通渠道。

三、岗位职责

1.对物资采购制度及相关规定严格执行,并对所需物资的性能、作用、规格型号及市场新产品了然于心。

2.负责对供方进行选择、评估和考核,并对采购文件进行管理。

3.严格按采购计划进行采购,对物资的库存状况进行核实,确保按期、按质、按量完成对物资的采购。

4.对采购计划存有异议时要及时向生产部门反馈,并保持沟通。

5.选择合格的供方,对供方评定记录进行填写,并就合格的供应商建立一个名单,从中择优进行采购。

6.如发现采购的物资存在质量问题,应及时加以记录并向供应商反馈,负责办理退货或索赔事项,并采取纠正措施,跟踪结果。

7.如供应商一再出现质量问题或出现问题未予以纠正,将情况反馈给上级领导及时处理,并取消供方的供应资格。

8.对供方资料、采购文件等档案进行归档和管理,且条索要清晰正确。

9.为保证往来账目的清晰准确,定期与供方进行对账。

10.按计划对采购物资的到货情况进行跟催,并需及时向有关部门进行物资接受的通知,保证货物与送货清单无误。

11.对市场动态进行及时掌握和及时进行反馈,有效解决短缺物资的供应。

12.签订供货合同须掌控好供应物资的价格、质量和交期,做到有计划、有控制、有追踪。

13.与供应商、生产部门保持密切联系,控制好采购计划的实施过程及信息反馈。

14.严禁对供应商进行刁难、在采购工作中拿取回扣以及徇私舞弊,一经发现坚决予以辞退并对其相关责任进行追究。

15.对采购物资质量状况和交期的延误负责。

四、工作权限

1.对本职工作具有建议权。

2.对不符合采购程序的要求以及超计划的采购物资具有拒绝权。

3.对物料具有跟催权。

4.对供方进行考核的信息具有调查权与处理建议权。

5.对未经检验的采购物资具有制止入库权。

五、协作关系

1.内部关系:技术人员,生产部、仓库员。

2.外部协调关系:供货商。

六、任职条件

1.教育水平在中专或同等学力以上,公共关系、物流管理或相关专业;相关工作经验超过1年,对物流采购工作有一定了解。

2.受过物流采购、沟通技巧、合同法等相关方面的培训;掌握自动化办公软件的使用方法,具备基本的网络知识。

3.工作态度积极主动,对工作有热情和较强的责任心,具有一定的沟通、协调能力和公关能力,团队合作精神良好。

第二部分
员工招聘与培训

内容提要

- 招聘管理概述与岗位职责

- 招聘管理流程

- 招聘管理制度

- 保密与竞业限制管理

- 员工入职管理与培训

- 培训需求分析管理

- 培训的基础工作

- 开展培训

- 培训评估

第七章
招聘管理概述与岗位职责

招聘的概念

人员招聘是指为满足企业的人力资源需求，根据组织人力资源规划和工作分析的要求，通过采用一些方法寻找、吸引具有一定技巧、能力、有兴趣到企业或组织空缺岗位上来任职的人员的过程。

招聘与录用的目标就是保证企业的人力资源能够得到充足的供应，并使其得到高效率的配置，从而使人力资源的效率和产出得到提高。

招聘的原则

人员的招聘录用是为了使组织的效率和竞争力得到提高，并促进组织的发展。招聘时必须遵守一些原则。

计划性原则

在进行招聘工作时，必须以所制订的人员招聘计划为指导。

平等原则

对待所有应聘者都必须一视同仁，避免人为地制造各种限制或不平等的条件以及各种不平等的优先优惠政策来阻止一部分人的应聘。要坚持让所有人员都能进行平等的竞争，保证各方面的优秀人才都有机会得到选拔、录用。

遵守国家法律法规

在招聘时，必须遵守国家的法律法规，例如不能雇佣未成年劳工。

公开原则

公开原则是指企业在招聘渠道的选择、招聘信息的发布上要公开进行，把招聘单位、职业名称、数量、任职资格、测评方法、内容等信息向潜在的应聘人员进行公告。

竞争原则

竞争原则体现在招聘的过程中。即通过考试竞争和考核，鉴别确定人员的优劣以及对人员的取舍。为了达到竞争的目的，一定要动员、吸引较多的人报考，通过严格的考核程序和手段，以及激烈而公平的竞争来对符合条件的优秀人才进行选择。

招聘一定要通过一系列的笔试、面试客观地对应聘者进行考核,避免仅凭考官的直觉和印象去对应聘者下结论。

在招聘时,在应聘者之间引发的竞争越激烈,企业就越能通过"大浪淘金"的方式得到最优秀的人才。当然,企业必须对竞争的程度把握适当。

职能匹配原则

招聘到的人一定要和自己所需要的岗位人员相匹配。只招最合适的而不是招最好的。

全面原则

录用前应对德智体等各方面因素进行综合考核。一个人的素质包括他的智力水平、专业技能,也包括他的人格、思想等因素。全面考核人才的原则对职业倾向、个性倾向、认知力等多方面的考察项目都有涉及。

招聘时最好不要仅凭考官的直觉和印象去仓促地评论应聘者,而是要通过一系列标准、严格的面试来对应聘者进行考核。

通过设置系统的招聘流程可以使招聘更加科学。

招聘主管岗位职责

工作职能

应公司的发展和招聘需要,保障及时向各项目部门供给合格人员,并及时做好后备人员的储备,以及对人员的素质适时进行监督和管理,对多种的招聘渠道进行开拓,在做好人员的供给同时保障人员的品质。

工作内容

1. 根据现有编制,以及业务发展需求、人员需求,对各项目、部门的招聘需求进行协调、统计,对年度人员的招聘计划进行编制。

2. 充分了解和掌握各岗位人员编制情况、在编人员情况、缺编情况。

3. 使公司的招聘流程和招聘体系得到建立并进一步将其完善。

4. 对招聘渠道进行开拓,并利用各类招聘渠道进行招聘广告的发布。

5. 对即将进行初试和复试的考官预先展开面试培训。

6. 执行招聘、甄选、面试、推选、安置工作。

7. 在招聘开始前做测试工作并对简历进行甄选。

8. 充分利用各种招聘渠道来使公司的人才需求得到满足。

9. 建立后备人才选拔方案和人才储备机制。

10. 定期或不定期分析人力资源的内外部状况以及调查员工的需求,同时对员工的需求进行分析。

  11. 负责考核各分店人力资源部的招聘工作。

  12. 适时提出建议，以使工作得到改进，更加合理。

  13. 根据特殊需要对大型的招聘面试工作进行组织。

招聘专员岗位职责

  1. 制定招聘的相关流程、程序规章和规定，并使之得到完善。

  2. 结合公司和岗位的设置情况和实际状况，对适合的招聘渠道进行开发。

  3. 建立公司人才储备资料库，并随时维护其更新。

  4. 定期对内外网招聘信息进行更新，对公司的招聘网站进行维护。

  5. 对公司的各项招聘活动的实施、协调和跟进工作进行负责。

  6. 组织面试和笔试，并保存面试的资料和试卷。

  7. 在入职前，对被录用的应聘者做背景调查。

  8. 负责安排候选人的体检工作。

  9. 体检结果无异常者，通过入职。否则，不予以入职。

  10. 对内网的职位信息进行定期更新，并做好内部举荐宣传工作。

  11. 主管如安排其他工作任务，予以完成。

第八章
招聘管理流程

招聘管理流程

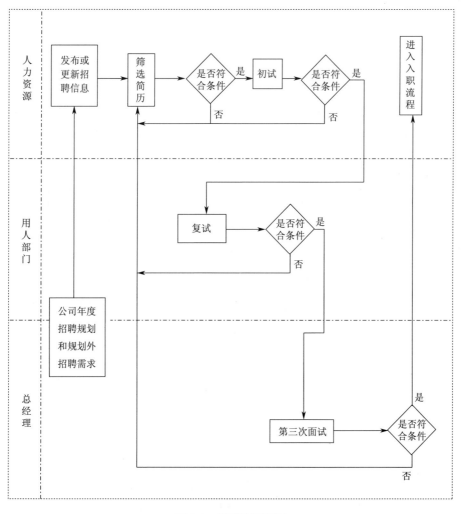

图 8-1 招聘管理流程

外部招聘流程

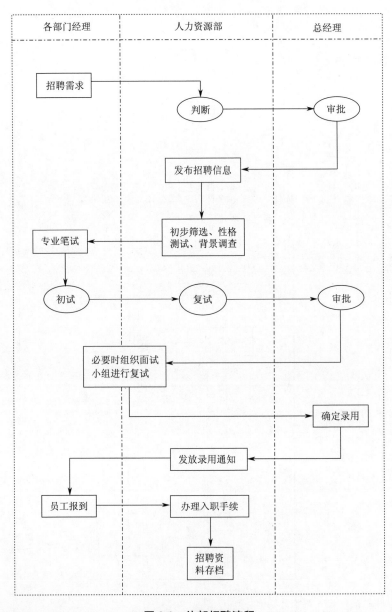

图 8-2 外部招聘流程

内部竞聘流程

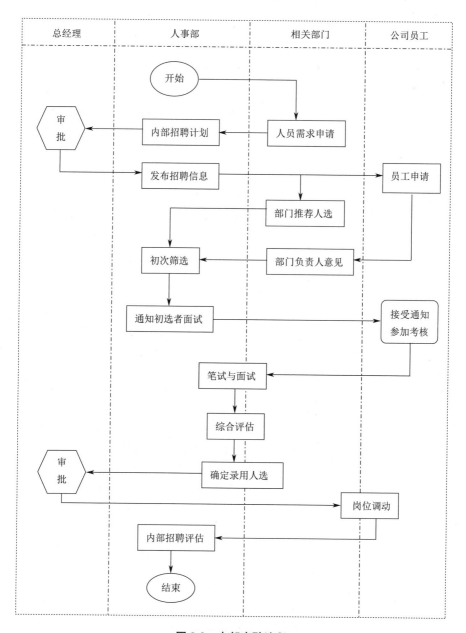

图 8-3 内部竞聘流程

校园招聘实施流程

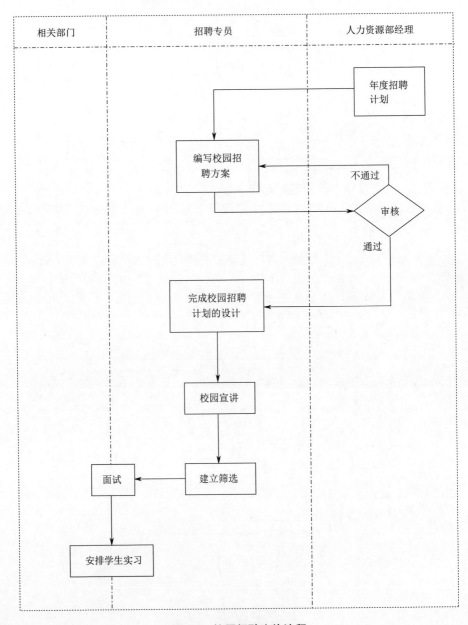

图 8-4　校园招聘实施流程

猎头服务管理流程

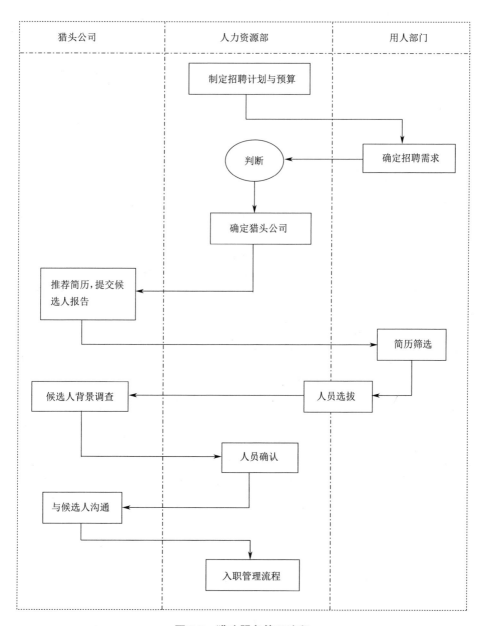

图 8-5 猎头服务管理流程

新员工入职流程

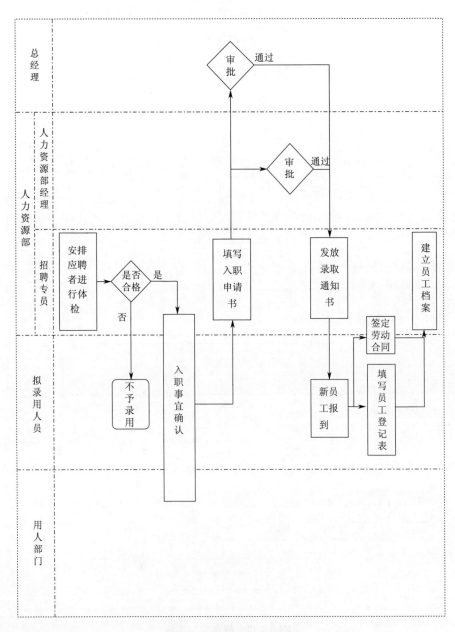

图 8-6 新员工入职流程

第九章
招聘管理制度

招聘与面试制度

一、总则

1.本制度的制定是为了为公司招聘合格的人才,以促进公司的发展。

2.凡与员工应聘有关的面议事项,其执行均以本制度为依据。

二、面试考官应具备的条件

1.面试考官主要为本公司人事部门的工作人员和用人部门的负责人,面试人员应该表现出开朗的态度和表情,能够很快地与应职者进行意见交流,让应征者有充分表达内心所想的意愿。

2.面谈人员必须具备在对一些事务进行判断时能保持理智和客观的能力,不能让对应聘者的客观评价受到非评价因素的影响。

3.面试人员都得对应聘者所表现出来的人格、才能和品质予以不论出身、背景的尊重。

4.面试人员必须十分清楚地了解公司组织情况、各部门功能、部门与部门间的协调情形、人事政策、薪资制度以及员工福利政策等方面的情况或内容。

5.面试人员对该应聘职位的工作职责和应具备的学历、经历、性格条件与才能必须了解。

三、面试中应获得的信息

1.应聘者的稳定性。通过观察,对应聘者是否经常无端更换工作的情况进行确定,其中,应聘者更换工作的理由为尤其需要注意的地方。假如应聘者刚从学校毕业,则要对应聘者在学校中参加过的社团,以及其稳定性与出勤率的情况进行了解。另外,应聘者的稳定性还可以通过观察其兴趣爱好来得出。

2.应聘者以往的成就。对应聘者过去做过的特殊工作的经验与特别成就进行研究。

3.应付困难的能力。在遇到困难或障碍时,应聘者过去的表现是能够挺身而出当机立断地解决问题还是直接逃避。

4.应聘者的自主能力。应聘者是否有很强的依赖心以及缺乏较强的独立性和自主性。

5.对事业的忠心。在应聘者谈过去主管、过去部门、过去同事以及从事的事业时,可从中对应聘者的事业忠诚度进行判断。

6.与同事相处的能力。观察应聘者是否一直在对过去的同事、朋友、公司以及其他各种社团不停地抱怨,并从中做出判断。

7.应聘者的领导能力。如果公司所招聘的人员为管理者,一定要对应聘者是否具备一定的领导能力进行特别注意。

四、面试种类

面试因公司的情况不同可分为下列两种。

1.初试:初试的实施通常是在人事部门,时间约为 15～30 分钟,对应聘者中的那些学历、经历和资格条件不合格的人员进行初步过滤。

2.评定式面试:如有很多在经过初试后被发现适合这项工作,这时就要对合格者做最后一次的评定式面试,通常约 30～60 分钟,由部门主管或高级主管来负责。这种面试通常为自由发挥式的面谈,没有一定的题目,由一个问题一直延伸到另一个问题,让应聘者有机会进行充分的发挥。

五、面试地点及记录

1.最好以单独的房间作为面试地点。

2.面试的时候,必须准备面试表格。初试时最好采用打勾方式的表格,而在评定式面试中,则最好用开放式表格,以便能随时记录下该应聘者所述的主要内容。

六、面试技巧

1.提问的技巧。面试人员必须善于并恰当地进行提问,否则就算是不合格的面试人员。

2.学会倾听。面试人员必须学会听的艺术,在与应聘者进行谈话时,要想办法找出自己所需要的信息。

3.适当保持沉默。应聘人员问完一个问题后,应学会沉默,看应聘者的反应,如应聘者没有开口回答,或者你感觉他对你的问题不了解,这时最好学会保持沉默,不要急着对你的问题进行解释。学会看应聘者的反应,观察他对问题的应变能力。

七、面试内容

1.个人的特性。应聘者的个人特性包括应聘者的体格、举止、穿着、语调、坐行姿势、是否积极主动,是否为人随和,个性内向还是外向。

2.家庭背景。包括应聘者小时候的家庭教育情形,父母的职业,兄弟姐妹的兴趣爱好,父母对他的期望以及家庭的重大事件等。

3.学校教育。应聘者就读的学校、科系、成绩,参加过的活动,与老师同学们的关系,在校获得的奖励,参加过的运动等。

4.工作经验。不仅要对应聘者的工作经验进行了解,还要从问题中对应聘者的责任心、职位升迁状况和变化情形以及变换工作的原因进行观察。从应聘者的工作经验里对应聘者的责任心、自主精神、思考力、理智程度等进行判断。

5.与人相处的特性。对应聘者与人相处的情形进行了解,包括对应聘者的兴趣爱好、喜欢的社团以及所结交的朋友进行了解。

6.个人的抱负。应聘者的抱负和人生目标,发展潜力和可塑性等。

甄选录用制度

第一条　经内部人员调整后,本公司各单位对经营管理和业务发展对人力的需求不能满足时,对人才以公开招聘的方式进行引进。

第二条　对用人单位岗位编制进行确定的原则。

1.要与公司及本单位的长远发展规划相符、与经营战备的目标和为此需实现的利润计划的需要相符。

2.与目前或近期的业务需要相符。

3.需将对劳动力成本的投入产出进行评估的工作做好。

4.要对办公效率的提高和业务开展的促进有帮助,使人浮于事的情况避免发生。

5.能适应用人单位领导的管理能力和幅度。

第三条　公司在对人员进行聘用时,先以其的良好品德和个人修养为首要要求,之后再在具备了首要要求的人员中选择具有优秀管理能力和专业技术才能的人员。各岗位人员的录用标准要尽力做到与德才兼备的标准相符。有下列情况之一或多条者,本公司将不予以录用。

1.其政治权力被依法剥夺且尚未恢复。

2.正在通缉中或被判刑,尚未结案。

3.参加非法组织。

4.品行恶劣,曾受到开除处分。

5.吸食毒品。

6.有拖欠公款的在案记录。

7.得出医院体检结果后,本公司认为不合格。

8.年龄未满 18 周岁。

第四条　公司的各部门或下属全资公司如的确需要进行人员招聘与配置,应填报《固定从业人员需求申请表》交人力资源部核准,并报总经理审批。总经理批准后,人力资源部对招聘方案进行制定并组织实施。但前提是必须符合第二条。

第五条 对应聘人员的筛选与考核由人力资源部和用人单位一同进行,总经理的参加与否将视情况而决定。在筛选与考核工作完成后,填写考核记录和录用意见,报经总经理审批后办理录用手续。

1.人力资源部会同用人单位进行招聘准备工作。

(1)对招聘的岗位、人数、性别、年龄范围、学历和工作经验等要求进行确定。

(2)对日程安排进行拟定。

(3)对面试纲要和笔试问卷进行编制。

(4)成立主试小组。

(5)对考场进行整理。

(6)其他需准备事项。

2.实施步骤。

(1)人力资源部通过刊播广告、加入人才供求网络等形式将招聘信息发布出去,并对应聘者的材料进行收集。

(2)人力资源部对材料进行汇总并整理后,根据要求与用人单位一同对资料进行初次筛选,并通知被选中的人员进行笔试。

(3)人力资源部组织应聘者参加笔试,根据笔试的结果,与用人单位对应聘者进行二次筛选,通知被选中的人员参加初次面试。

(4)人力资源部与用人单位一同对应聘者进行初次面试,根据面试结果进行三次筛选,通知被选中的人员参加二次面试。

(5)人力资源部与用人单位一同对应聘者进行二次面试,根据结果对最终录用名单进行确定,并向被选中人员发出录取通知,以及向落选人员发出辞谢通知。

第六条 被录用的新员工须持《录取通知》向公司人力资源部报到,由人力资源部对报到人员组织统一体检,并对体检合格者进行岗前培训,培训包括以下内容。

1.对公司的历史、现状、经营范围、特色和奋斗目标进行讲解。

2.对公司的组织机构设置进行讲解,并介绍各部门人员。

3.对各项办公流程进行讲解,并组织学习各项规章制度。

4.对公司对员工道德、情操和礼仪的要求进行讲解。

5.对工作环境和条件进行介绍,对办公设备的使用进行辅导。

6.对疑问给予解答。

7.组织撰写心得体会及工作意向。

第七条　公司与培训完毕的新录用员工将签订《公司试用协议》，新员工要持该协议向工作单位报到，其具体工作由部门经理负责安排，人力资源部同时把《试用人员上岗通知书》发给财务部。

第八条　新录用人员在报到后需对《公司员工履历表》进行填写，并向人力资源部递交一张身份证复印件、两张一寸照片。履历表中的内容如在以后发生了变更，应在一周内对人力资源部进行书面形式的通知。

第九条　凡新录用人员，均应办理保证手续。在对保证书进行填写时应注意遵守法律程序。办理保证手续的规定和内容包括以下几点。

1.保证人不能由在本公司工作的员工来担任。

2.被保证人一旦出现下列情形之一，保证人应承担赔偿及追缴的责任。

(1)营私舞弊致使本公司蒙受损失，或有其他一切不法行为。

(2)对公款有侵占和挪用现象以及对公物进行损坏。

(3)有对机密技术资料或财物的窃取行为。

(4)拖欠账款不清。

3.在中途，保证人如需退保，应对本公司进行书面形式的通知，其保证责任须在被保证人找到新的保证人且新的保证手续得到办理后，方可解除。

4.保证人如有下列情形之一，被保证人应立即对本公司进行通知，由本公司对保证人进行更换。发生下列事情后，被保证人应在 15 天内另外找到连带保证人。

(1)保证人做出犯罪行为或发生死亡。

(2)保证人被宣告破产。

(3)保证人的信用、资产出现重大变动，导致无力再继续进行保证。

(4)不愿意再继续保证。

5.被保证人离职 3 个月后，如无手续不清或拖欠公款等情况，保证书即发还其本人。

第十条　部门经理组织试用合格后愿意继续在本公司工作的员工提交《试用期工作总结》及转正申请，并再签署意见后交与人力资源部，人力资源部经理签署意见后再交与总经理审批。员工的转正申请得到批准后，公司与其签订《聘用合同》，并由人力资源部同时向财务部发送《员工聘用通知书》。

第十一条　在原则上，公司不进行临时人员的雇佣，各部门或全资公司如因业务需要而需进行临时人员的雇佣，可由人力资源部经理或全资公司总经理自行决定，临时人员需填写《临时人员情况登记表》，由公司人力资源部对其进行备案。

第十二条　本制度对公司本部及下属的全资公司均适用。

第十三条 公司人力资源部对本制度拥有解释权。

第十四条 本制度自××××年××月××日起实施。

员工招聘管理办法

员工招聘管理办法（范本）

第一章 总 则

第一条 为保证集团的各岗位在所需优秀人才上能够得到及时有效的补充，使集团不断发展的需要得到满足，使人才选用机制得到进一步健全，特制定本规定。

第二条 本规定对集团面向社会进行管理人才招聘的基本程序、方法以及要求进行了规定。

第三条 集团坚持"公平"、"平等"、"竞争"、"择优"的原则对管理人才进行招聘。

第四条 本规定对集团高层以下的各类管理人才和技术人才均适用。

第二章 招聘职位的确定与招聘组织管理

第五条 对招聘职位的确定是以集团的人力资源规划和组织人事调查为基本依据的。对于空缺职位，须预先在本集团内部进行人员的公开招聘，如内部人员不能满足职位的要求，方可由人力资源部向董事长提出申请，经批准后才可以进行社会招聘。

第六条 对管理人才和技术人才的招聘工作由董事长直接领导，如出现特殊情况方可授权他人负责。招聘计划的拟定由人力资源部负责并组织其实施，招聘考评技术的设计和实施工作由招聘职位所在的部门参与。

第七条 人才招聘属非常规性的重要人事工作，以单独列账的方式对经费预算进行管理。

第三章 组织实施的程序与人员甄选

第八条 人才招聘实施基本程序如下：先对职位所要求的具体资格和条件进行确定，再进行招聘信息公告的发布，报名组织，对应聘人员进行初选，依据测评方案对考评测定的实施进行组织，对候选人的聘用进行确定，审核及体检，签约，岗前培训，上岗，上岗培训。

第九条 人员甄选测评方案的设计和实施由人力资源部负责，必要时也可聘请有关专家给予技术上的指导，或直接委托专业的服务机构对设计和有关测评工作进行承担。

第十条 人员甄选通过多角度、多方法进行测评。评估内容一般须包括基本素质（智力性的和非智力性的）、知识技能、管理能力、个性偏向等方面，并以量化方式显示各项内容的评估结果。具体的评估内容和方法依据职位的重要性和要求来确定。

第十一条 依据测评结果，人力资源部针对岗位要求按一定比例将聘用候选人的名单确定出，对候选人的有关材料进行审查和复核，并组织进行体检，以及提交相应的个人测评综合报告。

第四章 聘 用

第十二条 进行正式聘用决策前，由招聘职位的直接上级和人力资源部部长负责与聘用对象进行沟通，就聘用契约等有关具体内容达成共识。

第十三条 人力资源部提交聘用候选人甄选结果材料，由董事长、总经理进行聘用决策。人力资源部负责办理聘约签订等有关聘用手续。

第十四条 对新聘用人员的岗前培训由劳资社保部负责。

第十五条 新聘用的人员在试用期内的胜任力考核由其职位的直接上级负责，对其的转正、辞退和职位调整由人力资源部根据考核的结果来进行。

第十六条 新聘用的人员在转正后将被纳入公司的常规人事管理。

第五章 附 则

第十七条 本制度由人力资源部制定，报董事长批准后由人力资源部执行。

第十八条 本制度自××××年××月××日起施行。

人员选聘测试制度

一、初步选聘

1.将求职表制作出，从而对应聘人员的背景信息进行获取，并淘汰掉不符合要求的人员。

2.在应聘人员对求职表进行填写时，对其做初步筛选。

二、面试

1.面试小组成员。

（1）人力资源部专员。

(2)用人部门专员。

(3)独立的评选人。

2.面试方式。

(1)组合式面试。

(2)阶段式面试。

(3)测验面试。

3.面试内容。

(1)仪表风范、个人修养。

(2)求职动机与工作期望。

(3)工作经验与工作态度。

(4)相关专业知识。

(5)协调指挥、语言表达、逻辑思维等能力。

(6)社交能力。

(7)综合分析判断和决策能力。

(8)人生观、职业观、价值观。

(9)责任心、时间观念与纪律观念。

(10)自我控制能力。

4.面试中的注意事项。

(1)应保持面试环境的安静、舒适以及封闭性。

(2)考官的位置不宜安排在背光处。

(3)被试人员的位置不宜安排在屋子的中央。

(4)考官在应聘人员面前要尽量表现得亲切、自然和轻松。

(5)考官对自己所要获知的答案及问题要点要了解。

(6)考官对自己要告诉对方的问题要了解。

(7)考官要对对方的人格给予尊重。

(8)考官要随时在"面谈记录表"上记录面试结果。

(9)面试过程中不能出现人员的随意走动以使面试过程被打断。

如因初次面谈不够周详而无法做有效参考,可以对应聘人员进行复试通知以进行再次面谈。

三、就业测试

1.专业测验。

2.定向测试。

3.领导能力测试(适合管理能级)。

4.智力测试。

四、背景调查

1.对于通过面试并被初步选定的人员,视情况对其进行有效的背景调查。

2.处理应聘资料以及做背景调查时,应对应聘人员的个人隐私权予以尊重,并注意保密工作。

五、结果的评定与反馈

1.全部的面试结束后,由面试小组成员通过根据面谈记录表讨论各应聘者的情况来得出最后的结论。

2.经评定后,人员如未录取,应先对其发出谢函通知,并将其资料归入储备人才档案。

3.经评定后,人员如被录取,给其的"报到通知单"将在由人事部主管及用人主管商定用人日期后发出,并对职前培训的准备工作进行安排。

面试指导细则

一、面试准备

精心的准备能够使面试更加有效。

首先,对从招聘表、简历等来源得到的应聘者相关信息进行回顾。再根据这些信息整理出一个面试指导。面试指导可以让你对面试中的"对主要背景进行了解部分"和"行为类问题部分"所耗用的时间做出大概的估计,以帮助你在实际的面试中可以进行时间的有效分配和管理。

其次,整个面试的基调往往取决于面试开始的初始印象。为了得到一个正面的印象,我们需要将面试安排好并安排得专业,以增强应聘者的自信。这些安排中也包括对潜在干扰的消除,比如避免面试中有突然的电话或有突然闯入者。一个不受干扰的面试可以让应聘者认为这个谈话很重要,且认为面试官也觉得他自己很重要。

再次,尽可能地在专用的面试地点进行面试。假如面试人员的办公室或工作场所无法满足私人谈话的条件,则可以租用会议室。假如实在找不到地点适合于私人谈话,则应使应聘者的背部朝向其他人,以免应聘者被眼前晃动的事物扰乱和影响思维,从而不能更开放地谈话。

二、面试开场白

1.面试的开场白做到如下几点才是有效的:

(1)让应聘者对你想从面试中所了解的东西以及你将如何做的打算心里有谱;

(2)让应聘者对他将能从面试中得到的东西做到心里有谱;

（3）态度一定要积极、友好；

（4）帮助应聘者消除紧张心理。

2.对应聘者表示欢迎，告诉应聘者你的名字和职位，为接下来的面试打下积极的基调：

（1）明确表示你对应聘者来应聘本单位某项职位的欢迎态度；

（2）对应聘者的经验和成就进行真诚地赞扬，向应聘者表现出你对其有进一步了解的意愿。

（3）对应聘者的按时面试给予感谢。

3.解释面试的目的，告诉应聘者：

（1）借面试的机会，可以让双方进行深入的了解；

（2）面试有助于你对应聘者的背景和经验得到进一步的了解；

（3）面试对应聘者了解所应聘的职位和组织有帮助。

4.将面试的计划描述出来，让应聘者知道你将按如下方法进行面试：

（1）对应聘者的工作和经验进行回顾，然后对他过去的工作实例以及实例的完成方法进行询问；

（2）提供有关信息，并对应聘者所提出的与职位和组织相关的问题进行回答；

（3）提供那些在双方都了解后可以更好地将决策做出的信息；

（4）在面试过程中做记录。你可以向应聘者解释记录的目的只是为了让自己能记住面试的细节。

三、主要背景了解

准备足够精心的话，你对在面试中所收集到的信息进行澄清或扩展则只需花费几分钟，不仅使时间大大地节省了，还能让应聘者感受到你对他的尊重。你对应聘者背景的了解表现得越多越细，应聘者就越能感到受到了尊重。

使应聘者能够对概貌性的信息进行集中提供是做好背景了解的关键。假如有应聘者开始提供详细的信息，你应该提醒他现在你正在询问一般性的信息，不必说得那么详细。

（1）不要把时间全部浪费在背景回顾方面。

（2）将精力集中在应聘者教育和工作史中近期的、显著的以及与目标工作类似的方面。

（3）年代过于久远的问题不宜向应聘者提问。

（4）当应聘者谈到以前工作中令他满意或不满意的地方时，注意那些有助于评估其工作适合度、组织适合度以及地点适合度的信息。

（5）对于应聘者简历中的断层和工作变换，不宜习惯性地视其为不好，必须进行客观准确的判断并找出原因才可以。

（6）只利用必要的背景回顾结果。假如某位应聘者在同一职位上做了 10 年，那么他更早期的信息就不再有很大的使用价值。

四、行为类问题

在面试指导乃至整个目标甄选中，行为类问题部分是核心所在。在这部分，你将收集到详细的行为类信息，并用它们来对应聘者在目标素质方面的表现进行评估。

（1）提出你在面试的前半部分中想要了解的问题并将之记录。

（2）在面试结束后，使用分数框来给应聘者的某项素质打分。

（3）对象交流能力和影响力这样的可观察素质要在面试过程中记录下来。

五、负面影响问题

一些事先设计好的行为类问题会问到应聘者的负面或敏感信息，尽管这不是令人愉快的事情，但不得不对负面问题进行探究有着重要的理由。

（1）可以对应聘者的行为有一个全面、真实的了解。为了对应聘者的行为进行全面的了解和对他进行公平、准确地评估，需要对他的成功和失败都进行深入了解。

（2）可以了解到应聘者可能具有的一些严重缺点。这些缺点应该在面试过程中就被发现，而不是直到录用以后才发现。

（3）发现应聘者需要发展的那些方面。对应聘者的存在不足且需要改进的方面进行了解后，你就可以对在录用了这个人后，对他进行培训需花费多大的努力进行预计。

六、组合式问题

你可以根据应聘者的经验和面试流程来自由地对行为类问题的先后次序进行改变。重组问题时要注意：你应该保持问题性质的平衡，即中性问题，正面问题和负面问题的平衡。

（1）负面和敏感的问题不可一次问得过多。

（2）如问题比较负面，应该在问题之间给应聘者提供足够的时间，以对他成功的地方进行描述。

如果不注意保持问题性质的平衡，则有伤害到应聘者自尊心的可能，会使他在面试中变得小心谨慎。

七、结束面试

当你要考察的问题得到了足够的反馈时，面试过程就该结束了。

（1）对你的记录进行回顾，并确定你是否有附加或澄清某些信息的需要。如果你真的需要更多的信息，现在就有机会问附加问题。

（2）提供关于职位、组织和地点的信息，对应聘者的问题予以回答。

（3）将招聘结束以后的步骤告诉应聘者，并对应聘者进行感谢，结束面试。

公关人员招聘录用制度

第一章　交际能力

第一条　交谈能力的测定。通过与应聘者进行自由的交谈，面试官可以对应聘者的谈吐和语言风格等进行判断。一定要注意多给应聘者机会去讲更多的话。

应聘人员如有不善言谈、表达不清、胆怯等现象，应给予低分。

对应聘者进入考场时打招呼方式的评判、对应聘者在交谈冷场后反应的观察、对应聘者到本企业应聘原因的询问，是交谈能力测定的重点。

第二条　对交谈应变能力进行测定。人与人在进行联系时，谈话的内容并非一成不变或者有迹可循，所以善于对交谈的内容进行驾驭，能做到随机应变，就成了对应聘者的必须要求。不具备这些要求的公关人员往往无法使谈判成功。

在与应聘者进行交谈时，考官要不断地变换话题，或有意避开话题，看应聘者的反应如何。

第三条　对理解能力进行测定。只有将对方的谈话内容和意图都弄明白后，才能争取主动。面试考官可以就一个问题用较长的时间进行模糊的表述，或者让应聘者看一本书或一份企划案，让其对其中的内容进行表达，看其能否领会其实质内容。

第四条　对语言语调进行测定。主要是对应聘者的音色、音质、音量大小、语速快慢等进行测定。让应聘者对一篇文章或一首小诗进行朗诵为其主要测定方式。

第五条　对讲话表情进行考核。主要是在应聘者讲话时，对其神态和动作进行观察。如果表情呆滞、讲话时自卑或有令人讨厌的动作则不适合公关工作。表情生动活泼，具有感染力的应聘者往往能在对外联系中打开局面。

面试考官可提出各种问题，对各种表情进行变换，可友好地与应聘者进行交谈，也可对其进行大声呵斥，然后对应聘者的表情及表现进行观察。

第六条　对掌握谈判主动权的能力进行考核。在公关谈判中，谈判对手往往会出现漫无边际地闲聊或对话题有意避开的情况。所以在交谈中，应时刻对应聘人员的谈判主动权掌握能力进行考察。

在面谈中,面试考官可提出许多漫无边际的话,对应聘者能否把交谈拉回主题进行考察。

第七条　外观和整体印象观察。面试考官不仅要观察应聘者的五官,还要对其服饰、鞋帽及随身携带品进行观察,察看是否整洁、协调和美观。

第二章　其他相关能力

第八条　对观察能力进行测定。对应聘者的机敏性进行考核,并由此判断出应聘者的性格特点,体察入微是公关人员必备的基本素质。

考试方式可采取在黑板上贴一张图片或一幅画,也可采用其他方式,让应聘者在限定时间内观察并描述出来。

第九条　记忆力考核。公关人员必须具备较强的记忆力,以更好地应对各种各样的数字和资料。

考试方式可以在黑板上写上一组数字或单词,然后由应聘者对其进行默写,根据对错数量进行打分。

第十条　运算能力考核。主要是对应聘者的口算能力进行考核,不过,计算不应超出加减乘除四则运算的范畴,可以让应聘者对几组运算题进行口算或速算。

第三章　录用调查

第十一条　当初步确定了聘用者名单后,要调查应聘者所提供的个人资料的真实度。如果调查得出的信息不符合应聘者所提供资料里的信息,可对聘用名单进行调整。

第十二条　录用调查主要包括以下几点。

1.担保人调查。对担保人的担保提供能力进行确认。

2.任职经历调查。到应聘者的原工作单位调查。看应聘者所提供的资料是否符合实际情况,尤其应对应聘者的工作情况、职务、业务能力和工资收入进行重点调查。

3.体检。应聘者须要到公司医院或公司合同医院进行体检。

第十章
保密与竞业限制管理

商业秘密概述

在我国的《反不正当竞争法》规定中，权利人对其采取了保密措施的具有实用性且能为权利人带来经济利益、而公众所不熟悉的技术信息和经营信息都属于商业秘密。由此可见，商业秘密包括技术信息和经营信息两部分。而技术信息则指技术诀窍、工艺流程、设计图纸、生产配方等信息。而经营信息则是包括客户名单、货源情报、产销策略、价目表以及管理方法等。

总而言之，《反不正当竞争法》所保护的商业秘密就是指能为权利人带来精益利益、经权利人采取了保密措施且不能从公开渠道直接获取的信息。

商业秘密一般具有且必须具有以下的四个特点，同时也是其法律特征。

1. 秘密性

商业秘密是特指不为公众所知悉的信息或知道此信息的人在一个有限、特定的范围内，对于那些已为社会公知公用的普通技术和经营方法，并不属于商业秘密的范畴。

2. 价值性

只有能为权利人带来经济上的利益或潜在的商业利益或竞争优势的技术或信息才是商业秘密。如果一项技术或一条信息既不会给使用者带来竞争优势，也无任何与众不同之处，它便没有了竞争价值，也就无法成为商业秘密。

3. 实用性

商业秘密必须是具有具体、完整、确定、可应用方案的现实使用价值的信息，不能仅仅是原理性的、抽象的、不能实现的设想。法律所保护的对象不包括仅停留在构思、草图阶段，尚未形成一个完整、实施的设计方案的新产品设计。

4. 权利人采取了保密措施

只有在权利人主观上将信息作为需要受到保护的秘密，并在实际中采取了具体保密措施，法律才能认定其为商业秘密，否则，法律不对该信息进行作为商业秘密的法律保护。例如，在劳动合同、购销合同、技术转让合同中要设立保密条款。商业秘密所属企业要让员工和贸易伙伴承担保密义务。企业内部要制定商业秘密管理规定，明确商业秘密的使用、保管和销毁方法。另外，对外单位参观人员要实行登记、采取限制等措施。

商业秘密对企业的发展极为重要,有些甚至会对企业的生存造成直接影响,作为企业的财产权利,企业一定要注意对自己的商业秘密进行比较保护。

保密协议概述

《劳动合同法》第二十三条规定,劳动者与用人单位可以在劳动合同中对保守用人单位的商业秘密和与知识产权相关的保密事项进行约定。劳动者与用人单位之间的保密约定,可以以保密条款的形式写入劳动合同,也可以单独订立一份保密协议,这两种形式的法律效力相同。

用人单位与劳动者之间专门对有关保守商业秘密的权利和义务进行约定的法律文件即是保密协议。通常情况下,协议当事人双方在协议中约定不得向任何第三方披露一方所告知另一方的书面或口头保密信息。如果负有保密义务的当事人因对协议约定的违反,使第三方得知保密信息,从而给另一方当事人造成损失的,负有保密义务的违约当事人将承担民事上的赔偿责任。

《反不正当竞争法》是从法律上对商业秘密进行保护,而签订保密协议则是企业对自己的商业秘密进行保护的常用手段之一。保密协议一般分为单方保密协议和双方保密协议两种,单方保密协议指的是一方对另一方单方面负有保密义务的协议,而双方保密协议则是双方都负有保密义务。

保密协议内容

1. 用人单位的名称、住所和法定代表人或者主要负责人。
2. 劳动者的姓名、住址和居民身份证或者其他有效身份证件号码。
3. 双方之间《劳动合同》的基本情况(包括期限、工作内容等)。
4. 保密的内容、期限以及补偿。
5. 违约责任。
6. 其他条款。

保密协议适用范围

与竞业限制协议所不同的是,保密协议不像竞业限制协议那样有着明确的适用对象。不过,根据《劳动合同法》第二十三条,用人单位与劳动者可以在签订劳动合同的同时对保守用人单位的商业秘密和与知识产权相关的保密条款进行约定。

所以，只要用人单位的秘密被劳动者所了解，且劳动者负有保密义务，比如高级技工、重要岗位管理人员等，用人单位都可与其签订保密协议来维护自己的权利，且企业通常都会与其进行保密协议的签订。

违反保密协议的处理方法

《劳动合同法》第九十条规定：劳动者违反本法规定解除劳动合同，或者违反劳动合同中约定的保密义务或者竞业限制，给用人单位造成损失的，应当承担赔偿责任。

由于动机和所造成的后果不同，对保密协议的违反可能会产生三种责任，分别为民事责任、行政责任和刑事责任。

对保密协议出现违反情况后，民事责任很可能首先成为其需要承担的责任。保密协议作为用人单位与劳动者之间的保密约定，受到法律的保护，不得违反，且劳动者有义务并同意对用人单位的商业秘密予以保守。如果当事人对保密协议中所规定必须承担的义务没有履行或出现违反情况，不论其行为是否对用人单位造成了实际损失，都应为其违约行为承担相应责任，而违约的责任正是民事责任的一种。

由于签订合同的一方或双方没有履行合同义务或对合同义务履行得不当，从而形成了违约责任并需要承担不利的法律后果，如对违约责任实际履行、支付违约金、赔偿损失等，因此，如果员工违反了保密协议，用人单位可以要求员工对保密协议中所约定的保密义务进行实际的履行。如果保密协议中有约定了违约金的相关条款，用人单位还可以要求违约员工对所约定的违约金进行相应的支付。如果员工对保密义务的违反行为使得用人单位受到了实际的损失，用人单位可以要求员工对损失做出相应的赔偿。

当然，违约金与赔偿损失并不一样。如果劳动者的行为构成了违约，只要保密协议中约定了违约金，不论劳动者的违约行为是否给用人单位造成了实际损失，用人单位都可以向员工提出支付违约金的要求或法律诉求。而赔偿金则是针对给用人单位所造成的实际损失进行的支付。赔偿金是对损失的赔偿，而违约金是对违约行为的赔偿。

对违约金的数额进行认定比较容易，由于在保密协议中一般都会写明违约金的数额，所以只要不是因为偏高或偏低而对其进行了修订，一般不会发生变化。但是对损失进行支付的赔偿金就不一样了，它受损失程度的影响。在计算损失方面，劳动法有相关的赔偿规定。根据《违反＜劳动法＞有关劳动合同规定赔偿办法》第五条的规定赔偿："劳动者违反劳动合同中约定的保密事项,对用人单位造成经济损失的,按《反不正当竞争法》第二十条规定支付用人单位赔偿费用。"而《反不正当竞争法》第二十条规定了两种赔偿额的计算方法,一是按照侵权行为造成的实际损失计算。二是在实际损失难以计算的情况下,赔偿额为侵权人在侵权期间因侵权所获得的利润。另外,该法还规定,侵权人对被侵害人因对该不正当竞争行为进行调查而支付的费用也应合理承担。

在对用人单位的实际损失进行计算时,主要包括以下内容。

第一,对泄密造成的损失进行确定,尤其是对技术秘密研制开发的成本、投入的时间、财力和物力等进行计算。

第二,对泄密带来的现实优势进行确定。商业秘密必然给权利人带来优势或利益,比如涉及降低生产成本、提高生产效率、增加利润率等。而当商业秘密被侵权人利用进而实现现实利益时,必然会造成权利人现实利益的丧失或实际上的损失,因此须要对其能给权利人带来的优势或利益或造成的损失进行计算。

第三,对泄密带来的将来优势进行确定。商业秘密往往能够产生合理的预期利益,如果侵权人对其进行了披露,势必会使商业秘密丧失,从而使用人单位的将来优势损失,其将来优势的损失往往也是实际损失的重要组成部分。但由于很难对这种将来优势的实际损失进行计算,在司法实践中,法院往往会根据侵害的商业秘密的评估价值、侵权持续时间、类型、权利人因侵权所受到的商誉损失等因素在一定的幅度内对损失进行确定。

对用人单位的商业秘密造成侵犯时,不仅可能构成民事责任,也有须要承担行政责任的可能性。《反不正当竞争法》规定:工商行政管理机关有权依法责令停止违法行为,并可以根据情节处以一万元以上,二十万元以下的罚款。同时工商管理机关还可以责令侵权人将现有商业秘密的图纸、软件及其他有关资料返还权利人或销毁。

劳动者在对用人单位的商业秘密造成侵犯后,还有可能构成刑事责任。根据《刑法》的有关规定,如果出现以下给商业秘密的权利人造成重大损失的行为,处3年以下有期徒刑或者拘役,并处罚金;造成特别严重后果的,除3年以上7年以下有期徒刑,并处罚金:①以盗窃、利诱、胁迫或者其他以各种不正当手段从权利人处获得商业秘密的,如以盗窃、利诱、胁迫等手段;②在用不正当手段获取到权利人的商业秘密后,将之披露或使用,或允许第三者使用的;③违反约定或者权利人有关保守商业秘密的要求,披露、使用或者允许他人使用其所掌握的商业秘密的。

竞业限制概述

竞业限制,亦被称为"竞业禁止",是指为防止商业秘密被同行业的各单位所知悉,在劳动合同被解除或终止后,对掌握或知道商业秘密的员工给予一定的经济补偿,同时要求其在劳动关系解除或终止后的一定期间内,不得从事与原单位有竞争关系的同类产品或同类业务,也不得对其进行自营,更不得到生产同类产品或经营同类业务且有竞争关系的其他单位任职。

竞业限制协议概述

竞业限制协议是一种法律文件,用来对用人单位与劳动者在竞业限制期内的权利义务关系进行规范。在该法律文件中,用人单位与对用人单位的商业秘密负有保守义务的劳动者,就竞业限制做出条款上的约定,即劳动者在终止或解除劳动合同后的一定期限内不得在生产同类产品、经营同类业务或到有其他竞争关系的用人单位任职,也不得自己生产与原单位有竞争关系的同类产品或经营同类业务。

需要注意的是,由于竞业限制协议是双务有偿合同,以平衡双方的利益为目的,所以既要规定离职员工对原企业的商业秘密进行保守以及不与原企业竞争的承担义务,也要规定所应该享有的获取一定经济报酬的权利,因此合理设置双方权利义务是关键。

竞业限制协议的内容

根据《劳动合同法》第二十四条的规定,仅限于对用人单位的高级管理人员、高级技术人员和其他负有保密义务的人员实行竞业限制。因此,用人单位只有对限于掌握企业重要商业秘密,或者对企业的竞争优势构成重要影响的关键技术人员和管理人员进行竞业限制的约定方才有效,如果以上述人员以外的其他劳动者为对象进行竞业限制的约定,则该约定无效。

根据《劳动合同法》第二十四条的规定,竞业限制协议的主要内容应包括以下几点:

- 用人单位的名称、住所和法定代表人或者主要负责人;
- 劳动者的姓名、住址和居民身份证或者其他有效身份证件号码;
- 双方之间《劳动合同》的基本情况(包括期限、工作内容等);

- 竞业限制的范围、地域、期限、补偿；
- 违约责任及其他条款。

竞业限制期限

对于竞业限制的期限，《劳动合同法》第二十四条给予了明确的规定：竞业限制的期限以劳动者离职后的 2 年为限，即在其与用人单位的劳动合同解除或者终止后，其到与本单位生产或者经营同类产品、从事同类业务的有竞争关系的其他用人单位，或者自己开业生产或者经营同类产品、从事同类业务的竞业限制期限，不得超过 2 年。

违反竞业限制的处理方法

根据《劳动合同法》第二十三条的规定，劳动者如对竞业限制的约定出现违反情况，应当按约将违约金支付给用人单位。对于违反了竞业限制约定的劳动者，一般要求其将违约金一次性支付给用人单位，且违约金金额为劳动者离开用人单位前一年的基本工资的 5 倍。同时，劳动者应当将其因违约行为所获得的收益返还用人单位。

根据《劳动合同法》第九十条的规定，劳动者违反本法规定解除劳动合同或者违反劳动合同中约定的保密义务或者竞业限制，使用人单位受到损失的，应当对相应的赔偿责任进行承担。

第十一章
员工入职管理与培训

新员工入职工作标准

入职准备

1. 在应聘者经面试合格后，由人力资源中心向其发送《录用通知书》。

2. 与被录用的员工就报到日期进行商议并确认，并在新员工到公司报到之前，对其就需要注意的事项、需携带的资料、体检等进行通知，以及通知其他需知事项。

3. 将新员工的报到日期通知给人事助理，安排人事助理将新员工入职需办理的手续及所需填写的表单准备好。

4. 用人部门对新员工进行办公位置的安排，以及对电脑等工作设备进行申领。

5. 行政办对新员工发放办公用品。

6. 信息组负责为其开通账号、邮箱以及对电脑设备进行调试等。

入职报到

首先，人力资源中心将《新员工报到工作单》发放给新员工，并按要求对以下入职手续进行办理。

①要求员工对《员工登记表》进行填写，并递交各种证件以供检验，各种证件一般包括：一寸免冠照片 3 张、身份证原件或户口复印件、学历学位证明原件、资历或资格证件原件、与原单位解除或终止劳动合同的证明、体检合格证明等。

②与员工进行劳动合同、保密协议等的签订。

③为新员工建立档案以及考勤卡。

④引领新员工对公司进行参观并向其介绍公司情况以及同事。

⑤移交新员工至用人部门。

其次，带新员工对工作环境进行熟悉。在新员工进行对工作环境的熟悉时，用人部门对其予以协助并进行介绍，并为新员工设定专人作为辅导员就岗位职责和工作流程向其给以介绍。

最后，对新员工进行入职培训。对此项的详细内容见本书第十二章。

员工转正定级工作标准

　　员工正式入职后，一般都要对其进行为期 1～3 个月的试用，并就试用期签订试用期合同。如新员工在试用期间有十分出色的工作表现，可视具体情况对其的试用期进行相应缩短，但一般以不短于 1 个月为底限，新员工的转正工作必须在其试用期满且通过一定的考核后方可予以办理。

　　新员工转正程序的进行遵从"部门提名，人力资源管理部审核，隔级批准"的原则。

　　结合实际情况，试用部门主管可以根据新入职员工的培训结果及其工作表现，申请对该员工进行转正，由员工本人及相关人员在进行申请工作时对《员工转正申请表》进行填写。并将填写完毕的申请表提交人力资源管理部进行审核，审核通过后再由试用部门的上级对其进行审批。

　　人力资源部门在新员工试用期满后，如仍未接到试用部门向人力资源管理部提出的转正申请，应对其情况向试用部门及时进行了解，在征求各方面意见的基础上就该员工对工作能否胜任进行考察，以决定是为其办理转正还是辞退手续。

　　人力资源管理部应该依据审批人的意见对相关手续进行办理，如果试用人员的转正得到了批准，则与转正员工签订正式的劳动合同，随即将其纳入公司日常人事管理。如未得到批准，则不进行聘用或视具体情况对其进行岗位的调整。

　　各部门新入职员工的试用期合同、转正后正式的劳动合同以及其他相关材料要在全部汇总的基础上由人力资源管理部门备案管理，并由负责合同条款的部门执行和监督。

　　试用员工如果在很短的时间内终止试用的，公司可酌情为其进行工资的计发。

新员工培训制度

培训目的

　　为了使新员工对本公司的企业文化、发展目标、机构设置、部门职责和规章制度，以及有关人事和安全等方面的相关知识有全面的了解，提升企业在员工心中的形象，增加员工对公司的认同感和归属感，以便更好地服务公司，同时也为了提升新进员工对公司的产品的认知度，更快地适应岗位工作，公司特制定新员工培训管理制度。新员工培训制度确立的目的是为了加强新员工的自我管理和自我控制能力以及团队协作精神,具备良好的行为规范。

培训对象

所有的新进员工必须参与先培训后上岗的脱产培训计划,培训考核合格方可独立上岗。

培训时限

脱产培训时间安排为:人力资源部为_____天,公司指定的培训师为_____天。部门内部培训时间为_____天,部门内的培训时间需向人力资源部报备,培训结束后将培训教材和培训出席表及培训考核结果上交人力资源部。

培训内容

1.人力资源部培训内容

①观看企业宣传片、企业文化、企业背景、公司发展历程、发展目标、组织机构、企业高层人员简介。

②人事制度:作息时间、请假、休假、薪酬制度、发薪日、支薪方式、培训、晋升、奖惩、社会保险及为员工提供的其他福利和发展。

③总务制度:主要有工作餐、门禁卡、工作牌、考勤卡使用、工作服穿戴、劳保领用、个人车辆停放等。

④安全教育:包括安全制度和程序、安全管理、安全卫生、安全保护、消防设施的正确使用、灾难逃生等。

⑤行为规范:包括遵守公司纪律、保守公司机密、仪表、妆容、电话礼仪、交往等知识。

⑥产品介绍:产品认识、产品结构、产品用途等基础知识。

2.岗位培训的主要内容

①本岗位理论知识和专业知识的讲解以及实际操作技能指导。

②技能培训:确定试用期培训讲师、培训内容、培训期限、培训进度、技能要求等。

3.部门培训的主要内容

①部门情况介绍:部门组织架构、本部门承担的主要工作任务和职责介绍、部门同事介绍、带领员工现场参观。

②部门制度:包括部门工作宗旨、工作安排、工作分配、上班纪律等要求。

③生产工艺流程的现场介绍:包括工序划分、工序流程、生产知识、技能要求。

④部门生活指南:包括就餐规范、休息场所的指定、工作服的放置、更衣柜的安排及其他生活物品的放置等。

⑤安全卫生工作:现场安全隐患提示、安全防护的内容和常识、典型工伤案例教育以及做好安全卫生工作的方法等。

培训教材

公司的培训教材主要是由该部门主管或主管助理根据该部门的岗位要求和相关工作规范自编教材。为了将培训真正做到学以致用,提高培训质量,各部门将自行编制教材交给人力资源部汇总,由公司统一编成入职培训教材。

培训师资

新员工培训由人力资源部负责组织专业培训人员、各部门分担配合并提供专业技能培训师。

培训方式

培训方式包括讲解、幻灯片放映、现场演示、现场提问解答、典型案例分析等。

培训跟踪

新员工入职后建立个人培训履历卡,每次培训的测试成绩和内容均计入履历卡,定期进行点检,对测试不合格者进行跟踪培训,直至其完全合格。新员工进入岗位工作后,人力资源部按照指定培训讲师的培训计划实施培训对其进行追踪调查,并通过在岗工作状况对其培训后的掌握状况进行考察,对经过培训仍然不能胜任岗位要求的员工要再次进行培训,对多次培训还不合格的员工予以辞退。

新员工培训流程

公司的地理位置和工作环境

向新员工展示公司在全市的地理位置以及公司的平面图。

如公司已经有宣传图片或结构模型,要安排相关人员引导新员工进行参观,并通过解说让他们大致熟悉公司的地理位置。

要尽量详细地介绍每位新员工工作的小环境和大环境,硬件和软件设备,包括工作的流水线、办公室的设施、其他工作的辅助设施,如电脑、传真机、复印机、主管办公室、总经理办公室等。

企业的标志及由来

企业的视觉识别系统(VIS)及由来,比如说,麦当劳的颜色是由金黄色和红色构成的,其标志"M"既是麦当劳的首写字母,形状又接近凯旋门,是成功和吉利的象征。每个企业的标志都是企业的骄傲,每位员工都需要识别和了解它的特殊含义。

企业的发展史及阶段性的英雄人物

在每个企业的发展历程中,不同阶段会出现不同的标志性人物,这些人可以说是企业的象征,如法国酒白兰地系列,就有甜美葡萄的传说,有马爹利老爹和马爹利老屋的传奇故事,有橡木桶传奇般的功能和传说。企业的转折阶段,就会有传奇故事,收集这些传奇故事,将其讲述给新员工,进而让他们更有归属感,更热爱自己的企业。

企业最有意义和标志性的纪念品

美国的某家企业,它的大厅里放置着一件特殊的纪念品——大玻璃罩下的一根金色香蕉。据说这根香蕉是一位员工向董事长提出非常有价值的工艺改进建议时,由于董事长当时身边没有合适的奖品,董事长就拿起了桌子上的一根香蕉,作为给这位员工的奖励。从此以后,这个公司提建议的员工越来越多。而这根特殊的香蕉,被制作成纪念品摆设在公司的大厅里,变成了公司的标志物之一。

企业的产品和服务

产品的名称、原材料、原材料的来源和性能,产品生产的流程,产品的售后服务等。如果企业的"产品"是服务,该企业的新员工就需要尽早对企业售出的"服务"所包括的内容、对象、性质、质量检验等进行了解,纠正服务的错误。

企业的经营理念和企业文化

每个企业都有着各自的经营理念,当新员工进入企业的时候,就应将本企业正确的经营理念介绍给员工,让其主动与企业协调工作。企业文化是一个企业在长期的发展过程中形成的价值观和其他有形与无形的内外影响力。企业文化的核心是价值观。新员工入职后,首先就应该让其感受企业的文化氛围,进而认可企业的价值观,融入这个团队中。

企业的品牌地位和市场占有率

每个企业都在竭力创造自己企业的品牌,创品牌是需要企业长期努力的。在培训新员工的时候,一定要向其介绍以下内容:企业自己的品牌,品牌定位在哪个层次,品牌在社会的认可度,本企业的主要竞争对手是哪些,各自的市场占有率是多少等。

企业的组织结构及主要领导

制定组织结构图、主要领导的名录以及联系方式,随着因特网和办公自动化的普及,员工可以通过设立的信箱提出建议,也可以利用其他渠道得到和总经理对话的机会。

企业的战略和发展前景

由于个体的发展需要企业的发展做支撑,所以新员工通常对企业当前的战略定位和企业战略的发展目标、发展阶段、发展前景非常关心。只有让员工了解这些情况,进而激发出创造激情和工作热情,他们才可以为企业奉献自己的才能与智慧。

科学规范的岗位说明书

每一位员工必须有一份自己所在岗位的科学规范的岗位说明书,并对其非常熟悉。

企业的规章制度和相关法律文件

签订有效的劳动合同,制定规章制度的运作程序等。

团队协作和团队建设

向新员工介绍团队及团队成员的情况。

在职员工培训制度

为了提高本公司人员的专业知识水平和岗位技能,以提高工作效率,改进工作质量,促进企业发展,经公司人力资源部和公司领导的要求特制定本制度。其适用范围包括所属从业人员的在职理论培训和技能培训以及其他相关事项的管理。

工作职权划分

1. 公司的各个部门

①部门的年度培训计划编制和呈报。

②专业技能培训教材的编撰和修改以及培训规范的制定和修改。

③专业技能培训讲师的推荐。

④专业技能培训参与人员的定位和确认。

④部门内部培训的资料档案留底和成果汇总。

⑤学院培训结果的考核和监督,确保培训的效果。

2. 培训部

①全公司课程培训内容的确立及共同性培训教材的编撰和修改。

②制定和修改培训制度及相关规范。

③全公司年度培训及月份培训课程的拟定呈报、培训计划的审议。

④公司在职教育培训改善对策呈报。

⑤培训执行状况的监督、追踪和考核。

⑥每个季度外聘讲师的安排和协调。

⑦全公司外派培训人员的审核与办理。

⑧公司各项培训费用预算的拟定。

培训规范的制定

培训部为培训实施提供的管理规范主要内容包括以下几类：

①各部门的工作职务和工作性质分类；

②各种工作岗位作业指导的培训课程；

③各项培训课程的教材大纲和相关规范。

各部门组织机构如引进新技术，培训部应根据实际需要对培训计划进行修改培训规范。

培训计划的拟订

①各部门依据实际需要和培训规范，拟订《在职员工培训计划表》，培训部审核通过后，作为实施培训的依据。

②培训部应依据各部门提出的培训计划，编制《年度培训计划汇总表》。

③各项培训课程申请部门负责填写《在职员工培训实施计划表》，审核通过，通知相关学员进行培训。

培训的实施

①各培训部门应依据《在职员工培训实施计划表》的安排按时完成培训。

②各培训部门在培训之前是提前做好场地的安排、培训教材的准备、培训设备的准备等。

③各项培训结束后，应举行培训测验，由主办部门或培训讲师负责。

④各培训部门对培训学员的出席状况和培训了解状况要做好监控。

⑤培训部对培训部门的培训落实状况和落实结果要定期点检和查核，并将相应结果送交有关部门参考和改进。

⑥培训考核成绩与员工绩效挂钩，作为后续加薪、升职的参考。

培训成果的呈报

①每期培训结束之后，培训主导人应将学员考核成绩记录在《在职员工培训测验成绩表》上，并通知人力资源部建立和完善员工的个人培训档案。

②培训部门应在每期培训结束五天内填报《在职员工培训结报表》、《讲师培训费用申请表》、《学员考核成绩表》及《培训满意度》送至培训部。

③各部门在培训完成后应填写《在职员工培训成果报告》上交培训部，对该部门近期的培训做好总结。

培训评估

①每期培训结束一周内，培训部门应要求学员及时填写《在职培训学员意见调查表》，将其与考核试卷一同收回，将学员意见上交人力资源部，作为培训的参考意见或建议。

②针对各部门培训的成效，培训部应定期分发《培训成效调查表》，供各部

门主管填写,并结合参加培训学员的实际工作情况,对培训的成效作出分析评估并做成书面报告,作为再次举办培训的参考。

附则

①开展培训的时间根据具体工作情况而定,要在不影响工作的情况下培训。

②在职员工的资历和培训成绩可作为每月绩效考核、年度考核和晋升的参考。

③本制度呈总经理核准后颁布实施,其解释权归人力资源部所有。

在职员工培训流程

职责分工

1. 协助部门

要依据在职员工的实际情况来确定对应的培训计划和课程,然后把本部门的在职员工培训计划表交到人力资源部。

2. 主管部门

制订整体培训计划,并跟踪和监督整个培训计划的实行情况,确保其实施是有效的,最后对后续的培训效果做出评估。

作业流程

1. 制订培训计划

①各部门从自身需求出发,结合公司培训规划对员工的专业知识、职务、岗位依据技能的要求,制订出《在职员工培训计划表》,并上交人力资源部。

②《在职员工培训计划表》的内容包括下列方面:培训课程、培训课时、培训材料、培训内容、培训讲师、培训费用预算等。

③企业各部门在培训课程和培训内容的安排上,要考虑到下列几个方面的内容:不同员工的工作能力和个人素质之间的差距;各部门的岗位要求和工作流程;员工当前的工作技能水平和其潜在的水平之间的差距。

2. 确定在职员工培训内容

①形势任务教育:主要包括公司简介、企业规章制度、企业的发展规划和下一年度的工作任务和目标、企业文化、员工行为规范等。

②业务技能培训:指的是与销售、生产销售等专业知识和业务技能相关的培训。

3. 根据培训项目确定培训讲师

①形势任务教育:由人力资源部邀请讲师主讲。

②技能业务培训：由生产技术部、生产部、行政部和营销部委任讲师主讲。

4.实施培训

培训讲师将《在职员工培训计划表》上交至人力资源部，审查后符合要求的培训课程，人力资源部下发《培训计划表》和《培训通知》展开培训。

5.培训效果的评估

在完成培训的一周内，受训员工必须写一份《培训自评报告》上交给部门领导，领导审批后，部门内部再对报告进行收集整理，汇总形成考核结果，交人力资源部存档。人力资源部要及时与培训员工的直接上级进行交流，对于培训效果展开跟踪调查。

6.培训档案的建立和保存

完成培训两周内，人力资源部要根据《员工档案管理办法》把培训员工填写的《员工培训记录表》和《培训自评报告》《培训请假表》以及《培训签到表》一并存档。

外派人员培训制度

目的

为了加强企业员工的知识层面和知识范围，使本企业的员工充分了解并提高专业技术和管理经验，使员工的素质得到全面发展，满足企业的未来发展对员工技能的要求，特制定外派人员培训管理制度。

具体内容

(1)外派培训人员包括以下资格。

①参加外派学习的人员首先应具备企业对外派项目的学历、能力等各方面的要求，且外派学习人员对企业的发展有一定的推动作用。

②有参加外派学习资格的人员应为已在本企业有两年或以上工龄，且工作绩效考核优秀、具有强烈的学习欲望、愿意在本公司长期发展的员工。

(2)外派培训具有如下内容。

①由政府法令规定或相关单位主办及要求的职业资格评定方面的培训。

②本企业必需的技能培训或特殊专业知识。

③本企业新引进科技的必备专业知识要求。

(3)对外派人员学习，人力资源部和该部门应于上一年度末提出外派培训计划并报总经理批准，非特殊情况不得修改。

(4)参加外派培训的员工应先填写《员工外出培训申请表》，由部门主管审核后上交人力资源部进行资格审查和核准，审批通过后报人力资源部进行备案和作为后续工作技能参考的依据。

（5）学员外出培训的相关费用由企业统一支付，在此之前参加培训的学员应与企业签订《培训协议》，双方签字后作为《劳动合同》的附件执行。《培训协议》一式三份，人力资源部、部门主管和培训员工各执一份。工资待遇遵从协议规定执行。

（6）对无需签订培训合同的外派培训人员，培训期间应视为正常上班，照常支付工资并按正常程序进行绩效考核。

（7）当培训学员为企业服务满一定的期限，可参加取得学历的培训，培训费用由员工先行支付。凭学位证书、毕业论文、学费发票等相关文件资料，培训学员可获得一定比例的学费报销。若学员未满服务期限约定的，则需向企业支付相应数额的违约金。

（8）参加外派培训的人员返回后，应向人力资源部上交培训报告和资格证书等有关资料，作为人力资源部审核的依据，外派学员的成绩也应当登记到《员工外出培训记录表》。如培训项目为海内外参观和考察，须向人力资源部提交《参观考察报告书》，供考核之用。

（9）外派培训人员培训费用的报销须在培训结束后的十天内经本部门主管批准和人力资源部审核，通过后方可办理报销手续。

（10）差旅费报销时，培训学员应先列出报销费用的明细，然后由人力资源部对报销凭证进行核查，经人力资源部确认准确无误后方可去财务部报销，否则不予报销。

附则

（1）本管理制度若有不完善之处，可根据实际情况进行修改，经总经理审核批准后方可生效。

（2）本制度呈报总经理审核批准后实施，其所有权归人力资源部所有。

员工出国培训制度

总则

为了对员工出国培训进行进一步规范，依据公司的实际情况和国家相关法规，来确定具体的管理办法。员工出国具体可分为国外出差和外派两种类型。

国外出差

（1）国外出差根据地点分为港澳出差、境外出差。

①港澳出差。公司为员工提供生活补贴和市内交通费用，在港澳地区原则上是不允许住宿的。如情况特殊，经过公司高层领导批准，才可以在港澳住宿，

公司报销住宿费用。

②境外出差。员工境外出差时,可凭票据报销交通费。住宿、市内交通费用和生活补贴标准,以上标准每年回顾一次,根据需要对标准进行相应修改。

(2)出差的最后一天不计入出差天数,也不给予补贴。

(3)如果出差的地方已经提供了住宿和交通工具,那么公司只为出差人员提供生活补贴。

(4)公司不予报销出差人员参加相关培训、旅游考察等其他类似活动的费用,具体要根据实际情况按支出明细分类,核算后报销。

外派管理

(1)公司凭单据据实报销办事处的通讯、房租、水电、日常办公用品等费用。

(2)员工在所驻国国内出差时,经过公司批准,住宿和市内交通费用根据国外出差标准报销。如果公司在所驻国有交通工具,那么公司将不再报销其市内的交通费用。到所驻国国外出差,经过批准,可根据国外的出差标准报销出差费用。

(3)外派生活补贴将与工资一起发放给员工。驻外人员回国内出差,公司要按照国内差旅费用的报销标准来报销费用。

附则

本办法从发布之日起生效。

第十二章
培训需求分析管理

培训需求分析的原因和作用

培训需求分析的原因

由于企业对新员工开展培训的花费是有限的,为了确保这有限的培训费用能被最需要的培训人员和培训项目所用,所以要对培训需求进行分析,以免在培训过程中出现费用浪费的现象,导致企业最终收效甚微或一无所获。对新员工培训需求所进行的分析客观与否,会对培训需求分析的针对性和有效性产生直接影响。

培训需求分析的作用

培训需求分析的作用主要表现在以下四个方面:

第一,对新员工最迫切、最准确的培训需要进行了解,以确保培训不流于形式;

第二,使不同岗位新员工的实际培训需要得到满足,从而使培训的针对性和有效性得到确保;

第三,使新员工培训的时间成本和费用成本得以节约以及对培训资源的浪费减少;

第四,使得所选择的培训方案内容切合实际,并使得预期的培训效果得以实现。

培训需求分析的类别与层面

培训需求分析的类别

1. 普遍培训需求

企业文化、职业素养、通用技能和个人发展等不涉及岗位知识和专业技能的培训都属于新员工的普遍培训需求,也就是新员工共同的培训需求。

①企业文化:包括企业的基本规章制度、发展历程、企业的关键事件、经营方式等。

②职业素养:包括礼仪形象、工作态度、职业精神、职业心理、工作方法等。

③通用技能：包括计算机基本操作技能和基本外语能力等。

④个人发展：包括沟通管理、人际关系、时间管理、目标管理等。

2.制殊培训需求

由于新员工所属的部门、岗位、资历不同，使得个别人或部分人产生了与普遍需求不同的培训需求，即为新员工的制殊培训需求。

新员工的制殊培训需求主要包括以下三方面的内容。

①不同工作部门。新员工因属于不同的部门，而对如客户服务部工作规范、生产部工作流程等方面产生的不同培训需求。

②不同职位层级。新员工在不同的岗位而产生的如专业知识、岗位技能等不同的培训需求。

③不同岗位经验。在不同职位层级的新员工对组织协调能力培训、管理技能培训、领导力培训等所产生的不同的培训需求。

培训需求分析的层面

对培训需求的分析是否准确和有效会在很大程度上决定培训的工作是否成功。所以，要将新员工培训需求分析划分为四个层面：个人层面分析、职务层面分析、组织层面分析和战略层面分析。

不过，新员工培训需求分析的四个层面并不是互无关系，而是相互关联、互有交叉的。所以，为保证培训需求分析的有效性，应把四个层面结合起来对新员工培训需求进行分析。

1.个人层面

培训需求分析的个人层面主要是对新员工个体的实际状况与理想状况之间的差距进行分析，然后在此基础上对具体的培训方式和培训内容进行确定。

以下的三个维度是对新员工个人层面需求进行分析时的主要衡量标准。

①知识：新员工是否能达到岗位工作所要求的文化水平和知识结构。

②技能：新岗位所需的相关技术能力，新员工是否已经具备。

③态度：新员工是否具备良好的职业精神和心态。

2.职务层面

新员工职务层面的需求分析是指通过评价新员工所任职务的任职要求和业绩指标，从而得出对新员工所应掌握的知识和所需拥有技能的要求，以使培训需求得以明确。

新员工职务层面的分析主要包括以下内容。

①岗位任职资格。依据《岗位说明书》中的信息，对岗位所必备的知识、技能进行分析并将岗位任职者的欠缺之处找出来，从而使得培训需求信息得以提取。

②工作内容重要性。新员工所从事工作的价值和意义,以及对其他工作的影响等都是工作内容的重要性。

③工作任务饱和度。指新员工所从事岗位的工作量大小、工作的耗时。

④工作事项复杂度。指新员工所从事工作的操作规范、具体特点、执行标准、工作流程、所需工具等的难易程度。

⑤职务性质。指新员工所任职务在整个企业中的地位、层级和作用。

⑥岗位胜任模型。分析新员工的个人能力与岗位工作要求及企业环境是否匹配,发现差距,从而找出培训需求点。

3. 组织层面

通过分析企业的发展目标、资源、环境等因素,将企业所存在的问题准确找出,并借助新员工培训对这些问题进行解决的可行性和有效性进行确定。新员工组织层面培训需求分析的内容包括以下几个方面。

①企业目标。企业目标是否明确会对培训目标的确定产生关键的影响。企业目标不清晰,就无法正确地对培训目标进行界定,这会影响到培训的效果。

②企业资源。包括资金资源、时间资源和人力资源三个方面的内容。

③企业环境。主要包括企业内部环境和外部环境两个方面,内部环境包括企业文化、各种规章制度、企业的软硬件设施、企业经营运作的方式等。而企业所在地区的社会气息、经济气息以及人文气息等则是其外部环境。

④新员工素质结构。主要包括性格结构分析、年龄结构分析、所受教育水平分析、专业结构分析四个方面的内容。

4. 战略层面

对新员工的培训需求还要进行具有前瞻性和预见性的战略分析,以适应企业发展变化的需要。一般针对以下两个方面的内容对新员工进行战略层面的培训需求分析。

①企业工作重心转变。企业的工作重心会随着外部环境的变化而发生改变,所以培训需求分析人员必须对企业的未来发展予以考虑。

②企业人事需求预测。人事需求预测不仅要对企业未来发展所需的人力状况进行考虑,还应对相关人员所掌握的知识和技能进行分析。

培训需求分析的意义和步骤

为了对组织及成员是否有培训的需要进行确定,培训部门、主管人员和工作人员在对培训活动进行规划与设计之前,对组织及成员的知识、技能等方面的条件运用各种方法和技术系统地进行鉴别与分析,就是所谓的培训需求分析,它是进行培训活动的首要环节。培训需求分析既是对培训目标进行确定和对培训规划进行设计的前提,也是进行培训评估的基础。

培训需求分析的意义

作为现代培训活动最主要的环节,培训需求分析在培训中具有的重要意义。具体表现在以下方面。

1. 确认差距

确认差距就是对实际状况和应有状况之间的绩效差距进行确认,它是培训需求分析的基本目标。通常可以经过三个环节对绩效差距进行确认。

①必须对工作所需要的知识、技能和能力进行分析。

②必须对当前的工作过程中所缺乏的知识、技能、能力进行分析。

③必须对知识、技能、能力等方面的情况与工作要求的差距进行分析。

为了确保分析的有效性,应独立进行这三个环节。

2. 帮助员工

通过帮助员工提高其知识、技能和能力,调整其价值观念,并使员工对工作的信念得到加强,以及正确的职业观念得到培养,以适应工作中的需要。对于员工的实际水平与其所担任的某项业务及职责所需要的知识、技能和能力之间存在的差距,必须依靠良好的训练与培训来对之进行拉近和弥补。通过培训,组织可以帮助员工获得其应当具备的知识和技能,并通过适当的方法让员工能够更加积极主动地进行工作。由于员工的价值观和职业观也在随着社会的发展变化而不断改变,所以,有必要通过培训帮助员工接纳新知识和新观念,以帮助员工对工作态度进行改善。

3. 应对变革

组织需要对员工的变革应对能力的加强进行培训,因为对于组织中所经常发生的持续的、动态的变革,此项能力显得极为重要,而且组织在发生变革时,对这种能够处理事务的人员会非常需要,所以,企业负责人应针对这种需求制定出合适的培训开发规划。

4. 决定培训的价值和成本

如果不进行培训,使得损失比进行培训后更大,那进行培训就很必要。反之,如果正在进行的培训使得损失更大,就说明其是不必要的。为了确保培训工作的成本效益最大化以及损失最小化,须对培训需求进行分析。

培训成本包括两个方面的内容:①对培训所投入的资金;②接受培训的员工所投入的时间。

实际上,与培训措施有关的直接成本只占了总成本的一小部分,而员工因为接受培训失去的生产工作时间才是最主要的成本。所以,为了使培训的成本能产生最大的效益,应在培训开始之前估算培训的投资回报率。在投资前要将培训需求分析工作做好,因为培训是一种开发人力资源的有效手段。

5.提高组织效率

组织培训可以使组织内部的部门充分获取应当具备的基本知识和技能,使员工的工作热情得到激发,使组织的管理效率得到提高,从而使组织能维持不断的发展。

培训需求分析的步骤

(1)培训的前期准备工作,包括建立员工背景档案、原始培训需求回顾等。

(2)将真正的问题找出,并以此为依据对培训需求调查计划进行制订。

将培训需求的调查目标、调查方法和具体内容确定。

(3)实施培训需求调查工作,首先明确培训需求调查的动机是什么,再进行相关的调查、申报和汇总工作。

(4)通过对培训需求调查结果进行分析和研究,将培训需求确定。

①整理培训需求调查信息并对之进行归类,然后将相应的结果统计出,再运用图表形象化地对相应的信息资料进行处理,这样会更直观地使统计结果趋势表现出,并更易于理解。

②分析和总结所汇总的培训需求意见,从中将普遍需求和个别需求、当前需求和未来需求等不同类型的培训需求寻找出来,再根据业务的发展情况和任务的紧迫程度对其进行合理的排序。

③根据处理结果撰写培训需求调查报告,调查报告的内容主要包括调查背景、概述需求分析实施的主要方法和过程、阐明分析结果、主要建议与说明、附录、报告提要等。

④依据培训调查报告对培训需求进行确认。

培训需求信息收集

对于培训需求信息,要根据培训需求分析的不同内容和方法,尽量从不同的角度去进行收集,此方法对确保培训需求信息的完整性、真实性非常重要,同时也能使培训项目被设计的具有科学性。在获取培训需求信息时,通常有以下几种主要方法。

查阅报告

1.企业内部报告

组织内各个层面的报告都属于企业内部的报告,包括:培训报告、销售报告、财务报告、企业目标完成情况报告、生产技术报告、事故报告等。通过分析和研究这些报告,能够对组织的目标、前景、经营状况、盈亏情况、市场和竞争状况、培训内容和效果、安全隐患以及人员离职原因等情况进行及时准确的了解。

一方面,通过掌握和理解企业的内部信息,可以将相应的培训需求计划制定出,以使培训目标与企业发展目标之间的一致性得到确保。另一方面,通过对企业中存在的问题进行分析,以及对培训的必要性和具体内容进行确定,从而使制订出的培训方案更加具有科学性和合理性。对于所认为的并不能将企业存在的问题有效解决的相应培训,应当及时向企业领导者反映,以便对相关问题进行慎重对待。

2. 顾客报告

顾客报告主要包括顾客满意度调查、顾客意见调查反馈以及顾客投诉等几方面的内容。通过这些报告,可以就顾客对企业的期望和意见进行直接和准确的了解。站在顾客的立场上对培训需求进行确定,能够使培训的针对性得到有效加强,从而把问题转化为使企业发展得到促进的机会和动力。

将客户的需求作为培训的目的,能够使企业更好地理解顾客,并更好地对顾客需求进行预测和识别,从而使企业能够对发展进行更有效和更具体的规划。

3. 企业内部人员报告

企业内部人员报告主要包括:个人绩效评估、个人工作态度评估、个人自我评估、个人知识技能测试以及个人提交的建议与报告。这些报告在企业人员的工作能力、工作作风、工作态度、工作表现、知识掌握情况以及相互之间的人际关系等方面有着较为准确的反映。

通过组织成员的报告来对培训需求进行分析,可以得知企业人员的自身状况总是在一定程度上与企业的要求和期望存在着差距,所以,应据此将不同人员对培训的不同需求确定出来。

企业和个体成员应对于企业人员的自我评估与企业的评估有时候会存在一些差异。应进行及时的沟通和交流,将出现差异的原因找出,从而使培训的针对性和有效性得到确定。

调查工作能力

工作能力调查表的设计主要是以职位描述、任职资格以及工作执行标准对企业人员的工作能力要求为根据的。调查表能将企业人员的实际工作水平与工作要求之间所存在的差距以计分的形式表现出来,并根据具体的得分对企业人员需要进行哪一方面的培训进行确定。

发放调查表的优点是有着比较广泛的调查对象,企业人员也有比较充分的时间对问题进行考虑，而且此方法的调查成本也不高。在设计不同调查项目时，应对不同工作的性质和内容加以重点参考来确定。

之后，培训部汇总各部门所提交的工作能力调查表并与各部门经理进行沟通协商，最后将培训项目以及实施项目的先后顺序确定出，以确保所培训的项目符合培训需求。

观察法

观察法就是在事先准备好的观察记录表上将观察到的现象及时进行记录，并在应用过程中不断对记录表进行修正和完善，并对其中的各个细节进行核查。

1.观察法的优点

观察法是一种较为科学的调查方法，即便是企业人员所无法提供或不愿意提供的信息，也可以通过采用观察法来获得。表现差的员工与企业要求之间的差距都可以通过实际的观察来发现，同时，通过观察还可以发现优秀员工的成功诀窍，以及从中将有效的行为和无效的行为总结出，并将造成差距的关键原因找出。这些因素都能为培训需求的确定提供非常重要的依据。一个培训如果准确到位，能够有效地帮助表现差的员工，提高其工作业绩。

2.观察法的缺点

观察法的缺点是不仅有很高的成本，而且还非常耗时。所以，观察法并不是适合所有的工作采用，尤其是那些有着较长周期的工作。另外，如果被观察者对自己被观察的状况有所察觉，很可能会表现出偏离真实状况的行为和表现，为了确保培训需求信息收集的真实性和准确性，应从多个角度进行反复的观察。

访谈

访谈有面对面访谈和电话访谈两种。通过被访者对相关问题的回答，访问者可以从中发现问题，并从中对培训需求是产生于企业层面、工作层面或是个人层面进行判断。

面对面访谈的优点是在结果的获得上具有及时性，访问者也可以就问题的角度进行灵活的变换，引导被访者全面、真实地将自己的看法说出来。但是，面对面访谈需要较高的费用成本。

而进行电话访谈的成本就比较低，且对访问对象的覆盖也比较广泛，但由于双方只能在短暂的时间内进行交谈，所以不太容易在一些较为复杂和全面的问题上得到很好的交流和沟通。

电话访谈和面对面访谈，无论是运用其中的哪一种方法，都要对以下问题进行注意：

①在对访谈对象进行确定时要以访谈的内容与性质为根据；

②将访谈提纲或访谈问卷准备好，以使访谈内容的针对性得到加强；

③对访谈人员进行一些相关的培训，使他们能够较为成功地对访谈进行控制；

④问题要准备充分，以避免因被访谈者不善言谈而导致访谈无法成功地进行下去，继而导致无法从被访谈者口中得到更多的信息；

⑤营造出一种氛围，以使被访谈者感受到愉悦和信任；

⑥通常的谈话方式是从一般性的问题向具体的、重要的问题进行过渡；

⑦对所得信息进行整理分析并从中找出有价值的结果。

除了上面所说的正式访谈方式对相应信息进行获取外，也可以通过非正式途径的自由交谈来获得。非正式的交谈可以在上下班的路上、茶余饭后等任何时间和地点进行，而且非正式的交谈更容易让人袒露出自己的真实想法。由于企业内部的许多沟通都是非正式的交流，虽然所传播的信息可能往往不够全面，但其在准确性和真实性上通常都不会有什么大的偏差。所以，对于非正式交谈中获得的信息，仍然要进行认真的分析和判断。

专题讨论

将那些具有相应工作经验和解决问题能力的人聚集到一起，对组织的某一个问题进行讨论和研究就是专题小组讨论。专题小组讨论对参加的人员不做特别的限制，既可以是一线的工作人员，也可以是经理、主管或总监，或该领域的技术专家以及来自企业外部的专家顾问等。

在企业需要对某一个工作难题进行解决，而企业的内部人员对工作持有的意见又不相同时，对于培训部来说，就成了一个向企业管理层提出问题和解决问题的良好机会，这时就应当对这类会议积极参加。培训部如有需要，也可自行主持这类会议。通过这种会议，培训部可以对企业的最新动向进行及时地掌握，并对培训资料随时进行修改和补充。为了使专题小组的讨论质量得到保证，需要注意下列事项：

①参加讨论者应当非常熟悉所属部门的情况，而且，还须具有一定的判断分析能力；

②参加讨论的人数不宜过多，过多的人数会对形成一个统一的意见产生阻碍；

③在讨论开始之前，主持人应对相应的问题作具体的说明，并提供相关资料和信息；

④如方案尚未公布，参加者不应将讨论的内容泄露出去。

总之，我们能够从不同的角度和层面对组织成员的工作态度、思想状态以及他们的要求和期望进行了解。除上述几种重要的方法之外，也可以采取其他相应的办法对培训需求信息进行收集，使培训工作的开展更有针对性。

培训需求调查方法

有很多方法可以对员工培训需求进行调查，常用的有三种。

面谈法

面谈法有正式和非正式之分，是指以面对面的方式与受访人进行交谈，并从受访人的表述中将问题找出，进而将员工的培训需求判断出来的调查方法。正式面谈是指访谈者向受访人提出的问题相同，且问题的模式比较标准。而如果访谈者所针对的受访人不同，且提出的问题为不同的开放式的问题，并以此获得所需信息的面谈方式则是非正式面谈。

任何培训需求调查方法都有着其适用范围和自身的优缺点，面谈法也不例外，所以，为了使培训需求调查在实际开展时所得到的调查结果更正确，企业最好能够将各种调查方法结合起来。

1. 面谈法的优点

①能够得到具有全面性和真实性的资料。

②能够得到对问题核心的了解，有着更强的有效性。

③如开展团体面谈还可以使时间得到节省。

④能够得到自发性回答。

2. 面谈法的缺点

①面谈只涉及容量很小的样本。

②缺乏较高的替代性。

③访谈者容易对受访人造成影响。

④需要投入的人力、物力、时间较多。

观察法

观察法是通过较长时间的反复观察，或通过多种角度、多个侧面进行深入细致的观察，进而得出结论的调查方法。企业管理人员都清楚，对员工进行观察是了解其工作表现的最佳方式，因为这种方式可以最直接地发现员工工作中所存在的问题。不过，观察法在有优点的同时也有自身的缺点。

1. 观察法的优点

①在对对象进行观察时，不会对其正常工作和相关活动造成影响。

②通过观察所获得的资料对实际培训需求能够更准确地反映，并保证偏差不会太大。

2.观察法的缺点

①观察者必须十分熟悉被观察者的工作,否则不容易将观察工作做好。

②在进行观察时,如果被观察者觉察到了观察者的观察行为,就很可能会故意制造假象,从而对观察结果的准确性产生影响。

在观察法所存在的这些缺点基础上,为了使调查结果的准确性得到提高,观察者应尽量采用隐蔽的方式运用观察法,对培训需求进行多次的重复调查。另外,采用录像技术把被观察者的表现录下来并从中发现问题也可以的。

小组讨论法

小组讨论法是指将一部分熟悉问题的员工从培训对象中选出来参加讨论,从而获得相关的培训需求信息。

1.小组讨论法的优点

小组讨论法的优点是能够将不同的观点在讨论现场全部集中地表达,从而使得决策的时间可以缩短。

2.小组讨论法的缺点

①在时间、财力、物力等方面的成本会花费得比较多。

②有些人不愿意将自己的看法和观点在公众场合表达出来,于是就会影响所收集到的信息的全面性。

培训需求分析的内容

在相应的培训需求资料收集完毕之后,要从不同的层次和侧面分析培训需求。分析的内容主要包括层次分析、对象分析以及阶段分析这三个方面。

层次分析

培训需求的层次分析主要包括四个层面,首先是企业工作人员的个体层面,其次是培训需求的工作层面,再次是组织层面,最后是培训需求分析的战略层面。

1.培训需求分析的个体层面

个体层面的需求分析是指以工作人员之间的个体现状差距为基础,对需要培训的人员以及相应的培训内容进行确定。不同的企业以及不同企业的不同部门,都有着不一样的培训需求分析主体。但是,企业的培训需求分析工作通常都是由培训部门、主管人员、工作人员来进行的。

2.培训需求分析的工作层面

工作层面需求分析是以企业现有的各个员工和工作岗位为对象,以使各个工作岗位的员工达到规定的工作业绩以及掌握必需的知识和相关技能为目的。工作层面需求分析进行的重要参考资料来源于工作分析、绩效评价、质量控制报告和顾客反馈信息。此项工作环节进行的依据是岗位说明书和工作考核情况，根据上述依据分解和分析工作任务，对员工的实际工作绩效与应有工作绩效之间的差距进行寻找，然后整理和归类培训不足引起的绩效问题，最终形成工作层面的培训需求。

3. 培训需求分析的组织层面

培训需求的组织分析就是在对整个企业经营业绩的了解基础上，通过分析企业的目标、资源、环境等因素，确定企业现有业绩与理想状况之间所存在的差距，从中寻找相应的解决办法，并将所获得的结果提供给培训部门作参考。实现企业的生存和发展离不开人力资源，企业内部的个体应当了解企业的发展目标与个人发展之间的关系，因为培训的目的就是为了使个人的发展符合企业发展的要求。随着市场经济的发展和深化，企业要想跟得上行业发展的脚步，就需要对自己的结构、产品和生产流程不断地进行调整。同样，为了适应企业的发展，员工也需要通过培训来不断地对自己的知识系统进行补充和更新。这也是在组织层面进行培训需求分析的目的和意义所在。

4. 培训需求分析的战略层面

人们通常会在个体需求和组织需求这两个方面集中进行培训需求分析，并以此作为依据对培训规划进行设计。但是，在企业状况发生重大变化等特殊情况下，对过去和现在的需求过度注意将会引起资源的无效应用。所以，应以未来需求的战略方法为新的重点。人们越来越重视培训需求的战略分析，也就是未来分析。因为培训就是以将现存的问题解决，并为企业未来的发展做准备为目的，所以看待这个问题应当用长远的眼光。只有了解了企业的总体目标和整体战略，制订出的培训方案才能与企业的发展相契合。

对象分析

1. 新员工培训需求分析

由于新员工会因不够了解企业的文化和管理制度而无法融入企业。或是因对工作岗位不熟悉而无法胜任新工作，所以有必要对新员工进行培训需求分析。在对新员工所需要的工作技能进行确定时，通常使用任务分析法。

2. 在职员工培训需求分析

生产过程中会随着行业的发展不断应用到新技术，而在职员工会因为其所具备的技能无法满足工作需要而产生相应的培训需求。在这种情况下对在职员工的培训需求进行评估时，通常应采取绩效分析法。

阶段分析

1. 当前培训需求分析

当前培训需求分析是针对企业当前存在的问题而提出的培训要求，包括对企业当前实际的生产经营状况、现阶段的生产经营目标、企业经营中出现的问题以及未能实现的生产任务等主要内容进行分析。为确认培训的实施能够使问题得到有效的解决，须通过当前培训需求分析指出其中的原因。由于企业的日常运营在培训计划得出后往往还是会不断地出现工作质量差、连续的错误、高离职率、频繁的工作意外事故、员工经常超时工作等问题，这些问题都预示着新的培训需求的产生，所以就需要根据实际情况对这些因事先无法预计而没有列入培训计划的问题作出快速反应，并对其中的培训需求及时进行了解。

实际上，敏锐的信息感受能力和获取能力对于当前培训需求分析来说十分重要。在培训管理者的心中，即便是一件在一些人看来可以忽略不计或是得到很快处理的小事，都有可能产生出一个培训方案。

2. 未来培训需求分析

未来培训需求分析主要是为了使企业未来发展的需要得到满足而提出的培训需求。对于未来培训需求分析，需要采取前瞻性的培训需求分析方法对企业未来各个方面的发展变化和对员工知识技能的要求进行预测，并据此制订未来的培训方案。

培训需求分析的目的就是通过培训解决组织所存在的问题。而准确的培训需求分析能够对培训目标的正确性、培训内容的科学性和培训模式的恰当性的确定工作提供帮助。培训需求分析对于设计培训课程和开展培训活动来说是一个非常重要的环节。一旦从现实状况和实际需求偏离，再好的培训目标和培训模式都不能对实际的工作产生有效的作用。

培训需求分析的主要方法

工作任务分析法

以工作说明书、工作规范和工作任务分析记录表为依据，对员工的任职进行确定，通过对比分析岗位资料和员工现状，寻找员工在工作中的欠缺之处，这种方法就是工作任务分析法。这种培训需求调查方法非常的正规，其结论有着很高的可信度。

观察法

观察法就是通过较长时间的反复观察得出相应的结论，或者通过从多种角度、多个侧面或对具有典型意义的具体事件进行细致的观察进而得出相应的结论。观察法是一种最基本的调查工具,对生产作业和服务性工作人员比较适合,但对技术人员和销售人员则不太适合。在运用观察法的时候,通常需要设计一份观察记录表。

问卷调查法

采用问卷调查法的形式,不仅能够调查个体样本、分层样本,还能调查总体,在此过程中可以采取开放式、投射性、登记排列等多种问卷形式。不过,成本会因问卷设计、分析工作的难度大而增加。

在采取问卷调查法时,需要注意以下的几个问题:

- 语言要简洁、明细,而且不能有歧义;
- 问卷尽量不要采用署名的方式;
- 主要采用易于填写的客观问题;
- 为方便意见的填写,应为主观问题预留出足够多的答题空间。

重点团队分析法

重点团队分析法是指培训人员将一批对问题比较熟悉的员工,从培训对象中选出以作为代表来参加讨论。不过,重点团队分析法的小组成员不宜过多,否则培训需求分析的针对性就会减少。这个办法要求小组成员必须熟悉调查中所讨论的问题,并能代表相应的培训人员提出培训需求。

面谈法

面谈法是指通过面对面的交流对相关方面的信息进行充分的了解,并使双方之间的信任关系在经过相互了解后得以建立。面谈法是一种非常有效的需求分析方法,不过,其花费的时间较长,而且有着较高的面谈技巧要求。

关键人物访谈

可以对关键人物进行正式的或非正式的访谈,进行的访谈可以是结构性的也可以是非结构性的,访谈既可以以个体为对象进行,也可以以行政机构、公司、董事会或每个相关人员等特定群体为对象进行。对关键人物的访谈,应当保证对培训主管、行政主管、专家主管等不同人员的培训需求都了解到。

文献调查法

文献调查是指通过研究和分析专业期刊、具有立法作用的出版物,并从中获取调查资料。

工作样本法

工作样本法采用书面形式,由顾问对假设好的案例提供书面分析报告。工作样本法可以是组织工作过程中的产物(如项目建议、市场分析、培训设计等)。

记录、报告法

记录、报告法是通过分析和研究组织的图表、政策手册、计划性文件、审计和预算报告等,从中将能够解决麻烦问题的极好线索找出。

测验法

测验法具有功能导向,用于对一个群体成员的技术和知识熟练程度进行测试。

培训需求确认的方法

培训部门汇总、整理通过各种调查方法所获得的培训需求信息,并对其进行分类,从而形成企业和员工的初步培训需求。为了使企业和员工的初步培训需求与其实际培训需求相契合,需要进一步对培训需求进行确认。

面谈确认

面谈确认是指同培训对象针对某个培训需求进行面对面的交流,就对培训需求的态度和建议向培训对象进行听取,然后据此确认培训需求。

主题会议确认

主题会议确认的实施,通常都是以某一普遍培训需求为针对目标。即以某一培训需求为主题进行会议讨论,通过讨论对参会人员的意见和看法进行了解,进而完善培训需求,确保其真实性和普遍性,以使制定培训决策和培训计划时有信息的支持。

正式文件确认

在达成培训需求上的共识之后,为了使各个部门更方便地组织实施培训,减少推诿或争议的情况,需要用一份正式文件确认培训需求,文件的形式可由企业的相关人员自行拟定。

培训需求分析报告

实施培训需求分析的背景

人力资源部于××××年××月,通过对企业中层管理人员进行的年度培训需求调查,了解到企业现任的中层管理人员大部分任职时间并不长,并且大多是从基层管理人员或是各部门的业务骨干中提拔上来的。通过需求调查分析,公司决定对他们需要培训的重点内容之一列为将管理技能进行提升。

调查对象

企业各职能部门的主要负责人皆为调查对象,共计××人。

调查方式及主要调查内容

1. 调查方式

调查方式有问卷调查方式和访谈方式这两种。

①问卷调查方式。共发出××份问卷调查,有效回收的问卷有××份。

②访谈方式。访谈方式主要是由人力资源部经理对培训需求分析工作进行负责,先分别同企业的各个职能部负责人(共计××人)进行面谈,然后再就这些人的工作表现,分别与企业的部分高层进行沟通。

2.调查内容

①岗位任职时间。通过岗位任职时间调查表,可以看出×%的中层管理人员任职现任职位的时间都不足一年,需要帮助其提高管理经验。

②管理幅度。通过管理幅度调查表,可以看出×%的中层管理人员对数量超过 20 人的人员进行着直接管理,×%管理人员对数量为 5 人左右的人员进行着直接管理,还有×%的中层管理者没有下属可以进行直接管理。不过,由于企业对这部分的业务还在调整中,所以这种情况很快就会改变。为了让企业的这些中层管理人员形成对管理角色的认知,必须对其进行相应的培训。

③如何制订工作计划。通过访谈和问卷调查,获得这样的信息,即大多数中层管理人员在对计划进行制定时都是以月度和季度作为时间单位,而会制定长期规划的中层管理人员则很少。在具体制订计划这项工作中,对于"如何围绕总目标制订具体的可行性计划"、"如何确保计划的实现"等问题,中层管理人员还有很多地方需要进行学习和改进。

④有效授权与激励。管理者的一项很重要的管理技能就是授权和激励,通过培训需求的调查结果,可以得知大部分的中层管理者为了激励下属都愿意对下属授予一定的权限,但×%的中层管理人员对于在工作中具体应如何对此进行操作却觉得无从下手,所以他们有得到这方面培训的欲求。

⑤高效团队的建设。60%的中层管理人员表示在对一支高效的团队进行组建和带领方面缺乏相应的技巧。

⑥员工培训。本次调查所涉及的所有中层管理人员都有对员工进行培训的任务,但是只有一小部分管理人员详细制定并认真落实了员工培训计划,很多管理人员都是随意地对待这项任务而并没有认真落实,因此完成的效果很不好。由此可以看出,大部分中层管理人员都有接受培训技巧方面培训的必要。

报告的要点

在对员工培训需求进行的调查和确认结束后,需要将培训需求调查分析的结果撰写成正式的书面报告,即《培训需求分析报告》,该报告包括的要点通常有以下七个方面:

● 报告提要,也就是对报告的要点所进行概括;

● 与培训需求分析相关的背景;

● 开展需求分析的目的和性质;

- 对需求分析的实施方法和流程所进行的概述；
- 培训需求分析的结果；
- 对分析结果的评析和参考意见；
- 附录。附录部分主要是收录调查时用到的原始材料、相关图表等，其目的在于向公司保证对相关资料和信息进行收集、分析时所采用的方法是具有科学性的。

第十三章
培训的基础工作

制订培训计划

培训计划的制定依据包括对培训调查的结果、企业的培训管理制度和培训控制程序。

界定培训计划的目标

为了能够使员工的工作绩效达到最佳并使其得到自我满足感，有必要制定培训目标。培训目标的内容包括：

- 获得知识；
- 加强或改变态度；
- 获得技术；
- 改进工作行为；
- 改善企业、部门或人员的绩效。

培训目标制定得越详细、清晰、精确越好。

确定培训计划的对象

即根据培训目标来界定需要接受培训的对象，主要包括对以下问题的确定：

- 是管理者还是员工；
- 是全体员工还是部分员工；
- 是在职员工还是新员工；
- 是绩效优的员工还是绩效差的员工。

培训计划的内容

培训计划的关键内容包括：

- 选择培训方式；
- 选择培训机构；
- 编制培训教材；
- 开发培训课程；
- 选择培训师；
- 培训预算；
- 考核方案。

培训计划的审核工作

对参与培训计划审核的主管部门进行确认、对审核的程序和完成时间进行确认。

培训计划的落实工作

在培训计划通过审批后即可对其进行落实，并对培训项目工作计划表进行填写。

要对以下的六项工作予以特别注意：

- 如选择的培训课程或机构为外部的，需要与相关部门签订合同；
- 落实培训费用并对其进行支付；
- 对培训师进行确认并与其签订合同或协议；
- 对培训资料的来源和形式以及培训场所和器材进行确认；
- 对相关人员进行确认；
- 其他相关手续。

培训计划的发布工作

在发布培训计划之前要先对发布形式、范围、时间以及报名有效时间进行确定。发布形式包括网络平台、信函、布告栏以及会议通知等。发布范围包括公司的全体员工和对应部门。

选择培训方式

选择内训或外训

可以依据下列几点对此选择作出判断：

- 培训的经费是否充足；
- 员工是否有充足时间接受培训；
- 无论外部培训还是内部培训，受训人员是否能对其适应；
- 企业是否有培训课程和培训师等资源。

不过，内部培训在经济以及时间成本上都比外部培训更加占优势。内部培训可以使受训员工对组织更有向心力。

选择外部培训机构

在外部培训机构的选择上，既可以选择专业培训公司，也可以选择大学内的管理学院、商务学校以及管理咨询公司等机构。选择的标准如下：

- 培训机构的专业经验是否丰富；
- 拥有的培训项目和客户；
- 培训机构可以提供的资料及服务内容；

- 培训机构的行业声誉是否良好；
- 培训机构的人员构成情况以及员工是否有任职资格；
- 培训机构对本行业以及本企业的发展状况有何种程度的了解；
- 培训项目的开发能力、时间以及费用；
- 培训中或结束后能否证明其效果。

开发培训课程

课程开发原则

培训课程的开发应遵循以下原则：

- 课程的开发要与企业需求、员工需求以及任务需求相符；
- 课程的开发应具有很强的实用性和操作性；
- 应围绕受训人员对课程进行开发。

课程设计要素

①课程目标：包括知识类目标和行为类目标，根据培训需求来确定。

②课程内容：以课程目标为中心，对各项内容即兴选择和组合。

③课程模式：课程模式需要有效地体现课程的内容，并与课程目标相关。其模式主要是安排培训活动并选择教学方法。

④课程策略：就是选择教学程序和利用教学资源等教学方面的策略。

⑤课程评价：进行评价的对象有课程的目标和实施的效果。针对可计量的测定目标或可观察的行为指标进行评价是其重点。

⑥时间和空间：有效分配课程的时间并对其充分利用，以及对培训场地进行充分利用。

⑦培训者与受训者的背景：对培训者的资历、课程理解度、教学风格以及受训者的会影响学习的工作经验、文化水平、在公司中的地位和工作环境等各项因素予以考虑。

课程开发程序

可以通过自主式、合作式以及外包式等形式对课程进行开发，但是由于自主式开发对培训人员有着较高的专业要求，要求培训人员不仅要掌握了知识，而且要有实践经验以及多年积累的培训管理经验。而合作式开发则是把课程开发交给选择的合作方进行，培训部门仅需对项目的管理及过程的监控负责，所以采用较多的形式是合作式。

课程开发工作的开展一般情况下需经过如下步骤。

1. 制订项目计划

①申请对课程开发进行立项,立项内容不仅要包括课程开发的目的,还要包括对开发可行性的分析。

②对课程开发的组织结构、开发阶段以及进度安排等进行确定。

2. 分析课程项目

①形成课程开发任务书以及初步的培训内容和主要培训方法。所形成的任务书应包括开发课题、培训对象、培训目的、培训时长等内容。

②形成初步的培训内容及主要的培训方法。

3. 调研培训需求

在调研培训需求时,可采取的方式一般有访谈法、问卷法、观察法等。

4. 设计课程内容

需要设计的内容有:学员手册、讲师手册、授课 PPT、案例集。对于学员手册和授课 PPT 企业培训负责人要严格进行审核,务必使内容设计得符合公司情况且具有逻辑性。

5. 课程试讲

①为使课程得到进一步优化,向学员开展示范课教学,并从中征集学员意见。

②示范课后组织学员召开课程研讨会,引导学员反馈对课程的意见。

③试讲的次数需要根据培训对象、外请讲师的水平来定。

6. 课程优化

①在对课程进行设计和优化时,需要让内部培训师参与。

②应邀请内部培训师参与试讲环节。

③内训师培训定期组织教研组活动,帮助内训师进一步熟悉课程。

④组织讲师参加标准课试听,向外聘讲师学习。

7. 课程修订

一般一年修订一次,或者根据组织要求和培训对象变化等情况适时对课程进行修订,以适应形势所需。

选择培训教师

为保证培训的效果,在培训教师的选择上,不论聘请外部培训师还是内部培训师,均应以符合实际情况为选择标准。

确定培训师

1. 选择标准

在培训师的选择上,有如下标准。

标准一:具备相关的专业理论知识。

标准二:有实际应对培训所涉及问题的经验。

标准三:具有培训经验和技巧。

标准四:能对培训工具进行熟练运用。

标准五:沟通交流能力良好。

标准六:能够有效地引导学员进行自学。

标准七:善于发现问题和解决问题。

标准八:掌握前沿理论。

标准九:对培训有很高的热情。

2.具体内容

无论是外部还是内部培训师,对其的选择决定不仅受到各自的优劣势影响,还需要对培训内容、教学手段,以及经济性和学员的适应性等进行考虑,其具体内容如下。

①如果要开展的培训是对前沿技术的培训或者培训有较高的专业知识理论要求,此时适合从外部聘请专家。

②如果企业的规模较小或缺乏专门的培训职能,可以从外部聘请专家。

③培训体系比较成熟的企业,可对内部的培训师资源进行开发。

④如果课程比较成熟或对专业知识水平的要求较低,则培训师适合从企业内部进行选择。

⑤内部培训师适合对企业文化、行为规范等方面进行培训。

⑥对开发或聘用培训师的成本进行比较,决定外聘还是内聘。

3.内部培训师

(1)内部培训师的优势

对企业和培训对象的情况都非常了解,因此培训就有很强的针对性;熟悉培训对象,可以进行更好的沟通;成本较低。

(2)内部培训师的劣势

内部培训师不易于在培训对象中树立威信,可能会对学员的学习态度产生不良影响;只能在小范围内选择,可能会不容易得到高质量的培训师;企业给内部培训师造成了较大的文化影响,使其难具备新理念。

4.外聘培训师

(1)外聘培训师的优势

可在大范围内进行培训师的选择,容易得到质量高的培训师;容易带来全新的理念;具有"名师"效应,对学员有吸引力,能使培训的档次得到提高。

(2)外聘培训师的劣势

对企业和培训对象缺乏了解,会对培训的效果产生影响;企业对培训师的了解度不够,使得培训的风险变大了;成本较高。

岗前培训

在培训师得到初步的确认后,应结合本次培训的要求,针对培训师的特点对其进行培训。有以下 4 种培训内容可作选择:

- 授课的技巧;
- 教学工具的使用;
- 教学内容的培训;
- 企业情况和学员背景的培训。

办理聘用手续

对于外聘培训师,首先进行意向接触,然后进行评估,确定是否聘用,若可行的话,则签订聘用合同。

对于内部培训师,首先进行意向接触,然后进行评估,确定是否聘用,若达标的话,则签订相关协议,最后由所在部门和人力资源部门签字确认。

第十四章
开展培训

发布培训通知书

　　发布培训通知书是一个必要的环节。一些小规模企业或管理制度不完善的企业，在需要发布培训信息时往往只是通过口头方式传达给员工，结果总是延误了信息的传递或者使信息在传递过程中失真，影响到了培训信息的准确性。为避免以后发生此类的事情，人力资源部务必起草一份正式的培训通知并向受训部门主管和受训人员进行发放。

　　培训通知书的内容如下：

- 培训内容、授课形式、培训目的；
- 课前需要准备的材料和物品清单；
- 培训时需携带的材料和物品清单；
- 对食宿情况进行说明（如果是外训且培训时间不止一天就必须说明食宿问题）；
- 对停车位进行说明（是否有足够的停车位，自费还是免费）；
- 签到时间。××××年××月××日，××时××分；
- 结束时间。××××年××月××日，××时××分；
- 培训地点。×××路××号×楼×××室；
- 纪律要求；
- 本次培训项目负责人。

签订员工培训协议书

　　有时候，企业花费很多的金钱和精力送员工去培训，结果员工却在培训结束后以此为资本跳槽到了其他企业，让公司蒙受了损失。因此，企业有必要在培训开始前向员工进行适当的条件约束，即让其签订员工培训协议书。

　　员工培训协议书主要有以下 7 项内容。

　　①对支付培训费用的方式进行说明。可以采取企业完全支付的方式，也可以采取企业和员工按照一定比例分别支付的方式。不过，员工在接受培训之

前,一般需要向企业交纳一定的保证金。

②对培训的学习期限进行说明。为培训学习规定出起止时间,然后按照实际学习的时间计算。

③对纪律的要求。员工在培训学校是企业形象的代表,绝对不能因个人行为而使企业的形象受损。

④为使员工在培训期间,免除后顾之忧并安心接受培训,企业将对其在此期间应享受的待遇、福利作出规定和说明,对一些特殊事项尤其会作出详细的说明。

⑤奖惩规定。在培训期间,若员工表现良好且考核成绩优异,企业将对其给予奖励。同时,企业对表现比较差、学习结束后无法通过考核的员工会进行一定的惩罚。

⑥违约。员工一旦违反了协议规定,则对其的处理按照事先签订协议的相关规定执行。

⑦免责声明。由于企业无法对在外学习的员工情况完全了解,也无法对其行为进行约束,所以企业对员工在此期间因个人行为而造成的法律责任或是因自身的过失、不正当行为而致病(伤)不负任何责任。

签订对外培训协议书

对外培训协议书是与培训机构所签订,而非培训师个人,是指企业向社会上的专业培训机构聘请培训师时所签订的协议。

①教授的课程。在请讲师时,应明确是对企业员工进行哪一方面课程的培训。

②讲授的人选。企业如认为有合适的讲师来进行培训,有权选择其负责培训,也可以要求培训机构派遣培训师进行试讲。

③课程的大纲和内容。应将课程的大纲或是详细的内容介绍附在协议上,培训师在进行培训时,应严格遵照协议上的规定。

④培训的时间、地点。培训要严格按照规定的时间和地点进行。

⑤培训的形式。在协议中应该清楚地说明是在室内上课还是野外拓展。

⑥培训费用。企业应向培训机构支付此次培训的所有费用应明确在协议中,并将支付费用的明细列出。

⑦违约。应在协议中对任何一方出现违约情况后,所应承担的责任以及应向对方赔偿费用数额进行明确。

⑧其他事项。

选择与布置培训场所

对培训进行的场所，人力资源部一定要提前选好，如再有其他备选场所则更佳。对培训场所的选择一般根据所培训的内容以及学员人数的多少来决定。比如选择面积大的还是小的场所、户外还是室内场所、自备还是租用的场所。

培训场所的选择

在培训场所的选择上，要遵循以下要点：

- 一定要选择面积足够大的房间，但也要避免因太大而让人觉得空荡荡，以致学习情绪变得消极；
- 一定要能在培训教室里置留一个区域以供书写和放置资料；
- 培训教室是否有通风设备、是否运转良好、如何控制；
- 培训师的工作区最好有一个足够大的空间来放置材料、媒体工具或其他器材；
- 所选择的场所一定要保证坐在后排的学员可以看清屏幕；
- 场所的邻近应为没有干扰的环境，以免注意力被分散而影响到培训效果；
- 对场所的休息室、饮用水以及茶点状况进行检查；
- 对灯光、空调的使用情况和控制按钮进行检查。

培训场所的布置

在布置培训教室时，可以选用多种不同的方式，只要能满足培训效果的要求并能使学员感到舒服即可。选择越能进行灵活布置的房间越好。

1. 圈形布置

圈形布置就是让学员围着桌子坐成一圈，培训师可以在各个桌子之间来回走动。这种布置比较适用于以下情况：

- 需要学员就培训内容进行分组性质的配合；
- 学员的人数比较多。

圈形布置的形式的好处是可以让学员形成一个临时的团队，方便进行讨论、练习或游戏。

但是，圈形布置的缺点是有学员将背对着书写板或培训师。

2. U形布置

U形布置是将桌子摆成U形，学员们坐在U形的外边，培训师站在U形的里边的一种形式。U形布置适合在以培训师的讲演为主的培训中采用，好处是培训师在 U 形的内圈来回走动,可以使每个学员都被照顾到,并与培训师进行有效的沟通,且学员之间讨论和进行目光交流也比较方便。

但是,如果需要让每个学员都上台进行演示练习时,U 形布置的不便之处就显露了出来,即有的学员要走过去就需要绕一个大圈子。

3. 剧场形布置

剧场形布置即是将桌子像教室课桌那样朝着一个方向摆开,并让学员朝着一个方向坐在桌子后边,这种形式较为常用,尤其是在所进行的培训人数较多时。不过这种形式应慎重采用。因为这种方式会使学员间的交流受到影响,而且由于学员身高的不尽相同,身高较高的学员如坐在前排则会遮挡后面学员的视线。

培训设备准备

一个良好的培训室通常应包括下列设施及物品:

- 良好的通风设备以及电线插座;
- 讲桌;
- 银幕、投影仪、投影片等视听器材,以及用来遮光的窗帘;
- 讲桌以及每个学员书写用的桌子;
- 黑板、白板、公布看板以及各种颜色的笔或粉笔;
- 学员所需的夹子、笔、烟灰缸等;
- 储藏箱。

在开课之前,应对以上的设备进行确认,并提前进行一一试用。保持和设备维护人员的联系,以便应对培训过程中的突发状况。

培训后勤工作

为了保证培训的顺利进行和完成,人力资源部一定要对相应的后勤保障进行精心安排。

培训进行过程中的具体后勤工作主要包括如下内容。

1. 交通

在组织培训时一定要对到达培训地点的所需时间进行了解。是否安排专车将距离较远的学员送到培训教室,是否距离近的学员自己选择交通工具等。一定要将培训的确切地点向距离近的学员交代清楚,并建议他们在何时到达较好。

2. 准备教学设备及辅助工具

投影仪、计算机等教学设备以及相关的接线板的准备情况进行确认,并确定设备是用现成的还是需要临时去租用。若是租用,则要对设备进行必要的检查。

对需要准备的印刷品材料进行确认,并确认将这些教学设备和辅助工具带到培训现场的人员。为保证不会遗漏所需的设备和材料,应对个人进行明确分工并落实。

3. 安排技术维护人员

安排一个有相关技能的人员,以在出了问题后可以立即与之联系并及时将故障排除。

4. 安排茶点和膳食

对培训场所的卫生间位置、电梯位置以及安全通道的路径需要清楚地了解,以免在危险发生时不能冷静处理。对场所的周边环境熟悉后,还可以向有住宿、饮食、出行、娱乐、购物需要的学员提供建议。对茶点和膳食的安排或调整可以结合培训课程的进度来进行。

培训管理工作

1. 课前管理

(1)准备工作:为培训师和学员准备所需的饮用水和各种饮料。

根据培训的内容适当安排一些音乐,以使培训过程浸泡在适宜的氛围中。

(2)学员签到:为了掌握学员的出勤状况,学员每次报到都应在专门的签到表上签到,并安排专人负责学员的签到。在设计签到表的内容时要包括姓名、部门等简单的个人信息。

(3)学员心态引导:学员从工作状态转入到培训状态,在心态上有一个调整的过程,可以通过培训前会议、讨论等形式帮助学员尽快完成这个过渡,为开始培训做好心理准备。

(4)将培训纪律进行宣布:向受训人员宣布培训纪律,包括考勤制度、课堂纪律、请假办法等。

2. 培训器材的管理与后勤服务

对在培训过程中用到的器材,应安排专人负责其保管和维护,一旦设备出现故障要能够及时修理或替换,以免影响培训的进行。

培训后期管理

1. 培训后的服务工作

培训结束后应向培训师的工作征求意见并表示感谢，同时向培训师结清所应支付的费用，如果仍有后续工作，应保持与培训师的联系。

2. 学员考核

在对学员进行测试考核时可以用事先准备好的测试工具。

3. 结业证书

如果在培训结束后有给学员的结业证书，则应当尽量安排结业仪式并对学员进行发放。在学员进行合影和制作通信录时，对其提供帮助。

4. 设备和场地整理

对于使用结束的培训场地和器材，应安排专人进行整理和清洁。并对所有外租的场地和设施办理相应的手续，以及对培训记录资料进行整理。

5. 培训后跟进

为了使培训活动的进展更加顺利并能取得更好的效果，要进行培训跟进工作。培训过后要对培训者实施调查，以听取他们对培训的看法。

表 14-1　培训跟进信息反馈表

各部门经理：

你们好！

贵部门的_____按照原定计划已参加了我部于____年____月____日至____年____月____日组织的_____培训项目。本次培训活动的重点学习了以下几个方面的内容。

1. _____；

2. _____；

3. _____；

4. _____。

为达到学以致用的目的，请您在工作中尽力安排其实践机会，同时请您费心观察、总结参加培训后的效果，并于 3 个月后将有关内容汇总到人力资源部。

谢谢合作！

公司人力资源部

××年××月××日

培训记录及资料整理

培训的档案管理工作包括建立培训档案,对各类培训资料进行分类和分档。

旨在为在今后对培训的内容提供参考,为企业人力资源部对人员进行考核、晋升、奖惩时提供重要依据。

1. 对员工受训资料的管理工作

培训结束后,人力资源部在处理员工受训的有关资料时,为了使其资料成为个人整体受训记录的部分,应将其资料归入计算机人事档案,在对下列的各项人事及培训措施进行决策时,就可以以人事档案的受训记录为参考依据:

- 对个人职务的调动;
- 职位的升迁;
- 对未来的培训方向和训练层次的决策;
- 年度考绩的评核标准;
- 对工作进行授权;
- 行为及技术衡量的指标。

2. 对培训中心资料的管理工作

安排人员将员工的资料在培训实施后汇集起来。包括以下内容:

- 上课人数与报名人数;
- 缺席人员及原因;
- 培训评估的统计及分析;
- 缺失的检讨与改进建议;
- 测验或作业的结果;
- 有座谈会时,受训学员对组织提的建议;
- 对受训资料进行整理;
- 培训总结记录。

3. 对与培训相关档案的管理工作

培训结束后,要将相关文件及时归档,主要包括:

- 培训教师的教学及业绩档案;
- 培训所用的财物档案;
- 培训工作往来单位的档案。

第十五章
培训评估

反应评估

反应评估一般有内部培训评估、外部培训评估、对培训课程与目标的不分内外部的培训评估三种,主要是为了对受训者本身对培训计划或有关培训的反应进行测量。

内部培训评估

内部培训评估主要关注以下几点:

- 是否留下了受训记录,是否觉得讲课内容重复;
- 是否因工作状况而使得培训断断续续;
- 是否觉得授课老师的讲授技巧专业化;
- 授课老师是否常常因不敢要求学员而使得培训无法落实;
- 学员们是否都能在讨论进行时给予认真配合,不对与培训无关的事进行谈论;
- 员工是否有这种想法,即接受的培训越多,将来要做的事也越多,而不认真学习;
- 安排的课程时间是否会对工作进度造成影响;
- 是否有工作噪声对上课地点造成干扰;
- 如果是内部人员作为讲师,是否有无法表现出能力的现象,或者因讲课概念已在平常的互动中被学员熟悉而被觉得不再新鲜的现象。

外部培训评估

外部培训评估主要关注以下几点:

- 培训内容和课程的目的说明是否一致;
- 培训主题是否与你的需要或兴趣相符;
- 培训讲师或主持人是否有良好的表现;
- 培训期间是否能够方便地对设备进行使用;
- 培训期间是否有良好的食宿;
- 培训中是否获得其他公司的运作概念以及技术上或管理上的新概念和理论;
- 培训中是否获得工作上的新点子与新技巧;

- 培训的时间成本是否值得；
- 是否愿意推荐公司员工参与培训课程。

培训课程目标进行

对培训课程目标评估可以参考以下内容。

在您认为对的地方后的括号里打钩。

(1)目标是否能达成？

完全达成（　）　有一些（　）　不能达成（　）

(2)目标和工作是否相符？

完全相符（　）　有一些（　）　不相符（　）

(3)完成目标的效益是否值得？

非常值得（　）　有一些（　）　极不值得（　）

(4)若目标没有达成,主要是哪方面因素？

教学者（　）　课程内容（　）　教学方法（　）　时间分配（　）

实务练习（　）　训练支援（　）　教室设备（　）　其他（　）

对本次培训的意见：＿＿＿＿＿＿＿＿＿＿＿＿。

培训课程评估

可以通过在培训前设定相应的调查问卷,培训结束后发给学员进行填写,并再以问卷回收的方式对培训课程进行评估。

培训课程问卷的内容设定可以参考以下内容。

对于本次的培训课程,在下列项目中您认识"是"的括号里打钩。

(1)课程时间的长度

非常适当（　）　还不错（　）　普通（　）　不太适当（　）　极不适当（　）

(2)上课所用的教材或工具

非常好（　）　还不错（　）　普通（　）　不太好（　）　差（　）

(3)培训师的讲授技巧

非常好（　）　还不错（　）　普通（　）　不太好（　）　差（　）

(4)进行讨论时的分为以及讨论的内容

非常好（　）　还不错（　）　普通（　）　不太好（　）　差（　）

(5)环境设施

非常好（　）　还不错（　）　普通（　）　不太好（　）　差（　）

(6)其他学院对所培训的课程有什么反应

非常好（　）　还不错（　）　普通（　）　不太好（　）　差（　）

(7)您认为此培训对您本身是否有意义

很有意义（　）　有些意义（　）　普通（　）　不太有意义（　）　无意义（　）

（8）您认为培训师的授课方式如何

非常好（　）　还不错（　）　普通（　）　不太好（　）　差（　）

（9）您认为其他学员在培训时，听课是否认真

非常认真（　）　还算认真（　）　普通（　）　不太认真（　）　不认真（　）

（10）您是否认为课程内容应深入

非常同意（　）　同意（　）　普通（　）　不太同意（　）　不同意（　）

（11）您是否感觉自己的工作能力有增加的欲望

非常强烈（　）　强烈（　）　普通（　）　不太强烈（　）　不强烈（　）

（12）本次培训课程

内容安排很恰当（　）　太偏重理论，不实用（　）

不够深入，效果有限（　）　理论与实务并重（　）

难以学习，不易理解（　）

（13）其他意见：＿＿＿＿＿＿＿＿＿＿＿＿＿＿。

学习评估

　　学习评估是为了对受训者的知识、技能和态度上的变化进行测量，通过比较其受训之前和之后的测量结果，然后比较培训的成效。比较的方式见表 15-1。

表 15-1　学习评估

序	评估项目	培训前	培训后	备注
1	操作手法			
2	产量			
3	合格率			
4	损耗			
5	5S			
...				

　　另外，也可以请受训员工写受训心得报告，心得报告写作重点见表 15-2。

表 15-2　心得报告写作重点

问题	主观上	客观上
我是……	个人自我形象	个人基本资料
我的经验……	主观经验对我的意义	学习事件
我学了……	价值和回馈	概念和技术

续上表

问题	主观上	客观上
我打算或不打算去做	意图	成就
我收到……的支持(或阻碍)	内在因素	外在因素

工作表现评估

在培训进行了一段时间后,对受训者的工作表现是否得到了改变进行评量,就是工作表现的评估。可以对受训前和受训后的工作表现进行比较。

工作表现是知识、技能和态度的综合表现,而在不同的工作中,知识、技能又有着不同的表现方式。具体工作表现评估的内容见表 15-3。

表 15-3　工作表现评估

能力＼部门	生产	管理	行销
知识技能	①损耗比率 ②操作损失 ③安全绩效	①结案平均时间 ②结案平均花费 ③管理品质	①业绩提升 ②服务品质 ③顾客抱怨
态度	①迟到率 ②怠工时间 ③出勤率	①出勤率 ②迟到率 ③跟上进度率	①怠工率 ②迟到率 ③跟上进度率

不管在哪一个部门,都可从员工的缺席、怠工、异动、迟到等方面来对工作表现的态度作受训前后的比较。

由于组织的管理机制会在很大程度上对工作表现评估造成影响,所以常常导致员工很难有较好的工作表现。

在实施教育培训工作表现评估时,可预先制定培训工作表现评估表,见表 15-4。

表 15-4　培训工作表现评估表

部门	评估项目	培训前	培训后
生产部门	①损耗比率 ②操作损失 ③安全绩效 ④迟到率 ⑤怠工(等待)时间 ⑥出勤率		

续上表

部门	评估项目	培训前	培训后
管理部门	①结案平均时间 ②结案平均花费(时间、金钱) ③管理品质 ④出勤率 ⑤迟到率 ⑥跟上进度率		
营销部门	①业绩提升 ②服务品质 ③顾客抱怨(次数减少、方式不复杂) ④怠工率 ⑤迟到率 ⑥跟上进度率		

影响评估

评估的目的是对培训的效能进行评量,借由评估受训者在其工作的组织或目标团体中的改变类型和程度。

影响评估分为货币性和非货币性两种。非货币性的内容包括员工压力减低、善意建议增加、组织人群互动有较好的关系等。货币性的内容包括生产力增加、销售业绩增加、工作完成程度等。

培训工作影响评估的具体内容见表 15-5。

表 15-5 培训影响评估

能力\部门	生产	管理	营销
非货币性	①员工工作压力减低 ②员工工作满意度提升	①员工工作信心增加 ②员工工作满意度提升	①顾客关系良好 ②新客户开发增多 ③建议增加
	组织士气提升	①建议增加 ②组织士气提升	
货币性	劳力成本与单位产量	个案处理量成功结果的百分比	①销货总量增加 ②财务资源花费少

结论反应评估

以上所提的教育培训的评估是属于绝对评估的方式,视评估的数据值来决定教育培训效果。事实上,教育培训有时可以相对评估。相对评估的理念,就是"种十棵树,只有八棵成长,但不种树,永远没有树成长"。培训对于企业的成长,可以相对使用在评估上,求取最大回收率即可。

以下提供一个教育培训相对绩效评量表,可以个人填答,再回收统计全体。统计时个人吸收和工作应用各乘以 10,再相互乘得出某课程的分数,如人际关系等。之后一个星期,填个人吸收,过一个月再填工作上应用,作为相对效果的基础,如表 15-6 所示。

表 15-6 培训相对绩效评量表

个人价值 / 课堂名称	80%以上		60%~80%		40%~60%		20%~40%		20%以下	
	个人吸收	工作应用	个人吸收	工作应用	个人吸收	工作应用	个人吸收	工作应用	个人吸收	工作应用

第三部分
员工入职与离职管理

内容提要

- 试用期管理
- 员工沟通与冲突管理
- 员工离职管理
- 员工处分与辞退管理
- 劳动争议处理
- 员工职业病预防与管理
- 员工心理健康管理
- 员工满意度调查与分析

第十六章
试用期管理

试用期概述

我国的劳动法出台后，"试用期"也随之出现了。试用期指的是用人单位对新招收的合同制的职工实际工作态度、工作能力、身体素质、个人素质等进行进一步考察的时间期限。利用这段时间，用人单位和劳动者进行相互了解，用人单位在试用期满后确定是否正式吸纳该员工，劳动者也将在试用期满的时候确定自己是否留在该家企业发展。试用期主要是针对新员工、转岗员工和再就业员工制定的。通常来说，试用期是从员工工作的第一个工作日开始计算的。

在劳动合同中进一步明确试用期的事项是非常必要的，一方面，试用期可以更好地维护新入职员工的利益，因为员工可以在试用期内了解和考察用人单位的工作内容、工作条件、工作报酬等是否符合劳动合同的规定；另一方面，用人单位也能够更好地维护自己的利益，因为企业可以在试用期内考察劳动者是否符合自己的录用要求，这样能够为用人单位避免很多不必要的损失。

试用期的规定，不仅是签署劳动合同的双方当事人的权利，也是劳动合同双方当事人的义务。另外，试用期也可以确保劳动合同中其他条款的履行。为了更好地履行劳动合同，用人单位与劳动者在签署正式劳动合同之前，就要将自己的情况如实介绍给对方，且认真地回答对方提出的问题。假如在规定的试用期内，用人单位或是劳动者中任一方发现对方隐瞒了真实情况，欺骗自己，即可在试用期内随时解除劳动合同。

试用期的时间规定

依照《劳动合同法》第二十一条规定：劳动合同中所约定的试用期不得超过六个月。劳动合同期限少于六个月时，试用期则不能超过十五天；劳动合同期限六个月以上一年以下的时候，试行期不能超过三十天；劳动合同期限在一年以上两年以下时，试用期不能超过六十天。

《劳动合同法》第十九条对于试用期期限的规定则更为详细：劳动合同期限三个月以上但不满一年的，试用期不得超过一个月；劳动合同期限一年以上不满三年的，试用期不得超过两个月；三年以上固定期限和无固定期限的劳动合同，试用期不得超过六个月。

此外，试用期是包含在劳动合同期限里的，假如劳动合同只约定了试用期，那么该试用期不成立。

试用期不仅在企业员工方面得到了广泛应用，事业单位、国家公务员同样有聘用合同试用期。《国家公务员暂行条例》规定：机关新录用的国家公务员实行一年试用期，试用期间实行试用期工资标准。期满合格正式录用，期满不合格的取消录用资格。事业单位聘用合同试用期期限通常不超过三个月，特殊情况可以延长，但最长不超过六个月；如果被聘人员是大、中专应届毕业生，则可延长到十二个月，这个试用期会包含在聘用合同期内。

试用期的权利义务规定

关于试用期，仍然有一部分用人单位和劳动者对其概念模糊，甚至存在误区。劳动者通常对自己在试用期内的权利义务不太清楚，除了得到相应的工资报酬外，一心想通过努力工作，尽早转正。而有的用人单位同样不清楚自己在试用期内有什么权利和什么义务，以及其他一些限制。基于劳动合同是建立劳动关系的法律形式，一旦签署劳动合同，就拥有了法律效力。所以，不管劳动合同是否规定了试用期，用人单位与劳动者都要依法履行应尽的义务，并享受相应的权利。

在试用期内，劳动者应当履行的义务，主要包括下列一些内容。

第一，在试用期内，劳动者必须履行劳动合同，如果因为违反合同规定而给用人单位带来一定损失，劳动者就要依法给予用人单位赔偿。

第二，劳动者在试用期内要遵守用人单位的规章制度，并严格遵守法律、法规的规定，顺利完成合同规定的工作任务。

第三，用人单位在劳动合同试用期内，假如因为劳动者不能胜任工作或者是工作中出现重大过失而提出要解除劳动合同，劳动者应该接受。

在试用期内，劳动者享有的权利，总体而言主要包括下列一些内容。

第一，在试用期内，劳动者有权利享受社会保险。社会保险并不是转正之后才有，而是劳动关系一旦建立，用人单位就要按月为劳动者缴纳社会保险费用。

第二，在试用期内，劳动者除了得到劳动报酬外，还应享受和其他职工一样的福利待遇。

第三，在试用期内，如果用人单位有违反法律、法规的行为，或是违反了合同规定，损害了劳动者的利益，劳动者有权依法向其索要赔偿。

第四，在试用期内，劳动者只要提前三天告知用人单位，就能够和用人单位终止劳动关系,解除劳动合同。

对于用人单位而言,假如用人单位有足够的证据证明劳动者不符合其录用的要求,用人单位就可以随时解除劳动合同,无需给劳动者支付赔偿金,这是用人单位最主要的权利。

在试用期内,用人单位的义务包括为试用期员工缴纳社会保险费用、给试用期的劳动者提供劳动报酬及与正式员工一样的福利待遇,此外,因无故解聘而给劳动者带来经济的损失,用人单位也要给该劳动者做出补偿。

试用期的法律规定

《劳动合同法》第十九条规定:试用期包含在劳动合同期限内。劳动合同仅约定试用期的,试用期不成立,该期限为劳动合同期限。

从这条规定可以得出:劳动者的试用期要用书面的形式写在劳动合同中,用其他形式进行约定的试用期,并不具有法律效力。

用人单位违法约定试用期将受到何种处罚

依照《劳动合同法》第八十三条的规定,用人单位与劳动者约定试用期违反了本法律规定的,由劳动行政部门责令其改正;已经履行了法律约定的试用期的,用人单位应该以劳动者试用期满的月工资为标准,按已经履行的超过法定试用期的期限向劳动者支付赔偿金。

试用期的工资规定

《劳动合同法》第二十条规定:劳动者在试用期内的工资不得低于用人单位所在地的最低工资标准,也不得低于单位相同岗位最低档工资或低于劳动合同约定工资的80%。

在试用期内,用人单位能否随时解除劳动合同

在试用期内,虽然用人单位和劳动者在程序上解除劳动关系的难度并不大,但这不能表明用人单位可以随时解除劳动合同。依照《劳动合同法》第二十一条的规定,在试用期内,除劳动者有本法第三十九条和第四十条第一项、第二项规定的情形外,用人单位不得解除劳动合同。假如用人单位在试用期要与劳

动者解除劳动合同,就必须向劳动者提供合理的理由。换句话说,也就是劳动者如果没有出现下列情况,用人单位在试用期内是不能解除劳动合同的:

- 劳动者严重违反了用人单位的规章制度;
- 在试用期内,劳动者被证明没有达到录用要求;
- 劳动者严重失职,或是营私舞弊,进而让用人单位遭受巨大损失;
- 劳动者在本用人单位供职的同时,还和其他用人单位建立劳动关系,而且这已经严重影响到本单位工作任务的完成,或是经用人单位提出,仍没有改正的意愿;
- 劳动者因个人原因负伤或是患病,在规定的医疗期满后依旧无法从事原工作,也不能从事由用人单位另外安排的工作;
- 劳动者乘人之危或用欺诈、威胁的手段使用人单位在违背真实意图的情形下签署或者更改劳动合同,让劳动合同失效;
- 劳动者胜任不了工作,经过培训或者工作岗位调整,还是无法胜任工作;
- 劳动者被依法追究刑事责任。

此外,用人单位对在试用期内解除劳动合同负有举证责任,必须举证证明劳动者达不到录用要求的情形,否则用人单位就要承担因违法解除劳动合同而带来的法律后果。也就是说,假如劳动者要求继续履行劳动合同,用人单位就必须继续履行;假如劳动者不要求继续履行劳动合同,或是劳动合同已经无法继续履行时,用人单位也必须按照经济补偿金两倍的标准向劳动者支付赔偿金。

在试用期内,劳动者能否随时解除劳动合同

根据《劳动合同法》第三十七条的规定,劳动者在试用期内提前 3 日通知用人单位,可以解除劳动合同。

该条款并没有对解除劳动合同的理由做出明确规定,也就是说,在试用期内,劳动者只需提前 3 天告知用人单位,就能够解除劳动合同。这种解除是不需要说明任何理由的,属于无条件解除,只要将解除劳动合同的意愿转达给用人单位即可,这是法律赋予劳动者的辞职自主权。

在试用期内,单位是否应该给职工缴纳社会保险

《劳动合同法》第十九条规定:劳动者的试用期包含在劳动合同期限内。法律上已经非常明确地规定,试用期属于劳动合同期限的范围。所以,劳动者依法享有各项社会保险,即医疗保险、养老保险、工伤保险等保险的权利。

第十七章
员工沟通与冲突管理

内部沟通的内容

和员工进行沟通,内容的选择非常重要。人力资源部要学会传播员工感兴趣的信息,进而让员工关注企业的情况,对企业的各项工作表示支持。下面是一些与员工沟通的内容。

- 向员工介绍企业各方面的运营情况,让其更加了解企业。如企业的市场占有率、销售指标、利润和财务状况、企业的规模和级别等。
- 介绍企业的盈利与亏损、收支与利润分配、总销售额等财务方面的状况。
- 介绍企业做出的各项决策依据,让员工理解和支持企业的决策。如介绍扩建、转产、薪酬变动标准、寻求新合作伙伴等。
- 为了增强员工的紧迫感和危机感,应向其介绍企业竞争对手的情况,激励员工鼓足干劲,提升对企业的忠诚度。介绍的内容可涉及竞争对手的实力、在消费者和用户心中的形象、市场地位、与本企业竞争的优势等。
- 为了增加员工对企业的信心和荣誉感,鼓励员工去创造更大的业绩,可向员工介绍企业模范人物的突出贡献、工作业绩。如介绍企业的创业史、企业曾在激烈的竞争中获胜的经过、企业度过的几次难关、企业员工和专家们的突出贡献和创新等。
- 介绍企业的人事安排情况。如企业新的领导人的背景情况以及各方面的人事变动。
- 介绍福利情况。如奖金、补助、住房、医疗、休假、食品、育婴托儿等问题。
- 介绍安全生产知识,让全体员工都高度重视安全生产,确保少出或不出事故。
- 注意员工之间的信息沟通。如员工都希望了解的本企业的各种文娱活动、体育活动,以及员工在生产、生活中的趣闻等。
- 进行遵纪守法教育。要选择员工乐意接受的形式,结合员工的生活方式和企业的实际,详细、系统地介绍相关的法律和规定。

内部沟通的目的和风格

内部沟通的目的

1.促进企业文化的建设

企业文化是企业管理的最高境界。要想让企业成员认可企业的核心价值观,就需要组织沟通在这其中发挥重要作用。有效的企业文化沟通,能够让全体员工对于组织目标、管理制度、组织价值观等更加了解,统一员工的思想和行动。

2.促进员工关系

组织沟通对于跨部门及部门间员工的交流有很大帮助,能够更大程度上满足员工的社交需求;对于促进组织及其成员间和谐的关系也非常有利,可以减少员工对组织的不满,提高员工的忠诚度。

3.促进企业目标的实现

有效且顺畅的组织沟通,有利于组织工作效率的提高,有利于民主管理的增强,同时还能让信息在组织内部充分流动和共享,让组织做出的决策更具合理性和科学性。

内部沟通的风格

组织沟通的风格往往会受组织文化的影响,常用的表现形式有以下三种。

1.双向的民主沟通

假如组织的最高领导者比较重视民主,那么该组织的沟通风格就会表现为上情下达、下情上达的民主式双向有序沟通。民主型的领导往往会将部分权力下放给组织成员,鼓励他们参与管理和决策,进而调动组织成员的工作积极性。

2.自上而下的强势沟通

假如组织的最高领导者非常强势,总是独断专行,那么该组织的沟通风格就会表现为领导者高度集权,有独裁的意味,沟通基本上是由上而下命令,很少考虑到组织成员的情感和精神需求,与组织成员缺乏交流。

3.自由无序的沟通

假如组织的最高领导者管理经验还较为缺乏,但却十分注重沟通,那么该组织的沟通风格就会表现为鼓励组织成员多提意见、畅所欲言。但基于组织沟通尚且缺乏有序的管理,所以组织效率低,沟通效果并不好,这也会影响组织目标的实现。

内部沟通的方式

正式沟通

1. 会议

包括董事会、中高层管理者例会、全员年会、部门或项目例会、管理质询会、定期的员工沟通会、跨部门或部门内业务专项讨论会、辩论会或演讲会等。

2. 培训

包括新员工培训、专业培训、通用技能培训、领导者及管理者培训等，多以课堂式、体验式、交流研讨会、读书会等形式，同时要重视培训效果的巩固与应用。

3. 报告

包括年、季、月、周的工作计划与总结、各项工作记录（用于工作分析或知识积累）、各项工作报表（年、季、月、周、天的业绩结果工作报表）等。

4. 面谈

包括管理者与员工进行的一对多、一对一、多对多的面谈沟通，充分征求员工意见，向员工反馈绩效信息，激励员工行为等。

5. 调查

包括客户满意度调查、员工满意度调查、市场调查等，了解需求、分析不足是开展调查的主要目的。

6. 书面交流

通过公司及部门文档管理、管理流程制度文件发布、内部网络、刊物、纸质文件批复、邮件系统、BBS、展板、内部共享服务器、小纸条等多种形式，促进信息的内部共享，提高制度知悉度，宣传企业文化，有利于企业管理效率的提升，也有利于员工知识的积累。

非正式沟通

1. 节日或司庆活动

开展春节联欢、感恩、中秋等节日活动，增强团队凝聚力，宣传企业文化；在司庆日举办一些员工家庭活动、典礼活动等，能够提升员工对企业的归属感和自豪感。

2. 旅游

通过组织团队旅游的方式，让员工之间更加和谐、团结，进而提升团队合作的效率。

改善沟通效果的方法

1. 最高领导者改变沟通风格

如果最高领导者是自由无序的沟通风格或是自上而下的强势沟通风格，就应该及时改变这种沟通风格。只有让尽可能多的成员参与组织沟通，进行有效的沟通管理，才能达到最佳沟通效果。

2. 建立组织沟通制度

有效的组织沟通制度，可以让组织沟通规则更加规范，增强全方位（纵横及内外交错）的组织沟通途径与频次。同时，通过约束沟通中出现的不良行为，让员工的行为更符合规范，提高组织的沟通效率和效果。

3. 提高全员的沟通技巧

人力资源部针对全体员工开展沟通技巧的培训，提高员工的沟通能力。

①清晰和有策略地表达。不同的事情，要选择不同的表达方式。书面沟通时应有条理、有层次，试着运用先"图"后"表"再"文字"的表达方式。口语沟通时要尽量清晰、简洁、顾及对方感受、对事不对人，另外为了便于理解，让对方产生亲切感，应多使用语音语调、肢体语言等。

②改变沟通心态。建立尊重、平等、坦诚、欣赏、设身处地的沟通心态。

③仔细倾听。耐心、仔细、深入理解式地倾听发言的人所表达的全部信息，要多听少说。

④积极反馈。给予表达信息的人积极的反馈（口头或书面回复、概括重复、表达情感、身体语言反馈等）。

4. 鼓励优秀的沟通者

对组织中在沟通工作上表现突出的员工及部门，如沟通影响力佳者（通过有效的沟通，使产品销量或知名度提升，或通过沟通有效处理危机公关或客户投诉等）、主动提建议者，进行一定的精神或物质奖励，并将他们的优秀事迹大力宣扬。另外，也可以邀请他们分享自己的沟通成果和经验，进而提升全员的沟通技巧和沟通积极性。

良好的组织沟通是全员的共同责任，而公司的中高层管理者在其中责任最大，这是因为他们在组织沟通期间有着重要的影响力。所以，加强中高层管理者的沟通意识，提高他们的沟通技能，是提高企业沟通效果的重中之重。

创造性沟通

创造性沟通，也就是在与别人沟通的时候，要时刻反思三个问题，根据这三个问题的回答来判断你与他人的沟通是否富有创意。

①信息传送是否清晰、准确？

②对方会不会感到惊喜？

③对方有何感受？

创造性沟通，可以通过多种形式实现，下面我们整理出一些时下流行的新的沟通方式供大家参考借鉴。

①提供振奋激昂的教育训练课程（励志演讲）。

②鼓励联谊、社交活动。

③节庆的时候，在大家想不到的地方进行简单布置。

④每周推出一些新的形式。

⑤设立发泄区。

⑥参加社区活动。

⑦运用符号标语、部门名称等。

⑧成立公司乐队或合唱团。

⑨为工作精神规划远景。

⑩针对节庆规划特别活动。

⑪有创意的广告、邀请方式。

⑫创意"道歉"函、说明书。

⑬在文书或别的沟通媒介上加点调剂。

⑭开展趣味竞赛。

⑮为公司或部门设计一个吉祥物。

⑯将一周中的某一天设为特别日子，如鬼怪游戏日、古怪帽子日、热狗日、绿色日、宝宝相片日、冰淇淋联谊日、便餐日、漫画日、化装舞会日、"我要当……"日。

⑰在邮件中加入惊喜，如口香糖、巧克力、贴纸等。

⑱准备一些惊喜点心。

有效冲突

有效冲突是通过大家集思广益的方式，表达各自的意见，进而从中产生冲突。冲突越多，就意味着收到的建议越多。

有效冲突能够让内部的分歧和对抗形成一个各部门相互支持的社会体系。这些暴露出来的冲突，如同一个出气筒，让对抗的成员利用联合方式将不满发泄出来，能够增加内聚。如果一直压抑着怒气，很可能造成极端反应出现。

有害冲突

有害冲突指的是企业中一些阻碍目标实现或具有损害性的冲突，人力资源经理有责任将这些冲突消除。很多时候，有效冲突也会转化成有害冲突。有害冲突不但会分散企业的人力、物力，还会降低凝聚力，甚至让员工不再关注工作，充满了紧张和敌意。

冲突应该一分为二地看待，冲突不多，就不利于适应新环境，不利于团队和组织的改善提高，而冲突太大太多的时候，容易引起混乱，企业甚至出现生存危机。

引发冲突原因

引发员工与部门之间冲突的原因有很多，目标、时间、地缘、工作性质、组织分工背景的差异以及争夺资源、缺乏沟通、团体意识都有可能引发冲突。

企业的人力资源经理在管理员工关系的时候，就应该时刻考虑到漏洞的沟通，考虑到你和员工可能存在什么差异，进而避免冲突的发生。

冲突二维模型

冲突实际上存在一个二维模型，即人们通常有五种冲突方式。

1.暴力竞争型

冲突双方的脾气都比较火暴，一有小摩擦立刻激化。

2.协作型

能够获得双赢，也就是最理想冲突的模式。

3.回避型

回避型与暴力竞争正好相反，当事的员工一直抱着回避的态度，不发生正面冲突。

4.适应型

适应型的员工能够将自己的需求降低来适应别人，也就是迁就。

5.妥协型

妥协型的员工始终让着别人，比较中庸。

冲突解决方法

1. 职权控制法

企业的管理层利用正式权威来化解冲突，通过领导命令来将希望传递给冲突各方。按照矛盾上缴的原则，在部门内发生的冲突由主管领导解决，而在平级部门间发生的冲突由员工的共同主管出面协调。

2. 公开矛盾法

即将矛盾摊开来进行处理，找出问题的症结。实行这种解决方法的前提是，双方都有合作的意愿，意见不一致时应该进行谈判，必要时可以通过第三者解决。

3. 存货缓冲法

在上下工序之间建立库存，以免上下工序之间因为冲突而造成"等米下锅"的局面。

4. 第三方隔离法

利用第三方的隔离作用，将一方在地势、人员方面对另一方的威胁尽量减少；当一方冷淡另一方积极的时候，中间人应该做很多细致的工作，进而消除分歧；在一方对另一方的建议反应良好时，就要把握住时机，将僵局打破，促成合作。

第十八章
员工离职管理

员工离职类别

对于企业而言,企业离职人员多,离职现象频繁,往往会影响企业的服务质量和生产及正常运作。因此,人力资源部须认真研究和分析员工离职原因,将员工离职给企业造成的损失降到最低。

员工离职的主要类别有以下几个方面。

1. 辞职

辞职是指在劳动合同期限没有满的情况下,员工申请离职,经过了公司的审批,或是在正式离职之日前 30 天以书面形式告知单位的离职方式。

2. 自然离职

在劳动合同期满的情况下,合同双方都没有续约的意愿或没有有效法律续约行为的离职。

3. 自动离职

劳动合同期限没有满,离职之前没有以书面形式告知单位或通知单位的,在未经单位同意的情况下 15 天内离职的。

4. 失踪或死亡

这里指的是非因工失踪或死亡,因工伤亡的要根据国家《工伤保险条例》相关规定执行。

5. 除名

员工多次违反劳动纪律,屡教不改,由公司提出要解除劳动合同的离职。

6. 辞退

员工不能够满足工作需要,无法有效履行岗位职责,经过公司的调动,依然无法适应新岗位工作的,由公司提出和员工解除劳动合同的离职就叫辞职;或是由于公司的经营形式、生产安排发生变化需要裁员的时候,由公司提出与员工解除劳动合同的情况也叫辞职。

7. 内部异动

工作岗位、工作职务在公司部门之间发生变化的,也就是内部调动。

8. 开除

员工严重违反了劳动纪律或是公司的其他规定,已经构成开除条件的,由公司解除劳动合同;触犯国家法律、法规被拘役、判刑的员工,由公司解除劳动合同。

员工离职处理

1. 辞职

辞职员工为了方便工作的交接,应该提前 30 天向所在部门提出辞职申请。同时,所在单位应做好员工离职的保密工作,这不仅是为挽留员工做铺垫,也是减少离职对其他员工工作产生消极影响的一种表现。

人力资源部以及所在部门应对员工离职的原因进行分析,找出员工离职的表面原因以及深层次原因,方便补救措施的实行。

核心员工以及对公司影响极大的销售、技术骨干提出辞职的时候,人力资源部应该进入部门,与本人进行深入交流,尽量减少员工的流失。

特殊人员的离职工作要由人力资源部视具体情况处理。

2. 自然离职

员工事故、灾难失踪或死亡的(非因工),企业领导应及时表示慰问,并做出相关结算。员工不明原因失踪的按旷工处理,达到除名条件的予以除名。

3. 自动离职

员工发生自动离职后,企业的相关部门应及时告知人力资源部,所在单位相关部门要仔细收集该员工的考勤材料并存档,以备劳动争议发生时使用。

达到除名条件的(连续旷工 3 天,或一个月内累计旷工 4 天)要给予除名处理,所在部门应及时告知人力资源部。

员工的自动离职给公司造成重大损失或较大影响时,公司保留追究其法律责任的权利,在必要时可启动法律诉讼程序或劳动争议程序。

4. 除名

在员工频繁违反劳动纪律(符合除名条件)的前提下,所在部门给予除名。所在部门同时要协助人力资源部门完成除名员工违纪记录、处理决定的收集和存档工作。

5. 辞退

依据公司的处理决定,人力资源部门协助所在部门以及相关单位办理员工辞退手续。因为公司裁员而被辞退的员工,具体办法另定。

6. 内部异动

内部调动主要由人力资源部进行协调处理,并事先通知调出与接受单位。

人力资源部根据公司全局人事配置的需要,将合适的人选安排到需要的岗位。

员工到岗要根据人力资源部开具的"内部调动通知单",中高层管理人员的任命不包括在内。

7. 开除

由于员工违反劳动纪律或公司其他规定给公司造成损失的,在结算时要相应予以扣除。

违反劳动纪律或其他规定给公司造成重大损失的,或是以公司为对象从事违法犯罪活动的员工,公司将提起诉讼,追究其法律责任,工资在审判结果没有下发之前不予结算。

员工已经严重违反劳动纪律或触犯国家法律、法规,被拘役、判刑的,所在部门应尽快进入开除程序,经所在部门批准后进行结算手续办理。

所在部门要协助人力资源部要完成开除员工违纪记录、拘留证(复印件)、判决书(复印件)、处理决定的收集和存档工作。

员工离职原因分析

1. 个人原因

综合员工离职个人方面的原因,大致有下列 10 种类型:

- 同事、上下级人际关系不和谐,对直接领导心存不满;
- 企业的管理不完善,制度不规范;
- 工资收入低、福利差;
- 同工不同酬,分配不公;
- 感觉不受尊重、没有民主管理;
- 不喜欢企业的固有体制和运营方式,升职要论资排辈;
- 该学的都已经学到了;
- 企业的领导不够重视,缺乏成才的人文环境;
- 人才过剩,才能被埋没,没有个人发展的空间,升职无望;
- 无法从事富有挑战性的工作。

2. 企业原因

综合员工离职企业方面的原因,大致有以下 10 种类型:

- 企业自身业务发展处于停滞状态,在竞争中不占据任何优势;

- 企业所从事的产业前景不容乐观；
- 企业的发展战略存在根本性的失误，预测到将来会失败；
- 企业存在金融资产的缺陷，对于今后的影响无法预估；
- 企业面临强大的竞争对手，总是被其压制；
- 企业领导创业、守业和继续发展企业的素质较为缺乏；
- 企业管理体制和内部环境缺乏凝聚力，员工对自己从事的工作缺乏认同，没有积极投入；
- 企业没有能力提供一定水平的收入和福利待遇；
- 企业的固有体制和运作方式存在问题；
- 企业在人员分配方面不合理，造成人才资源的浪费，没有实现人尽其才的要求。

薪酬不是重要因素

现在，还是有很多人以为薪酬是留住人才的重要因素，这是一种错误的理解。薪酬的确是其中的因素之一，但并不是最重要的那个因素。

企业可以通过人力资本流动政策、工作制度、员工影响力来执行内在报酬，让员工从工作中得到更大的满足。如果企业将对薪资制度的依赖减少了，转而满足和鼓励员工，让员工对于内在激励更加依赖，进而让企业从只靠加薪再加薪、金钱激励员工的循环中跳出来。

留用员工策略

企业想挽留不同类型的员工，要采取不同的策略，所以人力资源部要根据员工特点来制定留用策略。以知识型员工为例，可以采用以下方法留人。

1. 福利留住员工

对于没有起到激励作用且占薪酬 30％还多的福利项目投入更多，实行实物与现金等价物奖励，如 MBA 教育、企业培训、工会福利项目、弹性工作制、休假、旅行、俱乐部特殊会员资格、自动售货机等非货币薪酬。

例如有的企业将员工的照片做成挂历或台历，在公司内部赠送或悬挂。还有的公司将员工拍摄的图片放到内部网上，让大家自由观赏和评论，进而让大家的心里有一种家的温暖，营造出一种互相支持、互相协作、互相信任的氛围。

还有的企业，男员工和女员工的比例差不多，每年的妇女节，公司会鼓励女员工将自己的照片拿出来，放在橱窗内，然后让大家给女员工评奖，评出最佳天使奖、最佳明星奖、最佳微笑奖等,让这些女员工感到骄傲,从别人的赞扬中得到满足和快乐。

有的企业每逢重大节日,如春节总会举行晚会,而且还会邀请正常辞职的员工回来参加,有时甚至为他们也准备了一份奖。有的企业在员工离职的时候,会赠予他一份特殊的礼物,比如用该员工在公司工作时的照片制成的光盘等。

另外,企业还可以建立健全企业工会组织,提供医疗咨询服务、定期进行员工年度体检、开展女工保护和保健、开展室外拓展运动、举办年庆和集体婚礼、举办形式多样的文化体育娱乐活动;也可以通过一些行动表达对员工生活的关心,如签发员工生日贺卡、建立员工家庭背景情况表、对于家庭遇到困难的员工及时慰问或赠送物品等,必要时也可组织募捐。

2. 长效激励机制

长效激励机制,包括完善社会保障金、增设工龄工资、建立员工持股计划、购房购车贷款(赠款)计划、继续教育计划等。

3. 培训

实际上,培训也是企业留人留心的一个不错选择。培训能够让员工感受到,在企业里不仅工资在不断地增长,自身能力也在增长。所以,如今的很多企业为了留住员工,非常重视职业生涯的发展培训。

员工离职面谈

1. 离职面谈的意义

员工离职面谈是正常处理各种劳动关系管理的基础。不管是公司辞退员工,还是员工主动提出辞职,我们都要从一个公平、客观、公正的角度出发,和员工充分交流、沟通。对于离职员工对公司当前管理现状及制度的看法应仔细倾听。离职面谈,会直接影响到离职员工与企业在劳动关系管理上的意见是否一致。如果意见不一致,离职员工很可能会心怀不满,让工作期间的矛盾进一步激化,严重时还会引起劳资纠纷。另外,在职员工也容易受离职员工的影响,产生心理波动,破坏工作氛围。

2. 离职面谈涉及的内容

第一,一定要弄明白离职的原因,然后根据员工离职的目的,有针对性地进行离职面谈。尽量化解矛盾,让各方的利益尽可能平衡,让员工与企业的矛盾在员工离职之前得到化解,进而避免给企业带来不良影响。离职面谈不仅是企业与员工的交流弥补,也不仅是企业人力资源管理必有的流程,对于企业来说,这还是企业的一次深刻的自我反思,帮助企业提高管理方面的认识。

第二,企业应该虚心倾听员工对公司管理现状的意见,和他们进行交流。这时,双方的地位是平等的,离职员工可以开诚布公地发表意见,对企业管理提出建议和意见。而在职员工总是因为利益关系顾虑重重,难以在交流中表达真实想法,讲出真话。

企业要重视离职员工的职业规划。人力资源管理工作,不只是把人招聘进来,经过培训之后上岗,然后考核其工作,依据考核结果调整其薪酬。人力资源管理人要充分重视员工的职业生涯规划,或者是为员工的职业生涯树立一个好的指导方向。在离职面谈的过程中,针对员工的未来职业生涯发展,为员工提供一些可行性建议,让员工参考。这样一来,员工从心理上得到了安慰或满足,觉得公司还是重视每一个人的,包括离职员工。另外,这会对企业在行业中的口碑及形象宣传产生巨大的积极影响。

3. 重视离职面谈的形式

企业中常见的离职面谈有直接上级与离职员工面谈,主管领导与离职员工面谈的形式,但这些面谈往往达不到预期的面谈效果。尽管对于离职员工而言,双方的地位是平等的,但由于长期上下级关系的约束,员工始终无法讲出实话、真话。

直接上级和主管领导面谈虽然重要,但在离职面谈的过程中,人事部门参与面谈的效果会更好。这是因为对离职员工而言,人事管理部门,既不是直接上级,也不是主管领导,他们更愿意把实话、真话告诉第三方。这样,他们就可以将对企业的真实看法和想法表达出来,同时提出一些有益于企业的建议及意见。

不仅是人力资源管理中需要重视对员工的离职面谈,企业管理中员工的离职面谈也是一个不容忽视的环节。离职面谈的成功与否,对于在职员工会产生影响,对企业而言影响更为深远。

处理好离职员工关系

事实上,并不是完成离职手续的交接后,人力资源部的所有工作就结束了。与此同时,人力资源部还应处理好和离职员工的关系。

如果离职员工非常优秀,公司可以举办一个小型的钱别会,欢送该员工离开。让离职员工和在职员工都感受到企业的人文关怀。人力资源部要在这时安排相关人员做好安排。

表 18-1　离职人员饯别会安排事项表

时间		地点	
负责人			
参加人员			
备注			

　　通过各种形式和离职人员保持密切的联系,维持他们和企业间的关系。这样做是为了在今后必要时,这些人能够主动地站出来,为企业提供援助或说话。

　　企业在开展集体活动的时候,可以邀请离职人员参加,或是定期为离职人员专门组织一些活动。通过这些活动,让离职人员感受到企业对他们的关注和重视,进而自觉地为企业贡献自己的力量。

第十九章
员工处分与辞退管理

纪律处分程序

员工的纪律管理是员工关系管理的一个重要相关职能,当员工违反了企业纪律时,就必须依照相关的程序对其进行纪律处分。

人力资源部在实行纪律处分之前,应该先明确纪律处分程序的两个要点:要将由员工和不由员工控制的责任提取出来;在处分之前务必让员工明白,是什么原因致使其被处罚。在将这两个设置纪律处分程序的要点明确以后,就是执行纪律处分的具体程序。

1. 告知规章制度

有关纪律管理方面的具体规章制度有员工的行为规范、纪律处罚条例和员工手册等成文的制度。在部门经理会议上或是在对新进员工进行培训时,一定要不断重申这些规章制度的具体内容和要求。只有保证所有人员对这些制度都知情,纪律处分才能得以实施。

在员工对企业的规章制度有所了解后,人力资源部就要随时观察员工的表现,并定期给予其反馈。员工的直接主管应明确告知员工,怎么做是对的,怎么做是违背规定的,只有在与员工充分沟通并让奖惩制度非常明确的情况下,各项措施才有可能顺利实施。

2. 与规章制度比较

在进行惩罚之前,要把犯错员工的表现与成文的规章制度进行比照,分析两者的差距,具体表现在哪些地方,这样做是为下一步实施惩罚提供有力依据。

3. 实施恰当的处分

假如员工的行为已经严重违反了规章制度,就应依照规章制度进行恰当的处分。处分结束以后并不意味着一切结束,企业的纪律处分程序实际上是一个封闭的循环过程,因此,处分后还需要再次说明、反馈、对比。

纪律处分方法

对员工执行纪律处分的方法有很多种,其中无惩罚处分、渐进式处分和热炉规则是最主要的三种。

1.无惩罚处分

无惩罚处分指的是企业为员工提供一段带薪休假的时间,让员工考虑是否愿意继续为企业工作,是否愿意遵守规章制度的问题。在员工违背了规章制度时,通常会给予其口头提醒;如果再犯错误则给予书面提醒;第三次违反时,这个员工就必须离岗 1～3 天(带薪)反思问题。

前两次违纪的时候,企业的目的是鼓励员工解决问题,而在第三次违反制度时,员工在考虑清楚后,须保证今后不犯类似的错误,否则就应该离开企业。

2.渐进式处分

渐进式处分主要是为了保证对所犯错误实行最恰当的惩罚。选择这种方法之前必须要回答一系列与所犯错误的严重程度有关的问题。人力资源部应按照顺序提出一些问题,然后根据问题的答案决定给予什么样的处分。

当已经确定要进行处分的时候,要问一句:"这种错误是否应该得到比口头警告更严重的处分?"如果违反制度的行为只是轻微的,或是初犯,口头警告就足够了。在渐进式处分中,人力资源部会对每一层次上的错误遵循一样的程序,只有当前面所有层次问题的回答是肯定的时,才会决定终止合同,也就是辞退该员工。

为了让人力资源部门更准确地选择处分形式,有些企业已经将这一程序规范化,制定渐进处分的建议指南就是其中的方式之一。

(1)需要立即解雇的违纪行为:①工作时间打架、伪造时间卡;②未请假连续 3 天不来上班;③盗窃。

(2)需要第一次书面警告、第二次终止合同的违纪行为:①没有请假连续 1～2 天没来上班;②工作时间睡觉;③损坏财物。

(3)需要第一次口头警告、第二次书面警告、第三次终止合同的违纪行为:①擅离岗位;②作效率低;③玩忽职守。

同时,需求不同的企业,制定的各种违纪行为的处罚标准也各不相同。例如在生产鞭炮的工厂里,在不经允许的区域内吸烟,就会立刻被开除,而这种错误如果出现在生产糖果的工厂,或许后果就不会那么严重。总而言之,惩罚应与错误的严重程度应该相符,而不是越严厉越好。

3.热炉规则

企业对员工进行处分,必须要在错误发生后的短时间内采取行动,这样员工才能知道自己为什么被处分。有时候,如果相隔时间太长了,员工会觉得自己并没有错,这在一定程度上会削弱惩罚的效果。另外,企业应事先对一些不能接受的行为向员工提出警告，这样在员工遇到这样的问题时，就会联想到公司的警告，不会去触犯制度。与此同时，为了公平起见，企业还应保证犯同样错误的每一个人，所得到的惩罚是相同的。就如同一个热火炉，用相同的力度、相同的时间对待每一个触摸火炉的人，这样触摸到火炉的人受到的烧伤处分就是同等的，不会受个人情感影响。

虽然热炉规则具有一定的优势，但它同样也有不足之处。这种惩罚只适用于发生的环境相同的情况下，如果实际情况差距很大，每项惩罚所涉及的变量就会很多。

纪律处分注意事项

在企业中，实行纪律处分主要是为了避免和纠正员工的违纪失职行为，确保企业顺利实现既定目标。员工的行为违反了规定，受到企业的处分，难免会产生挫败感，甚至会抗拒或逃避处分。

假如员工受处分后，对人力资源部表现出敌视态度，觉得处分不公且提出控诉，是抗拒心理的表现；假如员工受到处分后，工作效率大不如前、情绪低落等，是逃避心理的表现。

基于企业的处分可能引发员工的上述心理，所以处分时应非常谨慎。在进行处分时，也要考虑到诸多影响因素，选择恰当的处分方式。

1. 注意行为的原因和动机

员工所表现出的不恰当行为或是违反企业规定的行为，有的是能够原谅的、值得同情的，而有的行为则是无法容忍的、令人气愤的，所以人力资源部在处理的时候一定要区别对待，对于情节较轻者从轻处分，对于影响较大者要严肃处罚。

2. 注意是否必须处分

深入了解不恰当行为或违反企业规定行为形成的原因、动机及目的，并考虑是否一定要给予其处分。通常情况下，企业对员工采取的处分措施，应该在"如不处分就会影响优良风气"的范围内。因为就员工个人来说，处分无论如何都是一种挫折、打击，很多员工会因为处分产生逃避或抗拒的心理，所以应权衡利弊后再下决定。

3. 注意行为的目的

有些员工的不恰当行为或违反企业规定的行为，具有一定目的，有的是正面的值得肯定的（如以谩骂来纠正下属的缺点），有的则是不被允许的（如强迫下属从事不法勾当），尽管表现的行为都是同等的不法或不当行为，但目的是正面的员工要从轻处分,而目的不被允许的员工要从重处分。

4. 注意给予何种处分

一般而言,处分措施严不如宽。这是因为从宽的处分往往能让员工产生一种内疚感,降低抗拒或逃避心理出现的可能性,容易激发员工的斗志。反之,如果没有的充分理由却给予员工过严的处分,就会激化矛盾。

为了维护公司纪律的权威性,即使是一个平时表现十分优秀的员工犯了错误,公司管理层也必须按照规定处理,不能有私心。

5. 注意如何给予处分

企业对员工的处分,可以是口头的,也可以是书面的,可以是私下的,也可以是公开的。通常情况下,员工受处分不是光荣的事情,所以,如果以书面或公开的方式来给予处分,往往会让员工备受打击,而以私下或口头的方式来处分,员工受到的打击也相应较小。因此,除了为维护纪律,对一些情节恶劣的员工给予书面或公开的处分外,一般最好还是以口头或私下的形式进行。企业希望受处分的员工能够有所警惕,知过就改,没必要弄得人尽皆知,增加受处分员工的挫败感。

6. 注意员工对处分的申诉

受处分的员工,在觉得处分过重或是受了冤屈的情况下,可以向给予处分的主管或上一级主管部门提出申诉。主管部门在接受员工申诉后,必须对此慎重处理,在态度上应给予同情,在考虑时必须周详,在程序上不可草率,在立场上必须公正。假如员工所提申诉确实有理,就要立刻撤销或减轻原来的处分;假如员工提出的申诉没有理,就必须维护原有处分,但必要时可以通过改善员工的工作环境,如调整工作任务或改调部门,来缓解员工的不良情绪。

辞退员工程序

人力资源部在处理员工辞退的时候,一定要注意是否符合法律规定。必要时可以制作一份予以辞退情况表,在辞退员工的时候方便核对,如表 19-1 所示。

表 19-1　员工辞退情况表

序号	情形	备注(在情形后打"√")
1	偷盗公物者	
2	挪用公款、行贿受贿、营私舞弊、擅自挪用资金者	
3	煽动闹事、造谣生事或怠工者	

续上表

序号	情形	备注(在情形后打"√")
4	违抗命令擅自离开工作岗位者	
5	威胁主管、撕毁涂改企业文书者	
6	仿效上级主管签字或盗用企业公章者	
7	年终考核不及格,一年内记大过三次	
8	在外兼营企业影响企业利益者	
9	严重违反国家法令或企业规章者	
10	玩忽职守、办事不力,有具体事实且情节严重者	
11	其他危害企业权益有确凿证据经有关主管确认者	

在企业需要大规模辞退员工的情况下,可能辞退一些平时工作表现不太好、绩效不佳的员工,也可能辞退一些优秀员工,这时最好遵循辞退员工的程序完成工作。

1. 正式警告

应确保在采取最后行动之前,已经和员工开展过正式的沟通。当员工有一定的心理准备时,起码不会感觉突如其来,尤其是一些犯错误的员工,一定要在辞退之前给予其正式警告。

2. 书面通知

辞退员工,只有正式的口头警告还有所欠缺,人力资源部应让企业和员工双方签字确认,进行书面警告。只有这样,公司才有资格辞退员工。

3. 准备离职核对单

书面的离职核对单能够告知员工,他下一步要怎么做,到哪儿还钥匙、到哪儿交文件、如何去财务部报销等。书面离职通知单往往可以缓解员工紧张的情绪,不会让他们在失去工作的时候感觉束手无策(见表19-2)。

表 19-2　离职核对单

单位		职称		姓名	
已批准于　年　月　日离职,请根据所列项目办理离职手续。					
顺序	应办事项		经办单位	经办人签章	捐款金额
1	交接好工作(业务人员要列册)		服务单位		
2	职章		总经理办公室		(限主管人员)

续上表

顺序	应办事项	经办单位	经办人签章	捐款金额
3	住宿人员办理退舍	人力资源部		
4	上交个人领用文具用品			
5	上交钥匙、制服			
6	上交识别证			
7	上交员工手册			
8	办理退保退会			
9	填写离职人员意见表			
10	填写薪单递交至财务部			
11	填写人员异动记录簿、人员状况表、取消插条、名册			
12	审核上列事项	人力资源部主管		
13	有无欠账或财务未清事项	财务部		
14	发薪审核	财务主管		
备注	①上列事项都已成功办理,方可离职 ②财务部凭本单核发离职人员薪金后,转交人力资源部存查			

4.更换安全密码

辞退员工后,应立刻更换公司的门卡、密码锁等,并将员工的钥匙等物件收回。

5.事先设想离职员工可能会有的反应

人力资源部应时刻准备着应对被辞退员工可能现在或稍后会做出的冲动或不理智举动,设想到可能发生的情况并提前做好预防工作。

6.准备好通知辞退消息

提前准备好,如何告知部门留下来的员工,有关该员工被辞退的消息。假如始终没有告知其他员工,很可能让不实的小道消息肆虐。

另外应该注意的是,最好不使用书面通知、大字报、海报等方式,召开一个非正式的部门会议是最好的方式,这样轻松的方式会降低群情激奋、胡乱议论情况出现的概率。

辞退面谈步骤

离职面谈工作,是相当重要的一个环节。员工要离开公司的时候,通常会说真话,所以利用离职面谈可以了解到一些企业存在的问题。

1. 准备工作

做任何事情之前,都要进行充分的准备,辞退面谈也不例外。辞退面谈的计划应力求做到下列七点。

①至少应提前一天制订出详细的书面计划,计划的内容包括:几点几分做什么、何时把公司的网络断了、何时收钥匙等。

②确保员工按时前往。

③电话沟通是最容易出错的,所以不要用电话通知员工,面对面的交流才是最好的沟通方式。越是严重的、不好沟通的敏感、复杂话题,越要设法进行面对面交谈。

④面谈一定要提早通知员工,不要让员工急匆匆地跑来人力资源部,这是不礼貌的,最好是要求员工半个小时后到人力资源部,给他一段时间做准备,降低其心理压力。

⑤通知员工时应避开周末、假日或者员工的重要纪念日,以免让员工觉得在很重要的日子里将他辞退,进而产生强烈的抵触情绪。这一点很容易被人力资源管理人员忽略,一定要留意。

⑥辞退面谈的时候,要选择自然一点的场所,如公司的会议室或者附近的咖啡厅,但最好不要有他人在场。面谈地点不宜选在经理办公室,因为经理办公室通常是方方正正的,给人一种距离感,进而给员工很大的心理压力。

⑦面谈之前要将相关材料准备好,将人事档案、员工协议和其他一些必须的文件准备妥当。

2. 切入正题

切入正题的时候应该注意下面两点。

①辞退面谈并不是平常聊天,所以不要避重就轻,只谈一些无关紧要的轻松话题,这样会让员工知道真相后情绪更激动。

②员工一进入会议室(或安排的其他场所),等他稍微坐好就立刻告知决定。因为拖延的时间长了,本身就是对员工心理上的一个打击。

3. 描述情景

描述情景这一步骤的难度相对较大,进行描述时一定要做好下列四点。

①用几句话讲清楚让该员工离开的原因,例如"你这个月的销售额又下降了 8%,而且客户对你的服务态度也不是很满意,对于这个问题过去的两个月里我们已经谈过很多次了,现在还是没有改观,我们不得不做出这样的决定"。这几句话简洁明了,让员工了解到这个决定是对事不对人的。

②要关注事实,而不是去攻击员工的人格,更不要说出"你比起其他人来实在太差劲了"这样的话。

③应该强调,其他内部机会已经考虑过,管理层也已经批准,像工作负担、绩效等问题都已考虑过了,这个决定已经做出且不能更改了。

④辞退面谈的时间要短之又短,不宜超过 10~15 分钟。假如话题展开得太多,往往会变成体力上的较量,损耗大量精力。

4.耐心倾听

员工已经被辞退的时候,事实上非常希望有人分享他内心的想法,因此,辞退面谈应维持到被辞退的员工情绪稍稍缓和、接受了这个事实以及离职赔偿的条款后。

经理在结束辞退通知后,不要与员工辩论,应该认真倾听,并用非语言性的方式如微笑、点头或者稍微沉默来配合他说话,让员工将怨恨发泄出来,平复激动的情绪。

5.沟通赔偿协议内容

沟通赔偿协议里的内容有三点需要注意:

①对于福利、赔偿的支付金额、具体算法及其他资源如推荐信等和员工进行详细说明;

②已经协商好的条款就不要再添加任何内容了;

③不要给员工承诺"调查一下事后给予答复",这样只会让辞退程序更复杂,甚至最后难以收场。

6.明确离职流程

被辞退的员工可能会一时不知道做什么,所以人力资源部应给员工提供离职流程图,一步一步地告诉他该怎么做,越详细越好。

辞退中员工反应及对策

当不同的员工得知自己被辞时,往往会产生不同的反应和感觉。为了顺利完成辞退工作,人力资源部需要对常见的几种反应非常了解,并采取一定的应对措施,以防因自己处理不当而给公司乃至自身引来不必要的麻烦。员工可能出现的反应及应对措施如表 19-3 所示。

表19-3　辞退过程中员工情绪应对表

序号	员工反应	感觉	对策
1	生气、敌意	很生气、受伤、失望	①避免正面与员工生气,切勿引发争吵 ②态度要尽量客观,实事求是,并为员工提供日后对他有帮助的信息 ③用试探性的语言总结你听到的他的话,如"看来这件事真的令你很生气"
2	坚忍克己	不信任感、震惊、麻木	①首先要对员工的震惊表示理解,如果员工不反对,立刻与其进行沟通 ②问员工还有没有什么具体问题,假如没有,和员工介绍下一步公司能够为其提供什么帮助
3	程序化的、正式的	始终控制着情绪,但有报复的意图	①保持平静的语调 ②只要不离题,给员工提供自由谈论的机会 ③尽量不要顾左右而言他,谈论所谓"办公室政治"
4	讨价还价、防卫性强	害怕、不确实感、罪恶感、不信任感	①不要加入任何讨价还价的讨论 ②让员工明白你知道这是一个困难处境,假如是你,你和他的感受是一样的 ③提供以后可能提供的帮助,必要时对员工做心理辅导
5	哭哭啼啼	焦虑、悲伤、忧愁	①不要说类似"哭什么,这没什么大不了的"的话 ②为员工提供纸巾,让他哭够了再说 ③等到员工情绪缓和了以后,将事情解释清楚并告诉他下一步的计划

提供心理咨询服务

假如被辞退的员工心情十分沮丧,自尊心受到极大打击,就要根据情况对其进行心理辅导。心理咨询实际上是应用心理学方法,通过语言来帮助员工降低精神压力,解决心理冲突,让员工适应社会和健康发展的过程。

1.心理咨询服务的方式

小组讨论和单独面谈是心理咨询服务的两种方式。当遭遇重大事故的时候，最好先选择小组讨论的方式，这样可以通过群体的力量让员工心中的不满情绪充分发泄出来，接着，再进行单独面谈，这种方式是以倾听为主，让员工的情绪逐渐平缓。

2.对待激情状态的调控方法

当员工处于激情状态时，务必使用较为缓和的语言来进行调节，不要说"我也非常生气，公司的这事确实不公平"等话，另外，转移注意力和降低强度也很重要。

第二十章
劳动争议处理

劳动争议内容

　　劳动争议给企业带来的影响是不可估量的，不仅会让在职员工产生不稳定感，也会有损企业的声誉。所以，企业的人力资源部为了避免劳动争议，需要积极采取措施来预防和解决劳动争议问题。

　　依照我国的《中华人民共和国企业劳动争议处理条例》第二条规定，劳动争议主要包括以下几种。

　　①因企业除名、开除、自动离职和辞退职工发生的争议。

　　②因执行国家相关工资、福利、培训、保险、劳动保护的规定而引发的争议。

　　③因履行劳动合同引发的争议。

　　④法律、法规规定的应该依本法处理的其他劳动争议。

　　依照我国的《中华人民共和国劳动争议调解仲裁法》第二条规定，劳动争议主要包括以下几种。

　　①因劳动关系的确认而引发的争议。

　　②因制定、履行、变更、解除和终止劳动合同而引发的争议。

　　③因辞退、除名和辞职、离职发生的争议。

　　④因工作时间、社会保险、休息休假、培训、福利以及劳动保护发生的争议。

　　⑤因劳动报酬、经济补偿、工伤医疗费或者赔偿金等发生的争议。

　　⑥法律、法规规定的其他劳动争议。

劳动争议类型

　　由于引发劳动争议的原因多种多样，所以劳动争议的类型也有很多。从不同的角度对其分类，可以将劳动争议分成下列几种类型。

　　1. 既定权利争议和待定权利争议

　　依据争议的内容性质的差别，可以把劳动争议划分成既定权利争议和待定权利争议。

　　①既定权利争议，指的是劳动关系双方主体及其代表对实现和履行既定权

利和义务所产生的争议。

②待定权利争议，指的是劳动关系双方主体及其代表在确定待定权利和义务时所产生的争议和分歧。

2.个人争议和集体争议

依据劳动者一方当事人人数的多少，可以把劳动争议分成集体争议和个人争议。

①集体争议，指的是劳动者一方当事人人数在三人以上且有共同理由的劳动争议。

②个人争议，指的是劳动者一方当事人人数在三人以下的劳动争议。

3.按争议事项划分的争议

依据劳动争议的事项，可以把劳动争议划分成下面四种类型。

①因开除、除名、辞退或辞职引发的争议。

②因劳动合同引发的争议等。

③因工资分配引发的争议。

④因保险福利引发的争议。

解决劳动争议原则

《劳动法》规定："解决劳动争议，应当根据合法、公正、及时处理的原则，依法维护劳动争议当事人的合法权益。"并规定："调解原则适用于仲裁和诉讼程序"。这个规定明确了处理劳动争议的基本原则，企业和员工双方在处理劳动争议的时候必须遵守这些基本原则。

1.调解原则

调解的原则中说劳动争议可以用调解方式解决。当事人应当在发生争议后先向企业劳动争议调解委员会申请调解，在互谅互让的基础上达成协议，并认真遵守履行，只有在调解无效时，才由仲裁机构和法院来解决。调解委员会应认真负责地做好调解工作，使争议调解解决。调解要求建立、健全用人单位的调解组织及制度，充分发挥调解委员会的作用，在争议的仲裁、诉讼过程中也可以进行调解。调解在仲裁程序上表现为，仲裁委员会受理争议案件后可以先进行调解，在调解不成的情况下应尽快进行裁决，而在裁决做出前的任何阶段都可以进行调解。仲裁程序上的调解与裁决具有同等的法律效力。调解在诉讼程序上表现为，人民法院在不同的审判阶段可以先进行调解，在调解不成的情况下，应尽快作出判决。人民法院主持下达成的调解协议，与判决具有同等的法律效力。调解的原则并不意味着强制调解，而是要求在自愿的前提下，尽量调解解决劳动争议。调解与自愿原则是密不可分的,当事人是否申请调解委员会调解,当事人是否接受调解建议,是否达成调解协议完全出于自愿不得强迫。调解协议的内容还必须符合有关法律、法规的规定,否则自愿达成的协议也无效。在调解中要注意防止久调不决的现象,即能够调解的就调解,不能够调解的就尽快进入裁决或者判决。

2. 及时处理原则

及时处理原则要求劳动争议当事人、劳动争议调解委员会、劳动争议仲裁委员会及人民法院在劳动争议案件处理过程中,必须按照法律规定及时行使权利、履行职责。当事人应及时申请调解或仲裁,超过法定时间将不予受理。当事人应及时参加调解、仲裁活动,否则调解无法进行,仲裁则可能被视为撤诉或被缺席仲裁。当事人不服仲裁起诉的要及时,不服一审判决上诉也要及时,否则失去起诉权、上诉权,合法权益将得不到保障、调解委员会调解争议要及时,不能超过 30 天;仲裁委员会受理争议案件要及时,不应超过 7 日,仲裁要及时,不能超过 60 天;人民法院审判要及时,审判不应超过 6 个月,否则应承担相应的法律责任。及时处理的原则有助于及时维护双方当事人的合法权益,及时稳定劳动关系,使劳动者与用人单位生活、生产秩序正常化,使社会秩序稳定。

3. 以事实为依据,以法律为准绳原则

以事实为依据,以法律为准绳是我国法制的基本原则,在处理劳动争议时,要求调解委员会、仲裁委员会及人民法院都必须对争议的事实进行深入、细致、客观的调查、分析,查明事实真相,这是准确适用法律、公正处理争议的基础。在查清事实的基础上,应当依照法律规定依法进行调解、仲裁和审判。处理劳动争议是一项政策性很强的工作,既不能主观臆断,更不能徇私枉法。以法律为准绳要求处理劳动争议判断是非、责任要以劳动法律、法规为依据;处理争议的程序要依法;处理的结果要合法,不得侵犯社会公共利益和他人的利益。

4. 当事人在适用法律上一律平等原则

依法维护劳动争议双方当事人的合法权益体现了当事人适用法律上一律平等的原则。这一原则要求,调解委员会、仲裁委员会、人民法院在处理劳动争议案件时,对劳动争议的任何一方当事人都应同等对待,其法律地位完全平等,法律赋予当事人的权利义务双方当事人平等地享有和承担,不应因身份、地位的不同而采取不同的标准对待。用人单位与劳动者在申请调解、仲裁和诉讼时,在参加调解、仲裁、诉讼活动时都享有同等的权利,时效一样、陈述事实、进行辩论和举证、申请回避、是否达成调解协议,不服仲裁裁决是否向法院起诉等等方面权利是同等的,承担的义务也是同等的。

解决劳动争议途径

我国《劳动法》规定,劳动争议处理机构为劳动争议仲裁委员会、劳动争议调解委员会和人民法院,这是解决劳动争议的三个现实渠道。

调解

我国《劳动法》规定,在用人单位内部可以设立劳动争议调解委员会,它由用人单位代表、职工代表、工会代表三方组成。

在企业中,企业代表由厂长(经理)指定;职工代表由职工代表大会(或职工大会)推举产生;企业工会代表由企业工会委员会指定。

由职代会提出并和厂长(经理)商讨确定调解委员会组成人员的具体人数,企业代表的人数不宜多于调解委员会成员人数的 1/3。

由企业工会代表担任调解委员会主任,并将企业工会委员会设定为办事机构。

步骤

劳动争议调解委员会所展开的调解活动是群众自我教育、自我管理的活动,具有非诉性和群众性的特点。下述为劳动争议调解委员会调解劳动争议的步骤。

1.核实争议事项

核实事实是调解工作的前提。调解委员会需要立即安排调解委员对争议事项展开全面的调查核实工作,并做笔录,由调查人签名或盖章。

2.进行调解

调解通常由调解委员会主任组织,争议双方当事人均须参加。必要情况下,相关单位和个人也可以参与调解会议,协助调解。对简单的争议,也可由调解委员会指定 1 至 2 名调解员进行调解。

3.依法进行调解

双方当事人分别陈述争议事实和理由。在已经查明事实、分清是非的前提下,调解委员根据有关劳动法律、法规,以及依照法律、法规制定的企业劳动合同,公正调解。

4.达成调解协议

对经过调解达成协议的,要制订调解协议书,协议书中须说明争议双方、当事人的基本情况、争议事项以及调解结果等事项,由双方当事人签名或盖章,并加盖调解委员会印章。对调解协议,双方当事人要自觉履行。

5.调解不成的情况

要做相应的笔录,并在调解意见书中陈述情况,由调解委员会主任签名、盖章,并加盖调解委员会印章。当事人可以根据有关法律法规申请劳动仲裁。

原则

仲裁劳动争议要遵循的三个原则。

①在查清事实的基础上,依法处理。仲裁委员会要重视调查研究,在证据充分、事实清楚的基础上,依照国家相关规定公正处理。

②着重调解,及时处理。仲裁委员会处理劳动争议,首先要进行调解,让当事人达成和解协议。仲裁庭应以协议内容制作调解书为依据。调解不成的,仲裁庭要及时裁决,不要一直拖延。

③当事人适用法律一律平等。劳动争议当事人的职工和企业是地位平等的主体,对双方适用法律、法规一律平等。

诉讼

人民法院并不会对所有劳动争议进行处理,只处理表 20-1 所列范围内的劳动争议案件。

表 20-1　人民法院受理的劳动争议范畴

序号	分类	具体说明
1	争议事项范围	①因执行国家有关工资、保险、培训、劳动保护的规定发生的争议 ②因履行和解除劳动合同发生的争议 ③法律规定由人民法院处理的其他劳动争议
2	职工范围	①与上述企业形成劳动关系的劳动者 ②依据有关法律、法规的规定,可以参照《劳动法》处理的其他职工 ③经劳动行政机关批准录用并已签订劳动合同的临时工、季节工、农民工
3	企业范围	①国有企业 ②"三资"企业 ③县(区)属以上城镇集体所有制企业 ④私营企业 ⑤乡镇企业

人民法院所受理的劳动争议案件的条件有：

①属于受诉人民法院管辖；

②必须是在接到仲裁裁决书之日起 15 日内向人民法院提起诉讼，超过 15 日，人民法院不予受理；

③劳动关系当事人间的劳动争议，必须先经过劳动争议仲裁委员会仲裁。

劳动争议预防

1. 普遍问题

很多劳动争议的发生或多或少都会和企业人力资源管理者中普遍存在的下列问题有关：

- 人力资源管理人员对劳动法规的认识较为缺乏，致使工作过程中遇到与劳动法有关的问题时束手无策。
- 没有正确理解、运用国家或地方性劳动政策法规，不知道如何在不侵害员工合法权益的前提下，依法对员工实行管理。
- 依法调整劳动关系的知识和技能还较为欠缺，造成企业内部不断出现劳动争议。

2. 预防工作

要想成功处理上面的问题，就需要做好下列三个方面的工作。

1. 正确使用劳动法律法规

基于我国当前劳动立法方面的不完善和滞后，为了弥补国家立法上的这一暂时缺憾，调整本地区的劳动关系，很多地区纷纷出台了地方性的法规或规章。但不同地区制定的劳动政策，往往存在很大的差异。

作为人力资源经理，在这种情况下就要既掌握国家的劳动法律，也要熟悉地方的劳动政策法规，尤其是企业所在地区的具体规定或规范。

2. 应在既合理又合法的前提下对违纪员工进行处罚

公司在制定内部规章制度的时候，就应该利用"民主程序"，向员工做出"公示"。针对违纪违规员工实行口头提醒、书面提醒、最后警告直至解除劳动合同这样逐层推进的处理办法，以此来避免和减少劳动争议。

3. 构建防范劳动争议的内部机制

①建立影响决策或职工参与的管理机制。

②运用各种方式让职工更了解企业的工作环境，进而避免和减少员工因不了解企业管理者的意图和举措而产生的不满情绪。

③在企业内部创造有利的群体环境，营造良好的交流气氛。

④进行良好的沟通。

⑤创造良好的工作条件。

⑥建立健全企业劳动争议调解委员会，将有可能引发劳动争议的事情提早在企业内部解决掉。

劳动合同签订类风险控制

企业在和员工签订劳动合的时候，应该做好以下的风险控制措施：

- 确定劳动合同签订的对象；
- 劳动合同签订管理流程，以及合同保管制度的建立、完善及后期执行；
- 明确劳动合同签订责任的主体，并落实签订的责任。

工时与加班类风险控制

现实生活中，有不少企业因为类似加班、工时的问题与员工产生纷争。所以，企业的人力资源部一定要认真负责，做好风险控制措施。具体如下：

- 对加班进行正确定义并加以限制；
- 正确计算和支付加班工资；
- 对于综合计算工时、计件工时、不定时工时、非全日制工时应正确使用；
- 要对加班成本进行合法控制；
- 建立、健全工时制度和加班管理制度；
- 注意保护举证责任和仲裁时效。

劳动报酬类风险控制

针对劳动报酬类纠纷，企业可以采取下列一些风险控制措施：

- 在合同和制度中给工资正确的定义；
- 确保工资的计算与支付符合法律规范；
- 确保工资的扣除符合法律规范；
- 对于工资结构和考核工资进行合理设计；
- 对于确定工资标准的集体协商要求做出有效应对；
- 对于工资增长的集体协商要求做出有效应对。

员工保护类风险控制

企业的人力资源部门应特别重视法律对下列六类特殊员工的特殊保护：

- 处于法定医疗期内的员工；
- 处于孕期、产期、哺乳期的女员工；
- 处于职业病高发岗位上的没有进行离岗前职业健康检查的员工，或是在诊断或医学观察期间疑似职业病的员工；
- 属于工伤且已经达到伤残等级的员工。
- 担任专职工会主席、副主席或委员的员工以及平等协商代表的员工。
- 在本单位连续工作超过十五年，且距法定退休年龄不足五年的老员工。

但是，这些保护并不是没有限制的，当员工犯下了法定的重大过错时，法律就不能再对其进行特殊保护了。

社保与工伤类风险控制

人力资源部一定要注意社会保险及工伤的"法定强制性"，如下：

- "免责条款"、"违法条款"无效；
- 及时进行工伤认定和伤残鉴定；
- 及时参加社会保险；
- 对商业保险进行有效利用；
- 适当运用工伤"私了"协议。

第二十一章
员工职业病预防与管理

职业性有害因素

职业性有害因素(occupational hazards)指的是和职业生命相关的、直接或潜在的威胁职业人群健康的环境危害因素，其中包括劳动过程、生产环境、生产工艺过程等方面的有害因素。

劳动过程中的有害因素

①有些因素是因为劳动组织和制度不合理形成的，如劳动休息制度不健全或不合理、劳动时间过长等。

②劳动过程中精神或心理太过紧张同样会产生有害因素。

③劳动安排不当或劳动强度过大，如生产定额过高，或是超负荷的加班加点，或是安排的作业和劳动者的生理状况不相符等。

④个别器官或系统太过紧张，如因为光线偏暗而引起的视力紧张等。

⑤不良体位，如长期保持某种姿势，或采用不合理的工具设备等。

生产环境中的有害因素

这些有害因素的形成往往和卫生技术设施和卫生条件不良密切相关。

①生产场所建造没有达到卫生标准或卫生要求，如车间布置不合理(有毒和无毒工段安排在一个车间)，厂房狭窄、矮小等。

②必要的卫生工程技术设施较为缺乏，如没有照明或通风换气的设备，或是废水未经净化直接排放；还有的企业没有采取防尘、防噪声、防毒、防暑降温的措施，即使有设备也不够完善，所以效果并不理想。

③自然环境中的因素，如太阳辐射。

④个人防护用品和安全防护设备方面较为欠缺。

⑤生产过程不合理而引发的环境污染(包括物理因素、化学因素和生物因素等)。

生产工艺过程中形成的有害因素(不断变化)

1. 物理因素

①异常气象条件：如高温、低温和热辐射等。

②异常气压：如高气压、低气压等。

③声污染：如噪声、超声波、次声、振动等。

④电离辐射:如 x 射线、γ 射线等。

⑤非电离辐射:如可见强光、红外线、紫外线、射频、激光、微波等。

2. 化学因素

①有毒物质:如铅、苯、汞、氯、一氧化碳、有机磷农药等。

②生产性粉尘:如石棉尘、矽尘、水泥尘、煤尘、有机粉尘等。

3. 生物因素

如炭疽杆菌、森林脑炎病毒、布氏杆菌及蔗渣上的霉菌等;医务工作者接触的传染性病源,如 SARS 病毒。

在现实生产场所中,这些有害因素往往不是单独存在的,而是多种有害因素同时存在,这对劳动者的健康会产生联合的、更大的危害。

职业性有害因素的预防

基于作业场所内职业性有害因素涉及的范围广、包含的内容多,所以要做好职业性有害因素的预防工作,不仅思想上要多加重视,将国家有关法律、法规认真地贯彻和执行,人力资源部还应掌握和应用一些有针对性的技术和管理措施。

1. 生产材料、生产工艺革新

用不会产生职业性危险物质的新材料、新工艺取代有职业性危害物质的生产工艺过程和原材料,这是预防有害因素产生的最根本的办法,它同样也是职业卫生技术在实践中得以应用的发展方向。

2. 尽可能地提高生产过程自动化程度

用现代的机械化生产取代手工或半机械化生产,能够有效地减少有害物质对人体的危害;在一些生产条件受限制,有害物质无法降低到国家卫生标准下的作业场所,实行仪表控制(自动化控制)或隔离操作(把有害物质和与操作者分离)是较好的措施。

3. 加强通风

要控制作业场所内污染源的传播与扩散,加强通风是较有效的手段之一。全面通风换气和局部排风是最常使用的通风方式。

①全面通风换气

全面通风换气主要是将作业场所内含有有害物质的空气置换成新鲜的空气,进而让作业场所内空气中有害物质的浓度低于国家卫生标准。进行及时的通风换气,能够大大减少有害物质的散发面积,避免更多员工受害。

②局部排风

局部排风指的是,在不能密封的有害物质发生源附近放置吸风罩,把有害物质从发生源处直接抽走,以此来维持作业场所的整洁。

4.合理照明

创造良好作业环境的一项重要举措就是合理照明。假如照明亮度不够或是安排不合理,很可能致使产品质量下降、操作者视力减退,严重时甚至造成工伤事故。

5.合理安排劳动时间

企业应根据劳逸结合的原则,合理安排员工的工作、生产、学习和休息的时间,保证员工在工作时间精力充沛。

6.合理规划厂区及车间

在企业新建、改建、扩建的时候,厂区的确定、规划,厂房建筑的配置以及卫生设备、生活设施的设计应尽量合理、周密,车间内部机器、工件的布置也要达到人机工程学的要求,安排适当的劳动强度,并确保工人在最佳体位下工作。

7.使用一定的防护用品

当工作的作业场所含有的有害物质浓度较高时,为了减少有害物质从皮肤、呼吸道及消化道侵入人体,可以适当地使用一些合格的个人防护用品。

8.加强卫生保健

定期对员工进行健康检查,将厂区内环境卫生工作做到位。

9.湿式作业

在产生粉尘的操作中采取加水的方法,能够很大程度地减少粉尘的产生,而且还能缩短粉尘在作业场所空气中悬浮的时间。

10.隔绝热源

利用水隔热的方法或隔热材料把热源密封,能够降低高湿、热辐射给人体带来的不良伤害。

11.隔声、吸声

针对噪声污染严重的作业场所,采取一定办法将噪声源与操作者隔离,用吸声材料将产生噪音的设备密闭,减少产生噪音设备的震动等方法可以减弱噪声污染。

12.屏蔽辐射源

采用吸收电磁辐射的材料将辐射源屏蔽隔绝,减少辐射源的直接辐射作用,这是放射性防护中最基本的方法。

安全组织管理工作

1.重视职业卫生工作

职业病预防工作能否成功开展的关键在于,各级人力资源部能否认识到职业卫生工作的重要性。人力资源部要定期听取职业卫生相关职业性有害因素的预防、管理等方面的调查、汇报和建议,主持和采取各种预防职业病的措施。

2.认真贯彻执行职业卫生法规、标准

当前的职业卫生法规、标准,是依据实际情况,在总结了职业卫生工作长期经验后制定的,有一定的代表性。只有严格执行法规、标准的规定,职业病才能从根本上得以预防。

3.有计划地改善劳动条件

企业在编制安排生产的时候,也要编制职业卫生技术措施计划,需要的设备、器材、经费应由物资和财务等方面划拨。企业每年要在技术改造资金和更新的固定资产中拿出一小部分,有计划地按步骤消除企业当前存在的职业性有害因素。

卫生保健工作

企业应定期将检验合格的个人防护用品发给那些接触职业性有害物质的员工,并向其介绍个人防护用品的正确检查、使用方法以及所起到的作用。

企业还应普及卫生知识,通过各种方式让所有员工了解职业性有害物质产生的原因、发散的特点以及对人体的危害,并向员工传授一些发生紧急情况时的自救措施;培养职工良好的卫生习惯,如车间内不吃东西、饭前洗手、工作服定期清洗及定点存放等,以免有害物质从皮肤、口腔等处进入人体。

建立员工职业档案

用人单位为落实《作业场所职业健康监督管理暂行规定》和《职业病防治法》,履行职业危害防治的义务,建立员工职业档案。用人单位利用职业健康档案可以准确、及时地掌握本单位职业危害防治落实的情况以及职业危害的现状,进而为本单位有效地防治职业危害提供重要依据。

职业健康档案所涵盖的内容很多,主要有下列六个方面。

1.作业场所职业危害申报档案

①生产经营单位的基本情况。

②作业场所职业危害因素的种类、强度和浓度的情况。

③产生职业危害因素的生产材料、技术和工艺的情况。

④作业场所接触职业危害因素的人数及分布情况。

⑤针对接触职业危害因素员工的管理情况。

⑥配备个人防护用品和职业危害防护设施的情况。

⑦加盖安监部门专用章的申报回执单。

2. 职业健康管理制度档案

①职业健康组织机构是由主管领导、分管领导和成员组成的。

②职业健康管理制度，包含很多规章制度，如职业健康管理机构或组织职责、职业危害因素监测与评价制度、职业健康教育培训制度等。

③职业安全健康操作规程，包括很多岗位职业安全健康操作规程如切割、喷漆、电焊等岗位。

3. 职业健康管理实施档案

①用人单位职业健康防治经费，要附有相应的发票，如职业危害防护设施维修费用、培训经费、工伤社会保险凭证等。

②用人单位职业危害防护设施检修和维护记录，要由相关的维修人员和负责人员签字。

③用人单位内部职业健康检查和处理记录。

④用人单位个人防护用品的发放和使用记录。

⑤安监及相关部门的落实情况资料及检查文书。

4. 职业健康教育档案

①用人单位劳动者职业健康教育培训记录。

②用人单位年度职业危害防治知识培训记录。

③职业危害告知（包括操作规程、规章制度、作业场所职业危害因素检测评价结果、职业健康检查结果、劳动合同中职业危害防护措施和待遇等的告知）

另外还要附有以下资料：

● 职业健康管理人员及用人单位负责人参加安监部门组织的培训证明；

● 用人单位针对劳动者开展的职业健康培训的培训通知、宣传图片、培训教材、考试试卷、培训记录等录像和纸质资料。

5. 职业健康监测档案

①用人单位每个车间职业危害因素检测点的分布情况。

②用人单位职业危害因素强度（浓度）检测结果。

另外还要附有较为权威的服务机构出具的职业危害检测与评价报告书，以及检测结果的公告记录，然后将职业危害检测与评价结果上交安监部门。

6. 职工健康监护档案

健康监护档案是对健康监护全过程所做的客观记录，是对劳动者健康状况的变化进行系统地观察后，判定群体和个体健康损害的根据，资料的连续性、完整性是有所保障的。

①劳动者的职业史、既往史和职业危害接触史。

②对应的工作场所职业危害因素监测结果。

③职业健康检查结果以及处理情况。

④职业病诊疗等健康资料。

发放劳动防护用品

1.了解国家相关规定

企业的人力资源部一定要对国家有关劳动防护用品的规定非常了解。

①根据国家相关法规、文件规定,劳动防护用品要符合实际需求,按照"三同"(即同劳动条件、同工种、同标准)的原则发放。

②进行多工种作业的员工,要根据其从事的主要工种来发放劳动防护用品,其余的防护用品使用后要按时归还。

③对于轮换工、临时工以及来厂实习的学生等,也要按"三同"原则发放或借给其劳动防护用品。

④对于时常参加劳动和深入生产现场的安全技术人员和人力资源部人员,也应根据需要发放劳动防护用品。

2.明确劳动防护用品的评估和配置标准

企业的人力资源部应对本企业的劳动防护用品评估及配置标准进行明确,如表21-1所示。

表 21-1　劳动防护用品评估及配置标准

作业类别	公司对应工种	劳动防护用品类别												
		等电位工作服	安全帽	耳塞	防尘口罩	防毒面具	安全带	防强光、射线护目镜	绝缘手套	防异物伤害护目镜	防划伤手套	绝缘鞋	护发帽	防砸安全鞋
带电作业	维修工													
吸入性气体毒物作业	喷油、移印													
操作转动机械作业	维修工、模技工、模技工													

续上表

作业类别	公司对应工种	劳动防护用品类别												
		等电位工作服	安全帽	耳塞	防尘口罩	防毒面具	安全带	防强光、射线护目镜	绝缘手套	防异物伤害护目镜	防划伤手套	绝缘鞋	护发帽	防砸安全鞋
高处作业														
强光射线作业	维修工、烧焊工													
碎屑飞溅作业	维修工、模技工													
吊机操作作业	吊机操作员													
使用锋利货品器具作业	操作员、维修工													
人工搬运	搬运工													
噪音作业	打料工、超声机操作员、电房													
密闭空间作业	所有密闭空间作业人员													

3. 台账管理

企业的人力资源部要建立、健全有关劳动防护用品的购买、验收、发放、保管、使用、报废、更换等管理制度，并根据使用要求在使用之前对劳动防护用品的防护功能进行必要检查。为了方便了解基本情况，人力资源部可以建立劳动防护用品管理台账，如表21-2所示。

表 21-2　劳动防护用品管理台账

序号	姓名	岗位	劳动防护用品配备															备注
			应配应用			应配应用			应配应用			应配应用			应配应用			
			配备时间	更新周期	更新记录	配备时间	更新周期	更新记录	配备时间	更新周期	更新记录	配备时间	更新周期	更新记录	配备时间	更新周期	更新记录	

个体防护措施

个体防护用品指的是依据生产过程中不同性质的有害因素,采取不同措施,对员工的局部或全部肌体进行保护,避免受到外来伤害,进而达到防护的目的。

①国家规定必须穿戴防护用品的工作场所,必须穿戴防护用品。

②接触有毒物质作业的工作场所,必须穿戴防毒用品,如防毒面具、防毒口罩等。

③接触粉尘作业的工作场一定要穿戴防尘防护用品,如防尘眼镜、防尘帽、防尘口罩、防尘服等。

④出入有物体打击危险的工作场所,必须穿防护鞋,戴安全帽。

⑤从事可能损伤眼睛的工作,必须戴防护面具或护目镜。

⑥在层高两米以上的场所作业必须系安全带。

⑦进行有可能被传动机机械夹卷、绞碾伤害的作业,必须穿戴合体工作服,女工一定要戴防护帽,不能佩戴悬露的饰物,不能戴防护手套。

⑧从事接触酸碱的作业必须穿戴防酸碱工作服。

⑨在噪声超过国家标准的工作场所作业必须戴防噪声耳罩或耳塞。

⑩在易燃易爆场所作业必须穿戴防静电工作服。

⑪水上作业必须使用救生用具,穿救生衣。

⑫从事高压带电作业应穿屏蔽服,从事电气作业要使用绝缘防护用品。

⑬在高寒高温条件下作业时,必须穿戴防寒及防高温辐射护品。

穿戴个人防护用品应该留意以下几个方面。

①穿戴的防护用品必须是经过认证的合格用品。

②必须要保证所穿戴的防护用品可以对作业场所的有害因素起到防护作用,检查各部组装是否严密,外观有无损坏或缺陷等。

③要根据护品说明书的要求规范使用,不能使用替代品,也不能超极限使用。

④防护用品的穿戴必须制度化、规范化。

⑤使用完防护用品要及时清洁,并定期对防护服务器进行保养。

⑥防护用品应存放在指定地点的指定容器内。

个体卫生保健措施

1. 做好个人卫生和自我保健工作

要求员工不在作业场所进食;饭前先洗手;下班后洗澡、更衣;平时劳逸结合,保持营养均衡;养成卫生的习惯和行为,如戒烟;注意锻炼,增强体质等。

2. 尘毒监测

针对生产劳动环境中存在的毒物、粉尘等有害因素,要按照国家的规定建立监测点,定期开展检测。

为了让测定结果客观地反映出作业场所的真实情况,避免假象或误差的出现,当测试人员在现场进行测定的时候,在场工作人员应尽量予以配合。

要把对尘毒和有害因素的测定结果,定期在岗位上挂牌公布。当测定结果超出国家卫生标准时,要尽快找出原因,并尽早对这些原因做出处理。

3. 健康体检

在新员工刚上岗的时候,应对其进行预防性体检。这样的体检不仅有利于发现是否有职业禁忌症,如患有哮喘的人,不适合从事接触刺激性气体的作业,而且还是一种基础健康资料,对企业的保健工作有所帮助,今后对比观察起来会更方便。

老员工要依据实际情况,定期做身体检查,间隔的时间一年或两年最佳。为了便于在早期发现病情,及早治疗,最长四年必须进行一次检查。

年度体检工作

1. 体检对象

企业的年度体检主要是对在职员工开展的,通常在职满一年的员工才能享受该项福利。企业的人力资源部要建立员工体检档案,保存体检报告备案。

2. 写请示

人力资源部在组织员工做年度体检之前,应请示领导,待领导批准后才能体检。

3. 发放体检通知

领导批准后,人力资源部要向员工发放体检通知,公布员工体检的具体安排事项。

4. 员工分组

为了避免体检时出现混乱,保证每个员工完成所有的体检项目,员工在医院进行体检的时候,人力资源部应按部门将员工分成几个小组,每个小组由主管或经理带队,指导本部门或本组员工进行体检。

假如公司的员工较多,且组织到医院体检的程序也很复杂,人力资源部不妨给员工发放体检卡,让其自己去体检,只要在规定时间上交体检结果即可。另外,也可以与当地医院取得联系,让其安排医护人员到企业进行体检,这样能够减少企业员工来回流动性。

5. 医院体检

当一切准备就绪之后,人力资源部要让员工根据体检通知的要求,在负责人的带领下完成体检。

6. 结果处理

出来体检结果后,假如是体检合格员工,就要将告知本人;假如体检不合格,就要通知本人复查,如果复查后依旧存在问题,就要督促本人接受治疗。患有传染病的员工应建议其进行离岗治疗,和其接触人员做专项检查,等到完全康复后再参加工作。

针对一些涉及员工隐私的体检结果,人力资源部应做好保密工作,不要泄露隐私进而引起员工不满。

作业环境管理

当我们了解了在不同的作业及作业环境中,使用的机器、物质可能会给人体健康带来怎样的危害的前提下,制定出有效的改变这些作业环境的策略。

①换气设备:设置排气、换气设备,而且要定期检查、保养或改进。另外,设置必需的排出集尘、收集装置。

②采用封闭系统:使用自动化或代替物品。

③环境测定:从最重要的环境因素着手,对作业的特性以及有害物质的发

生量、发生源随空间、时间的变化而改变的情况进行测定。另外,千万不要忽视那些看似不重要的环境因素。

④配置卫生设施,设立休息室等。

职业病的认定

职业病认定指的是在已经确定患者所得的疾患和生产劳动有关的基础上,从患者的病种、病因和职业接触史等多方面来规定职业病的资格条件。根据《职业病范围和职业病患者处理办法的规定》,凡是有以下一个病症的员工,就可以确认为职业病患者。

1. 职业中毒类

包括下面多种类型:汞及其化合物中毒;铅及其化合物中毒(不包括四乙基铅);镉及其化合物中毒;锰及其化合物中毒;铍病;钒及其化合物中毒;铊及其化合物中毒;光气中毒;砷及其化合物中毒(不包括砷化氢);氨中毒;砷化氢中毒;氯气中毒;磷及其化合物中毒(不包括磷化氢、磷化锌、磷化铝);二氧化硫中毒;氮氧化物中毒;二硫化碳中毒;硫化氢中毒;一氧化硫中毒;氰及腈类化合物中毒;工业性氟病;磷化氢、磷化锌、磷化铝中毒;四乙基铅中毒;甲苯中毒;羰基镍中毒;有机锡中毒;二甲苯中毒;苯中毒;正乙烷中毒;汽油中毒;二氯乙烷中毒;有机氟聚化物单体及其热裂解物中毒;氯乙烯中毒;四氯化碳中毒;氯丁二烯中毒;苯的氨基及硝基化合物(不包括三硝基甲苯)中毒;三氯乙烯中毒;氯丙烯中毒;三硝基甲苯中毒;甲醇中毒;五氯酚中毒;甲醛中毒;酚中毒;硫酸二甲酯中毒;氨基甲酸酯类农药中毒;丙烯酰胺中毒;有机磷农药中毒;溴甲烷中毒;杀虫脒中毒;拟除虫菊酯类农药中毒;依据《职业性中毒肝病诊断标准与处理原则》可确诊为职业性中毒性肝病;依据《职业性意性中毒诊断标准及处理原则总则》可确诊为其他职业性急性中毒。

2. 职业性传染病

职业性传染病包括:森林脑炎;布氏杆菌病;炭疽。

3. 职业性皮肤病

基于劳动者的皮肤时常接触毒气、毒物,皮层中的有毒物质不断积累就会引发皮肤病。这些皮肤病包括:接触性皮炎;电光性皮炎;溃疡;光敏性皮炎;痤疮;黑变病;依据《职业性皮肤病诊断标准及处理原则》可确诊为其他职业性皮肤病。

4. 尘肺类

尘肺类职业病包括:电焊工尘肺;煤工尘肺;矽肺;石墨尘肺;炭黑尘肺;水

泥尘肺;石棉肺;铝尘肺;云母尘肺;滑石尘肺;陶工尘肺;铸工尘肺。

引发尘肺类职业病的主要原因是劳动者长时间在生产性微尘浓度较大的场所工作,粉尘吸入体内(肺部)后沉淀就会患上尘肺类职业病。其中矽肺和煤工尘肺是危害最普遍、最严重的尘肺病。

5. 职业性肿瘤

职业性肿瘤包括:间皮瘤、石棉所致肺癌、联苯胺所致膀胱癌;氯甲醚所致肺癌;苯所致白血病;砷所致皮肤癌、肺癌;焦炉人员肺癌;铬酸盐制造人员肺癌;氯乙烯所致肝血管肉瘤。这些病都是因为劳动者长时间接触有毒物质,让这些物质在体内积累并逐步致使细胞癌变而引发的。

6. 物理因素职业病

物理因素职业病包括:中暑;高原病;航空病;减压病;局部振动病;放射性疾病,包括慢性外照射放射病、急性外照射放射病、内照射放射病和放射性皮肤烧伤。

7. 职业性眼病

职业性眼病是劳动者眼睛长时间受紫外电弧光刺激而引发的眼病。包括:化学性眼部烧伤;职业性白内障(含放射性白内障);电光性眼炎。

8. 职业性耳鼻喉疾病

职业性耳鼻喉疾病包括职业性铬鼻病和耳聋两种病症。前者是因为鼻腔内积累了大量重金属而造成的损伤;后者是因为劳动者长时间在超标的高分贝噪声环境中工作而致使的听觉不可逆性疲劳损害。

9. 其他职业病

其他的职业病还有:金属烟热、化学灼伤、职业性哮喘、职业性变态反应性肺泡炎。

职业病的管理

1. 职业健康监护

企业在和员工签订劳动合的时候,就应该如实告知员工生产过程中有可能产生的职业病危害、后果以及职业病的防护措施和待遇,要与省级以上人民政府卫生部门批准的医疗卫生机构取得联系,对从事接触职业病危害作业的员工做上岗前、在岗期间(每年一次)、离岗时的职业健康检查,然后把检查结果通知员工。

企业应该把员工的职业健康检查结果连同员工的职业史、职业病危害接触史、职业病诊疗相关个人健康等资料一同存入职业健康监护档案,然后安排专人负责保管,每年的10月底把员工职业健康检查的结果整理出来,上报一份给疾病预防控制中心。

当遇到急性职业病危害事故的时候,要马上启动应急救援预案,将受到或可能受到急性职业危害的员工进行救治,然后再做医学观察和健康检查。

2. 急性职业病危害事故的分级

①一般事故:受伤10人以下的急性职业病危害事故。

②重大事故:有10人以上50人以下受伤或者5人以下死亡的急性职业病危害事故,或是发生5人以下职业性炭疽的。

③特大事故:有50人以上受伤,或者5人以上死亡的急性职业病危害事故,或是发生5人以上的职业性炭疽的。

3. 报告、调查和处理急性职业病危害事故

通常情况下,企业在发生急性职业病危害事故的时候,一般危害事故要在6小时内向安监局、疾病预防控制中心报告,重大或特大危害事故要马上向安质处、疾病预防控制中心报告。报告的时候要明确危害事故发生的地点、时间、现场状况和发展趋势、发生危害事故的可能原因、伤亡人数、已采取的有效措施。

由疾病预防控制中心调查处理一般急性职业病危害事故;由集团公司领导带队,安监局、疾病预防控制中心及相关部门参加调查、处理重大及以上职业病危害事故。

4. 职业病的诊断和职业病病人管理

员工应该在本人居住地或企业所在地的省级以上人民政府卫生部门批准的医疗卫生机构开具职业病诊断证明。

如果当事人对医疗卫生机构的职业病诊断持有异议,可以向当地的人民政府卫生部门申请鉴定,如果怀疑鉴定的结论,也可以向省(自治区、直辖市)人民政府卫生部门申请再鉴定。

企业和负责职业健康检查的医疗卫生机构发现了职业病人或疑似职业病病人时,要尽快上报到当地的卫生部门,同时通知员工本人。如果已经确诊是职业病的,企业要尽快上报当地的劳动保障部门,每年10月底将情况整理后上报疾病预防控制中心备查。

要将职业病病人从原岗位调离,进行妥善安置。组织他们接受治疗,待有所康复后仍要定期做检查(每年一次)。另外,企业应对从事接触职业病危害作业的员工给予一定的岗位津贴。

第二十二章
员工心理健康管理

员工心理健康的常见问题

近些年随着社会竞争越来越激烈,员工的心理健康问题也出现得越来越频繁。金融危机无疑让人们的心理健康负担加剧,多种多样的心理问题已经开始威胁人们的正常生活。下面我们就列出一些影响员工心理健康的因素,以及常见的员工心理健康问题。

1. 职场抑郁

有相关数据显示,我国职场员工最常出现的心理健康问题就是抑郁倾向,它同样也是职场最为严重的一种职业心理健康问题。有抑郁倾向的员工,往往身体、思维、行动和情感都被其影响。相比正常人,有抑郁倾向的员工会存在注意力、记忆障碍,而且会伴有对工作丧失兴趣的情况。假如这种抑郁倾向长期没有进行调节和干预,则非常容易发展为严重影响员工心理健康的心理疾病——抑郁症。

2. 物质无法满足心理

随着如今生活水平的提高,人们对物质也有了越来越高的要求。但当自己对物质的需求和自身能力发生冲突的时候,就出现了心理问题。另外,人们为了获得更多收益,往往长期处于高强度的工作状态下,致使情绪沮丧、低落,心浮气躁。即使工资上涨了这些员工也不是感到丝毫快乐,因为涨工资意味着将承受更大的工作压力,单纯的物质奖励已经很难满足他们心灵的需求。

3. 职业倦怠

当刚开始的挑战刺激和新鲜感过去后,工作已经成为一种常态。每个员工都或多或少地有一些职场倦怠心理,它是另一个影响员工心理健康的重要因素。产生职业倦怠心理的原因有很多种:有的员工没有给自己制订理性的个人职业发展规划,现在的职位很难发挥其专长和热情,就可能会出现职业倦怠;有的员工对自己的个人价值评价,不贴合现实工作中所取得的成绩,心理上有了很大落差;还有一些员工一心追逐名利与金钱,或是为了功成名就而透支身体健康等,都会诱发不同程度的职业倦怠心理。

除了上述几个方面的因素,工作中与高层领导的分歧,工作、社会、生活角色的混杂,工作办公环境,及企业文化因素的影响等,都会对员工心理健康状态有所影响。

很多员工并没有明显地表现出心理疾病,甚至表面上看起来工作还很积极,有时候连他们自己都不知道内心的心理疾病隐患。所以,企业的人力资源部应对员工的心理健康问题多加关注,而员工也要学会及时排解自己的不良情绪。如果有问题或不满要尽早和相关部门进行交流,以免因压抑而引发心理疾病,甚至危害生命安全。

管理员工心理健康的目的

企业进行员工心理健康管理的目的在于提升组织文化,降低管理成本,促进员工心理健康,提高企业绩效等。具体可以概括为下列三大目的。

1. 提高劳动生产率

通过实行员工心理健康管理,让员工的压力得以缓解,让其精力更充沛,身心更健康,进而提高企业的劳动生产率,使企业的核心竞争力增强。

2. 减少人才流失

员工心理健康管理的实行能够让员工认为企业对他们是十分关心的,进而增加员工的工作热情和归属感,留住和吸引更多的优秀员工,进而降低重大人力资源风险,让企业的核心资源更加稳固。

3. 预防危机事件发生

通过实行员工心理健康管理,企业可以随时了解到员工的压力状况,同时为员工提供一定的指导建议。这样有利于员工身心状态的调节,降低员工心理危机事件发生的可能性。

开展员工心理援助计划

随着近些年国有企业渐渐走向国际市场,信息化已经让员工的工作效率、思维方式和生活质量发生了重大变化。基于我国目前还处于社会经济的转型时期,组织合并、缩减开支、裁员、重组、新管理手段的运用等变化使得之前的劳动雇佣关系有了根本性变化。在这种大背景下,员工很容易对企业失去信任,丧失安全感,还会对企业不同比例的收入产生不满。所以有的员工不再努力工作,开始有倦怠心理,甚至还会自愿离职。所以,怎样缓解管理者和员工的矛盾,让企业内部更和谐,塑造新型领导和员工的关系,已经成为企业管理需要探讨的重要问题。

1. 员工心理援助计划的定义

员工心理援助(EAP)又叫做全员心理管理技术、员工帮助计划,是为企业员工提供的长期的、系统的援助与福利项目。首先由专业人员对企业做出诊断并提供一些建议,对员工及其亲属开展培训与咨询、提供专业指导、辅导,帮助员工及其家庭成员解决心理和行为问题,进而改善企业管理和气氛,提高企业绩效。

2. 员工心理援助计划的内容

员工心理援助计划的服务主要涉及工作问题、个人生活和企业发展等内容。工作问题包括工作要求、工作关系、工作公平感、人际关系、欺负与恐吓、家庭和工作的平衡、工作压力及其他相关问题;个人生活方面问题涉及人际关系、家庭关系、健康问题、情感困扰、经济问题、法律问题、酗酒、焦虑、药物成瘾及其他相关问题;组织发展问题包括具有企业发展战略的服务项目,它要求采用系统的人力管理方法,让企业可以从员工援助计划中得到好处,例如企业变革期间员工对于裁员的适应等。

3. 员工心理援助计划的特点

员工心理援助计划的特点包括下列几种:专业的 EAP 咨询机构具有很高的职业道德,绝不会将相关信息泄露,所以企业领导和员工无须担心自己的隐私安全问题;EAP 服务时间灵活、方式多样,有面对面咨询,有 24 小时心理热线,有分层次分主题的小规模心理培训,还有大规模的心理讲座;EAP 服务对企业和员工双向负责,会同时参与、协调劳资双方的矛盾,如果有重大情况(如危及他人生命财产安全)要及时与企业方沟通;EAP 服务会为来访者建立心理档案,并将整体心理素质反馈报告递交企业。

4. 员工心理援助计划的实际操作

完整的 EAP 服务应包括宣传推广、企业改变、压力评估、教育培训、压力咨询等几项内容。详细地说,可以分为三部分:第一,是根据问题出现的外部压力原因本身进行处理,也就是将不恰当的管理和环境因素消除或减少;第二,是对压力所引发的反应进行处理,也就是缓解和疏导员工行为、情绪及生理等方面的症状;第三,让员工自身的弱点得到改变,也就是将员工不合理的思维、生活方式和行为模式等改变。

截至 1994 年,世界财富 500 强中,80％以上的企业已经建立了 EAP 项目。现在,EAP 已发展成为涵盖职业心理健康、压力管理、职业生涯发展、裁员心理危机、健康生活方式、灾难性事件、法律纠纷、饮食习惯、理财问题、减肥等各方面问题的综合性服务,帮助员工处理各个方面的问题。实行员工心理援助计划能够让员工从繁琐的个人问题中解脱出来,缓解员工的压力,让其心理更加健康。

干预员工心理危机

为了让员工更好地应对工作、家庭、疾病、朋友、生活、感情、灾害、金钱、毒品诱惑、网络沉迷，让他们在人际交往中保持阳光的心理心态，企业应及时发现员工心理所出现的问题，并采取一些措施进行干预和纠正，指导员工走出心理误区，预防极端事件的发生。

企业对员工心理危机的干预和救援，可以采取下列的步骤和措施。

发现问题

通常出现心理危机的员工行为和表现会有异常，具体表现在以下几个方面。

①生理方面：出现腹泻、食欲下降、肠胃不适、疲乏、头痛、失眠、做噩梦、容易受惊吓、哽塞、有呼吸困难或窒息感、感肌肉紧张等。

②工作方面：在上班期间无精打采，精神恍惚、颓废、或是平时乐观开朗的员工突然郁郁寡欢、沉默少语，激进或孤僻。

③情绪方面：经常出现怀疑、不信任，焦虑、恐惧、忧郁、沮丧、无助、麻木、易怒、绝望、孤独、愤怒、烦躁、自责、紧张、过分敏感或警觉、持续担忧等。

④行为方面：暴饮暴食、容易自责、害怕见人；或抱怨他人、怀疑他人等。

⑤认知方面：时常出现缺乏自信、注意力不集中、做决定时犹豫不决、效率降低、健忘、无法正确看待危机事件等。

如果发现上述问题，就要立刻进行员工心理危机干预。

发现问题的途径

①观察员工上班时的精神状态。

②人事部要对员工的异常出勤情况留意。

③工会成员要观察员工的行为，听取其他员工的反馈。

④行政部通过意见箱收集员工的信息。

⑤部门主管方面反馈的员工信息。

处理方式

由发现问题的人上报给行政部，然后行政部安排专人（如员工关系处理专员）与员工进行交谈，通过交谈了解员工目前的心理状态。

1. 认真倾听，引导员工宣泄情感

员工也许会不愿意主动说话或诉说情况，所以员工关系处理专员应站在对方的立场上，努力缩短双方的心理距离，让员工产生信任感，进而将自己内心的痛苦讲出来。交谈的过程中，应始终鼓励员工宣泄心里的不满，让聚积其内心的不良情绪得到充分释放。

2.启发引导,对不良认知进行调节

通过谈话,掌握事情的大致情况,并对该员工的工作、家庭、生活、交友、情感、经济等情况有所了解,进而对员工的不正确观念做出分析,调节他的一些不良认知。或是向员工传授处理人际关系、个人问题等的正确方法。

3.缓解压力,重塑自信,重新自我定位

在与员工交谈的过程中,应向其重点讲述下列观念:淡泊金钱,看淡得失,阐述工作、朋友、家庭的意义,疾病(尤其是顽固疾病)并不可怕,生命的重要性。鼓励员工困难都只是暂时的,一切都会过去,问题一定会得到处理,没有过不去的坎。

其他方法

①鼓励被该员工所信任的朋友、同事、上司加入心理干预工作。

②开设心理援助热线电,安排专人负责发现、了解、倾听、引导存在心理健康问题的员工。

③对员工解决及改善问题的能力进行培训;对员工舒缓压力、放松神经,调整心态等方面进行培训。

④鼓励员工培养兴趣爱好,调整心情,丰富生活,让他们增加对生活的热爱。

⑤鼓励员工广交朋友,扩大自己的交际圈。

⑥企业定期组织一些团队活动,如拔河、球赛等,让员工融入团队,感受集体的关爱与温暖。

工作原则

①反应要迅速、及时,处理问题应准确、得当。

②避免给予员工不可实现或不恰当的保证。

③交谈的时候应尽量回避应激情景,以免对员工造成二次伤害。

④为了员工,要对整个心理危机干预过程全程保密。

⑤坚持不放弃的原则(尤其是对于一些心理状态较差的员工,或是心理干预辅助时间较长的员工以及不配合的员工)。

⑥必要时可邀请心理专家来企业为员工进行讲座,提供咨询。

干预自杀危机

行为界定

①和同事讨论自己对繁重的工作和生活的压力已经无法承受。

②口头表达想要结束工作和家庭生活所带来的压力和束缚的愿望。

③谈论结束自己生命的话题。

④不断提到并讨论死亡。

⑤主动告诉同事，他即将消失了，直白或含蓄地主动与大家道别，但没有具体说明去哪里。

⑥有严重的长期抑郁经历，而且故意旷工的次数越来越多，工作拖拖拉拉。

⑦工作过程中不再像平常一样与同事进行交流。

⑧不再关注外表和个人卫生，外表逐渐或突然改变。

⑨企业近期发生了同事死亡或自杀事件。

⑩最近承受着巨大的人际关系，工作，离婚或死亡压力，感到生活无望。

⑪在外界原因并不明显的情况下突然哭泣。

短期目标

①公开表达对生与死话题的关注。

②辨别多种引发自杀倾向的刺激事件和生活因素。

③让员工有规律地进行精神科评估和药物治疗。

④理解并表达员工在自杀意念下可能出现的情感和观念的变化。

⑤帮助员工消除自杀的冲动。

⑥降低员工产生自杀念头的频率和强烈度。

⑦如果依旧无法控制员工的自杀冲动，应尽快寻求专业人士的帮助。

⑧为员工寻找活着的理由和机会，并让这些理由和机会变得更明显。

⑨员工恢复连续出勤工作的记录。

⑩员工工作时的工作效率、合作态度以及责任感都已恢复。

⑪让员工与精神科医生对于自杀的想法、感觉以及计划进行探讨。

⑫当员工出现自杀念头自己无法应对时，要及时联系心理医生或 EAP 咨询师。

长期目标

①让员工自杀的冲动和念头得以缓和，恢复到正常的生活状态。

②稳定自杀危机，找到以工作为基础的可以用来判断自杀危机情况严重程度的共同信号。

③为了消除自杀危机，向员工介绍并在可能的情况下鼓励其接受一定的专业帮助。

④引导员工重建希望。

⑤让其了解积极工作的重要性，并恢复到原来积极工作的状态。

⑥重拾对生活各方面的快乐和积极情绪。

治疗性干预

①如果得到员工的书面同意,向其领导了解该员工在职的期望,最近的表现以及过去或近期的一切改变。

②收集尽可能详细的资料,对员工的自杀意念做出评估,分析引发其自杀意念的范围,自杀意念的程度,过去的自杀企图和家族史,初步形成干预其自杀意愿的计划。

③假如员工对于生命威胁冲动有一定的自控力,且愿意签订对自己和他人无害的合约,那就建议其做心理门诊治疗。

④假如员工不能控制冲动,随时准备实行自杀计划,就要马上报警,与其家人或朋友等重要人物取得联系,必要时应送往医院进行强制性治疗。

⑤帮助员工了解致使他情绪低落和产生自杀意念的原因。

⑥了解员工过去工作中存在的困难,帮助他寻找有效的解决办法,降低过去的事引发问题的可能性。

⑦帮助员工寻找活着的理由,并努力让其明白家人、同事的重要性。

⑧和员工一起回顾他的工作情况,并了解可能让他再次产生自杀冒险意念的特定工作情况。

⑨取得员工的书面同意,联系相关精神科医生协助员工制定积极的治疗计划。

⑩鼓励员工寻找积极的资源,对员工态度和情感的转变表示兴趣并予以一定鼓励。

⑪定期接受精神科医生和心理咨询师的心理健康评估。

⑫长期为员工提供支持,指导危机的基本干涉,预期保持联系。

第二十三章
员工满意度调查与分析

员工满意的五大要素

员工满意度指的是员工对工作过程中所包含的各项因素进行评估的一种态度的反映,据某权威机构的研究表明,员工满意度达到80％的公司,平均利润率的增长要高出同行业其他公司20％左右;员工满意度每提高3个百分点,企业的顾客满意度就会提高5个百分点。那么,下面我们就列出影响员工满意度的五个主要因素。

工作环境

①工作作息制度:科学、合理的上下班时间和加班制度等。

②工作空间质量:对企业所处地区环境、工作场所的物理条件的满意程度。

③福利待遇满意度:对薪资、福利、假期、休假、医疗和保险的满意程度。

④工作配备齐全度:工作必需的条件、设备及其他资源是否配备齐全。

工作内容

①兴趣相关度:工作内容是否符合员工个人职业发展目标,与兴趣、性格是否吻合,能最大限度地发挥个人能力,从工作中获得真正的快乐。

②工作强度:不同的人对工作强度有着不同的容忍度和要求。在考虑工作强度能否满足个人工作需要的同时,也要衡量该工作强度是否超出了个人能承受的负荷量。

工作群体

①合作和谐度:上级的指导、支持、信任,同事的相互了解和理解,以及下属得到尊重、领会并完成任务的情况。

②信息开放度:信息渠道畅通,信息传播准确且高效等。

企业背景

①企业了解度:对企业文化、企业的历史、战略政策的理解和认同程度。

②组织参与感:员工的建议和意见得到重视,并参与决策,有成就感和归属感,企业发展和个人发展得到统一等。

③企业前景:员工看好企业的发展前景,对其充满信心。

个人观念

这里主要指的是容易引起员工不满意的、不合理的个人观念，其中包括：

①消极心态：把工作中的困难挫折和人际关系方面的问题全都归因于客观原因或他人，很难与其沟通，总是感觉不合理、不满。

②理想主义和完美主义：有的员工对企业各方面情况抱有理想化期望，用完美主义的标准来要求企业，易走极端，一旦遇到挫折就会愤世嫉俗，感到不合理、不满。

③狭隘主义：有的员工将个人利益看得太重，只要是与个人利益有冲突的，就会产生不满情绪；或是自以为是，目光短浅。

员工满意的重要性

企业要想为外部客户提供更好的服务，首先就应明确为"内部客户"即公司所有内部员工服务的重要性。员工满意度和客户满意度是密切相关的。这是因为只有让员工满意了，才有可能为客户提供满意的服务。通常情况下，这两个满意度是成正比的。

为了提高员工的满意度，企业要为员工提供良好的工作环境，制定有效的报酬和激励制度，最大限度地满足内部客户的内外在需求。例如，为员工提供较好的待遇，可能会引发下列一些积极的连锁反应：

①增加待遇能够鼓舞员工的士气，让其有继续任职的意愿；

②当员工在一家企业的任职时间增长时，不仅可以使生产效率提高，还能节省培训费用。

随着员工满意度的提升，员工拥有了更多的知识和经验后，会向客户提供更好的服务，进而让客户更倾向于与这家企业合作。

员工满意度调查的目的

诊断本公司潜在的问题

实践证明，员工满意度调查能够反映出员工对企业管理的各方面问题的满意程度。例如，公司经过员工满意度调查，发现员工对薪酬不大满意，就要及时检查薪酬政策，分析出现不满的原因并制定相应的解决方案。

找出本阶段出现的主要问题的原因

比如，公司近期遇到产品高丢失率、高损耗率的问题，通过员工满意度调查，可以找出引发这些问题的原因，确认是否因管理不善、员工工资偏低、晋升制度不健全等问题,避免凭主观进行随机猜测。

评估企业变化和企业政策对员工的影响

员工满意度调查可以有效地对企业规划和政策中的各种变化进行评估,通过比较变化的前后,公司管理层能够明白公司变化和决策给员工满意度带来的影响。加强公司与员工之间的交流与沟通。基于员工拥有充分的自主权,可以畅所欲言,表达管理层平时听不到的声音,所以员工满意度调查成为企业信息向上和向下沟通的安全渠道。

由于员工满意度调查活动能够让员工在民主管理的基础上树立以企业为中心的群体意识,进而潜意识地对组织集体产生强大的向心力。培养员工对企业的归属感、认同感不断增强,整个企业会更有凝聚力。

员工满意度调查的方法

当前国内外企业使用最广泛的"员工满意度调查"的调查方法主要有下列几种。

工作描述指数法

这是最著名的员工满意度调查方法,它对管理、晋升、薪酬、工作本身和公司群体都设定了满意等级,在各种形式的组织中都适用。

彼得需求满意调查表

比较适合管理人员使用。主要针对管理工作的一些问题进行提问,例如"你目前所在的管理位置对你个人的成长和发展机会如何?你心中理想的状态是什么样的?现在的实际状况是什么样子?"

明尼苏达工作满意调查表

这种调查方法共有 100 项调查内容。20 个大项中的每一项又包含 5 个小项。这 20 个大项分别是:公司培训和自我发展、公司政策及实施、个人能力的发挥、成就感、报酬、权力、能动性、独立性、部门和同事的团队精神、创造力、本人责任、公司对员工的奖惩、员工社会地位、员工工作安全、道德标准、员工所享受的社会服务、公司的多样化发展、公司技术发展、员工关系管理和沟通交流、公司工作条件和环境。明尼苏达工作满意调查表的形式也非常简单,即上述 20 个大项可以直接填写每项的满意等级,然后将 20 项的所有得分加起来得到总的满意度。

实践已经表明,上面三种调查方法有着可靠性、正确性和全面性的优点。这三种方法能够帮助公司获得需要的信息,反映出影响员工工作生活和企业效益的诸多因素,为公司管理层所感兴趣的一些因素提供了详尽数据。

其他调查方法

1. 访谈调查法

对口头资料进行收集，记录访谈观察。访谈调查法的优点是较为直接，且适应性、灵活性和应变性大；效率高、回答率高；缺点是需提前培训，且规模小、费用大、耗时长、标准化程度低。访谈调查法可分为有结构性访谈、无问题提纲自由发问访谈、需提前精心设计策划的调查表和非结构性访谈等几种类型。可以是集体性访谈也可以是个别性访谈，可以是一次性也可以是跟踪性访谈。此方法适用于部门较分散的公司、公共场所等。

2. 问卷调查法

将设计好的卷子发放给个别员工或集体。问卷调查法所调查的范围广、访谈效果也非常好。有封闭性问答和开放性问卷两种类型，二者各有优缺点、结合使用会更好。调查问卷的内容包括题目、指导语、内容、态度、动态问题、说明、编号。设计时要考虑是非选择、多项选择、程度选择、排序选择、对比选择、自由提问、时间限制等问题。

3. 抽样调查法

分层抽样、随机抽样、整体抽样、等距抽样。

员工满意度调查步骤

取得管理层支持

管理层对满意度调查中可能出现的一些情况深感担忧是获得管理层支持的最大阻碍，所以，想赢得管理层的支持，首先要通过预防性管理杜绝那些管理层担心的问题出现。

管理层所担忧的问题及预防性措施见表 23-1。

表 23-1　管理层所担忧的问题

序号	担心问题	预防性措施
1	员工是否如实填写，是否敷衍了事	提前说明是匿名的
2	结果出乎意料	这是最有价值的地方
3	员工期望太高很难满足	提前充分沟通
4	经理为了得到好的人数给员工施压	培训

计划实施时间等细节

实行计划的时间等细节切勿选在员工最不乐意配合的时间段，假如挑选的时间不恰当，通常只会收到一些敷衍了事的结果。人力资源部应尤其注意不要在下列四种时间展开员工满意度调查：

①马上要放假时；

②年底人员突出业绩或旺季时；

③即将评定升迁、奖金时；

④企业内部做了很大的内部调整时。

例如选择在即将评定升迁、奖金时进行调查，员工可能会认为满意度调查与升迁或奖金存在一定联系，这时得出的调查结果缺乏真实性。

制订调查方案

制订调查方案的时候，首先应确定时间，然后再选择具体的沟通方法，例如选择开会或是人力资源部发邮件的方式。另外，在调查之前最好对员工进行一次简单的培训，大约一两个小时就足够了，主要向员工表述调查的目的是什么、问卷要如何填写等。

与员工沟通

方案制订好之后，人力资源部应与员工进行沟通，这一步很容易被忽略，很多企业通常会跨过这一步直接让员工填表。事实上这一步相当重要，因为它可以了解到员工的心情，有利于下面步骤的顺利实施。要与员工实现良好的沟通，管理层号召还是不够的，应在公司内部的网站上做出提醒或张贴醒目的海报，适当培训也是可取的。

收集调查资料

1.收集调查资料的方法

①访谈的，无需填写卷子，能够普及到每个人。

②纸面的，即问卷调查，每个人都应填写。

③抽样调查法，只需要选取几个具体代表性的员工，如新员工抽几个人，老员工抽几个人，部门经理抽几个人，副总抽几个人。

2.收集调查资料的注意事项

①注意表格的长短，不要太长，否则可能会让人反感。

②注意访谈场地的选择和布置，面谈者应该事先进行严格的培训，知道问什么问题、回避什么问题；尽量为每个人提供发言的机会，且不能进行个人攻击。

③访谈者要始终保持中立，不要被拖进去。

3.满意度调查内容的排序

人力资源部在开展员工满意度调查的时候，务必要留意调查内容的。

分析并作出报告

人力资源部或第三方的顾问公司依据满意度调查中大家的答卷计算得分，然后对数据进行分析，做成电子版或书面报告。要尤其注意比较工作不满一年的新员工的满意度与工作满三年的老员工的满意度的差异,如果得出的结论是新员工的满意度比较高,而老员工的满意度相对低,那么很可能是公司的管理方面出现了问题。

分享调查结果

1. 形式

个人对个人是最好的形式,即就这个报告所反映出来的问题与公司的总经理单独进行沟通。与总经理沟通之后再召开部门经理会议。满意度调查是一件很严肃的事情,所以该会议也应非常正式。在部门经理会议上,最好由总经理或者人力资源部负责与大家进行沟通,向大家阐述今年满意度调查结果的好处和欠缺的地方。在这个环节上,相比人力资源部经理,总经理的发言会更加有力。这是由于人力资源部经理的阐述听起来总像是为自己做宣传,而总经理说出来的,员工会更加认可。

2. 提出关键问题

在分享结果时,应提出的重要问题包括:谁有这个问题? 哪些部门存在这个问题? 这个问题起始于什么时候? 这个问题给公司带来了什么影响? 问题出现的原因? 如何解决这个问题?

与员工沟通调查结果

满意度调查问卷的结果不宜拖得太久,假如一两个月后才公布结果,员工早已对这件事情失去热情了。通常在两周或三周之内就应做出报告,然后立即进行沟通。

沟通可以由人力资源部和员工沟通,也可以由部门经理在部门例会上完成,但最正式的方法应该是总经理与人力资源部开会与员工进行沟通。应该注意的是,员工满意度调查以及沟通结果的目的并不是要谁对不好的结果负责,而是让问题得以解决。

制订行动计划

调查员工满意度所得到的分数,并不会改变企业本身,它不会引起任何变化。只有在利用这个分数来分析企业,制定和实行变革的时候,改变才会发生,这一步骤很重要,假如没有行动起来,数字始终都是数字,不会对企业发展产生作用。另外,针对一些较为敏感的话题,如涉及领导力、管理风格和公司政策等,管理层应以真诚的态度倾听员工的心声。

对行动计划进行跟踪

为了让调查取得应有的成效,人力资源部和管理层的人员应随时跟踪行动计划,跟踪应该注意下列三点。

第一,要让员工保持耐心,因为企业的变化并不会在朝夕间完成,是需要时间的。即使得出的满意度分数相当低,公司立刻采取很多变革措施,着手变革,也不能收到立竿见影的成效。但员工的心里往往非常着急,这就需要提前与员工进行沟通,让他们耐心等待。

第二,部门经理与人力资源部工作人员应该时常与员工就公司在政策、流程等方面的变化进行沟通,否则员工会觉得满意度调查以后,什么都没改变。

第三,利用月度例会、内部邮件、内部刊物、年会等方式和员工进行沟通,尽量用富有创意的 Flash 动画、海报等形式代替内部邮件。

员工满意度提升

企业为了提升员工的满意度,可以考虑采取下列措施。

1. 创造公平竞争的企业环境

公平能够让员工更放心地工作,因为员工相信付出多少就能公平地得到多少回报。所以注重公平的企业往往会让其员工满意,且心无杂念地投入工作。

公平体现在企业管理的各个方面,如招聘时的公平、报酬系统的公平、晋升机会的公平、绩效考评时的公平、离职时的公平以及辞退时的公平等。

2. 营造自由开放的企业氛围

所谓"疑人不用,用人不疑",企业要想提升员工的满意度,首先应给予员工足够的信任和授权,让他们自主地完成工作任务,抛开束缚,在工作岗位上充分展现自己的才能。

3. 创造追求进步的企业氛围

不断追求进步的企业通常有下列表现:重视培训,关注员工的职业发展。如果一家企业,培训的机会多、发展的机会多,也就意味着有更多的晋升机会。因此,培训也是员工选择企业的一个重要指标。

4. 创造自由开放的沟通系统

自由开放的企业通常沟通系统也较为开放,以此来加强员工间的交流,促进上下级间的意见沟通,增强员工的参与意识,让工作任务能够更有效地传达。

5. 营造关怀员工的企业氛围

关怀员工的企业往往会给员工提供良好的工作环境,在工作上给予员工一定的帮助,让员工安心地在企业工作。适时地夸奖和赞扬员工,善于鼓舞员工的士气,在员工取得成绩的时候向其及时地公开地表示感谢,并举办一些联欢活动来让员工分享成功的喜悦。留意员工工作压力的缓解,关注员工的身心健康。此外,企业还可以在制度上做出一些规定,如带薪休假、失业保障、医疗养老保险等制度,为员工免除后顾之忧。

第四部分
薪酬与绩效管理

内容提要

- 岗位价值评估管理
- 薪酬结构管理
- 薪酬实施管理
- 奖金与福利管理
- 绩效计划管理
- 关键绩效指标设定
- 绩效辅导沟通
- 员工绩效考核

第二十四章
岗位价值评估管理

岗位价值评估

岗位价值评估的定义

岗位价值评估,简称为岗位评价,又叫做工作评价或职务评价,是指运用一定方法对企业中不同岗位的价值进行评定和薪酬分配的依据;是以岗位分析为基础,对企业所有岗位的责任大小、难易程度、所需资格条件、工作强度等相对价值的多少做出评价。实际上,岗位评价也是将劳动者的贡献、工资报酬与工作岗位的劳动价值三者综合起来,利用对岗位劳动价值进行量化比较,从而建立企业工资等级结构的过程。

岗位评价要确定工作的等级,评定工作的价值,然后才能设定工资收入的计算标准。所以,工作分析是岗位评价的前提。在完成了工作规范和工作描述这两个工作分析的内容后,岗位评价才得以开展。岗位评价的目的是为薪酬结构调整提供标准程序。

岗位评价的目的

1. 确定企业的工作结构

岗位评价会以各个劳动要素为标准,将所有岗位划分出相应的价值等级。这些劳动因素包括劳动责任、劳动技能、劳动条件及劳动强度等。按照这些因素在工作过程中的重要程度,评定出每个岗位的重要性和价值,进而确定企业的工作结构以及每个岗位在企业中的地位。

2. 确定岗位价值的等级制度

通过评价每个岗位的价值,得出整个薪酬预算在企业所有岗位中应如何分配,哪些岗位所得的薪酬应少些,哪些岗位应拿到更多薪酬,以及在各个职系间的比例关系如何等,这是岗位评价工作的重要作用。如果岗位评价工作达不到这些目的,那么它将没有任何意义。

3. 确保岗位联系的有序和公平

根据岗位评价的结果,整个企业相关岗位的联系和顺序都会在岗位评价表中得以体现。这些联系和顺序是以各种指标的评价为基础确定出来的,也是根据员工的肯定和企业的需要确定出来的。所以,排列出来的岗位联系和顺序不但一目了然,还能够体现公平的特征。

岗位评价的特点

1.岗位评价是将企业各类型的具体劳动定量化、抽象化的过程

在岗位评价期间,依据已经规定的较为全面、系统的反映岗位现象本质的岗位评价因素体系,对岗位的主要影响因素——测定、评比和估价,进而计算出每个岗位的量值。这样,每个岗位间的差距就较为明显了,最后根据评定结果,将岗位分到不同的等级中。

2.岗位评价需运用多种方法和技术

岗位评价主要采用劳动心理、劳动组织、环境监测、劳动卫生、计算机技术和数理统计知识,以企业劳动者的生产岗位为评价对象,运用排列法、计点法、因素比较法、分类法等,对多个评价因素做出准确的测定或评定,进而做出科学的评价。

3.岗位评价是以事为中心

尽管岗位评价也牵涉到员工,但它依旧是以岗位为对象的,也就是以岗位所承担的工作任务为对象做出客观估计和评比。与此同时,岗位能与企业的劳动组织、专业分工和劳动定员定额保持一致,可以促使企业合理地确定员工的工作量。虽然岗位评价是以事为中心,但它在研究过程中也不能脱离劳动者的总体分析和考察。

岗位价值评估方法

如今岗位价值评估的方法越来越多,有些方法较为简单,操作起来非常容易,而有些方法就需要运用一些非常复杂的技术。一个企业最终使用哪种评估方法,是由其岗位的种类和数量、现有的资源以及预期达成的效果来决定的。

通常,企业会通过核对各个岗位的内容来对不同岗位的价值进行比较。这些评估方法大体上可以归为两种类型。

分析法

每个岗位的内容都是由多个共同的因素或要素组合而成的,企业要对每一个要素打分,从而使统计出的总分数或点数在每个岗位等级结构中反映出来。相比较非分析法而言,分析法更为准确和严谨。通常分析法可分为评分法、要素分析法和要素评估法等。这些方法的共同之处在于:从岗位上总结出不同定义的任职条件、要素技术水平、能耗、工作环境和职责等,再根据几个或十几个要素分出不同的等级层次,并给出对应的分数,然后对岗位要素分析并评分,最后,将每个要素的分数加起来,得出工作岗位的总分,这个总分决定了该岗位在

岗位序列中的位置。尽管分析法公正严谨，系统又准确，但使用时比较复杂，适用于规模较大的企业组织。

非分析法

岗位价值评估的非分析法，区别于分析法的分析岗位的组成要素，是直接对所有岗位进行比较。常见的有分类法、排列法两种。分类法是将等级说明与各个岗位进行比较，同时把它们加到已经做好的等级结构里。排列法则和分类法相反，是将所有岗位依据其重要性进行排列，分成不同的等级。表 24-1 是对分类法和排列法差别的详细说明。

表 24-1 岗位价值评估方法

项目	分类法	排列法
性质	先分等级，再评估其属于哪个等级	非分析、非定量
步骤	①划分等级并提供定义和标准 ②根据等级将岗位分类 ③确定岗位属于哪个等级	①描述岗位 ②挑选并确定一个标杆岗位 ③以标杆岗位为中心按重要性将所有岗位进行排列 ④将已排列好的岗位划分等级
优点	更准确，分类更简单	操作较为简单，可快速确定出岗位等级序列
缺点	等级的标准定义起来较难，由于主观性强，容易造成误解	可能出现错误，引发争论
适用性	政府组织、中小企业	小规模企业
条件	根据专家们的知识和判断	评估人员有很强的能力，对考察的岗位非常熟悉，判断时可以做到公平

岗位价值评估准备

确定组织结构

企业开展岗位价值评估工作时，首先应确立一个较为稳固的组织结构，这个组织结构包括企业组织的部门构成、岗位设置、业务流程、管理流程、企业内部协调与控制机制以及权责关系等。通常情况下，组织结构决定了岗位设置与岗位间的相互关系以及职责内容。在进行岗位价值评估之前，这个组织结构系统就应该有较好的基础，包含是否考虑到组织的战略，权力系统和控制系统是否完善，部门职责和使命是否明确，业务流程和管理流程是否清晰，等等。现实中，大多数企业在开展岗位价值评估之前，都会诊断、分析和检讨自己公司的组织结构（通常是从职能职权方面），针对的问题可分为以下几个类型。

①部门划分是否合理。

②企业的各个职能是否完整。

③部门权责是否对等。

④部门人员分配得是否明确、合理。

⑤管理层级设置的多少。

⑥管理幅度是否合理。

⑦职能的履行情况及其原因。

⑧职能是否存在交叉或重叠的现象。

⑨指挥系统是否一致。

⑩主要流程是否合理。

理清岗位设置

如果岗位设置的不同，那么岗位的属性、内涵、职责、任务都会有所不同。即便是在一个相同的组织结构框架下，不同的企业，其岗位设置也会存在差异：如今依旧有一些企业不能彻底摆脱"因人设岗"的现象，这是由某些职责工作遗留下的历史习惯造成的。比如说，随着某人在公司内部的岗位调动，原先由他负责的一些职责就必须从原来的部门或岗位里剔除，划分到这个人的新岗位中。尽管这个职责实际上与他现在所属的部门并无关联，但在过渡时期只能采取这种办法。像这样的比较特殊的职责通常在企业的对外关系上和外部资源使用上体现得更为明显。尽管这一现象会直接影响岗位职能的发挥，但它在短时间内是很难转变的。

另一个对岗位价值评估结果有一定影响的关键性基础工作是定员，即每个岗位的职数。假如同样的岗位其职数不一样，那这个岗位的工作强度和负荷量都会不一样。随着一个企业经营范围的扩大，企业内部人员的不断增加，职数过多会导致组织系统机构臃肿、员工之间摩擦不断、人浮于事、工作效率低下等，这是常说的"帕金森定律"。因此，科学合理的定员，应首先保证让每个岗位的工作负担保持平衡，这是岗位价值评估工作的一个重要基础。

工作分析

工作分析又被称为职位分析或岗位分析，为了方便每一项工作的 6W（What——做什么）、（Who——用谁做）、（Why——为什么做）、（Whom——为谁做）、（When——何时做）、（How——如何做）、（Where——在哪里做），工作分析会通过系统收集到最为全面的信息,并提供有关工作的全部信息。工作分析得出的成果或结果就形成了岗位说明书。由于人力资源管理工作的基础是工作分析,其分析结果的准确性会直接影响到其他人力资源管理的模块,所以,一个企业只有确保了工作分析的公正与客观,才能建立起科学的招聘、培训、薪酬管理以及绩效管理体系。

问卷法、现场工作日志法、访谈法、观察法以及提供准确数据的工作分析技术等是收集工作分析信息的主要方法,这些方法都有其各自的优缺点,综合利用多种方法可以达到更好的效果,但同时也会使成本增加。其中,在工作分析中被运用最多的方法是问卷法,这种方法收集到的信息,主要是由职位的相关人员和任职者等单方面以书面的形式提供的。要使职位信息收集工作实现量化,主要借助于职务分析问卷的收集、工作分析技术、信息完整系统等,实施起来比较简单。由于是在预先建立好的分析模型的基础上实行,所以现场日志法会在局部经常被采用。这种方法系统性和全面性较强,能够提供给工作分析人员一个十分完整的工作景象。如果还能采用访谈法作辅助,那么收集到的信息质量会更高。

形成岗位说明书

作为岗位价值评估工作最主要的基础和依据,岗位说明书是对企业岗位的岗位角色、职责范围、任职条件、指挥关系、沟通关系、负责程度以及考核评价内容做出的解释说明,包含了该岗位所有的基本信息。对于人力资源管理系统而言,岗位说明书是一切的基础。有些权威的人力资源管理人士极端地认为:假设一个企业没有形成岗位说明书,那么其人力资源管理也就失去了意义。所以,要评定一个企业人力资源管理的基础和水平,首先就应看这个企业有没有岗位说明书。

岗位说明书的编写并没有十分固定的、规范的模式,很多时候会受一个企业某些历史背景、人力资源经理的偏好的影响。

选取典型评估岗位

并非所有岗位都需要进行岗位评估,特别是对于那些规模较大的企业而言。尽管某些岗位的属性、性质和职责不同,但其岗位价值却无法在岗位等级中进行区别,毕竟等级是有限的,所以,即便一个企业的岗位数量不多,也没必要将岗位逐个进行评估。比如说,人力资源部的绩效主管与薪酬主管虽然承担的职责不同,但其岗位价值非常接近,只需评估其中一个岗位即可。因此,在进行岗位评估之前,要先将所有岗位划分到不同等级,然后选择那些能够代表一种类型岗位价值的典型岗位进行评估。评估结束后,价值相近的岗位参考该类型岗位的评估结果即可。

岗位价值评估程序

成立小组

岗位评价一般由企业高层、企业管理经理、人力资源经理、被评岗位所属部门的、职工代表以及外部专家组成。由于不同企业的规模存在差异，所以小组成员的人数也就不尽相同了。被评岗位所属部门的经理变动较大，因为当被评岗位换成另一个部门的岗位时，经理也会随之换作另一部门的经理。

评估小组的成员极其重要。组内须有企业最高负责人和一位资深专家作为评估工作的核心，如果企业内部没有专家人选，也可委托外部专家或咨询公司的专家负责。外部专家的优势在于，会用客观的角度和专业的眼光做出判断，其身份不会和企业利益直接挂钩。外部专家的不足在于，对企业岗位的实际状况不能深入了解，有可能出现"理论上"的偏差。

另一个焦点问题是，是否允许职工代表参与。不同的企业对于这个问题有不同的理解。一般国企中职工代表参与岗位评估的机会较多，而在实际挑选时也要本着认真谨慎的原则，代表应符合以下条件：

①群众基础较好，有一定影响力和威信；

②职工和管理层都对其十分信任；

③其所在的岗位有一定代表性；

④文化、道德素质较高，为人公正严谨。

事实上，有些民营企业挑选的员工代表，都是事先安排好的。由于企业约束力大，员工基本管理身份的缺失，加上员工代表参与时十分谨慎，思维僵硬，员工代表在评估过程中的作用被大大削弱了。

成员培训

针对评估组成员展开的培训，培训课程一般是介绍性质的。先对评估工具和评估程序做讲解，然后对如何阅读岗位信息和如何运用评估技术等问题进行指导。在培训期间，核心分析专家应给出一些建议并指出结论中可能不正确的地方。评估人员和专家顾问应针对运用关键技术等问题进行交流。

还有一个重要的培训内容，即在纪律上对评估小组成员提出要求。因为岗位评价会关系到每个员工的切身利益，备受大家的关注，所以小组成员必须遵守纪律，做好保密工作，以免引起企业内部混乱。

资料准备

资料准备包括职位说明书、岗位清单、岗位评价工具、评价量表等评价前的准备，同时参与人员的时间安排、会议组织的场地等也包含在内。

实施评价

一般较为正式的岗位评价包括下列内容：

- 由岗位所属部门经理介绍对应岗位的信息；
- 小组成员依据评价工具程序和个人理解等要素进行评价；
- 小组成员各抒己见，充分交流和讨论，然后合议评分；
- 以合议意见为依据确定最后得分；
- 会议秘书记录该分数。

实际上，相比取分数平均值的方法，合议评分这种方法更为公平、合理。真理往往是需要辩论才能获得的，多人讨论的结果会更清晰、更接近真相。统一意见后，会比机械性评分更符合岗位的本质，效果更理想。

但采用合议评分的前提条件是，要有一个核心人物作支撑，首席专家或主持人要对岗位有较深理解，且专业能力和控场能力令人信服，能够有效解答评估过程中出现的技术难题，谈话不会漫无边际。合议评分有一点不足，即花费时间较长，一般评价 15～20 个岗位需要 3～4 小时。

根据部门排列确定评价的先后顺序，或是根据岗位层级来确定，也可将二者结合起来。一般来说，中层以上岗位可独立统一地进行评价，当涉及评估小组成员所属的岗位时，该小组成员最好回避。

数据统计与分析

数据输入之后，分析员应分析数据是否科学。由于岗位价值是根据各个岗位评价分数的平均值确定的，所以必须对数据平均值的分散程度做出分析，对于分散较大或变异系数偏大的岗位数据，应及时纠错或重新评分。

其他岗位的归级

当得出典型岗位价值评价的结果后，就可以依据得出来的数据与另外的岗位进行比较，进而确定出岗位序列中各个岗位的位置。由于各岗位的价值等级得分在固定的分数区间内，且等级也并不多，虽然有些岗位没有参与评价，等级确定时的准确性也不会受影响。

形成岗位等级结构

结果审定

要求薪酬分析人员将处理和分析后得出的岗位价值的评价结果数据进行最终审核，分析各岗位的整体分数，能否客观地反映岗位价值和等级次序，看其岗位等级结构是否与发展目标相符，是否与历史习惯存在重大的或大面积的矛盾。必要时，应要求评价小组对某一存在问题的岗位做第二次评价和讨论。岗位评估时应注重灵活性，以免变成死板的、脱离实际的管理活动。

划分岗位等级

1.划分岗位等级

应依据每个等级240来实行,一组内的岗位可分成几个等级,进而构成一定的等级逻辑关系,为划分薪酬等级提供根据。岗位价值等级直接关系到企业的薪酬等级,设计薪酬时会依据不同的岗位价值等级确定不同的薪酬范围。

2.岗位等级数量

一个企业,划分了多少个岗位等级,就意味着有多少个等级的工资。有调查表明,企业规模的大小决定了薪酬等级的多少,但设立的等级最好不要超过24级。100人以内的企业,其薪酬等级在9~10级左右;而100~200人的企业在12~13级左右;500~600人的企业应设立15~16级;1 000~3 000人的企业设16~18级;3 000人以上的企业在18~22级。

3.等级划分的方法

岗位等级的划分是依据等级的数量,将一个范围内的岗位评价分数划分成一个岗位等级。划分方法分为完全规律性划分和非规律性划分两种。

规律性的划分又可细分成等差划分、数差递增划分和数差递减划分三种,规律性划分的优势在于,简单、易操作,不足之处是针对性不强,较为死板,受工具和分数的限制较大,容易脱离企业的实际情况。

非规律性划分主要以岗位点值的回归拟合线为依据,通过曲线上的拐点来对岗位进行划分。当相邻的岗位价值落差较大时,可以考虑运用这种方法划分等级。由于这种落差的大小不尽相同,具体在什么拐点上操作,就需要有丰富的经验,并对企业的岗位情况非常熟悉。相比规律性划分,这种方法更贴合实际,在划分等级方面更理性、更自由,可以让工具的价值得到充分体现,所以使用较为广泛。

对应薪酬分配

根据岗位点值范围和岗位等级的对应关系,来确定所实施的岗位薪酬的标准和幅度。

评估面临的问题

最近二十年里,随着外资企业的进入和管理咨询机构越来越多,国内有一定规模的企业也逐渐开始应用岗位评价技术,并经过了从简单不断增补、完善的漫长过程。但是,现今仍然有一些企业的岗位评价效果不佳,主要有下列几种类型的问题。

主观性问题

主观因素属于本质性问题,尽管评价工具都会受主观性因素的影响,但不同企业在开展岗位评价时对主观性因素的掌控力度也是不一样的。通常,出色的评价组织能够将主观因素的影响降到最低。

1.评价方式存在问题

有的企业实行的是评价成员各自打分的评价方式,看起来似乎也公平合理,但由于成员间沟通不足,很多问题无法进行深入探讨和分析。同时,由于制定的成员分数权重较复杂,成员组只能依靠对岗位的熟悉程度和自身素质进行评价。而不同的成员对某一岗位的熟悉程度必然存在差异,而成员对该岗位的话语权会受这个差异的影响。因此,探讨和分析岗位的实际情况、达成一致意见合议后得出的结果,更接近真实的岗位价值。

2.评价组织的组成存在问题

国内的企业负责岗位评价工作的主要是人力资源部和外部咨询顾问,而问题就出在,企业人力资源部门不太熟悉具体的岗位,而外部专家也很难在短时间内熟悉企业的业务情况,对于各个岗位的具体工作更是无从得知,所以其评价角度本身就有很大的局限性。在企业建立评价小组时,就应考虑到岗位所属部门经理和分管领导的价值优势,因为他们非常了解各个岗位间价值的差别。

假如完全依据人力资源部门和外部顾问的判断,最终得到的评价很可能不具客观性。高水平的岗位评价工作,往往充分利用了最高决策者对不同意见的整合优势、外部顾问掌握评价工具的优势以及距离岗位最近的管理者的知情优势,得出最公平、合理的岗位评价结果。

3.岗位评价和岗位分析不相符

通常在开展岗位评价之前,都要先进行岗位分析,而岗位说明书是岗位评价过程中的一个重要依据。然而由于评价时间稍长,成员们免不了会被日常事务干扰,让岗位分析和岗位说明书变成一个形式。有的评价人员完全靠主观臆断和个人感觉做出评价,使得评价结果主观性太强,岗位评价与岗位分析不符。

评价工具合理性问题

国外的企业运用岗位评价的时间已经很长了,评价技术也相对成熟一些,评价要素的指标体系也十分完整和封闭。但基于岗位内涵和文化的巨大差异,将这些技术直接运用到国内企业是不太现实的。而且这些指标一般都有非常严谨的逻辑关系,各个要素紧密联系,国内企业在运用这些岗位评价体系时,一定要注意适宜性和本土化的取舍,适当地做一些修改工作。

动态的调整机制问题

企业战略的改变或是业务流程的改进都有可能引发岗位结构、岗位的内涵和外延甚至是整个组织结构的变化。所以,一个岗位评价的结果绝非是一成不变的,为了确保内部的公平性和一致性,应根据企业的实际情况适时作出调整。

第二十五章
薪酬结构管理

薪酬等级结构的原理与设计

薪酬结构

通常，企业的薪酬结构有两种形式，一种是横向结构也可以叫做要素结构，是指不同薪酬要素之间的组合。另一种是纵向结构，也叫做等级结构，是指与企业的职位等级序列相对应的工资等级结构。横向结构是员工的个人因素在不同薪酬要素上的表现，而纵向结构则是职位本身的价值差异在员工薪酬上的一种反映。

薪酬等级结构包含了内部一致性和外部竞争性，对一个企业内的不同职位或不同技能之间的薪酬率所进行的设计。

事实上，薪酬的内部一致性是对职位评价结果的一种反映，而外部竞争性与外部劳动力市场的联系更为紧密。因此，薪酬等级结构是内部一致性和外部竞争性这两种有效薪酬标准间的一种平衡结构。但是，薪酬内部一致性和外部竞争性各自不同的要求也时常会引发矛盾。比如说，根据公司内部的职位评价，公司财务经理和人力资源经理的重要性和价值大小是没有多少差别的，所以相应的薪酬水平也较接近。但是，由于外部劳动力市场上人力资源经理人才的缺乏，所以人力资源经理的劳动市场价位要略高于财务经理的价位。考虑到这种情况，企业就应做出判断，是将企业内部岗位评价结果作为工资主要的衡量标准，还是由外部劳动力市场的情形决定。

在现实中，以前企业考虑较多的是工资内部的一致性，但是随着如今形势的变化，外部竞争性对薪酬的影响也在日趋增大。人们会拿自己公司的薪酬水平与外部劳动力市场上的另一些企业所支付的薪酬水平进行比较。

薪酬结构线

1. 薪酬结构线的形状

企业的薪酬结构可以通过薪酬结构线非常直观地表现出来，它可以详细地显示出企业内部每个职位的本身价值与应付、实付工资之间的关系。换句话说，是用两维的直角坐标系将企业内每个职位本身的价值与其实际付给薪酬的关系清楚明了地反映出来，从而形成薪酬结构线。

从理论上讲,薪酬结构线可以将任意一种曲线形式表现出来。但实际上,它们大多呈现的是由若干直线段组成的一种直线或直线形式。这是因为薪酬结构的内部公平性十分重要,企业每个职位的薪酬都是依据某些统一的分配原则来确定的,是可以做出明确解释的。等价交换是市场经济中运用较多的一个原则,也就是说,报酬和贡献是成正比的,谁对企业的贡献大、价值高,相应的薪酬回报就越高。

2. 薪酬结构线的诊断作用

很多分析结果显示,开发企业的薪酬系统,让不同职位的工资能够与其价值相符,进而实现企业内部公平,是体现薪酬结构设计的最主要途径,同时这也反映出了一个企业的薪酬政策和管理价值观。

另外,薪酬结构设计还有一个常见的用途,那就是检查目前的薪酬体系是否合理,这也同样是改善薪酬体系时的一个依据。很多企业在刚创建的时候,设计薪酬体系时往往采用不了合理的、规范的设计程序,所以提供的薪酬标准也是没有秩序、缺乏公平的,或是刚开始时有一定规律,但经过多次的升降调整后变得混乱。这种情况可以尝试制定薪酬结构图,然后诊断和分析这个结构图。

以下是诊断、分析的详细步骤。

①确定职位评价的方式,对企业的所有职位进行评价,得出与它们价值相符的具体分数。

②绘制时职位评价分数为横轴、实际支付的薪酬为纵轴的坐标系,然后在坐标系中找出各项工作的对应点。

③利用线性回归技术,将可以体现每个工作对应点分布规律的特征结构线绘制出来。

④当薪酬点偏离特征结构线的时候,应尽快做出调整。通常是对一些获得工资比实际应获工资少的、位于特征结构线以下的各点所代表的工作,按时进行大幅度的调整,直到调整到接近特征结构线的水平;而对于那些所获薪酬比本身应获薪酬多的、处在特征结构线以上的各点所代表的工作,考虑到人们心理上很难接受降薪,所以就不要进行简单的调低了,应对其实行暂时冻结或延期提升,或是通过加大工作负荷和工作责任,提高工作效率,让员工价值也随之提高。

3. 基于市场状况调整的薪酬结构线

通常情况下,薪酬结构线最优先考虑的是企业内部的公平性,但要想设计得更加合理和实用,还应考虑到外部的公平性,即顾及行业、人力成本的合理比重、劳动市场、全国或地区的需求形势、如何保持人才竞争的优势以及政府法律与法规的制约等其他因素的影响。

薪酬结构模型

如果是综合考虑了调整企业内外部条件后得到的薪酬结构线,可以依照各个职位不同的价值来确定其具体的工资值。尽管理论上这是非常合理的,但在实际操作中,假如企业里每个职位都有一个与众不同的薪酬,那么薪酬发放和管理的时候就会有一定难度,很容易引发混乱。所以现实中,经常将几个类型的薪酬组合成对应的等级,进而构成薪酬等级体系。目前,在建立整个工资制度的过程中,这个步骤已经是一个必不可少的环节。所以,通过职务评价得出的价值较为接近的职位,就会被划分到一个等级中。

薪酬等级表

薪酬等级表是确定员工薪酬等级之间差别以及薪酬等级数目的表格。它是由薪酬等级差别、薪酬等级数目、不同工作薪酬标准的差异以及工种等级线组成的劳动熟练程度等。薪酬等级结构同样能通过薪酬等级表的形式得以体现。薪酬等级表仅在表现形式上与工资结构模型存在差异,即企业薪酬的等级结构的形式有差别,它们大体上是一致的。

宽带薪酬结构

宽带薪酬形成于 20 世纪 90 年代,与窄带薪酬管理模式相对。宽带中的"带"指工资级别,宽带则意味着工资浮动范围比较大。宽带薪酬将几个薪酬等级以及薪酬变动范围重新进行组合,然后形成尽可能少的薪酬等级以及尽可能宽的薪酬变动范围。宽带型薪酬结构是一种与企业组织扁平化、流程再造、能力导向、团队导向等新的管理战略相匹配的新型薪酬结构设计方式,压缩级别是宽带薪酬最大的特点,它可以将原本十几甚至二十、三十个级别压缩成几个级别,并拉大了各级别相应的薪酬范围,一个适应当时新业务要求和竞争环境需要的新的薪酬管理系统及操作流程就形成了。

通常,每个薪酬等级的最高值与最低值之间的区间变动比率应保证在100%或100%以上。在传统的薪酬结构中,每个薪酬等级的最高值与最低值之间的区间变动比率一般只有40%～50%。宽带型薪酬结构尽管设置的薪酬级别可能不超过 4 个等级,但这种薪酬区间的变动比率却可以达到200%～300%。

在宽带薪酬体系设计中,员工并不会顺着公司单一的薪酬等级层次一直向上走。相反,他们很有可能大部分的职业生涯或是全部的时间里都处于同一个薪酬宽带中,在企业中的流动大多是横向的。他们的能力有所提高时,就会有新的职责,通过改善自己的绩效,就可以得到更高的薪酬。所以,有时候即使被安排到低层次的岗位上工作,也同样能够收到较高的报酬。

与传统薪酬一样,宽带薪酬也对社会有劳动力资源再配置的功能,对企业有保值增值的益处,对人有保障、维持激励的作用。另外,宽带薪酬还在下列几个方面表现出的特征和作用:

- 宽带薪酬能够满足企业战略动态调整的需要;
- 可以适应劳动力市场上的变化;
- 支持组织扁平化设计;
- 较为重视员工能力和技能的提高;
- 对职位轮换与员工职业生涯发展有一定益处;
- 促进绩效的改善。

薪酬等级制度

薪酬等级制度是有其存在价值的。只要社会上存在劳动分工,不同的工作技能就肯定会有简单和复杂的分别;只要劳动力市场存在,劳动力素质就会有差别,其价值不同,劳动力培训费用也会有差异。也就是说,有劳动分工就会形成劳动自然等级,有劳动力市场就会形成劳动力自然等级,那么相应的工资自然等级也就出现了。企业为了方便管理,将一些劳动差别不大的工作归类并列等,这样就形成了工资等级制度。

薪酬等级制度作为整个薪酬制度的重心,设定了不同工作的薪酬标准,发挥着组织和分配工资的重要作用。因为薪酬等级制所设定的薪酬标准是计付职工工资的基础,所以薪酬等级制会直接影响到员工的薪酬水平和生活水平。薪酬等级制度会根据不同工作的劳动特点、劳动质量分别确定其薪酬标准,这种做法能将各类员工的薪酬关系安排得更合理,激励员工勤奋上进,提高工作效率,对合理使用和调配劳动力也比较有利。

薪酬等级制度的特点

从劳动质量的方面来区分劳动的差别是薪酬等级制度的基本特点,通常情况下,劳动差别包括劳动者所提供的劳动质量差别和劳动数量差别两个方面。薪酬等级制度就是以评价劳动为基础,把不同类型的工作归类并划分等级,从劳动质量方面来区分和反映劳动差别与规定相应的工资差别。

由于薪酬等级制度所确定的薪酬标准和业务、技术标准,代表着某一时期内经济发展水平和生产力水平,所以,随着经济的发展和生产力水平的提高,工资等级制度也需要不断地进行完善和修订。这样才能适应新形势的需要,才能更有力地贯彻按劳分配原则。

薪酬等级制度只是反映了不同类型工作(岗位、工种、职责)的劳动质量或职工的劳动能力,不能体现出真正的劳动消耗。所以,薪酬等级制度并不是支付工资的唯一依据,应与其他薪酬制度配合使用,这样才能实现按劳付酬。

薪酬等级制度的形式与生产(工作)的劳动特点联系较为紧密,其形式可看作是因工作(生产)性质、劳动特点不同而有所区别,没必要(也不可能)在形式上达到完全一致。只有一些可以反映企业劳动特点的工资等级制度,才能激发起员工的工作热情,真正贯彻按劳分配原则。否则,不仅发挥不了应有的积极作用,还有可能妨碍按劳分配的实现,进而不利于经济发展。

薪酬等级制度的类型

从薪酬标准的确定依据来划分,薪酬等级制度可以分成能力工资制、工作薪酬制、结构(组合)工资制、年功工资制。

1. 能力薪酬制

能力薪酬主要是以劳动者本人的劳动技能(业务)水平来制定工资标准,如职能薪酬制、技术等级薪酬制等。这种工资制的特点是对人不对事,其形式可以由企业自行设计。

2. 工作薪酬制

工作薪酬制是一种在评价工作(岗位、职务)基础上确立薪酬标准的工资制度,如岗位薪酬制、职务薪酬制等。虽然工作薪酬看似不是等级工资,但对一个企业(机关,事业)而言,不同的职位(职务)在劳动质量上有一定的差别,所以其工资标准的排列顺序和规定水平也有所不同。因此,员工的工资还是分等级的。工作工资制的特点是对事不对人。

(1)职务薪酬制

职务薪酬制是以职务(工种、岗位)的工作价值与劳动特点为依据而确定工资标准的一种工资等级制度,换而言之,它是根据工作本身的劳动质量来设定工资标准的。展开来说,职务工资制是依据该职务对任职员工在技能(业务、技术)、文化、体质等方面的要求以及该职务本身的劳动强度、劳动环境、责任大小等因素来设定薪酬标准的一种工资等级制度。

(2)岗位薪酬制

岗位薪酬制是依照员工在工作过程中不同职位工作的责任大小、劳动繁重、技术业务复杂程度等条件设定薪酬标准的一种薪酬等级制度,专业化程度较高,技术单一、分工较细、工作对象较为固定的产业、工种适合这种薪酬制。

3. 组合薪酬制

组合薪酬制又叫做结构工资制或分解工资制,根据薪酬的各种职能,将组成薪酬标准的这些因素分别确定出工资额,然后将各部分汇总,就是职工的薪酬标准了。被分解的各部分薪酬既是相对独立性的,有与其他部分相互制约,联系密切,构成一个有机的统一体。

(1)结构薪酬制

结构薪酬制是根据薪酬的各种职能将其分成相应的几个小部分,然后确定出每小部分薪酬额的一种薪酬制度。

(2)职级薪酬制

新中国成立以来,我国机关工作人员的工资制度经历过三次大的改革,前两次分别在1956年和1985年。这两次工资制度改革,都起到了非常积极的作用。在总结和吸收前两次的工资制度改革经验,顺应机构改革和公务员制度推行的情况下,1993年10月1日起,对机关现行工资制度进行相应改革,确立了符合其自身特点的职务级别工资制度(以下简称职级工资制)。这次改革充分激发了机关工作人员的工作热情,进而提高工作效率,让其为经济建设和改革开放作出更大贡献。

4.年功薪酬制

年功序列薪酬制就是依据年龄和本单位的工龄来确定薪酬标准和薪酬等级的一种薪酬等级制度。在日本,年功薪酬被叫做年功序列薪酬。年功的意思,就是年龄越大,工龄越长,则劳动熟练程度越高,贡献越多。序列,也就是等级。这种薪酬制的具体操作办法是:员工刚参加工作时,根据其学历和年龄确定最初的级别和资历(工龄)工资,然后随着年龄(本单位工龄)的增长以年为单位增加工资。

年功工资是一种明显偏向于劳动者的工资制度。它的主要特点是逐年增资,员工的基本薪酬和增资与本人的职责和工作能力并没有直接联系。这种制度没有很好地贯彻按劳分配的原则,有论资排辈的嫌疑,会促使青年职工与老年职工间的工资矛盾激增。对鼓励中、青年职工积极上进,钻研技术业务不利。但从另一方面考虑,这种制度对补偿员工以前的劳动贡献,保持平滑的年龄收入曲线(老年员工不会因为年老体衰、工作效率降低而减少收入),以及增强凝聚力,稳定员工队伍和促进企业文化建设等发挥着积极作用。虽然在我国单独实行这一制度弊大于利,但其长处还是可以借鉴和采用的,可以列为工资等级制度中的子项。

薪酬结构策略和薪酬水平策略

薪酬结构策略

企业制定薪酬结构策略的时候,首先要确定薪酬由哪些部分构成,各占多大比例。

1. 高弹性薪酬模式

这种薪酬模型的激励性很强,其主要组成部分是绩效薪酬,而基本薪酬等处于相对次要的地位,占的比例非常低(有时为零)。

2. 高稳定薪酬模式

这种薪酬模型的稳定性很强,这种模式的薪酬结构的主要组成部分是基本薪酬,而绩效薪酬等处于较为次要的地位,所占的比例相当低(有时为零)。

在现实操作中,通常是基本薪酬和绩效薪酬各占一定的比例。在二者比例不断调和变化的时候,这种薪酬模型有可能演变成以稳定为主的模型,也可能演变成以激励为主的模型。

另外,制定薪酬结构策略的内容还包括薪酬要分成多少层级,各层级之间是什么样的关系。通常层级差距较小的企业,其薪酬较为平均;而层级差距较大的企业,往往侧重高层人员的激励。

薪酬水平策略

薪酬的水平策略指的是,企业根据竞争对手企业的薪酬水平和当地的市场薪酬情况制定出自己的薪酬水平策略。

1. 市场跟随策略

选择这种策略的企业,通常都已经建立或找准了自己的标杆企业,所以该企业的经营和管理模式都要向自己的标杆企业看齐,那么其薪酬水平当然也就和标杆企业相差无几了。

2. 市场领先策略

运用这种薪酬策略的企业,其薪酬水平在同行业的竞争对手中占据着领先的位置。

3. 滞后策略

滞后策略又叫做成本导向策略,就是企业在制订薪酬水平策略的时候,没有考虑竞争对手和市场上薪酬水平情况,只是一味地尽力减少企业生产、经营和管理的成本,这类企业的薪酬水平通常都偏低。

4. 混合薪酬策略

混合薪酬策略也就是在企业内部针对不同的部门、不同的岗位、不同的人才,制订不同的薪酬策略。

市场薪酬调查和市场薪酬线

尽管如今很多人都意识到了市场薪酬调查的重要性,但中小企业的薪酬管理人员依旧面临很多难题。第一,设计并实行一份效果显著的调查,须掌握问卷设计、抽样方法和统计方法这些专业知识,而多数公司都比较缺乏这样的人才;第二,无论是自己制定薪酬调查数据还是购买现成的,都需要一笔费用作支撑。基于这两点,很多中小企业的薪酬管理人员都通过人脉上的咨询或互换薪酬数据的方式来获取相关的调查信息。由于获得的信息是有限的,或是所获数据不具代表性,会直接影响数据的权威性和可利用性,甚至连让企业内部的负责人满意都难。

所以,为了确保获得的信息准确、有效,企业最好采用规范的市场薪酬调查方法,其内容包括制定和开发、购买和运用现有薪酬调查数据以及薪酬调查数据的最终公布。

制定薪酬调研方案

根据已经完成的调查问卷,针对目标企业进行市场薪酬调查,通过这种方式让所获数据更有针对性更具参考价值。另外,也可以委托第三方的调查机构,根据目标需求进行市场调查。该调查是对目标企业的性质、行业属性、所有制形式、经营规模、样本数量、地区性等信息的进一步明确,同时将调查重点放在目标企业的薪酬水平和核心岗位福利计划上。

如果预算条件允许,一些企业会选择委托第三方机构制定薪酬调查的方式。一方面是因为公司内部找不到完成这项工作的合适人选,而第三方机构的调查人员资质和能力都较强,并可以明确说明数据的来源,例如目标企业的名称等。另一方面是基于第三方机构的角色和身份,更容易获得真实和准确的信息,与从竞争对手那里自行获得信息相比,整个调查过程的难度较低。

购买现有的薪酬调查数据

一般来说,因为购买现成的薪酬调查数据费用较低,而自己开发的成本非常高,所以企业都对其有一定依赖。咨询机构和一些专业组织有偿提供的薪酬调查包括地区薪酬调查、行业薪酬调查和特定岗位的薪酬调查三种类型。基于薪酬调查的目的和用途普遍性较强,并非某个企业的特殊需求,所以价格一般不高,发行较多。

此类型的调查报告一般具有以下优势。

①在对薪酬水平进行调查的同时,也会调查一些薪酬形式方面的信息,包括薪酬结构、福利计划、中长期激励计划等。

②这种调查非常重视薪酬趋势的分析,大多会对前景预测、成本比例和近期加薪幅度做出分析。

③这种调查不仅会汇报各地区、各行业的薪酬情况,还会对目前人力资源管理上普遍存在的问题,给人力资源管理人员提供一些建议。

同时,第三方专业机构的薪酬调查也有不足之处,尤其是大陆本土的机构,其不足表现在:

①由于薪酬调查的定义标准多种多样,致使调查结果缺乏可比性,所以不同的薪酬调查结果不能直接拿来比较应用。

②这种薪酬调查只对大众公开小部分调查结果,而像调查问卷、被调查对象、调查设计过程、样本信息、调查技术这些关系到调查效果和信用的详细信息通常却不予公布。由于透明度不高,人们很难相信这些调查。

运用公开发布的薪酬调查数据

通常情况下,企业可以通过很多途径获得已发布的调查数据,这些数据包括职业协会、行业协会、政府、咨询公司、专业网站等公布的相关信息。职业协会(如人力资源协会)和行业协会对其成员进行薪酬调查,然后将调查信息汇总后公布给成员。相对来说,这项调查的结果对参加者(协会成员)有利,因此,这项调查数据较为准确。另外,在调查信息时缴纳过成员会费的成员无需再交任何费用。

从理论上讲,政府的薪酬调查统计信息来源十分可靠,但中国目前在这方面还需加强。一方面,企业基于自身的考虑很难上报给政府真实的数据,这似乎已是人尽皆知的事。另一方面政府必要的调查工作没有做到位,职业态度有待提高,所以,政府除了一些法定的数据具有利用价值,如最低工资保障、社会保险缴费基数、社会平均工资等,所获得的其余的企业薪酬调查信息参考价值并不大。

大多数咨询公司或专业网站(如人才网)会将部分年度薪酬报告公布,并就目前形势做出分析。企业能够从中获得薪酬结构、吸引优秀人才、晋升的薪酬策略,以及某些调查项目或是特定岗位的职业和行业薪酬数据。

伴随着互联网的不断普及,信息的透明化正在逐渐加强。现在从很多招聘网站、猎头网站以及企业官方网站上都能获取很多薪酬的相关信息。企业应对其进行适当收集和总结,特别是那些竞争对手的薪酬信息。

薪酬体系结构设计

在企业对薪酬等级结构进行设计的时候,应综合考虑可能影响薪酬的诸多因素。首先要考虑的是社会制度对企业薪酬结构的影响,例如,社会保险、规定的最低工资、税收等;然后再考虑是否依据工作组或工作系列来设计薪酬结构,这就联系到了公司所采用的薪酬结构的数量。一些有多重工作性质、较为复杂的大企业,应依据不同的性质来进行岗位划分,例如管理系统、产品系统、困扰分成业务系统等类别;最后,设计薪酬等级结构。

实行薪酬等级结构的设计主要包括以下五个步骤。

- 根据薪酬调查结果判断目前市场上的薪资水平。
- 在完成职位评价后,将企业不同的职位划分到不同的等级中。
- 依据职位所在的等级来设计薪酬体系结构。
- 制订薪酬曲线的时候,应当尽可能全面地参考各种相关的市场因素。
- 确定企业薪酬的排列顺序,再对薪酬率进行相应调整。

薪酬等级设计六步法

薪酬等级设计的重要步骤有六个,而且这些步骤需要在完成了岗位等级划分、岗位评价、薪酬设计策略和市场薪酬调查等工作后进行。事实上,即便是一家刚成立的公司,其薪酬设计也不可能如同一张白纸、从头开始,它需要由原本的组织一步步发展演变。因此,每一个全新的薪酬体系和薪酬等级设计,都是在以前实行的薪酬制度的基础上进行调整和改进,最终完成的薪酬变革。

薪酬归级

薪酬归级是依据岗位等级的划分和岗位价值评价的结果,在以前薪酬数据的基础上,将企业已调整优化的岗位设计安置到对应的岗位等级中,计算出不同等级的中点值的过程。实行这个步骤的目的在于找出岗位价值评估结果和各个岗位以前薪酬水平间的联系,并判断二者匹配与否,然后进一步明确需要修正和调整的问题。

匹配度分析

匹配度分析是指利用回归拟合的手段,对公司的岗位价值评价结果和以前岗位薪酬水平的匹配、相似程度做出分析,也就是对企业以前的薪酬等级能否准确体现出岗位的价值进行判断,这也是岗位价值评估的目的之一。

匹配度分析的实际操作方法是,在 Excel 中将不同岗位的岗位评价结果与薪酬点进行回归拟合,然后分析各个薪点值和回归拟合线间的离散度,离散度越高,就意味着以前薪酬等级的设计越缺乏合理性,即应加强公司内部薪酬的公平性。一般情况下,假如岗位价值的差别与以前薪酬等级的差别极不匹配,就应适当调整一下这些离散的薪点值,让她们到新的中点值拟合线上来。

分析和确定等级中位值

分析与确定等级中位值,也就是分析回归拟合后的中位值与以前薪酬的中位值是否合理,进而设定出新的中位值的过程。新中位值的确定是重新划分薪酬等级的基础。

1. 分析与确定中位值的具体步骤

（1）获得现在薪酬的中点值

计算出薪酬体系中同一级别内的岗位薪酬的算术平均值，然后得出现在的薪酬中点值。

（2）将现在的薪酬中点值进行回归拟合

回归拟合岗位等级序号和中点值，进而得到相应的曲线方程式。

（3）获得回归中点值

将岗位等级序号代入回归点的曲线方程式中，求得一个新的值，我们把这个值叫做回归中点值。

（4）确定中位值级差

级差是指相邻的等级工资中点值之间的差距，一般级差的范围是 5%～50%，不同等级的薪酬差距是级差变化的主要表现形式。一般等级较高的级差也大，等级较低的级差就小，这能够很好地体现出等级的价值差，对等级有正面引导作用。另外，级差的设计还会影响等级之间的重叠度，级差越小其重叠度越大，等级价值的差距也越小。

（5）获得新薪酬中点值

通常情况下，选择所有薪酬等级的中间等级（位于总等级数 1/2 位置的等级，如总等级数是八等，就选择第四等或第五等）的回归中点值作为新的标准薪酬中点值，再依据级差公式计算出不同等级的新的薪酬中点值。

2. 确定中位值时的注意事项

（1）中位值级差的注意事项

不能设定得太低（相邻的岗位级差不宜小于 10%）。也不要过高（低等岗位相邻级差应大于 25%）。通常的标准为：低等岗位级差 10%～15%；中等岗位级差 20%～25%；高等岗位级差 30%～50%。

（2）调整中位值时注意事项

中位值是企业调整薪酬的整体水平、提高对外竞争力的一个主要指标。应将市场数据作为前提条件，以保证与市场化竞争水平是一致的。估算出公司所有的薪酬成本，如果该成本是公司承受不了的，就应适当下调各层级的中位数值；差距太大的时候，应对公司的薪酬在市场上的定位进行一些调整。

带宽的设计与调整

1. 带宽设计

带宽是指在一个等级内最高薪点值与最低薪酬点值之间的差距，带宽是宽幅薪酬理念中的一个重要概念。带宽的大小会直接影响到等级内部薪酬上升的空间,而且带宽和级差对于相邻薪酬等级的重叠度也有一定作用。设计带宽时,应根据岗位性质的改变而做出完善和改进。

①带宽越大也意味着其薪酬上限越高,带宽的序列等级数也会随之设计得较多(10~20档)。

②高级管理岗位50%~70%,管理型/专业型岗位35%~50%,生产型/支持型岗位25%~35%。

2. 带宽调整

①带宽的调整需要依据现在在职人员的薪酬水平,尽力让同等级内的薪酬差距符合实际的变动情况。

②估算公司所有薪酬成本,如果承受不了,要通过减少带宽来降低同等级内的高薪水平。

③综合考虑带宽序列的增长情况,尽力让其保持从低等到高等的增长方式,以此来达到最好的激励作用。

档差设计

带宽档级是员工晋升的一个通道,也是调整员工薪酬、激励员工的重要手段之一。档差设计的含义是,将带宽设计成不同的等级,然后在同一等级内,体现出不同级别的薪点值的差距。例如某个岗位的带宽值是1 500元,在设计档差时就应考虑好,要将这1 500元分成多少档,而各个档之间的差额又应该设成多少。

薪点值的修正与取值

在计算出不同岗位等级的点值之后,要分析和比较公司现在的薪酬水平以及市场的相关薪酬数据,估算和统计企业的所有薪酬成本,在必要时进行适当调整和修改。薪点值最好取整,如取消个位数、四舍五入等,这样有利于薪酬的计算和统计。

中高层年薪制设计

设计年薪制应坚持的原则

1. 科学评价原则

企业在实行年薪制考核高管人员业绩的时候,要坚持科学、公正的原则,考核的内容应做到系统、全面、综合,对外部环境因素的影响与企业高管人员的主观努力程度做出客观评价,进而引导企业兼顾短期利益与长远利益。

2. 效率激励原则

实行年薪制是为了激励高管人员的积极性,提升他们的创造力。年薪收入的计算应参照经营业绩,通过必要的激励机制让高管人员提高企业的经济效益和运营效率。

3.适度兼顾公平原则

高管人员的年薪时常会出现过高的现象,这会对社会造成不良影响,所以在设计高管人员的年薪收入时,应适度兼顾到社会公平的原则。

4.约束激励对称原则

年薪制应以建立约束和激励对称的双向机制作为基础,在实行激励机制的同时进行有效监督控制。

年薪制构成要素的设计方法

1.三种年薪制模式的选择

一般情况下,高管人员年薪制采用"基本年薪+风险收入"的二元模式,当然也可以使用"基本年薪+风险收入+养老金计划"的三元模式,"基本年薪+风险收入+期股、期权收入+养老金计划"的四元模式。

其年薪制的具体组成项目包括以下几方面。

①基本年薪,指固定收入,主要依据高管人员市场形成的经营规模、市场薪酬率等因素决定。

②业绩薪酬,属于固定收入以外的另一种永久性收入,能够有效提升高管人员的薪水水平。但应注意的是,业绩薪酬不是对高管人员当前工作表现予以的鼓励,而是对其过去经营成就的肯定。

③福利,指一般高管人员除享有普通员工所拥有的福利外,还享有特殊福利。这些福利包括免费停车位、无偿使用交通工具、高额离职补偿、娱乐费、公司提供的无息或低息贷款等。

④津贴,为高管人员提供良好的工作与生活条件是主要的支付方式。

⑤激励薪酬,也就是风险(绩效)收入,它会随着经营成果的变化与高管人员工作的努力程度而发生变化,对高管人员的经营业绩以期股、期权的形式实行长期激励或是以奖金的形式短期激励都属于这一内容。

2.基本薪酬的设计

高管人员报酬中的基本薪酬指的是按月支付的固定现金收入。相比普通员工,高管人员年薪中基本薪酬所占的比重较小,一般在50%以下。高管人员的基本薪酬设计得也多种多样。依据本企业员工的基本薪酬比例来设计其基本薪酬是一种较为简便的做法,这种方法在国有企业和倾向内部公平原则的企业中较为常见。

计算方法为:本企业员工基本薪酬×调整系数=基本薪酬

调整系数包括企业规模、地区平均薪酬、行业平均薪酬以及高管人员的个人因素等。

3. 风险薪酬的设计

风险薪酬也叫做效益薪酬。高管人员确定风险薪酬时通常以基本薪酬为基数，依据企业的超额利润来计算薪酬。依照国际惯例，其计算方法主要有两种。

方法一：超额利润×比例系数×考核指标完成系数＝风险薪酬。

方法二：基本薪酬×倍数×考核指标完成系数＝风险薪酬。

其中，方法一侧重于根据绩效评价指标的完成结果来设计高管人员的风险薪酬，这让风险薪酬更符合绩效薪酬的性质。

4. 设计过程中的注意事项

在设计风险薪酬时，企业需要考虑以下一些因素。

①留意年度间经营绩效的变化，高管人员的薪酬要能体现出企业不同年份的经营绩效变化，尤其是在企业处于不稳定的发展时期或是市场环境的不确定因素较多时，应客观地反映和参考这种变化。

②为体现风险薪酬的激励作用，在年薪总额的构成中，其比例要比基本薪酬高，原则是上不封顶、下不保底。

③经营绩效上升难度。通常来说，绩优企业的业绩上升要比绩差企业难得多，在薪酬设计的时候应反映出这个差异。

股权激励制设计

为了促使企业高层管理人员从长远利益出发进行决策或参与决策，企业会推行长期的激励计划。为高层管理人员积累财富（一般是给予他们股票购买权），这是一种针对高层管理人员的长期激励方式。由于这些股票一时不能套现，所以管理人员只能留在企业长期发展，而这些股票也成了人们常说的"金手铐"。

运用合适的股权激励方式

股权激励的方法多种多样，但大多离不开证券股票市场。而那些与证券市场关系不大的方式，往往是一些还没上市的中小企业采用的，这些公司内部对股票的概念还较模糊，所以不适合使用有关股票的长期激励方式。通常情况下，管理层收购、中高层持股计划和员工持股计划是中小企业主要的股权激励模式。

1. 管理层收购

管理层收购是指公司管理层采用杠杆融资或自筹购买的方式来购买本公

司的股份,进而成为公司股东,同时也让公司的控制权结构、股权结构和资产结构有所改变。与其他股东同担风险、共享利益,进行持股经营,能够有效降低代理成本,这个方式在刚创业或初期发展的企业中应用得相当广泛。相对来说,这类企业原始股权结构较为简单,一般是由一个或多个权属人构建的。大股东或创业者个人抽出一定的股份以资产的单位现值形式予以管理层或骨干管理者,资产的评估方式有请外部评估机构展开清产核资评估和简单的协商评估等。

这一方式在实际应用时可能会受资金来源的限制。基于很多时候管理层的资产积累不足,且融资杠杆不具备相应的条件,所以企业会实行这样的有效方案:即管理层支出一部分,其余部分从管理层的年薪和利润分配中代扣,直到全部资金都足够后,管理层才能够成为法定的股东,但在这之前同样有分红权,即"虚拟股东",但没有真正的发言权和表决权。由于这种方式的实行有可能引发财务透明度的问题,而且会增加企业的财务管理成本和税收成本,所以创业者在使用之前还是应慎重考虑这些因素。

2. 中高层持股计划

中高层持股计划也就是将高层管理者持股延伸到中层管理者和重要岗位人员持股,它是管理层收购的扩展部分。在技术型企业或贸易型企业中,这种模式应用得较为广泛,这是因为这些企业的股东人数多,结构的类型多,给予管理者的是股份的分红权,即"虚拟股权"。在企业有较大利润增长的时候,中高层的分红收入甚至要比实际工资收入高得多,假如这个企业上市,那么回报将会更大。这种模式能够将企业核心层的利益与企业整体的利益紧密联系起来,让管理者更具归属感,而且还有一定的激励作用和维系作用。

3. 员工持股计划

员工持股计划,顾名思义就是所有员工持股,这是一种较为平等的长期激励方式,所激励的对象是企业的所有员工。应用员工持股计划最为成功的企业之一是华为公司,但这种企业并不多见。员工持股计划也时常出现在一些国有性质、国有改制和集体所有制改制变化的企业,例如五强企业集团,它原本是归集体所有,是一个国有企业附属的集体所有制企业,所以根据其发展历史和目前的经济背景,实行全员持股机制。

股权激励制度的设计要点

尽管股权激励制度对于优化公司管理结构、降低代理成本、提升管理效率、提升公司市场凝聚力和竞争力起着十分有效、积极的作用,但它也存在一些弊端,假如制度不明确或是操作不当,很可能浪费企业的资源。所以,在设计制度时,就要考虑到下面这些问题。

①本企业最适合哪种激励模式？

②企业从实行股权激励制度中能够得到什么回报？付出更高值不值得？

③股权激励要激励的是哪些目标员工阶层？涵盖的对象分步进行还是一次到位？

④管理层用来购买股权的资金是否充足？假如不足，如何解决这个问题？

⑤创业者出让多少股份份额对企业的长期稳定发展最有利？对于管理层的不同需求怎样满足？

⑥如何设计限制性条件来预防股权的对外流失？

⑦个人业绩是否有限制性条件？

设计股权激励制度的工作较为复杂，必须要从长远利益出发，设计出一种针对不同个体和群体的最佳激励方式。由于非上市企业相对缺乏第三方督管规定，一般以自我约束和自我管理为主，所以设计的时候眼光要更长远，考虑得更全面细致。这些敏感的细节和关键内容包括公司治理结构、股东议事方式、健康的股权结构、增减持动态程序、股权退出机制、股权价格与溢价的计算方法和财务公开与透明方式等。

销售人员薪酬设计

从整体上说，确定销售人员薪酬的方法有很多，不同的企业计算底薪和佣金的标准也不相同。是将重点放在底薪上还是佣金上，要由该公司的服务原则、产品性质以及完成一项销售工作所需时间等多种因素决定。

下面列举几种计算销售人员薪酬的方法，包括：纯薪金制、纯佣金制、基本薪酬加奖金制、基本薪酬加佣金制。

纯薪金制

纯薪金制是不考虑当月销售是否完成，对销售人员实行固定薪酬的一种制度。个人收入＝固定工资是纯薪金制的基本模式。

纯薪金制主要适用于下面一些情况：一是当销售员对提升地位、荣誉、能力等非金钱因素的需求较为强烈时，纯薪金模式要比提成薪酬方式更能激励员工；二是需要多数人齐心协力才能取得销售业绩的时候，纯薪金模式可以加强团队的凝聚力；三是企业的销售团队里，知识型销售人员占较大比重时，纯薪金模式可以满足这部分人更多需求；四是较适合实行终身雇佣制的企业。

纯薪金模式有下列几个优势：

- 销售人员的收入有一定保障，让其更有安全感；
- 薪酬管理操作起来较简单；

- 可以让员工对企业有较高的忠诚度，并士气高昂。

但同时，纯薪金模式也存在一些不足之处：

- 纯薪金制的实行会给销售人员的业绩评估带来一定阻碍；
- 不利于企业形成合理科学的工资晋升机制；
- 不利于公司销售费用的控制；
- 不能留住和吸引进取心较强的销售人员，进而影响有效的竞争机制的形成；
- 由于对销售人员的金钱刺激不足，极易形成平均主义倾向和"大锅饭"氛围。

纯佣金制

纯佣金制指的是，销售人员没有基本薪酬，其获得的所有薪酬收入都要依据销售额的比例来确定，也就是说，销售结果是计算销售人员薪酬的唯一依据。

确定佣金的比率即提成的比例是纯佣金制的重点。而佣金比率的高低取决于产品的价格、产品销售的难易程度以及销售量。通常情况下，不同行业的销售人员都会有其规定的佣金比率。例如，房地产销售人员进行销售时，其提成比例在1‰左右。支付佣金的比率可以是固定的，即某个企业的佣金比率和其他单位的佣金比率是相差无几的，而有的企业佣金比率是递减的，即销售量越高，其比率越低。佣金比率也是能够累计增加的，即销售量或利润贡献越高，其佣金比率就越高。这要根据企业的销售方针政策及其销售情况来决定。

销售人员的佣金比率有两种，在没达到销售定额之前与超过销售定额后的佣金比率是完全不同的。实行这个计划是为了激励销售人员，让其创造更高的销售业绩。

实行纯佣金制有下列几个优势：

- 业绩突出的销售人员能够获得相应高的薪酬，多劳者多得，较为公平；
- 销售成本更容易控制；
- 具有较大的激励作用。

但是，实行纯佣金制同样也有一些弊端：

- 为企业的管理工作增加了难度；
- 不利于销售人员对企业的归属感和忠诚度的培养，销售人员易产生自私自利的思想；
- 当处于销售波动时，比如季节波动、循环波动时，销售人员较难适应这种制度；
- 会致使促销人员的收入浮动过大，保障性欠佳；
- 销售人员会被经济利益引导，狂热追求销售额和利润，进而对一些和薪酬无直接关联但对企业非常重要的非直销活动失去兴趣。

另外,现在有些企业欲尝试的销售买断模式,其实质是与和纯佣金制非常接近的,都属于高额薪酬模式的范畴。销售买断制是在企业内部实行的由销售人员或分支机构买断企业产品,再对产品进行独立销售的管理制度。这种制度能够很大程度地简化企业的销售管理。企业就像一个经销商或批发商,只要提供合理、确切的产品底价,销售人员能够买进产品,并努力做好产品销售。大部分企业制定的价格政策都很宽松,销售人员有相对的定价自主权和非常大的销售自主权,所以这种模式对销售人员的吸引力更大。

尽管实行佣金制和销售买断制确实能为销售人员提供较丰厚的回报,促进企业的销售,但同时也应注意,实行这种模式会受一定条件的限制,并非所有企业都适合。当佣金制和销售买断制引发一系列严重问题时,企业就必须对这种高额薪酬模式进行改革。

在某些产品标准化程度较高但购买者分散、市场广阔、销售范围难以界定、推销难度不是很大的行业中,这种薪酬方案运用得较多,如化妆品、保健品、人寿保险等行业。但是,由于这种制度自身有缺陷和不足,企业在实行时会选择劳务型销售人员或兼职销售人员。

基本薪酬加奖金制

尽管这种薪酬制度与基本薪酬加佣金制较为类似,但二者也有一定差别,主要表现为下面两点。

第一,佣金的多少是由相应的绩效决定的,而奖金与业绩的关系却不大。通常来说,销售人员只有在业绩超出了某一目标销售额的时候,才能够得到一定的奖金。

第二,发放奖金不仅要考察销售人员的销售业绩,同时还要考虑企业规章制度的执行情况、货款回收速度、客户投诉情况、新客户开发等多种要素。

在这种薪酬制度下有多种计算奖金的方法,可以依据销售目标的实际完成情况确定,可以按照销售额指标和利润指标来确定,也可以根据季度绩效评价结果的等级来确定。

基本薪酬加佣金制

基于单纯的工资制缺乏一定的弹性,不能有效地激励销售人员;佣金制能带给销售人员丰厚的收入,但其波动性也较大,销售人员无法产生归属感。所以很多企业将纯薪金模式与佣金制模式进行有机结合,来弥补两种模式的不足。这样一来,销售人员在按月领取基本薪酬的基础上,还能根据其销售业绩获得一定的佣金。

通常,佣金的计算方法有两种,即直接佣金和间接佣金。

①计算直接佣金

是依据销售额的一定百分比,和计划好的各产品的目标销售量确定其目标佣金。依据产品的实际销售情况计算出比例不同的佣金。

②计算间接佣金

要先将销售业绩换算成一定的点值(比如每售出一个产品就能获得一个单位的点值),再根据点值来计算出佣金的数量。

选择基本薪酬加佣金的模式,一方面让销售人员的生活有一定基本的薪酬作为保障,缓解了在纯佣金制下销售人员因收入起伏大而产生的矛盾;另一方面,基本薪酬加佣金模式能够保留佣金制的优势,激励销售人员创造更高业绩。

专业技术人员薪酬设计

专业技术人员

1. 专业技术人员的范围

通常情况下,专业技术工作指的是利用已有的知识和经验来应对企业经营中出现的各种管理和技术上的问题,进而让企业的经营目标顺利实现。而美国法律对专业技术人员的界定是:那些接受过智力方面或科研方面专门训练,并在管理事务上所花费的时间不超过 20% 的人。

2. 专业技术人员的种类

专业技术类人员的种类大体上分为三大类:需要有创新精神和创造力的工作,如设计人员和艺术家;需要在特定领域有一定成绩的工作职位,如律师;需要具有市场洞察力和经营常识的岗位,如财务人员。总而言之,我们可以将专业技术人员看做是具有专门的技术知识和经验或是专业技术资格证书的科学家、律师、会计师、工程师、经济学家等。

3. 专业技术人员的特殊性

①专业技术人员的需求层次相对较高。

②专业技术人员是较为重要的人才,市场价格高。

③工作创造性强或者专业化程度高,其业绩评估起来难度较大。

④需要持续追加人力资本投资。

⑤认为专业技术的认同比对企业的认同重要。

专业技术人员薪酬的影响因素

1. 专业技术人员个人因素

①专业技术人员个人绩效及团队绩效。

②专业技术人员的个人需求。

③专业技术人员的人力资本投入。

2.企业内部因素

①企业文化；

②企业所在行业的特点；

③企业所实行的薪酬战略。

3.企业外部因素

①政府的法律法规。

②当地的经济发展情况。

③该职位的薪酬市场价格。

④人才市场的供需状况。

专业技术人员薪酬管理

1.专业技术人员薪酬管理的重点和难点

(1)专业技术人员薪酬管理的难点

专业技术人员这一群体较为特殊,他们的价值不仅体现在他们现有的人力资本,还在于他们出色的获取、转化和创新人力资本的能力,这对企业的长远发展非常有利。然而,在任何一个企业中,专业技术人员都免不了遭遇"职业高原现象"。这种现象会限制专业技术人员的发展,接着他们的收入也会停滞,这时专业人员就很容易产生跳槽的想法。所以,在针对专业技术人员的薪酬管理中,报酬的全面引入是极其重要的。

(2)专业技术人员薪酬管理的重点

众所周知,针对专业技术人员的薪酬管理研究工作应解决的主要问题是,怎么体现出专业技术人员在企业中的价值,鼓励专业人员继续研究企业需要的新技术,致力于新技术的转化与创造。

2.建立双重职业发展通道

在以职位为基础的传统职能型组织中,员工所在的职位在企业中的行政级别高低是确定员工薪酬的一个重要依据,所以,很多专业技术人员在发展到一定程度后,总是将精力转移到获得职位晋升的问题上。这对于一些对管理工作没兴趣且不懂管理的优秀技术人员而言,是非常不利的,基于这种情况,如今越来越多的企业着手推行专业技术人员的双重职业发展通道。

在薪酬方面,企业为专业技术人员设计了两种晋升方法,一种是较为传统的方法,即从专业技术型工作逐渐转变为管理型工作;另一种方法是坚持从事专业技术工作。无论选择哪一条路,专业技术人员都会有增加薪酬的空间。这些方法给专业技术类员工更大的发展空间,进而有效预防专业技术人员为了谋求职位晋升而造成的损失。

3. 专业技术人员的薪酬结构模式

纵观现今专业技术人员的薪酬方案,可以将其分成以下几种模式。

(1)较高薪酬+奖金模式

这种模式是以职能资格(能力资格和职位等级)作基础,提供较高的固定薪酬,奖金依旧根据固定薪酬的一定比例和职位等级发放。它的优势在于可以确保专业技术人员有较高的收入,不足之处是激励作用不强。

(2)较高薪酬+科技成果提成模式

除去较高的固定薪酬外,将研究开发成果为企业创造的经济效益的一定比例金额作为提成,可以根据销售净收入、产品销售总额、按产品利润等确定。这种模式具有较强的激励作用,较适合新产品研发人员。

(3)单一化高薪酬模式

单一化高薪酬模式也就是只提供较高的月薪或年薪,没有奖金;适用于从事理论性、基础性研究的专业技术人员。他们的工作成果衡量起来比较困难,且短时间内无法给其设定清晰的工作目标。

(4)薪酬+股权激励模式

这种模式薪酬水平一般,所以企业会加大股权激励的力度。如对专业技术人员实行赠送干股、拥有股份优先购买权、期权制、技术入股等。它的优势在于持续激励性强、并有一定约束作用,如果企业发展得较快,专业技术人员就会得到丰厚的回报。这种模式适用于上市公司和高新技术产业组织。

(5)科研项目承包模式

这种模式是把专业技术人员的薪酬放在他们从事的科研项目经费中,根据任务确定薪酬,实行"费用包干"。这种模式能够有效加快专业技术人员的研发速度,也有利于企业成本的控制。假如能够配以后续的激励措施,如科研业绩奖金、成果提成等,效果更佳。

生产人员薪酬设计

计件工资制

1. 计件工资的定义

计件工资指的是根据事先规定的计件单位和合格产品的数量来确定员工劳动报酬的薪酬形式。这种方式不是依据劳动时间来确定劳动报酬,而是通过衡量一定期限内的劳动成果来确定劳动报酬。这种薪酬制度是从计时工资制转化来的,也是变相的计时工资。

从某种角度上讲,计件工资制是工资的最高形式,它更能诠释按劳分配的原则,体现出劳动力价格或价值。计件工资包括集体计件工资和个人计件工资。集体计件工资适用于不能直接计算个人完成合格产品的数量、工艺过程需要集体完成的工种。而一些能够制定个人定额、可以个人单独操作的工种则更适合采用个人计件工资。

2.计件工资的特点

计件工资的最明显的特点是,把劳动成果与劳动薪酬最紧密、最直接地联系在一起,可以准确无误地体现出劳动者所创造的劳动价值。通过劳动报酬,清晰地反映出同一劳动者以及不同的劳动者在一定期限内的劳动差别。

3.计件工资的作用

计件工资的实施,能够促进企业提高自身的经营管理水平。

基于计件工资的分配和计算有着明确、详细的规定,在企业内部工资分配方面趋于透明化,能够让员工大致估算到自己所付出的劳动和应该得到的劳动报酬,所以,计件工资的物质激励作用相当强。

计件工资收入是由劳动者在特定时间内所生产的合格产品的数量决定的,所以这种工资制度能够刺激劳动者从物质利益的角度关注自己的劳动成果,进而不断提高劳动熟练程度和技术水平,提高工时利用率,更加遵守劳动纪律,这些对于提高企业的劳动生产率和员工素质都非常有帮助。

4.计件工资的表现形式

直接计件工资,根据计件工人所完成合格产品的单价和数量来计算工资。

间接计件工资,事实上其工作属性不是计件性质,而是为计件工人或计件单位提供服务,根据所服务的计件工人或所服务单位的业绩来确定应付给的工资。

累进计件工资,企业员工在完成定额的部分时,根据统一的计件单价来计算工资,而对于超出定额的部分,就要根据累进递增的单价来确定工资了。

5.计件工资的设计要点

计件工资制能够实施的条件是,生产组织、产品检查验收制度健全,工人的生产成果可以直接统计计量,生产任务基本饱和,生产记录与统计完备。

可以采用计件工资的情况应尽量使用计件工资,如果无法使用个人计件就选择集体计件工资。

劳动定额是计件工资的重要支撑,是控制生产工人薪酬水平的基础,通常由人力资源部门和技术部门共同制订,然后由技术部门履行其管理职能。

设计一定的保底工资,当遇到生产任务不饱和的情形时,以保底工资的形式来支付员工工资,并将其作为加班工资的基数。

推行班组计件和车间计件等集体计件的企业,为了防止计件工资的内部腐败,最好制订较为透明的管理机制。

计时工资制

计时工资指的是根据劳动者的工作时间来确定工资的一种工资方式,在很多企业的各类岗位得到了广泛应用,生产人员的计时工资主要适用于一些无法推行计件工资制的生产岗位和辅助生产岗位。

基于计时工资是直接根据劳动时间计算报酬,操作简单,方便计算,因此适用的范围极广,任何单位、任何部门和各类工种、岗位都可以运用。其中,最适合计时工资制的是以下岗位:

- 劳动量不方便统计计量的技术人员和企业行政管理人员等;
- 为生产第一线服务和从事辅助工作,劳动量无法用产品产量精确衡量的服务人员和工人;
- 自动化、机械化水平较高,操作的复杂,技术性强,产品需要经过多道操作、多重工序才能完成,单独计算个人劳动成果难度大的行业和工种;
- 经营项目、生产条件和生产产品变动大的企业。

基于计时工资是依据劳动时间来计算工资,所以,可以在某种程度上提高员工的出勤率及其技术业务水平,提升劳动的质量。然而,计时工资在体现按劳分配上有一定的局限性。因为计时工资通常和等级工资制紧密联系在一起,偏重于用劳动时间的长短来计算工资,并不能明确反映出个人实际提供的劳动成果和劳动强度,所以实行这种薪酬制度的企业往往劳动报酬与劳动量之间存在不对等的矛盾。就同一等级的不同劳动者而言,他们在相同的劳动时间内付出的劳动量也是有差异的,劳动质量也各自不同,所以计时工资很难体现出这些劳动差别。

一般人员的薪酬设计

一般人员的薪酬特点

一般人员的薪酬指的是基层人员的计时薪酬,包括事务服务人员、一般管理人员和无法实施计件工资的辅助生产人员等。一般人员的薪酬是企业薪酬总额的主要组成部分,因为一般人员的岗位点多面广,种类繁多,涉及的部门较多,人员基数较大。

一般人员的薪酬是一个企业薪酬结构和薪酬政策的基本框架,它是企业的外部竞争力和平均薪酬水平的反映,是企业薪酬管理的基本载体,有以下几方面特点。

1. 较强的稳定性

一般人员作为企业薪酬成本最重要的组成部分，一般情况下稳定性较强，和企业内部的业绩因素联系，也很难受外部因素的影响。

2. 薪酬差距较小

虽然一般人员工作时间较长且工作环境较差，但是相比而言，这些职位不会对企业有太大影响，工作也不太复杂，无需创造性，职位之间的价值差距不大，所以一般人员的薪酬差距也不大。

3. 强调内部一致性

相比一些中高收入人员，一般人员更强调薪酬的平均和平等，更关注内部公平性，更重视内部的均衡性。

4. 固定薪酬比例较高

由于一般人员的薪酬水平普遍不高，不会给公司的经营业绩带来很大的影响，所以一般人员的薪酬结构通常是缺乏弹性的。企业为了保证一般人员的基本生活，在设计薪酬结构的时候，往往固定薪酬占很大比例，通常不低于总收入的 60%，即使在一些绩效管理比较成熟的企业中，也不会低于 50%。

5. 集体影响力

一般人员作为企业内部人数最多的员工阶层，其舆论影响力也是最大的。他们对企业工会组织有很强的依赖性，是工资集体谈判时的重要力量，也是企业薪酬决策体系发生改变的一个主要因素。

一般人员的薪酬设计要点

1. 重视内部公平

相比企业的其他阶层，一般人员具有较强的可替代性，招聘难度较小，且市场供给丰富，所以，当设计一般人员的薪酬水平时，没必要过分关注外部竞争力，应更重视内部公平的考察和评价，这样才能满足一般人员对内部公平性的需求。

2. 强调晋升机制

通常，企业的一般人员是由新生代力量组成的，是最有活力的。尽管这些年轻的岗位人员缺乏工作经验，流动性大，但一旦维系下来，就会成长和发展为企业的中坚力量和最重要的后备队伍。所以，在设计一般人员的薪酬时，要对薪酬晋升通道更加关注，薪酬的"天花板"应设计高一些，这样才能激励一些富有潜力的年轻人员快速成长。这里所说的晋升通道主要通过调整薪酬等级内的宽带幅度（档级）来完成的。

3. 新人的起薪

新人的起薪一般是企业针对两个类型的员工所设计的薪酬，一是应届毕业生的起薪，一般依据任职者的学历情况以及对应岗位等级来确定薪资。二是拥有岗位匹配经验的新入职者，他们的薪酬一般由各级薪酬决策者参考企业的相关制度和现任人员的薪酬情况来确定。

　　这里有必要特别说明的是，设计新人的起薪最好不要从起始档开始。这是因为绩效工资应该在基本工资的上下浮动，如果新人的基本工资定为起始档，那就不能下浮了。这会给企业使用绩效管理工具带来麻烦。除非做出等级工资的下浮，显然这是不恰当的。

第二十六章
薪酬实施管理

薪酬总额预算

薪酬总额预算是一个企业的会计年度财务预算中非常重要的组成部分。薪酬管理者根据企业的竞争战略和人力资源战略，并参考当前的薪酬情况以及下一年的经营目标、人员编制，在薪酬调查的基础上，制定出一系列薪酬成本计划，这也是企业人力资源规划的一部分内容。

薪酬总额的相关信息

通常来说，薪酬总额预算的过程中需要收集各方面的数据和信息，具体可以划分成下列几个方面。

1. 国家和地区政府相关政策和规定

①行业相关薪酬水平。

②本地区的薪酬水平。

③周边地区的薪酬水平。

④企业的薪酬策略。

⑤企业的人力资源战略与竞争战略。

2. 集团相关政策及薪酬水平

①上年度经营计划。

②上年度人员编制。

③上年度薪酬总额。

④本年度经营计划。

⑤本年度人员编制。

薪酬总额的组成部分

①企业高层年薪主要由集团企业或董事会决定。

②总经理基金以产品销售情况为依据，对营销人员、研发项目组进行奖励；参照当前的市场薪酬水平，对特殊职位的薪酬进行调整；针对特殊贡献实行特殊奖励；特殊人才协议工资的超体系部分的支出；其余预算外的薪酬支出。

③基本工资和绩效工资指的是企业员工（除了年薪制人员）基本工资与绩

效工资(除了超额绩效奖励)的总额。

　　④预留工资额给新雇佣的员工预留的工资额。

　　⑤超产奖金是企业对员工(除了年薪制人员)的超产奖励。

　　⑥福利计划包括法定福利和额外的福利计划。

　　⑦年终奖金为正常的年终奖计划。

　　⑧其他费用是其他薪酬所支出的费用。

薪酬预算方法

　　通常情况下,薪酬预算需要在制定了人员编制计划和薪酬水平计划的基础上进行,而人员编制计划需要根据公司的经营计划来确定。考虑到企业经营计划的实现存在复杂性和不确定性,所以在制定人员编制计划的时候,就会针对两个以上的目标做出测算,比如基本目标、"冰点目标"和争取目标。

　　薪酬数量主要是根据编制数量确定的。在人员编制方面,理论上企业都会存在盲目增加人员的现象,即帕金森定律。因此,要想有效控制薪酬预算,就应把重点放在控制部门人员的编制上,尤其要避免辅助人员和非骨干人员的盲目增长,因为这无形中会让企业的薪酬成本增加。

　　薪酬预算的方法有很多种,例如劳动生产率法、人工费用率法、历史增长法、工资含量法等,但基本上都是内部驱动机制,想要将企业薪酬策略和外部薪酬环境结合起来较为困难。通常企业使用得最多的也最见成效的薪酬预算方法是,以年度经营目标作为基础,以企业薪酬策略作为指导,根据市场薪酬调查结果,设计出合理的员工结构与员工编制。考虑到当前各职位的薪酬结构和水平,实行自下向上的预算流程,预算出企业的年度薪酬总额。

薪酬计算与支付

工作时间的计算

　　工作时间的计算方法见表 26-1。

表 26-1　工作时间计算方法

年工作日	365 天－104 天(休息日)－11 天(法定节假日)＝250 天
月工作日	250 天÷12 月＝20.83 天/月
休息日	全年共 52 周,每周 2 天,共 104 天
法定节假日	元旦、清明节、五一、端午节、中秋节各 1 天,国庆节、春节各 3 天,共 11 天

个人工资的计算

根据《劳动法》第五十一条"法定节假日用人单位应当依法支付工资"的规定，国家规定的 11 天法定节假日应为计薪日，也就是"这段时间可以带薪不工作"。

在某些中小企业中，工资的计算尤其是对按月计薪天数的计算时常出现偏差，其中把每月的工作天数当作月计薪天数是最常见的问题。事实上，法定月工作天数与计薪天数的概念并不能等同。

2008 年 1 月 10 日，原劳动和社会保障部印发的《关于职工全年月平均工作时间和工资折算问题的通知》已明确规定，劳动者除了不计薪的 104 个双休日外，每月计薪的天数应是 21.75 天。法定的月工作天数为 20.83 天，另外，11 个法定节假日也要计薪，见表 26-2。

表 26-2　个人工资计算方法

月计薪天数	（365 天－104 天）÷12 月＝21.75 天
日工资	月工资收入÷月计薪天数
小时工资	月工资收入÷（月计薪天数×8 个小时）

在计算加班工资和员工事假扣除工资的时候，应依据月计薪天数。相比法定月工作天数而言，法定月计薪天数的实际意义被应用得更多。

但就目前的现实情况来说，还是与法律规定的有一些距离。仍然有很多民营企业甚至大型民营上市公司没有实行五天工作制，常见的是五天半的工作时间，也就是说周六还要工作半天，或是"大礼拜"（双休）与"小礼拜"（单休）轮换。这些企业通常会把日工作时间规定为 7 小时，每周共计 38.5 小时。这样似乎并未违反每周 40 个小时工作时间的规定，但在这种制度的工作时间下，月计薪天数肯定会增加，工资标准也会降低，而员工事假扣除工资会使得加班工资的计算标准大大降低，计薪天数是（365－78）÷12＝23.92天。

比如说一位月薪 5 000 元的员工，在实行五天工作制的时候，其加班工资的标准是一天 229 元，而在实行五天半工作制时则是 209 元。

薪酬计算的常用概念

有关企业薪酬计算的常用概念见表 26-3。

表 26-3　企业薪酬常用概念

名称	概念内涵
人工成本	在生产、经营和提供劳务活动期间，使用劳动力所花费的所有直接费用和间接费用的总和。其中包括教育费用、工资总额、福利费用、劳动保护费用、社会保险费用以及其他人工成本支出

续上表

名称	概念内涵
人工成本率	人工成本/总成本
人工费用率	人工成本/销售收入
人均人工成本	人工成本/期内平均人数
产品工资含量	单位产品的工资总额,包括吨含量和件含
工资率	个人(岗位)工资水平以及在等级中的位置
百元人工成本利润率	利润/百元人工成本
百元人工成本销售收入	销售收入/百元人工成本
人工成本利润率	当期利润总额/人工成本总额
人工成本工资含量	工资/人工成本
人工成本福利含量	福利/人工成本
薪酬总额	工资、福利、奖金、保险等支出的总和,招聘和培训费用不在其中
薪酬增长率	增加值/统计期薪酬总额
10分位	表示有10%的数据小于此数值,反映市场的低端水平
25分位	表示有25%的数据小于此数值,反映市场的较低端水平
50分位	中位数反映的是市场的较低端水平,约有50%的数据比这个数值小。相比平均值,极端值对中位值的影响较小,更便于了解市场薪酬水平时
75分位	表示有75%的数据小于此数值,反映市场的较高端水平
90分位	表示有90%的数据小于此数值,反映市场的高端水平

工资的支付

由于岗位和协议有一定差异,所以工资支付也有所不同,很多企业都选择按月支付的方式。一般对考核性风险收入的年薪制人员或销售提成制的岗位人员会采取延期支付的办法,比如实施目标管理的中高层人员一般会根据本年度的经营考核结果,在下一年年初将考核兑现。

现在以发放现金的方式来清算工资的企业已经越来越少了,但银行转账支付同样存在一些繁琐问题,比如工资条的发放等。

工资条是企业履行工资实际发放告知义务和发放证据的一个法律程序,通常企业履行这一程序的方式主要有直接发送工资短信和提供工资电子查询平台,让员工了解到工资的相关信息。工资信息包括工资结构和所得税、保险的代扣代缴等信息。如果是企业的外包(劳务派遣)员工,作为工资发放的重要证据,在发送工资短信时务必要标明发放单位的信息。

保密工资的使用

业内还在一个薪酬问题存在争议,即计算和支付工资的流程是公开还是保密。按常理说,由于透明的工资体系和薪酬等级通道,能够让员工对工资有一定的目标和计划达成的预期,工资透明化可以激发员工的进取心,让他们更努力地工作。

但是根据公平理论和岗位价值评估系统,企业只做到相对的公平和岗位相对价值的区别,这个差别往往会促使岗位类似的员工出现攀比心理,不利于员工公平心理的形成,进而给薪酬管理造成负担,甚至破坏企业的整体氛围。有些时候,为了提高某位或某一类员工的工作积极性,适当地为其增加薪水,很容易给另一些员工打击。因此,管理层应该对此慎重考虑,并不是每一个管理行为的理由和证据员工都会信服。实行保密工资也是非常必要的。

是否或能否实行保密工资,一般要根据这个企业的历史和企业文化决定。如果这家企业的员工职场素养较高,而且纪律严明,这个措施就是可行的。但对于其他一些企业来说,由于企业内部还未具备实施这项措施的条件,保密工资的实行就很难有所成效,甚至可能演变成"欲盖弥彰"的局面。

怎么做到保密是实行保密工资的重中之重,其中的内容包括保密的工资发放流程和严格的保密制度。在刚开始实行这项措施的时候,企业对于泄密人员要制定明确的、严格的惩罚规定。而且,这个规定作为企业管理制度的组成部分,处罚的重点并不是获取其他工资信息的员工或"打听者",而是"泄密者"。制定这样的惩罚规定目的就在于从源头上制止工资信息的泄露,防止泄密者传播信息。

另外,实行保密工资的企业在审批和发放的过程中,参与人员非常少,只包括直接主管、薪酬主管和工资会计,而且他们必须和公司签订相关的保密限制合约,承担严厉的责任风险。当然,他们同时也享有相应的保密津贴。

事实上,对于那些还不具备实行条件的企业,实行保密工资时往往会把区别对待作为主要原则,这是一种较为实际和可行的办法。即只对"重要或关键岗位"的员工实行保密工资,对企业其他基层人员则实行透明工资制度,这主要是因为工资存在较大差距,同时职位相对高的员工,其保密意识和个人品质也较高,更能承担起保密的责任。

关于是否实行保密工资制度现在依旧有很多争议,各自所持的观点相差甚远。在一些国有背景的企业中,工资透明化已经成为维护员工合法利益的一项措施，但在相对更有活力的民营企业中，管理层还在致力于保密工资积极的一面，如何做到真正保密才是重点，并非形式主义。如果做到了，那么这个制度的利就远大于弊。

薪酬成本控制

要想有效地控制薪酬成本，首先就应该从薪酬成本的构成入手。因为薪酬成本与企业薪酬政策及员工人数联系较为密切。所以，企业可以通过控制下面几个因素来控制薪酬成本。

薪酬政策

一般情况下，企业的薪酬政策是由企业的薪酬等级、薪酬结构线和薪酬分配办法等内容构成的。企业的薪酬成本会受很多因素的影响，比如企业的基本薪酬、可变薪酬以及福利水平标准，还有该企业薪酬水平在市场上是否处于领先地位、发放薪酬的时间、企业中的最低薪酬水平与最高薪酬水平的差距、短期薪酬与长期薪酬的比例、企业向高层管理人员和核心技术人员倾斜的程度等多种因素。

下面我们从两个重要方面做出阐释。

1. 薪酬水平

控制薪酬成本，最重要的一点是要控制薪酬水平，即控制企业的基本薪酬、可变薪酬和福利水平。不同的薪酬构成所占的份额大小不同，水平高低不同，对企业薪酬成本的影响也各不相同。

①基本薪酬。基本薪酬对薪酬成本的影响主要表现在加薪方面，判断是否加薪一般应考虑下列三个方面的因素：原有薪酬比市场薪酬水平低、根据市场情况加以调节、依据生活指数做出调整。而企业为加薪所增加的成本要依据加薪的幅度、加薪的时间和加薪的员工人数来决定。换句话说，给哪部分员工加薪、加多少，一次加薪到位还是分两次或多次加薪等，选择的标准不同，影响企业财务状况的程度也就不同。

②可变薪酬。控制基本薪酬和控制可变薪酬有一定的相似之处，但也有一些区别。一方面，可变薪酬所引发的企业成本的增加是由加薪的规模、加薪的时间及加薪的员工人数决定的；另一方面，由于可变薪酬方案种类较多且有较大弹性，但大多和企业业绩、团队（部门）或员工业绩联系密切，所以根据企业准确的预算做出适当调整的余地较大。此外，基于可变薪酬的支付日期通常都在每个财务年度的年底，所以可变薪酬对企业成本的影响时间较短，对接下来的一年也不会有太大影响。

③福利支出及其他。根据对控制和预算所起作用的大小,可以将企业的福利支出分成两种类型:一种是与基本薪酬密切相关的福利,另一种是和基本薪酬没有关联的福利。

和薪酬相关的福利通常是一些法律规定的福利内容,企业没有权利取消或降低这些福利。例如住房公积金、人寿保险以及补充养老保险等。这类福利一般要根据基本工资的百分比来提取,所以在基本薪酬有所改变的时候,福利也会跟着发生变化。与基本薪酬没有关联的福利主要包括一些短期内的福利项目,比如健康保险、牙医保险、工伤补偿计划和员工帮助计划等。

由于这类福利项目是由企业自自行设置的,所以灵活性较大。企业可以通过控制福利项目支出进而实现控制福利成本控制的目的。另外,还有一些企业通过实行弹性福利计划,确保在激励强度相同的基础上降低成本,这一举措可以有效控制福利成本。

④薪酬水平的差距。企业薪酬水平存在的差距在某种程度上往往能体现出该企业的分配政策,以及对高级人才和骨干人才的重视程度和倾斜程度。薪酬水平的差距包括基本薪酬水平的差距、可变薪酬水平的差距以及福利水平的差距。

从企业的工资结构线上,能够看出基本薪酬水平存在的差距。假如企业有意要将员工的收入差距拉大,那么该企业的工资结构线就会有较大的斜率;而有些强调"平均主义"分配的企业,其结构线就会相对平缓一些,即斜率较小。因此,从这个角度上讲,企业能够通过降低工资结构线的斜率来进一步控制企业的整体薪酬水平。控制可变薪酬和福利水平也可以通过降低高水平薪酬员工的薪酬来实现。

2. 薪酬结构

从薪酬成本构成方面来控制薪酬结构,可变薪酬相比基本薪酬更易操作。企业薪酬成本的调整空间大了,管理者进行预算开支控制的空间也就随之增大。另外,在可变薪酬中,通过调整长期薪酬和短期薪酬的比重,某种程度上也可以达到控制企业薪酬成本的目的。

员工人数

在企业所付薪酬水平固定的情况下,企业的员工人数越少,该企业所承受的经济压力也就越小。因此,减少员工的数量也是企业控制薪酬成本的一个有效途径。而一般企业减少员工人数最常见的一种方法就是裁员。

当企业的经济压力不断加重的时候,大多数企业都会选择裁员这种手段。裁员可以让企业在最短时间内减少员工数量,但同时企业也也要一次性支付给被解雇员工适当数额的补偿金,这可能又会增加企业短期内的成本。另外还应注意的一点是,假如企业裁员的措施没有运用恰当,很有可能让员工的工作积极性和对企业的忠诚度受到重创,致使很多骨干员工流失,进而直接影响企业的人力资本储备。

为了将裁员给企业带来的负面影响降到最小,如今很多企业纷纷开始试行柔性的员工管理。1994 年 Atkinson 最先提出了这种柔性管理的企业员工分类模式的实施。也就是把企业员工分成几种类型,对不同类型员工有针对性地实行管理。

依据该员工对企业的重要性及其具体的工作性质,将员工划分成核心员工、外部员工和外围员工三类。外围员工又是由一线外围员工和二线外围员工组成的。下面是运用柔性管理的企业对员工的分类。

1. 核心员工

核心员工一般是企业内部的正式员工,是与企业签订了中长期劳动合同作为保障的。这些核心员工不管是从理论上还是技术上,对于企业的长远发展都扮演着重要的角色。这些员工主要由企业的中高管理人员和专业技术人才构成。

2. 外围员工

(1)一线外围员工

一线外围员工是指那些处于企业生产第一线的从事体力劳动的人员,一般这些员工的文化水平较欠缺、技术水平单一,但对企业的忠诚度却很高。通常情况下,企业与一线外围员工签订的合同是永久性的,因此他们属于企业的内部工人,同样享有保险和福利。但是,由于这些员工的素质和技术水平还有待提高,所以企业不能为其提供和核心员工一样的保障程度。一线外围员工的工作通常无需动用脑力,工作压力不大,可替代性强,但实际回报相比核心员工偏低,功能和数量上的灵活性较大。

(2)二线外围员工

二线外围员工是指处于企业生产一线的临时工、即劳务工(合同制员工)以及从事协助生产的人员。这类型员工始终处在外部市场,进入企业内部劳动力市场的难度较大。相比一线外围员工而言,这类型的员工工资待遇更低,没有保险和福利。

二线外围人员从事的工作主要是下列几种类型:从事后勤服务的临时工、劳务工等。这类型员工流动性较大,数量也可以随时调整。当企业对于二线外围员工的需求量较大,且这类员工的工作能力恰好契合该企业的文化时,他们就有可能晋升为一线外围员工,进入企业内部劳动力市场。

(3)外部员工

不算在二线外围员工范围内的人员就是企业的外部员工了,外部人员所涉及的人员相当广泛,包括律师、技术顾问、咨询人员、兼职人员以及为企业提供外包服务的组织。一般情况下,外部员工的特点是素质非常高,知识技能扎实。这类型员工是由企业自己雇佣的人员和其他雇主雇佣的人员组成的,是在企业需要临时完成某一项目或某一事件的情况下雇佣的人员,企业只要对其支付相应的薪酬即可,其他的和企业没有任何关联。从某种程度上讲,这些外部人员曾为企业的稳定和长远发展做出过非常大的贡献,但反过来说,外部员工也只是为企业的短期发展做了贡献,并没有将企业的长远目标作为工作重点,所以只能划分为企业的外部员工。

为了减少企业所支付的全额薪酬员工的人数,可实行一些有效措施,将企业员工分成不同的类型,然后对不同类型的员工制定不同的人力资源策略,进而加大企业的灵活性,将薪酬成本降到最低,让企业的所有资源实现优化配置。

收益分析

企业还可以通过成本—收益分析,来判断出企业所支付的薪酬是否有价值,进而对成本进行合理的控制。例如在公布一个新的加薪政策之前,企业需要透彻和深入地分析加薪可能给企业的经济带来的影响,从而测算出所付成本能否收到较高的回报。

同理,在企业推行的薪酬政策中,实行薪酬差距、对核心员工支付高额的薪酬等做法都应该进行成本—收益分析。同时,在企业制定如销售人员奖励计划这样的薪酬方案时,也能够通过对该计划成本的预算,合理、有效地控制成本。在现实操作中,有些企业选择了薪酬业务外包的方式,特别是部分福利保险项目的外包。这往往也是企业施行成本——收益分析以后,认识到企业负担着过高的活动成本而做出的决定。

薪酬水平调整

按照调整的内容做出划分,薪酬水平的调整大致分成以下几种类型。

1. 效益型调整

是指根据企业经济效益的变动状况,全体员工要通过调整薪水水平和企业分享利益、共担风险。一般效益型调整所针对的对象是全体员工,否则会有失公平。调整要考虑选择非固定性的、浮动性的方式。

2. 生活指数型调整

是指企业针对通货膨胀情况降低员工实际薪酬水平的情况,为了维持员工的现实生活水平不下降或下降少而进行的一种补偿方式。这种增加员工薪酬的调整属于员工薪酬的普遍性调整。

3. 年资（工龄）型调整

是指当企业员工的资历增长后，对员工的年资薪酬做出上调的举措。企业应根据员工经验曲线和绩效考核确定调整的幅度，年资型调整属于常规性和全员性调整。

4. 奖励型调整

是指企业为了对工作和业绩表现突出的员工进行奖励，强化企业激励体制强化而为员工增加的薪酬。这种奖励型调整一般只针对少数业绩优秀的员工实行，不具普遍性。

岗位及个人薪酬调整

岗位与等级变动见表26-4。

表 26-4　企业岗位与等级变动表

调整方式	调整方法
岗位晋升	由晋升引起的薪酬增长，应增长到新等级的起始级或最小值
岗位降级	将员工转调到较低的职位，根据降级后的岗位等级确定薪酬
岗位平行调整	调整到企业其他相近等级的职位，相应值不会发生太大改变

考核结果对员工考核期绩效工资的影响见表26-5。

表 26-5　处于不同绩效等级中的绩效工资的浮动情况

绩效等级	A	B	C	D	E
绩效工资浮动	x%	x%	x%	x%	x%

年度考核结果对员工下年度薪酬的影响见表26-6。

表 26-6　处于不同绩效等级的职位薪酬的奖惩情况

绩效等级	A	B	C	D	E
下年度薪酬奖惩	上浮两档	上浮一档	维持	下浮一档	下浮两档

薪酬组合调整

薪酬组合调整是指把员工薪酬的各个组成部分按照比例关系作出调整。例如，根据公司应用绩效管理的熟练程度以及员工对绩效管理的接受程度，一步步地提高绩效工资（弹性薪酬）的比例，或是让企业原来的核心薪酬保持不变,通过增加一些新福利项目的举措达到调薪的目的。这样可以有效控制员工固定薪酬的增长,提升其福利水平,最终实现调整薪酬组合的目标。

企业对薪酬组合的调整,主要参考外部薪酬市场的情况和竞争的变化而定。同一行业的大多数企业其年度薪酬组合方式是比较接近的,只有小部分的薪酬竞争力十分强的企业才会有更大的实施薪酬个性化组合的薪酬空间。

薪酬总体趋势

随着国家相关薪酬法律环境的变化,企业的薪酬战略也越来越多样化,企业薪酬决策的环境越来越复杂。从 2008 年开始实施《劳动合同法》,企业的薪酬体系就呈现出僵化的趋势,而《工资条例》的实施无疑加快了劳资双方谈判协商机制的建立。协商机制的改变,让原本由企业单方面决策转变成现在劳资双方协商进行决策,让企业薪酬体系从之前较为单一的决策体系转变成形式多样的体系,这样的趋势使得企业的薪酬成本不得不增加。

企业的薪酬成本会随着国家宏观收入政策的变化而快速、大幅地上升,也就是将提高居民收入作为基本的国策,成为薪酬成本迅速增加的最大原因。同时单位产品薪酬含量也在不断加大,这给一些利润较为薄弱的中小企业或行业的薪酬管理带来了非常大的挑战,但如今这个趋势几乎是无法改变的。

基于新生代职业人员的工作态度和需求内涵有了巨大的转变,这些员工对薪酬的观念和要求与之前的员工有很大差异。他们对薪酬的需求呈现多元化和个性化的趋势,这也进一步加快了弹性福利计划和自选福利计划的制订。怎样满足新生代员工对薪酬福利的要求,已经成为目前和今后企业薪酬管理和薪酬体系设计的一个重要议题。

更加重视薪酬成本的投入与产出的比例。企业最大的单项成本便是薪酬,所以如何让薪酬的作用得到更大的发挥、提高员工工作绩效已经成为如今企业薪酬管理面临的重大问题。

薪酬内涵有一定扩大。薪酬内涵除了包括工资和福利的内容外,企业对员工的关怀也算在其中。如今关怀员工已逐渐成为企业薪酬内涵一个重要组成部分,否则就会致使企业人才竞争力薄弱。全面薪酬方案的实施已经成为薪酬理念的主流。

薪酬等级与组合趋势

①比起内部公平来,更加重视外部的竞争。

②把更多的固定薪酬调整为可变的业绩奖励。

③为了适应扁平的组织结构(宽带结果),各等级所设定的薪酬范围要更宽泛。

④更加重视业绩、能力和生产率的奖励。

⑤相比工资总额理念,更加重视整体薪酬回报。

⑥将一些现金补偿作为风险性薪酬构成。

⑦薪酬构成及组合的多样灵活性使得员工不再那么看重工资总额,而更关注薪酬弹性。

薪酬管理趋势

如今,企业薪酬管理的重心有下移的趋势,人力资源部门也越来越频繁地参与到薪酬的决策中,其参与主要包括:调查和分析以及外部市场薪酬的变化情况以及企业内部的薪酬问题,这些准确的内部诊断结果将成为是否调整或修正薪酬政策的重要依据。

企业薪酬管理的另一个趋势是,直线经理正在转变为重要的部门薪酬决策人员和薪酬执行人员。一些大型企业已经把员工薪酬提升、奖金分配的权力下放到直线经理们,各直线经理在部门薪酬总额的范围内,有做出自行调剂的权利,这让薪酬管理更符合企业的实际情况,而且也能让员工的更多需求得到满足。

作为薪酬管理的职能部门,人力资源部门的主要功能是为直线部门提供直线伙伴,这类型的支持包括协助直线部门沟通薪酬政策、为管理内部的平衡建立政策和程序,以及为确定和支付薪酬提供一个可靠的前提条件等。

第二十七章
奖金与福利管理

奖金的特点

为了激励员工完全或部分达到了事先设定的目标,或是对员工取得的令人惊喜的成绩进行鼓励,很多企业制定了发放奖金的奖励方式。实际上,一些企业实行奖金奖励的范围很广,几乎所有能够激励公司员工的公司行为都包含在内,从这一角度上讲,企业的实践要远远比专家讲授的理论有内涵,有实际意义。

相比其他薪酬形式,奖金有一些员工非常欢迎和喜爱的特点,由于奖金总是给人出乎意料的感觉,让人惊喜不已,所以奖金的应用会让劳资双方获得皆大欢喜的结局。下面我们归纳了奖金的几个主要特点,供参考。

1. 公平性

几乎没有一种薪酬制度,可以对企业内部的所有员工绝对公平。但是,企业通过发放奖金的方式,可以有效调解员工和企业需求之间的差异,进而提高团队合作效率、改善企业的局部氛围,让企业更加和谐地发展。

2. 补偿性

无论是计件工资还是计时工资,是基本工资还是绩效工资,其制度都具有一定的刚性,并不是所有部分都合理,但企业也很难在短时间内对其做出调整。另外,对于计件工资下超额的质量、计时工资下超额的劳动,奖金能够对员工的付出做出相应的补偿,以鼓励和引导他们继续努力。

3. 灵活性

一般情况下,人们总是会对工资的多少形成固定的期待,加薪容易降薪难。针对员工突出的表现,用增加工资的方式来回馈员工显然会增加公司既定的支出成本;而在员工表现较差的时候,下调工资又会挫伤员工的自尊,打击其进取心。而奖金却可以有效地化解和管理这些问题,给予员工应得的回报。

4. 激励性

激励员工,首先应做好的一点是及时,及时是企业激励机制的一项重要原则。奖金是最能产生激励效果、最能满足这一特性要求的一种形式。试想,在某个时期的工作环境下,一次恰如其分的奖金激励往往会成为一个员工难以忘怀的职业经历。事实上,奖金的意义并不仅仅在于奖金本身,它同时还能给员工带来一种被喜爱、被欣赏的满足感。

5.差别性

奖金可以奖励给个人，也可以奖励给团队，而奖金针对性强的特点也会造成企业员工收入上的差距，这同样也是一种向员工发出信号的方式，告诉员工哪些是企业倡导的行为，鼓励员工多向这方面努力。

个人奖励

个人奖励是一种富有成效的鼓励方式，所以在企业实行奖金激励的过程中得到了广泛应用。一般情况下，个人奖励的内容包括管理层奖励、行为奖励、计件奖励以及举荐奖励等。

管理层收购（MBO）是非常著名的一种管理层奖励方式，但它也较为复杂。个人计件工资的奖励实质上是一种个人奖励行为，企业会将员工的个人工作量作为是否奖励的衡量标准，这种奖励方式是有别于基本工资的，因为基本工资是一种平均产出的报酬，而计件奖励则是员工从额外的产出中所得到的回报。

在现今人才竞争相当激烈的市场环境中，已经有越来越多的企业开始推行举荐奖励的激励方式。由于公司现有的员工对企业的经营理念和企业文化较为了解，而且对推荐人的一些情况也要比招聘人员更了解，所以，由公司内部员工举荐的候选人很可能要比从社会上招聘来的人员更合适，也更可靠。此外，举荐人在本公司上班，一般不会拿自己的声誉冒险，这是另外一个因素。

通常，个人奖励的实际应用情况会受企业的运营方式和文化理念的影响。有些时候，个人奖励甚至会脱离企业现有的薪酬体系，发挥薪酬以外的激励作用。个人奖励的资金可以来源于总经理或董事长基金，也可以来源于奖励基金以及预算外支出。一些规模较大的企业往往将个人奖励的权力赋予中层管理者，然后在规定的奖金额度内，部门负责人直接对其下属实行个人奖励的权利，这样可以让奖金发挥出最大的价值。

集体奖励

集体奖励是对一种集体或团队成员所进行的奖金激励方式。集体可以是为完成一个任务、一个项目而临时组织起来的一次性组织，也可以是一个部门或车间这样的组织单位。一些团队合作性较强的企业在运营的过程中，会经常使用集体奖励这一激励方式，其中最典型的是项目研发团队和销售团队。

虽然是集体和团队的奖励，但最终还是要落实到具体的每个成员身上。

集体奖励的形式有很多,一种情况是预先有设计和规定的,完成团队目标后,企业就会按照原计划进行相应的奖励,团队成员也依照原计划分配奖励;还有一种情况是企业给予团队额外的奖励,公司并没有对团队发出任何形式的分配指令,而团队成员在分配集体奖励的时候也就可以运用多种方式了,这些方式包括以贡献多少分配、平均分配、按岗位重要程度或基本工资的比例分配等。相对来说,最后一种方式在现实生活中被应用得最多,这是由于团队成员所做的贡献大小总是很难进行界定的。

还有的企业会将权力下放给该团队的负责人,让其做出分配,最后将分配结果上报即可,甚至都无须备案,这样的做法在一些强调直线领导的企业中较为常见。通常,处于这种文化背景下的企业,其管理层往往会认为公司的业绩是从下向上构成支撑的,上一级要比管理层了解下一级的价值贡献,所以这种分配方式也有一定的有效性和合理性。

公司范围奖励

公司范围奖励这一奖励方式具有很长的发展史,并运用得相当广泛,尤其是将平均主义作为特色的国有企业,其效益奖金就属于公司范围奖励。公司针对全体员工制订奖励计划,一方面可以赢得更多员工的信任,另一方面也能够减缓员工对低薪的不满。企业管理人员应该深知,让员工分享到公司发展所带来的利益,会减小他们对公司的管理实践提出质疑的可能。

假如公司绩效已经超出了可接受的最低绩效标准,在公司范围内实行奖励计划就是非常必要的。然而在现实中,虽然有的公司业绩并没有达到相应的标准,奖励却必须推行下去,否则一部分员工就会对公司及公司今后的发展失去信心,进而离开公司。

因此,对于一些企业而言,公司范围内的奖励已经成为一项固定的人工成本支出。企业的薪酬管理者在设计和预测年度薪酬总额的时候,往往会冒着一定的风险,将公司范围内的奖励设定成一项常规的薪酬项目。

利润分享计划

利润分享计划指的是公司把经营所得的一部分利润赠予员工,这类型的支出有别于员工的基本工资、生活成本调整、绩效工资等永久性增长的薪酬。实施利润分享计划的前提条件是,这个公司已经完成了设定的利润目标。现在,被企业使用得较多的利润分享形式有两种,一种是当期利润分享,例如有的国有企业,他们会按年度或按季度给员工发放奖励;还有一种是延期利润分享,如退休养老金计划和员工股权置换计划等。

在大多数中小企业中,一般利润分享计划只针对管理层(代理人)实行,并不会面向全体员工实行这一计划。这是因为中小企业的管理者认为,他们的普通员工利润意识和观念并不强,而且企业创造的利润毕竟有限,需要节省开支。而对利润创造贡献最大的一般是企业的管理人员,所以他们不将利润分享计划针对普通员工实行也是情有可原的。

企业利润分享计划的主要形式之一是目标管理(MBO),在这些管理方案中,假如经营者创造了超额的利润目标,就可以依照一定的比例进行分享,这个比例可能是直线比例,也可能是等级比例或多重等级比例,也就是利润越高分配的比例越高。对于企业的管理层而言,它是一种非常有效的激励措施。

奖金与战略的联系

毋庸置疑,奖金和企业的竞争战略有着千丝万缕的联系。在工资总额相同的条件下,设定的奖金数额高,就表示相应地减少了员工基本工资的份额。尽管这样做能够加大激励力度,但由于它是没有承诺的、不确定的,所以对于吸引和维系员工还是不利的。

奖金设计

1. 奖金总额与来源

基于奖金的预算有一定的风险,所以奖金可能来源于企业所创造的利润,也可能来源于成本。企业对一定期限内可达到的目标能否达成没有十足的把握,即使没有完成既定的目标,奖金的发放也是必不可少的。所以,奖金总额(特别是公司范围内的奖金)依然是薪酬总额的一项组成部分,还是应该进行预算。在实际操作中可依照实际情况来进行,例如说,项目奖金能够在项目经费中进行预算,但个人奖励和利润分享计划的弹性就较强了。因此,设计奖金总额的时候也要参考一定的弹性机制。针对部分临时性的奖励,企业管理人员应及早制订奖金方案,比如企业的分配方式、所设定的需要完成的目标、奖金的兑现等。

另外还有一种做法是,公司为了减缓员工基本工资的增长速度,增加了发放奖金的次数和力度。比如说,假如企业每年提供给员工的工资可以增长10%,那么,可考虑将其中的5%用来加薪,其余的5%作为员工的奖金支出。这种方法的使用,能够让企业减少永久性基本工资的预算,所以这种设计奖金的方式灵活性更大。

2.奖励范围与对象

基于不同的奖励方式所奖励的对象和范围是不一样的,在设计奖金形式的时候就应该从实际情况出发。比如说,公司范围内的奖励所针对的对象是符合条件的全体员工,而项目奖励只是给予该项目的成员,利润分享计划则可能只对公司的管理层实施,不会涉及普通员工。

3.年终奖设计

通常来说,分配系数是设计年终奖时最关键的问题之一。从奖金设计方案的总体来看,企业会重点考虑奖金总额、岗位分配系数、员工出勤率、员工基数和绩效等级这些问题。在开展年终奖的设计工作时,实行过绩效管理系统的企业一般要比其他企业相对顺利一些,这是因为他们已经制定了分配依据分案。

津(补)贴设计

津(补)贴实际上就是对员工工资的一种补充和调整,是对员工在特殊条件下消耗的额外劳动支出所做出的补偿,增加工资是该补偿最主要的形式。医疗卫生津贴、山区津贴、高温高空津贴、野外津贴、井下津贴、保健津贴等都是较为常见的津(补)贴类别。在如今的企业薪酬设计方案中,津(补)贴的内涵变得越来越宽泛,其中新增了生日津贴、通讯津贴、交通补贴、住房补贴、职称津贴、工龄津贴、生活费补贴等。

在以前,津(补)贴有着一事一贴的特殊特点,即为某一专项的工作环境所设定的专项补偿。但是,随着时代的变化发展,津(补)贴变得越来越福利化,其性质也逐渐向"保健因素"转化。员工得到了补贴不一定感到满意,而没有得到补贴的员工也不一定会不满。所以,对于很多企业而言,津(补)贴是一种"接受市场价格"的表现,并逐渐地成为员工的需求习惯,而由于员工的忽略,其激励作用正在逐渐变小。

津(补)贴的设计工作较为简单,预算也比较稳固。一般而言,企业会根据历史习惯、法定要求和外部行情来确定津(补)贴项目,而设计原则应依据法定要求、实际需要、通货膨胀水平等因素确定。

福利概况

现如今,随着社会的不断进步和发展,员工的福利意识正在逐步增强。在人们择业的时候,福利已经成为一个着重考虑的因素。基于这种情况,很多企业都在加大福利这方面的支出。有关调查数据显示,在西方的一些企业中,员工的福利已经占到薪酬的三分之一,而国内的企业则很少有这种想象。早在2005年,"中国人力资源开发网"的一份调查就表明,国内企业员工的福利约占其薪酬的6%～10%。最近几年里,无论是企业的实际支出,还是福利项目的实际数量,都有了十分明显的增长,相信过不了多久,企业的福利支出还会提高一大截。

现在,法定福利依然是国内企业最大的福利支出项目。而在劳动密集型的民营企业和一些中小企业中,法定福利甚至占所有福利的80%以上,而且这些福利有时并不会覆盖全体员工,只有企业的管理人员和技术人员才能享受得到这些法定的福利待遇。相比而言,外资企业的福利是非常全面的,但福利最丰厚的还是一些垄断性的国企,如电力、通信、金融、煤炭,其次是交通、证券、事业单位等,这些福利待遇优厚的国企和中小民营企业有着极大的反差。

在所有的福利项目中,最受员工青睐的当属健康福利。曾有一份研究报告指出,大多数员工都乐意接受一份提供健康福利的工作,而很难接受一份工资高30%但不提供健康福利的工作。另外,二十世纪八九十年代出生的年轻员工对于福利要比之前的员工敏感得多,他们的福利意识已经明显提高。除了金钱外,他们对于能够独立享受和安排自己业余时间的愿望更加强烈,这也是越来越多的毕业生青睐国企的原因之一。

企业的福利项目多种多样,而且由于企业对福利的认识习惯、支付能力以及对员工主要需求的适应性存在差异,所以不同的企业对福利项目选择的偏好差异也很大。比如一些中小型企业或是劳动密集型企业,其员工一般对于吃住这方面的福利较为重视,而一些地处远离市区的开发区企业,其员工往往对交通福利更为关注。所以,企业应根据员工的需求和自身实际情况来确定合适的福利项目。

福利的作用机制

在如今的社会,福利的战略价值已经越来越重要,它担负着吸引和维系员工的重要作用。在部分实行人才差异化竞争的企业中,福利事实上是一种重要的管理手段。富有竞争力的福利计划,一般会传达给员工一种潜在的信息——这是一家实力雄厚且重视员工的企业,加入他们是一个明智之举。

基于目前的市场环境,很多企业都对高管人员和核心技术人员加大了福利投入,也就是利用资本的形式表达企业管理的温情。这种投入的对象不只是员工本人,还包括员工的家属,例如在员工的家属生日或是节日时对其表达关怀。尽管这种形式的投入成本并不高,却有着较强的情感因素和亲和力,让企业的核心人员感受到温暖并充满感激之情,进而更努力地工作。

企业还可通过福利计划获得税负方面的优势,进而减轻员工的税负负担。

但普通的福利项目并不会很大程度地激励企业的员工，而且难免变成员工固定收入的一部分。因此，大部分中小型企业所选择的福利项目都不会很多。随着市场竞争越来越激烈，企业应该花费更多的精力在成本控制上，同时也要担负起更大的压力，尤其是一些正处于成长期的中小型企业，都会面临高成本和高福利的艰难抉择。在可以预见的未来，这个趋势持续和加剧的可能性极大。

福利设计要点

考虑到福利的重要性，在员工福利的设计过程中，企业务必要注意下列几个因素。

1. 发现员工的主要需求

不同的员工偏好不同，对于福利的需求也不同，这就需要企业的管理人员从中发现一些员工共同的、主要的需求，比如法定福利以及与健康和意外风险相关的保险福利等，一般人对于这方面的需求是几乎相同的；又如意外保险，基于这种形式的保险投入较少，且分担性强，所以抵御风险的效果一般非常好；另外，传统节日的福利也较为符合中国人的传统观念，特别是节日物资福利，成本较少，却可以营造良好氛围，让员工更有归属感。

2. 区别对待不同人员

与世界上很多事情相同，员工福利也不可能是一律平等的。有的福利项目可能对全体员工都适用，而有的福利项目则只适用于某些特定的员工，如企业的管理人员和核心技术人员，个别福利项目也可能会提供给极少数员工专享。重点是，公司应将有限的资源进行合理、有效的利用，这样有利于局部竞争优势的形成。选择这种福利设计方案，不仅能弥补企业在整体竞争上的劣势，还可以满足特定对象的需求。

3. 量力而行，富有特色

福利作为企业的一项重要财务支出，和核心薪酬形式一样，一旦实行了就难以再对其做出改变，这就是福利的刚性特征。假如一些实力不济的企业将福利设定为长期的固定成本，那么最终该企业很有可能会被福利支出所累。因此，企业在设计福利时最好根据自身的实际情况量力而行，在适应市场变化和潮流的基础上，保持自身福利计划的习惯和传统，进而设计出独特的企业福利形式。在设计时，一些中小型企业没必要向大型企业看齐，要另辟蹊径，避其锋芒，用自己独特的福利形式来吸引和维系优秀员工。

4. 保持与薪酬合理的比例

应当注意的是，企业要在核心薪酬与福利之间建立合理、科学的比例关系，这实际上也是福利总额计划的一部分。现在,国内非垄断性企业的大致形势是:8%～12%的比例较为普遍,也较有代表性,其中法定福利约占所有福利的80%。显然,这并不仅仅与福利支出的绝对值有关,它还受员工平均薪酬水平的影响。

福利制度范例

下面提供一份某企业的员工福利管理办法,便于大家借鉴。

目的

福利是企业为了向员工提供基本保障而设定的非现金和现金形式的报酬,是企业薪酬体系的重要组成部分。福利是企业为了吸引和维系员工所采取的一种举措,同时也体现出员工对企业的一种承诺,良好的福利制度能够很大程度上提高员工对企业的忠诚度,激发他们的工作热情。

适用范围

适用于和集团正式建立劳动关系的所有员工。

福利项目

企业制定的福利项目一般有三种类型:保险、假期、礼金礼品。

1. 保险

①基本社会保险包括医疗保险金、养老保险金、工伤保险金、生育保险金、失业保险金、住房公积金等。

②补充保险是企业为员工投保的人身意外伤害保险;企业为因公频繁出差的公司管理人员投保相应的交通意外险。

2. 假期

①法定假期。所有员工每年享有国家规定的法定假期,具体放假规定要根据相关部门的通知确定。

②带薪休假。根据公司的实际情况和国家规定来执行。

③病假。在公司工作的时间满一年的员工,每年都有两天带薪病假(须提供病历等相关证明)。

④婚假、产假、工伤假。根据国家及当地政府规定执行。

⑤丧假。在员工的直系亲属(指配偶、父母以及子女)不幸逝世期间,员工可享受三天带薪慰唁假;如果是旁系亲属(祖父母、同胞兄弟姐妹)去世,可享受一天带薪慰唁假。

⑥考试假、学习假。员工凭与岗位任职要求相关的学习或考试凭据,提前向人事部门上报,获批后,员工可按规定参加考试和培训(仅限注册资格、职称学习)。

企业为了鼓励员工参与职称评定,对国家规定的职称英语考试、职称计算机考试等,凭考试通知,获得单位人事部的批准后,可适当给予其考试假。

参加个人学历教育的员工,获得所在单位负责人的批准之后,可凭学校考试通知,在所在单位人事部门审批后参加考试(仅限于考试)。

由集团指派参加的各类长期、短期培训不包括在内。假期审批权限及工资处理情况应参考企业的考勤规定;相关假期应根据国家及当地政府的规定执行。

3. 礼品礼金

①生日慰问金。逢在职员工生日,公司送予生日礼物或礼金。

②节日慰问金有如下几种:

- 企业在"五一"国际劳动节的时候,给每位员工发放 500 元慰问金;
- 春节、中秋节、国庆节,企业会举办庆祝活动来庆贺节日。
- 企业在春节给每位员工发放 2 000 元过节费(试用期员工按 500 元标准执行)。如果当年度已经发放了年终奖,则不再发放过节费。

③结婚礼金。在公司工作的时间超过两年(包括两年)的员工,要在办理结婚登记手续一个月内向人力资源部提交结婚证明,然后公司给予其人民币 2 000 元整作为贺礼。

④生育礼金。在公司工作的时间超过两年(包括两年)的员工,在子女出生的一年以内,要向人力资源部提供《出生证》,公司将给予其人民币 2 000 元整作为贺礼。

⑤慰唁礼金。员工的直系亲属过世时,公司会提供适量的奠仪物品或人民币 1 000 元整。

⑥子女上学礼金。在公司工作时间超过两年(包括两年)的员工,在其子女考上大学(全日制本科)的一个月内,向人力资源部提供《入学通知书》,公司将给予其人民币 2 000 元整作为贺礼。

⑦住院慰问。因病住院的员工,企业会给予其 500~1 000 元慰问金或慰问品。

⑧团队旅游。参加由公司组织的旅游活动时,员工每人每年享有最高 1 000 元的团队旅游津贴,但仅限于本年度使用。

⑨健康计划。在公司工作时间满一年的员工,每年公司会组织这部分员工到当地医院做身体健康检查,并不定期地开展保健讲座。

⑩企业救助金。当员工及其家庭因不可抗拒力而遭受灾难且蒙受重大损失的时候,员工本人可向公司上交书面申请,企业在了解实际情况后给予其一定的资助。

4. 补充福利

企业会根据企业的项目运作状况、经营效益、员工的工作年限与职位等情况,为相关员工提供适当的补充福利。

第二十八章
绩效计划管理

绩效计划的定义

从"名词"的角度看,绩效计划指的是在考核期限内有关工作标准和目标的契约。

从"动词"角度看,绩效计划是领导与下属就考核期限内应该达到什么样的标准、完成哪些工作目标所进行的商讨,进而形成契约的过程。

制定绩效计划的原则

不管是针对员工的绩效计划,还是公司的经营业绩计划,制定绩效计划的时候都应注意以下原则。

1. 价值驱动原则

制定出的绩效计划应与追求股东回报最大化和提升公司价值的宗旨相一致,突出以价值创造为核心的企业文化。

2. 突出重点原则

员工承担的工作职责越多,取得的相应的工作成果也就越多。但是在设定工作目标和关键绩效指标的时候,无需面面俱到,应该把握重点,突出关键,选择那些与职位职责结合更紧密、企业价值联系较大的工作目标和绩效指标。

一般情况下,员工绩效计划中的工作目标不宜超过 5 个,关键指标不宜多于 6 个,否则很容易导致员工的注意力分散,这样不利于最重要的工作目标和绩效指标的实现。

3. 可行性原则

重要的工作目标和绩效指标,必须是员工可以控制的,最好在员工权利和职责控制的范围之内,即应与员工的权利和工作职责保持一致,否则很容易影响目标任务的实现。另外,绩效计划确定的目标要有一定难度,有挑战性的同时又有实现的可能。如果目标太高,实现起来会很困难,激励性不足;如果目标太低,则对公司的绩效成长不利。在制定绩效计划的整个过程中,企业应充分吸收和借鉴先进的管理经验,然后结合公司的实际情况,将实行中出现的问题处理好,让工作目标与关键绩效指标更符合实际,更具操作性。

4. 流程系统化原则

绩效计划要与战略规划、经营预算计划、人力资源管理、资本计划等管理程序密切联系,配套使用。

5. 一致原则

制定绩效计划的最终目的,是为了保证公司年度生产经营目标和总体发展战略的实现,所以在确定指标值和选择考核内容的时候,最好依据公司的发展目标,自上而下逐层进行分解、设计和选择。

6. 全员参与原则

在制定绩效计划的过程中,争取让企业的管理层、各级管理者和员工多方都积极参与进来。这种参与能够最大限度地暴露各方的潜在利益冲突,有利于通过一些政策性程序来尽快解决这些冲突,进而保证绩效计划制定得更加合理、科学。

7. 综合平衡原则

由于绩效计划是唯一的考核职位整体工作职责的手段,所以务必要通过合理分配工作目标与关键绩效指标来完成效果评价的权重和内容,来对职位的所有重要职责进行合理衡量。

8. 激励原则

让考核结果和薪酬及其他非物质奖惩等激励机制更为紧密地联系起来,让绩效突出的员工和其他员工的薪酬比例的差距更加明显,做到奖勤罚懒、奖优罚劣、鞭策后进、激励现今,进而打破分配上的平均主义,营造出一种重视员工绩效的企业文化。

9. 客观公正原则

企业应保证绩效的透明性,绩效审核和沟通的过程应该是公平的、坦率的、跨越组织等级的,要客观、系统地对绩效进行评估。在设定那些工作性质和难度相差无几的员工的绩效标准时,大体上要保持相同,并确保考核过程公正,得出的考核结论准确无误,奖惩兑现也应讲求合理公平。

10. 职位特色原则

绩效计划有别于薪酬系统,其主要是针对每个职位设定的,而薪酬体系设计的时候要先将不同的职位划入有限的职级体系。所以,相近但又不同的职位,其特色就会从绩效管理体系中反映出来。这要求绩效计划无论是在目标的设定还是形式、内容的选择上,都要充分考虑不同部门、不同业务中相近的职位所具有的特色和共性。

绩效计划的内容

①本职位在本次绩效周期内的工作要项。

②对工作要项中的重要业绩指标进行衡量。

③重要业绩指标的权重。

④工作结果的测量方法。

⑤工作结果的预期目标。

⑥重要业绩指标的计分方法。

⑦重要业绩指标的计算公式。

⑧重要业绩指标的考评周期。

⑨重要业绩指标统计的计分来源。

⑩在实现目标的过程中可能出现的障碍和问题。

⑪各职位在完成工作时可调配的资源和拥有的权力。

⑫组织可以为员工提供的帮助和支持以及沟通方式。

绩效计划的制定流程

准备

众所周知,绩效计划一般是利用企业员工和管理人员进行双向沟通的绩效计划会议获得的,那么为了让绩效计划会议取得应有的效果,事先就应准备好相关信息。这些信息可分为三种类型。

1. 企业信息

为了使制定出的员工绩效计划更符合企业的目标,管理人员应与员工通过绩效计划会议就公司的年度经营计划、企业的战略目标等问题进行沟通,最终统一意见。所以,在召开绩效计划会议之前,管理人员与员工就应该重新审视企业的目标,确保在会议之前双方已经对企业的目标非常熟悉。

2. 个人信息

通常,被评估者个人的信息包含两个方面,一方面是描述具体工作的信息,另一方面是上个绩效期间的评估结果。员工的工作描述,往往确定了员工的主要工作职责,从工作职责出发来确立工作目标,能够确保将职位的要求与个人的工作目标联系起来。工作描述要不断地修订,并在制定绩效计划前再次回顾工作描述,根据环境的变化对工作描述做出调整。

3. 部门信息

将企业的整体目标一点点分解开来，就形成了各个部门的目标。不仅企业经营指标能够分解到销售、生产等业务部门，还有人力资源部、财务部等业务支持性部门，其工作目标与企业的整体经营目标也是紧紧相连的。

沟通

绩效计划实际上是企业和员工双向沟通的一个过程，在整个绩效计划中，沟通阶段属于核心阶段。管理人员和员工在这个阶段务必进行充分的交流，进而就员工在本次绩效期间的工作计划和目标统一意见。在制定绩效计划的过程中，绩效计划会议是双方沟通最常使用的一种方式。

管理人员与员工应事先确定一个时间专门用以绩效计划的沟通，并确保沟通期间不会被其他事打扰。沟通时的气氛应尽量轻松，没必要给人太大压力，将重点放在开会的原因和计划取得的结果上。

在沟通之前，企业的管理人员和员工应在这几个问题上达成共识。

● 管理人员和员工是一种相对平等的关系，他们都是为了取得业务单元的成功。

● 毋庸置疑，员工是真正意义上对自己所从事的工作最了解的人。员工往往能够在自己的工作领域成为专家，所以在设立工作的衡量标准时，要听取更多的群众的意见，要发挥员工的主动性。

● 企业的管理人员应与员工一同做决定，而不是代替员工做决定。员工能够自己做决定的企业，其绩效管理就相对完善。

● 无论是员工个人的工作目标，还是整体业务单元或整个企业的目标，以及员工在企业内部如何与其他人员或其他业务单位中的人进行协调配合，都会受企业管理人员的影响。

审定和确认

在绩效计划制定期间，作为最后一个步骤的确定和审定计划，操作时应注意下面两点。

第一，在制定绩效计划的工作接近尾声的时候，管理人员和员工应就以下几个问题达成共识。这些问题包括：员工在本绩效期内所要完成的工作目标是什么？员工在本绩效期内的工作职责是什么？怎样评价员工工作目标完成的好坏？员工应该在什么时候完成这些工作目标？可以得到哪些资源？在达到目标的过程中，员工可能遇到哪些障碍和困难？什么是最重要的，什么是其次重要的？哪些是次要的？在完成工作时员工能够拥有哪些权力？员工工作绩效的好坏对于特定的部门或整个企业有什么影响？管理人员会为员工提供什么帮助和支持？员工在绩效期内能够获得哪些培训？员工在结束一段时间的工作后,如何获取他们工作情况的反馈信息? 在绩效期内,管理人员如何与员工进行沟通?

第二,在绩效计划结束的时候,要取得以下结果:管理人员和员工就员工的主要工作任务、各项工作任务的重要程度、完成任务的标准、员工在完成任务过程中享有的权限等问题达成共识;员工的工作指标和企业的总体指标密不可分;员工的工作描述和职责已根据企业目前的环境做了修改,能够反映出本绩效期内主要的工作内容;对于完成工作目标的过程中可能出现的障碍和问题,管理人员和员工已经准备了一些应对措施;双方针对员工的工作目标,实现工作目标所需的工作结果,衡量工作结果的标准和指标,各项工作所占的权重等问题进行协商,将协商结果整理成文档,并让管理人员和员工在该文档上签字确认。

绩效计划的制定步骤

步骤一:全员绩效基础理念培训

要想让绩效管理发挥最大的作用,进而为实现企业的战略提供保障,企业的每个员工都应该了解和接受绩效管理。从理论上讲,每个员工都渴求绩效管理这一管理举措。但是,现实中还是免不了有很多企业管理人员或员工反感甚至反对绩效管理,这是因为他们对绩效管理缺乏正确的认识。绩效管理真正重要的不是考核,而是改善行为,进而达到提升绩效的目的。正确的绩效管理,可以帮助员工更好地发展自我,改善和提升绩效,更出色地完成工作。

利用全员绩效管理理念的培训,让员工主动积极地参与到绩效管理活动中来。让他们认识到,参与绩效管理是每个员工的权利,同时也是每个员工的基本义务。这可以为后期制定绩效计划奠定扎实的基础。

步骤二:诠释企业的发展目标

和绩效管理是为企业战略服务一样,绩效计划与企业战略也是密不可分的。由于绩效计划本身就来源于企业发展目标的层层分解,所以企业管理人员和员工都需要了解企业的战略,明白企业发展的具体目标。

另外,企业的管理层对企业发展目标的诠释,能够增强员工的主动精神,增强他们的主人翁意识。员工对企业发展目标越了解,就越容易认同企业的发展目标。将企业发展目标层层分解后,各个职位的绩效计划与目标就形成了。

步骤三:根据企业战略目标的分解,将企业发展目标分解为各个部门的特定目标

不仅企业的发展目标能够分解到销售、生产等业务性部门,人力资源、财务等业务辅助性部门的工作目标也是与企业的发展目标密切联系的。所以,管理

人员应善于从企业的发展目标中将本部门的目标分解出来。设定了部门目标后,每个员工的岗位目标就能够一步步地分解制定了。

步骤四:员工为自己制定绩效计划草案

在制定绩效计划以前,员工首先要回顾一下本岗位的工作描述,对主要工作职责和职位进行存在重新思考。管理人员可根据岗位的变化情况调整工作职责。制定绩效计划时,首先员工要明确自己岗位的主要工作职责,然后依据所属部门的目标,结合自身实际,拟定出自己的绩效计划与目标。绩效计划的内容包括工作任务目标,工作目标的权重,主要考核指标,要达到的绩效具体标准,工作结果测量方法等。

这个步骤的实行至关重要,它不仅能够让员工对自己、对岗位、对绩效计划的认知和定位更了解,还能培养他们的绩效计划意识。

步骤五:管理人员对员工制定的绩效计划进行审核

由于有些员工制定的绩效计划不符合实际,有的偏低,有的过高,或是不太具体等。对此,管理人员应对其绩效计划进行仔细的审核。管理人员应善于发现绩效计划中存在的问题,并分析员工把绩效目标定得偏低,或过高的原因。此外,管理人员还可利用 SMART 原则来对员工所制定的计划和目标的有效性做出分析。

所谓 SMART 原则,事实上就是指有效制定绩效计划的五个标准。S 代表 Specific,就是绩效计划一定要明确、具体;M 代表 Measurable,是确保绩效计划是可衡量的;A 代表 Actionable,即绩效计划必须是可执行的;R 代表 Real,绩效计划务必要反映出员工的真实能力;T 代表 Time Bound,即绩效计划需要有时间限制。

管理人员审核员工的绩效计划时,会了解到员工的很多真实心理,这样便于以每个员工的具体情况为依据对症下药。

步骤六:管理人员和员工针对绩效计划进行沟通

管理人员和员工都应该高度重视有关绩效计划的沟通,确定一个专门的时间用于沟通。沟通的过程中,员工先阐明绩效计划制定的出发点,然后管理人员就双方一致的部分给予肯定,对不一致部分提出修改意见,然后通过不断地友好协商最终达成共识。

步骤七:管理人员与员工就绩效计划达成共识

在绩效计划的制订即将结束的时候,管理人员和员工应该找到相关绩效指标等重要问题的答案,进而确认双方是否对绩效计划达成了共识。

步骤八:将考核指标和具体考核标准做出明确界定

应力求让每个员工都清晰地了解到自己岗位的具体考核指标,甚至这些指标的数据来源,计算方式,计分方法,要达到的具体的定性或量化的标准等。

一些企业之所以绩效管理总不见成效,是因为该企业的员工连自己岗位的考核指标都不了解。只有当员工了解了本岗位的绩效考核指标时,才能进一步明确工作的重点和工作的具体目标,这样有利于绩效计划的完成。

步骤九:经理人协助员工制定具体行动计划

每个绩效计划都必须有一个具体的实施计划。管理人员应尽力协助员工制定详细周密的绩效行动计划。与此同时,管理人员在之后的绩效辅导和事实过程中,也要对员工行动计划的实施情况进行监督和控制。

步骤十:最后形成绩效协议书,双方签字认可

制定绩效计划的最后一步,就是经过双方的讨论和协商,达成共识后形成一份协议书——绩效协议书。绩效协议书中的内容包括员工的工作目标,主要工作结果,各项工作所占的权重,衡量工作结果的标准和指标,每项工作目标的主要行动计划等。绩效协议书中会明确当事人的绩效责任,并要求管理人员和员工在该协议书上签字认可。

绩效计划的作用

作为绩效管理的一种有力工具,绩效计划体现出了上下级之间约定的绩效指标的严肃性,让决策层可以将精力全都放在对公司价值最重要的经营决策上,保证公司年度工作目标的实现和总体战略的逐步实施,对于在公司内部创造一种重视绩效的企业文化非常有利。

绩效计划是绩效管理体系中的第一个重要步骤,也是绩效管理系统实施的关键手段和主要平台,通过绩效计划能够在公司内建立起一种科学合理的管理机制,进而将员工的个人利益与股东的利益紧密联系起来,其价值现已被国内外大多数公司认可和接受。

第二十九章
关键绩效指标设定

关键绩效指标的定义

关键绩效指标,即 Key Performance Indicators(简称 KPI)。它是目标管理理论与管理学理论中的关键结果和领域理论相结合的产物,是当今国际上通用的战略目标管理和测量企业经营绩效成果的工具。关键绩效指标(KPI)是一种将企业整体战略目标进行层层分解的重要手段,是一套可以准确反映、衡量、评价企业业务运作情况的重要性能指标,KPI 的实施,能够让企业战略得到层层贯彻,根据公司的整体目标来确定个人的发展目标,让公司战略发展目标、职能部门工作目标与员工个人工作目标达到同步,同时也为领导了解下属业务表现提供了条件,它能够系统地、公平地、客观地对员工的经营业绩做出评估。

关键绩效指标的要素

关键绩效指标主要包括下列四个要素。

1. 精确描述性语言

例如"第二季度 40％的时间用于机器测试"和"三天内回答客户的问题",这样的目标往往使用了描述性语言,是非常精确的。

2. 积极的动词

使用积极的动词,例如取得多少万元利润、增加百分之多少,其中"取得""增加"就是积极的动词,而尽量少使用那些很被动的动词,如熟悉什么、了解什么,这些都是不够精确的。

3. 说明要十分准确

比如"招聘专员须每周更新一次公司进出多少人的报告",要使用"每周",而不能使用一些泛泛而谈的、长篇的话语,如"定期",是不够准确的。

4. 衡量标准简单而有意义

为了让员工清楚、明白,尽量不用模糊、复杂的衡量标准,如"将出差的固定花费控制在预算之内",应该明确地指出,这个预算是什么,什么是"控制在预算之内",无论从哪方面衡量,它都不是很清楚、很定量的一个标准。

关键绩效指标的设立步骤

分解战略目标

第一步,要将企业的发展阶段、管理情况与影响战略实施的因素进行综合分析,设定企业的战略目标。以公司的战略为指导,利用鱼骨图法初步分解企业的整体目标。一般情况下,企业的整体战略目标都能够分解成几项具体的支持性子目标。

KPI 是一种利用平衡记分卡(The Balance Scorecard, BSC)思想的策略目标分解法,也就是通过财务指标和非财务指标综合指标体系的建立对企业的绩效实行监控。平衡记分卡的实质是基于综合平衡的战略思想,从外部客户、内部流程、学习以及成长和财务四个角度来将企业战略目标具体化,并设定一定的测评指标,进而形成一种可以综合反映公司整体绩效情况的四维,而这四个方面实际上有着深层的关联。企业之所以能获得良好的收益,主要是因为客户的满意程度高,而企业要想为客户提供更大的价值就只能提升内部的管理能力,而内部管理能力的提升需要企业员工不断地学习和成长。所以根据平衡记分卡建立的企业 KPI 体系,有效地结合了财务与非财务指标,既顾及到了长远发展的原则,也考虑到了短期效益,而且对结果和过程都较为重视。

在确定了各战略子目标后,展开关键成功要素分析,找出那些与实现公司战略目标有关的关键成功因素(Critical Success Factors, CSF),也就是寻找企业获得成功的关键是什么。关键成功因素(CSF)指的是企业得到了良好的绩效,而必须对一些事情保持持续的关注,包括当前和未来影响企业运营状况的成功因素,这些因素会对企业目标的达成与否产生很大影响。通过这些重要的成功因素,让战略目标分解开来,进而确保所有部门员工努力的方向是和企业一致的,并能监控战略目标实现的过程。为了方便对这些要素进行量化考核和分析,必须将各项要素细分成各项指标。

确定企业级 KPI

根据上面的方法能够细分出很多绩效指标,按照 KPI 考核方法的要求,应对这些指标做出筛选,进而确定出最后的企业级 KPI。筛选指标时应遵循可衡量性、重要性和可控性等原则进行选择,符合标准的指标也就是重要业绩指标。其中,重要性主要是从公司的角度着眼,来考虑该指标对企业整体的影响,以及该指标对于实现其公司目标的重要程度,而不是衡量这个指标在某个专业部门或者领域的影响;可衡量性是从考核的角度出发,对该指标对应的目标能否实现,低于或超出目标的程度是否能够准确、清晰、定量地进行描述;可控性指的是从执行角度而言,考核对象对于这个指标对应的目标能否实现关系最为密切,而且几乎都可以通过自身努力来达到目标。

确定部门级的 KPI

依据公司整体的经营重点和战略目标,确定部门的工作重点和策略目标,然后分析各个部门应该通过什么方式保证和支持各因素的实现。基于部门的考核指标和目标是由一般部门经理来负责,所以部门的 KPI 也就是部门经理的 KPI。因此,在确定部门级 KPI 的时候,必须要对部门经理的重点工作职责进行分析。从部门工作重点、部门目标和部门经理的重点工作职责中确定部门的重点工作要项,然后再从这些重点工作要项中细分出绩效指标,最后根据可衡量性、重要性和可控性的原则来确定部门级的 KPI。

确定岗位级的 KPI

无论是什么战略的实行,最终都会落到人的行为上。但是长期的经验得出,越是基层的员工,与部门或企业的目标建立直接联系的难度就越大,为了让员工的努力方向与企业整体的发展规划方向保持一致,就一定要通过制定绩效目标来让企业的战略层层分解和传递,让每一个职位都被赋予战略责任。

岗位绩效指标实际上来自两方面:一方面来源于职位应负的职责,应分析职务说明书,找出关键和重点岗位职责,让业务管理流程的支持和对部门管理的贡献得以体现;另一方面来源于战略目标和部门目标,通过企业和部门级的 KPI 层层分解,将对企业战略的贡献体现出来。所以绩效指标是非常多的,涵盖了企业和部门 KPI 分解细化的指标、岗位日常工作指标,这就要求管理人员必须做出筛选,根据上文提到的可衡量性、重要性和可控性原则,筛选出来的指标就是岗位级 KPI。岗位及 KPI 是员工考核的根据和要素,它完成了企业目标、流程以及职位职能的统一。一般每个岗位规定的 KPI 总数应在 5~10 个,指标太多时无法突出重点,而且在权重分配的时候较为分散,激励的效果不明显;而指标太少时又不能让职位的关键绩效水平得到全面地反映。

KPI 的定义与描述

为了更为明确地表达企业指向战略的程度和选取指标的目的,方便不同业务单元考核时直接选取指标,必须对 KPI 指标做出统一的说明和阐释。只有本身相当细致、清晰的 KPI,其操作性才强,才有利于最终目的的达成。关键绩效指标定义与描述的内容包括指标名称、设立目的、指标说明、计算方式、数据来源、考核周期等,具体见表 29-1。

表 29-1　KPI 的定义与描述格式表

指标名称	KPI 指标
指标说明	以 KPI 名称为基础,详细描述 KPI 的内容
设立目的	考核该指标能够让部门或公司在哪方面获益
数据来源	打分所根据的信息是从哪里得到的,信息的收集需要固定的来源和渠道
计算公式	计算该指标实际得分的方法
考核周期	考核的频率,也就是多长时间考评一次

确定指标权重

确定权重指的是比较业绩考核内容中各部分的重要性,基于各项考核指标的重要程度是不一样的,在进行绩效评价的时候,为了让各项指标的主次关系得以体现,就应将各项指标的权重系数进行确定。权重的大小应该依据历史数据、决策者对各项指标重要程度的认识或根据自己的经验来做出判断,这就要求企业的考核记录和相应结果评价完整。

因为指标权重是企业评价的指挥棒,所以设计权重的时候一定要将重点目标突出,让管理者的价值取向和引导意图得以体现,同时权重的设计还会影响岗位评价的结果。所以,初步确定的指标权重,还应该通过相关部门的讨论和审核,以保证指标权重的分配与企业整体的指导原则是一致的。

企业要想让经营绩效保持稳定,首先应具备良好的绩效评估系统,这样才能维持企业的经营与发展。而 KPI 可以从企业的战略出发,根据企业战略、部门目标和重点业务流程的逻辑顺序,构成一个从上而下的绩效体系,让企业战略和部门的目标与员工的业绩紧密联系起来,进而更多地对员工的工作积极性进行鼓励,让企业和员工实现双赢。

第三十章
绩效辅导沟通

绩效沟通的目的

　　绩效沟通的目的主要有两个，一个是员工在工作中或是汇报工作进展时遇到了困难，请求主管的帮助，让其协助他们解决问题；另一个是主管人员对员工的目标计划与工作之间存在的偏差做出及时纠正。

　　在员工实现计划的过程中，难免会遇到能力缺陷、外部障碍或是其他一些突发情况，这些情况会阻碍计划的顺利完成。这个时候，员工就应该尽快与主管进行沟通，然后主管同员工一起分析产生问题的原因。假如是属于员工本身技能缺陷等问题，主管要提供技能上的帮助或辅导，协助员工完成绩效任务。假如属于外部障碍，在条件允许的情况下，主管应尽全力帮助下属排除外部障碍。

绩效沟通的内容

目标确定沟通

　　为了保证员工能在业绩形成期间进行有效的自我控制，在制定绩效目标时，企业管理层应该就考核的标准和内容与员工进行沟通，让员工了解三个问题：目前我的目标是什么？达到目标需要什么样的支持？要采取什么样的手段和措施来完成目标？经过这一阶段的沟通，能够有效防止主管硬派任务，员工被动接受的情况发生，同时员工也会对自己确定的目标增加认可度。沟通能够让员工感受到，主管在尽全力支持自己，进而使员工更加斗志昂扬地投入工作，最终信心满怀地达到目标。

实施过程沟通

　　这是在考核过程中就绩效实行的重要控制点、员工可能出现的问题，以及纠正员工行为出现的偏差等所采用的正式或非正式的沟通方式。绩效实行的重要控制点沟通主要是利用对之前绩效措施的说明，主管应对员工达到目标实行的手段做一定了解。在重要环节控制点上，主管就应该适当地进行监督沟通，监督员工目标完成的进度如何，结果怎样。

过程中员工出现的问题沟通指的是基于员工在完成任务期间所遇到的困难,新问题的困扰致使工作无法继续进行。主管在这种情况下就应该发挥作用了,在员工需要支持的时候及时为其排忧解难,甚至让员工体会到主管是在与他们同甘共苦,进而员工就会认为,主管是他的坚强后盾,对其心存感激,更努力地工作。员工行为偏差纠正沟通是要求主管对员工在执行任务的过程中所采用的手段进行监督,以免员工为了完成任务不择手段,进而牺牲企业的长远利益,同时,还应对员工的进步和好的行为及时进行表扬。

绩效反馈沟通

本阶段的沟通指的是在绩效评估结果得出之后,就员工目标的完成情况、未完成目标的原因分析、下阶段的改进计划以及本次评估得到的结果所进行的沟通。在评估结果的沟通过程中,主管通常要向员工说明本次评估的结果,并展示打分的结果、依据以及相关证明资料,让员工相信主管的评估是公正公平的。另外,主管还会听取员工对这次目标自评的结果以及一定的依据。通过双方对照,结合实际情况适当地修正评估结果,这样做能够让评估结果的说服力更强。

双方对于结果经过充分沟通和修改后,还应该对原因做深入分析,尤其是对没有完成的目标,要明白所造成的困难是主管原因还是客观原因。假如是内因,就应进一步分析是员工的经验不够、知识能力不足还是态度有待改善。如果是经验不够,就应该给其提供更多的锻炼机会;如果是员工知识能力不足,也要安排相应的培训辅导;如果是态度有待改善,就应该仔细分析,是什么原因致使这种现象出现,是企业内部的管理有问题,激励措施不够完善,还是员工自身的心态有问题。这些问题必须要穷根究底,分析背后真正的原因,然后再制定相应的解决对策。

对于完成或超前完成的目标,也应分析它是如何完成的,将员工所使用的有效的方法措施与其他员工进行共享,让全体员工一同进步。但相比之下更为重要的是,沟通和制定不理想目标的改进计划,通过制定一个有效、明确的下一阶段的改进计划,来进一步提升员工的能力和业绩。绩效面谈不但会谈过去,谈未来发展也是非常重要的一部分内容。绩效管理是一个循环往复的过程,一个考核周期的结束,总会成为下一阶段的开始。所以,确定未来的目标就成了这次沟通的重要组成部分。对于下一阶段的目标双方要达成一致意见,对相应的支持条件以及目标完成所运用的手段也要形成统一意见。

绩效改进沟通

绩效改进沟通是反馈沟通中不适当的目标达成方式以及员工自身原因,在绩效改进过程中,主管要做适时地跟进督导,检查工作是否按原计划进行,对不当的措施及时纠正,让员工尽早认识到自己的不足,改进后提高其创造性。绩效改进沟通并不是单独完成的,它需要与绩效实施过程沟通穿插进行,而且要贯穿目标完成的全过程。在绩效实施过程沟通中,既要对上一阶段绩效改进情况进行总结,也要对本阶段目标的执行情况进行沟通,只有这样的员工绩效改进才能更有利于目标的实现。

绩效沟通的方法

正式沟通方式

正式沟通指的是预先已经计划和安排好的,依据一定的预定程序开展的沟通。现实生活中最常见的正式沟通方式有会议、正式会谈、书面报告等。

1. 会议沟通

会议沟通能够提供面对面交流的机会,这种方式更为直接有效,非常适合团队交流的情况。当需要传达和贯彻企业绩效计划、公司战略目标等重要信息的时候,选择会议沟通通常是明智之举。

2. 面谈沟通

在绩效沟通中,管理者与员工进行一对一的面谈沟通是使用得最为频繁的沟通方式,这种方式能够让管理者与员工展开深刻的思想交流,谈论的内容可以涉及一些不便公开的观点,这种沟通方式有利于管理者和员工关系的融洽,也能够表现出管理者对员工的绩效辅导原则。

3. 书面汇报

书面报告是绩效管理中较常使用的一种单向绩效沟通方式,主要是员工通过图标或文字等形式向管理者汇报工作进展情况。这类型的报告可以是定期的,也可以是不定期的。汇报中可以按照重要业绩考核指标对各项工作开展的情况做出逐个说明,并简单地预测一下绩效计划能否完成。另外,在报告中,对预期不能完成的绩效计划事项、需要的资源支持、存在的困难和问题以及供参考的解决方案等都应做说明。管理者必须仔细阅读下属提交的书面报告,并提供相应的反馈意见。

非正式沟通方式

在绩效沟通中,适时适当地使用非正规沟通方式,往往可以收到意想不到的成效。非正式沟通实际上有下列优势:非正式沟通能够及时地解决问题,提高沟通的效率;非正式沟通的形式灵活多样,不受时间的限制。也不需要特别做准备;非正式沟通能够拉近管理者和员工的距离,更有效地进行沟通。

非正式沟通有很多形式,包括管理者开放式办公、工作间歇管理者和员工交谈、管理者工作巡查以及联欢会、生日晚会等非正式团体活动。

建立员工绩效档案

员工绩效档案的含义

无论哪个企业都会进行年度绩效的评估,在策划和组织绩效评估的过程中,其人力资源管理人员可谓是殚精竭虑,然而最终的评估效果却不一定理想。寻其根源还是因为没有建立员工绩效档案,使得管理者与员工之间在绩效标准方面的沟通和承诺过少,这会集中体现在员工对关键绩效指标有不同的看法或是不能清晰地了解关键绩效指标和自己的工作目标上。

员工绩效档案是绩效计划的最终表现形式,是一个有关员工工作标准和目标的契约。员工绩效档案并不像人事档案般非常机密。员工绩效档案在对企业外部保密的前提下,各层管理人员、人力资源部门以及员工本人都能够对自己的绩效档案进行自由查阅,进而让企业和员工本人更为系统性地了解和认识员工晋升、培训、奖励和惩罚,更好地为企业的人力资源工作服务。

员工绩效档案的内容

在绩效计划制定时,管理者和员工应该事先就员工工作的标准和目标统一意见。在员工的绩效档案中,以下几个方面的内容是必不可少的:

- 员工在本次绩效周期内必须完成的工作目标;
- 完成目标的主要工作产出;
- 主要工作产出的衡量标准;
- 完成主要工作产出的期限;
- 主要工作产出的判断依据;
- 各项主要工作产出所占的权重;
- 主管、受约人签字;
- 绩效档案的完成时间。

应当注意的是,如果在实施过程中本绩效档案发生了变更,就应该及时填写绩效档案变更表。最终的绩效评估要根据变更后的绩效档案来进行。

建立员工绩效档案

1. 员工参与和正式承诺原则

在员工绩效档案中,有一项内容是主管和受约人签字,这实际上是建立绩效档案过程中坚持员工参与和式承诺原则的又一体现。社会心理学家曾有一个重大发现,即人们在亲身参与了某项决策的制定过程后,往往会倾向于坚持立场,即使受到外部力量的作用也很难让其改变立场。产生这种坚持的可能性的原因主要有两种因素：一是他是否为此进行了公开承诺；二是他在这种态度形成时卷入的程度，也就是是否参与了态度形成的过程。

假如员工没有参与到制定绩效计划的过程中，只是口头确定、没有进行公开签字的计划，或是管理者强加给他们的计划，那么想让他们一直坚持这些承诺的计划是非常困难的。绩效档案主要包括工作产出及其衡量标准、工作目标、所占的权重、评判来源。员工工作目标是通过管理者和员工沟通，然后由部门目标分解得出的，而绩效档案中的其他项都和绩效指标有关。

2. 确定关键绩效指标

通常情况下，指标是指从哪些方面对工作进行评估和衡量；而标准的意思是在各个指标上分别要到达什么样的水平。指标所解决的是我们需要评估"什么"的问题，而标准解决的是员工被要求完成"多少"、做到"怎样"的问题。在我们明确了绩效指标之后，制定绩效的评估标准就比较容易了。

对于数量化的绩效指标，确定的评估标准一般是一个范围；而对于非数量化的绩效指标，确定绩效标准的时候总是从客户（也就是接受工作产出的对象，包括组织的外部客户和内部客户）的角度出发，认识到客户希望员工提供什么样的服务。基于企业确定的绩效指标，往往会集中在对一项工作最重要的一系列指标上，所以也可以将其称作关键绩效指标。

关键绩效指标主要是用来管理和沟通员工绩效的行为化或定量化的标准体系。换句话说，关键绩效指标是一个标准体系，它一定要是定量化的，假如无法定量化，那也必须做到行为化。如果不能满足定量化和行为化这两个特征，那么这个关键绩效指标就是不符合要求的。关键绩效指标是连接企业目标和员工绩效的一个纽带，能够将企业战略目标进一步分解和细化。依据职位的工作职责，利用在关键绩效指标上达成的一致意见，管理者和员工就能够进行工作表现、工作期望和未来发展方面的沟通了。

关键绩效指标是企业有关绩效沟通的共同辞典，是进行绩效沟通的基础。有了关键绩效指标，管理者和员工才能够展开富有成效的沟通。一般情况下，关键绩效指标主要有质量、成本、数量和时限四个类型。

员工绩效辅导

对员工进行绩效辅导，可以帮助员工提高能力，促进员工取得成功；确保让即将出现或潜在的问题和挑战尽快得到有效的处理；能够督促员工改进工作行为，更符合公司的要求；对员工良好的业绩表示认可，鼓励员工保持其良好的表现；帮助员工一同加强某一特定领域的业绩表现。

辅导员工注意事项

在对员工进行辅导的时候,应注意下列的基本事项。

- 辅导员工不是出了问题才进行辅导,这是一项经常性的工作。
- 企业要信任员工,相信员工有能力和有意愿将工作做好。
- 每个人都有自己的优势,要帮助员工挖掘自身的潜能。
- 鼓励员工大胆尝试,并对这个过程中出现的错误表示宽容。
- 辅导不能总是停留在解决一些具体的问题上,一定要以提高员工自身的能力为目标。这样一来,以后员工再遇到类似的问题就能够自己解决了。
- 不要总是直接和员工说该怎么做,而是应该启发员工自己思考,让他们不断探索解决问题的方法。
- 员工绩效表现出色的时候也应该予以辅导,一方面是肯定员工的表现,另一方面也能够鼓舞员工,让他以后做得更好,用更大的工作热忱来回报企业给予的帮助。

基本辅导方法

对于员工辅导,一般常用的有三种辅导方法。

1. 方向型辅导

员工已经基本掌握完成任务所需要的知识和技能,但有时候还是会遇到一些无法处理的特殊情况,或是员工掌握了具体的操作方法,但还需要主管人员做出方向性的引导。

2. 具体指示型辅导

这类型辅导针对的是一些对完成工作任务所需的知识和技能还较欠缺的员工,辅导一般会给予其具体怎样完成任务的指示,并将完成任务所需的技能一步步传授给员工,然后再对员工的执行情况进行定期跟踪。

3. 鼓励型辅导

这类型辅导针对的是具有完善的知识、技能的专业人员,在辅导他们时无需阐释具体细节,只要给予其适当的建议和鼓励,让员工的创造力得到充分发挥即可。

确定适当的辅导时机

开展员工辅导,一定要确定什么时候需要辅导,因为只有在恰当的时间辅导,才会收到最好的辅导效果。

- 当员工在工作过程中遇到了难以解决的问题或是障碍、希望得到帮助时,通过辅导员工可以掌握一些解决问题的技巧。
- 当员工有了新点子想征求意见或是想请教问题的时候,管理人员可以抓住时机对其进行辅导。

- 当发现了某项工作能够以另外一种方式完成得更好更快时，就可以通过辅导让员工熟悉和掌握这种方法。
- 当员工通过培训学到了新技能的时候，可以通过辅导让员工将已经掌握的新技能运用到工作中。

绩效反馈面谈

1. 绩效面谈的目的

①让员工充分表达自己的看法，有利于绩效考核的公平性。

②可以促进上下级之间进行顺畅的交流。

③利用面谈人的绩效辅导，让下属的工作能力和工作业绩得以提升。

2. 绩效面谈的流程与规范

(1) 面谈前的准备工作

要注意面谈时间和地点的选择，尽量保证无外人打扰。提前预计到面谈对象的反应，并准备好相应对策，为面谈准备充分的事实依据。

(2) 营造气氛

从谈话一开始就努力让对方无拘无束地进行交谈，攻破其防备心理，进而使面谈顺利进入主题。

3. 面谈人的要求

面谈人要对开展面谈的步骤以及每个步骤需要花费的时间了然于胸，而且要非常明白哪些步骤是重点。

4. 告知考核结果

可以告知面谈对象本期客观的绩效表现（包括亮点、差错、失误等）和考核结果，让面谈对象得知上级和其他同事对自己的评价。

5. 客观分析不足之处以及造成差距的原因

根据收集的事实依据（包括业绩统计和日常观察到的员工行为等），与面谈对象一同形成员工业绩现状的原因，直到挖掘出真正原因。

6. 改进解决方案中的不足之处

对于存在不足之处的解决方案和下属协商后进行改进（包括工作经验、工作思路的分享），一定要和面谈对象交换意见，这样做可以让制定出的业绩提升方案可行性和针对性更强。

7. 制定改进目标

能依据协商后的业绩提升方案，确定符合 SMART 原则的下期改进目标，同时为改进目标的实现、员工提升业绩提供资源上的支持。

8.员工积极参与绩效反馈的程度

要尽量鼓励员工,让其与上级积极、畅快地进行工作方面的交流,双方以诚相见,形成良性的互动。

9.面谈策略的选择

企业要根据不同类型的员工(冲锋型、贡献型、安分型、堕落型)选择相应的面谈策略。

10.面谈结束

面谈结束的时候,管理人员要与员工一起对面谈效果进行评估,确认面谈是有效的,并对面谈中存在的问题及时做出纠正,对员工的参与表示感谢,并让员工保持信心十足的心态。

第三十一章
员工绩效考核

员工绩效考核的目的

实行员工绩效考核的目的有如下几方面。

- 利用绩效考核的评价和反馈功能，能够促进员工的职业发展。
- 绩效考评的实质就是为人力资源开发工作提供信息，所以考核的首要目的就是为招聘、升职、调迁、委任、奖惩等人事决策提供科学的依据。
- 员工考评是企业运营状况诊断的重要内容，同时还可以成为企业改进绩效的一个有力措施。

员工绩效考核的内容

1. 工作态度
- 很少迟到、早退、缺勤，工作态度认真。
- 做事敏捷、效率高。
- 遵守上级指示。
- 工作从不偷懒、不倦怠。
- 遇事正确、及时地向上级报告。

2. 基础能力
- 掌握个人工作重点。
- 精通职务内容，具备处理事务的能力。
- 严守报告、联络、协商的原则。
- 善于计划工作的步骤，准备工作非常充分。
- 可以在既定时间内完成工作。

3. 业务水平
- 勤于整理、整顿、检视自己的工作。
- 工作没有差错，且速度快。
- 处理事物能力正确、卓越。
- 能够保质保量完成自己的工作。

- 能够独立并正确完成新的工作。

4. 责任感

- 责任感强，能够较好地完成交付的工作。
- 即便是难度大的工作，身为企业的一员也勇于承担。
- 处理事情时专心致志，能够防止错误的发生。
- 可以预测到差错的发生，并提出相应的预防对策。
- 做事冷静，不会感情用事。

5. 协调性

- 与同事配合默契，能够和睦地一起工作。
- 在工作上乐于帮助同事。
- 重视与其他部门同事的协调。
- 公司举办的活动会积极参与。

6. 自我启发

- 对自己的能力进行审查，并尝试学习新的职业技能、行业知识。
- 对于他人的建议、意见能否虚心听取，并对缺点加以改正。
- 表现出热情向上的精神状态，不会向别人倾诉工作上的不满。
- 即使是分外的工作，也会对其做出思考及提案。
- 以长期的展望制定岗位工作目标，并付诸实行。

员工绩效考核的方法

相对评价法

1. 相对比较法

相对比较法指的是将员工进行两两比较，任何两位员工都必须进行一次比较。在比较之后，相对较差的员工记"0"，相对较好的员工记"1"，然后把每个人的得分相加，总分越高，绩效考核的成绩就越好。

2. 序列比较法

序列比较法是一种根据员工工作成绩的好坏来做排序考核的方法。考核之前应该先把考核的模块确定，但要达到的工作标准无须确定。把所有职务相同的员工在同一考核模块中进行比较，依据他们的工作状况来排列顺序，工作较差的排名靠后，工作较好的排名在前。最后，把每位员工几个模块的排序数字加起来，得出的就是该员工的考核结果。总数越小，说明绩效考核成绩越好。

3. 强制比例法

强制比例法是依据被考核者的业绩，按照一定的比例将被考核者分成几类（最好、较好、中等、较差、最差）来进行考核的一种方法。

绝对评价法

1. 关键绩效指标法

关键绩效指标法是以企业的年度目标为基础,对员工工作绩效的特征进行分析,并据此确定出能够反映企业、部门和员工个人一定时间内综合业绩的关键性量化指标,然后再进行绩效考核。

2. 目标管理法

目标管理实际上是一种把企业的整体目标逐级分解成个人目标,然后再参照被考核人工作目标完成的情况来进行考核的绩效考核方法。在考核工作开始之前,考核人和被考核人要针对应完成的工作内容、考核标准、时间期限等问题统一意见。在规定的时间期限结束的时候,考核人要依据原来制定的考核标准和被考核人的工作状况来进行考核。

3. 平衡记分卡

平衡记分卡是从企业的顾客、内部业务过程、财务、学习和成长五个角度来做出评价,并按照战略的要求给予各指标不同的权重,对企业进行综合测评,让管理者对于企业有整体的控制和把握,进而实现企业的战略目标。

4. 等级评估法

等级评估法是以工作分析为基础,将被考核岗位的工作内容分成几个相互独立的模块,然后在每个模块中明确地规定完成该模块工作所要达到的工作标准。与此同时,可以将标准分成"优、良、合格、不合格"几个等级选项,考核人员按照被考核人的实际工作情况,来对每个模块的进展情况做出评估。总成绩也就是该员工的考核成绩。

描述法

1. 全视角考核法

全视角考核法(360°考核法),也就是同事、上级、下属、顾客和自己对被考核者进行考核的一种考核方法。这种评价往往是多维度的,能够将不同评价者的意见综合起来,得出的评价会更接近事实。

2. 重要事件法

重要事件指的是考核人在日常生活中要注意收集被考核人的"重要事件",这些"重要事件"包括那些可能对部门的整体工作绩效产生消极或积极的重要影响的事件,然后将这些表现以书面的形式记录下来,分析和整理这些书面记录后,就能够得出最终的考核结果了。

员工绩效考核者

人事考核主要是"人评价人",所以无论是多么完善的评定制度,都不能避免考核有一些主观的倾向。所以,一定要由多位考核者一同评定被考核者,这样才能减少主观因素的影响,员工绩效考核者的组成见表31-1。

表 31-1 员工绩效考核者的组成

被考核者	考核者		
	第一次	第二次	第三次
组长型	主管	经理	副总经理
一般员工	组长	主管	经理

基于第一次考核者在日常工作中与下属直接接触的机会较多,对于下属的职责完成的实际情况较为了解,所以第一次考核者的评定至关重要。平时就要注意掌握下属职责完成过程的情况,尽量保持正确的评定要点,一定要保证考核负责、公正。各考核者的评定结果在总评定结果里所占的比例见表31-2。

表 31-2 各考核者的评定结果占总评定结果的比例

被考核者	考核者		
	第一次	第二次	第三次
指导、主办职能	5	3	2
监督职能	5	3	2
一般职能	3	3	4

员工绩效考核实施步骤

步骤一:工作分析,制定企业 KPI 指标库。

步骤二:绩效考核表的设计。

步骤三:对员工进行培训。

对于绩效考核还处于试行阶段的企业,培训的内容应包括:

- 企业制定的各个时期的愿景,所有考核的目的都是为了企业目标最终的实现,所以要鼓励员工去挑战业绩的极限,进而实现企业的愿景。
- 绩效与薪酬挂钩的政策,绩效考核结果如何是和薪酬相对应的,所以个人绩效薪酬必须让员工可以计算,这样他们才有可见的利益动力。
- 企业的文化和改革的必要性。选择什么样的绩效指标本身就是由企业的文化决定的,实行绩效考核的目的并不是要降低员工工资,而是让员工在提升绩效的同时能够得到更丰厚的回报。

- 考核的主体关系，就是被谁考核，通常情况下是由直接上级进行考核。
- 绩效考核制度，也就是考核的流程、方式方法等。
- 绩效考核的表格，也就是考核哪些内容，有什么具体要求等。

步骤四：试考核。

步骤五：企业公布绩效考核政策，公布政策的方法可采用公示法、签字法等方法。

步骤六：外部专家导入。

和企业内部人员比起来，外部专家的指导性和权威性更高。所以，企业可考虑聘请外部专家协助导入，并在正式考核前适当调整员工的心态，将风险防控工作做到位，建立竞争文化、竞争机制等，进而促使员工认同考核，认同企业要求。

步骤七：考核。

步骤八：绩效面谈与应用、改进。

绩效考核是一个不断提升的循环，在每月的绩效考核结束后，直接上级要和下级进行绩效面谈，对当月员工做得好的地方给予肯定，并提出相应的要求和建议。为了提升下一阶段的考核业绩，应共同制定出绩效改进计划。

员工绩效考核定级基准

员工的工作成绩一般是由业绩及成果（已完成工作的质和量）、勤奋度、信赖度等综合评定的，很多企业是根据表 31-3 所列的基准来评定等级的。

表 31-3　员工绩效考核定级的基准表

级别	定义	级别	定义
S	成绩、成果显著者	D	成绩、成果稍微不够者
A	成绩、成果良好者	E	成绩、成果不充足者
B	成绩、成果大致良好者	F	成绩、成果恶劣者
C	成绩、成果普通者		

注：1. 在考核期间缺席 90 天以上者，原则上考核结果为 E（必要时为 F）。

2. 各考核区分的人数太少而无法确定成绩平均系数的时候，应在各职能区分上确定成绩平均系数。

1. 依据事实评定

为避免没有根据事实评定而造成的弊病，应该将日常生活记录（对应各评定要素的定义及着眼点）的事实作为依据。

2. 严守秘密

和个人相关的事实、资料、信息，必要时应通知被考核者，但对于其他的人还是要当作人事机密处理，不能告知。

第五部分
人力资源实用表单

内容提要

- 人力资源管理表单

- 员工应聘及审核表单

- 员工培训及考评表单

- 业绩奖惩及薪资表单

- 员工调动及离退申请表单

- 员工出勤及差旅情况表单

- 人事档案表单

第三十二章
人力资源管理表单

人力资源管理表

表 32-1　人力资源管理表

表单名称	填制单位	联数	移送单位	内容	功能	性质	印制日期	表单编号	数量	每月用量	现有存量

人力资源决策权一览表

表 32-2　人力资源决策权一览表

决策事项	填报	审核	裁决	存档	报备	保管	备注

人力资源规划表

表 32-3　人力资源规划表

级别			时间				学历			
			现在	2014 年	2015 年	2016 年	硕士	本科	大专	其他
主管人员	高层	生产								
		财经								
		营销								
		……								
	中层	生产								
		财经								
		营销								
		……								
	基层	生产								
		财经								
		营销								
		……								
	小计									
技术人员	高工									
	工程师									
	技术员									
	助工									
	其他									
	小计									
工人	机工									
	维修									
	电工									

续上表

级别		时间				学历			
		现在	2014 年	2015 年	2016 年	硕士	本科	大专	其他
工人	环保								
	……								
	小计								
合　计									

人力资源部招聘计划书

表 32-4　人力资源部招聘计划书

需要补充人员类别		所需条件	人员类别	招聘方式	招聘日期
类别	工作内容				
高层主管					
中层管理者					
基层职员					

续上表

需要补充人员类别		所需条件	人员类别	招聘方式	招聘日期
类别	工作内容				
技术人员					

员工人数及费用动态统计表

表 32-5　员工人数及费用动态统计表

本月人数	编制人数	男　人，女　人，计　人	月薪	编制内管理人员	元
	编制外人数	男　人，女　人，计　人		编制内制造人员	元
	编制内人数	男　人，女　人，计　人		编制外人员	元
	合计	男　人，女　人，计　人		合计（占人事费用比率）	元 ％
编制人员出勤	应工作日数	日	津贴	职务津贴	元
	出勤总日工数	日		加班津贴	元
	缺勤总日工数	日		夜勤津贴	元
	出勤率	％		值勤津贴	元
	加班总时数	日		外勤津贴	元
人事动态	新进	男	人	特殊工种环境津贴	元
		女	人	其他津贴	元
		合计	人	合计（占人事费用比率）	元 ％
		新进率	％	奖金	年终奖金	元
	离职	男	人	离职酬劳金提成	元

续上表

人事动态	离职	女	人	其他		
		合计	人			
	内部调动	男	人			
		女	人			
		合计	人			

员工每日动态统计表

表 32-6　员工每日动态统计表

类别 / 人数 / 单位	应出勤人数						合计	出勤	缺勤	缺勤统计					
	男			女						姓名	类别				
	正式		临时工	正式		临时工					公假	私假	迟到	早退	
	作业员	管理员		作业员	管理员										
合计															
审批	单位主管			人事主管			制表									

员工每月动态统计表

表 32-7　员工每月动态统计表

人员招聘统计						流动状况
说明	应聘人数	招聘人数	报道人数	起讫时间	辞职人数	
					停薪留职	
					退休人数	
					深造人数	
					其他事项	
					奖惩件数	
					抚恤件数	
					就医住院	
					劳保件数	
					人员签调	
出勤状况						
迟到早退				人次		
请假	事假			人次		
	病假			人次		
	工伤假			人次		
	婚假			人次		
旷职				人次		

每月人事变更统计表

表 32-8　每月人事变更统计表

姓名	员工编号	变动事项说明	变更日期	备注

员工工龄动态统计表

表 32-9 员工工龄动态统计表

原有人数	现有人数	本月离职	本月报道	编制人数	离职率	现有人员工龄							平均工龄
						新报道	3个月以下	3个月以上,6个月以下	6个月以上,1年以下	1年以上,2年以下	2年以上,3年以下	3年以上	

人才库人才信息表

表 32-10 人才库人才信息表

姓名		性别		年龄		婚否		邮编	
视力		血型		健康状况		职称		工龄	
毕业学校				毕业时间		专业			
通信地址				身高		电话			
现工作单位				职务					
主要经历									

续上表

专业成果	
现在工资待遇	
综合评价	

人员补充申请表

表 32-11　人员补充申请表

申请部门			现在编制	
申请增加的员工条件	人数		增加理由、人员岗位和任务说明	
	学历要求			
	年龄要求			
	专业要求			
	性别要求			
	工作经验			
	身高要求			
	到位时间			
人力资源部意见				

续上表

总经理意见	
分管总监意见	
相关说明	

人员编制调整表

表 32-12 人员编制调整表

审核意见	现有编制	增加理由	减少理由	审核意见

月份人员需求估算表

表 32-13 月份人员需求估算表

需求原因		管理人员				技术人员					工人					合计
原因	原因说明	高层	中层	基层	小计	工程师	技术员	助工	其他	小计	电工	维修	机工	其他	小计	
补充流失员工																

续上表

需求原因		管理人员				技术人员					工人					合计
原因	原因说明	高层	中层	基层	小计	工程师	技术员	助工	其他	小计	电工	维修	机工	其他	小计	
业务量扩展增加人员																
组织变更新设岗位																
技术改变增加新人员																
其他原因																

年度人员需求估算表

表 32-14 年度人员需求估算表

级别 项目		学历				到位月份												需求原因
		硕士	本科	大专	其他	1	2	3	4	5	6	7	8	9	10	11	12	
主管	高层																	
	中层																	
	基层																	
	小计																	
技术人员	高工																	
	工程师																	
	技术员																	
	小计																	

续上表

级别＼项目	学历				到位月份												需求原因
	硕士	本科	大专	其他	1	2	3	4	5	6	7	8	9	10	11	12	
工人　机工																	
工人　电工																	
工人																	
工人　小计																	
其他人员																	
其他人员																	
其他人员																	
其他人员																	
合计																	

第三十三章
员工应聘及审核表单

应聘登记表

表 33-1　应聘登记表

姓名		性别		应聘职位		身高		婚否	
血型		年龄		健康状况		职称		工龄	
通信地址				邮编		电话		专业成果	
毕业院校				毕业时间		专业			
现工作单位				原工种					
主要 经历									
专业 技能 及特长									
薪资要求						住房要求			
到岗时间									
以下由相关部门填写									
面试结论									
复试结论									
笔试成绩									
人力资源 部意见						用人部门 意见			
备注									

初试记录表

表 33-2　初试记录表

姓名			应聘职位		
评分项目	5分	4分	3分	2分	1分
仪表仪容					
谈吐口才					
身体状况					
领悟能力					
反应能力					
外语表达能力					
前来本公司服务的意志坚定程度					
对即将从事的工作的认识深度					

续上表

综合评定	优 良 中 差	
结论		面试人： 面试时间：

复试记录表

表 33-3　复试记录表

姓名		应聘职位		
评分项目				
评定级次	优	良	中	差
专业技能				
职业抱负				
管理思想				
其他				

续上表

复试总评	优良中差	
结论		面试人： 面试时间：

应聘人员筛选比较表

表 33-4 应聘人员筛选比较表

| 应聘职位 | | 面试人数 | | 面试日期 | | 面试人员 | |

面试记录	应聘人员姓名	学历	年龄	专业知识				反应能力				工作经历是否关联		口才				特别技能或专长	态度仪表			
				优	良	中	差	优	良	中	差	是	否	优	良	中	差		优	良	中	差

招聘工作报告表

表 33-5　招聘工作报告表

应聘人数	人	初试合格	人	面试合格	人
复试合格	人	合格率	％	招聘完成率	％
预订时间	天	实际时间	天	节约(超支)率	％
费用预算	元	实际支出	元	提前(滞后)率	％
计划招聘方式					
各职位应聘情况报告					
序号	招聘职位	应聘人数	初试个合格	复试	招聘人数	到岗试用

试用标准表

表 33-6　试用标准表

工作经验 工资 标准 工作职务	无工作 经验		两年以下非相 关工作经验		两年以上非相 关工作经验		两年以下相 关工作经验		两年以上相 关工作经验	
	工资 标准	试用 期	工资 标准	试用 期	工资 标准	试用 期	工资 标准	试用 期	工资 标准	试用 期
非技术工人										
制图员										
技术工人										
一般职员										
初级工程师										
高级工程师										

续上表

工作经验〳〳工资标准〳〳工作职务	无工作经验		两年以下非相关工作经验		两年以上非相关工作经验		两年以下相关工作经验		两年以上非相关工作经验	
	工资标准	试用期	工资标准	试用期	工资标准	试用期	工资标准	试用期	工资标准	试用期
工程师										
组长										
科长										
业务员										
副总经理										
经理										
总经理助理										
经理助理										
……										

员工入职试用表

表 33-7　员工入职试用表

姓名		年龄		试用职位	
学历		专业		工作经验	
特长					
试用计划	1. 工作内容 (1) (2) (3) 2. 指导人员 3. 重点考察项目 (1) (2) (3) 4. 其他				

续上表

试用记录	1. 试用时间 年 月 日至 年 月 日 2. 工作能力 3. 出勤情况 4. 工作态度 5. 其他
试用结论	试用部门意见
	人力资源部意见

新员工试用结果通知单

表 33-8 新员工试用结果通知单

姓名		性别		年龄		籍贯		学历		职别	
职称				薪酬							
试用期											
试用结果	考核意见	1. 试用满意要按照原工资办理任用手续（ 月 日起） 2. 试用成绩优良要以等级工资办理手续（ 月 日起） 3. 还需再试用 4. 试用不合适另行安排 5. 附心得报告一份								试用考核人签章	

续上表

试用结果	主管意见	1.同意考核人意见 2.暂不录用 3.延长试用(具体时间再另行签核)		试用单位主管签章	
领导指示		人力资源部意见	1.试用单位意见自　月　日起以等级工资　元正式任用 2.试用不合格除发给试用期间的工资外决定自　月　日起辞退 3.其他		

职务说明书

表 33-9　职务说明书

职务名称		职务代码		所属部门	
管辖人数		直接升级		职位等级	
晋升方向		薪资标准		轮转岗位	
任职条件					
主要职员	1.权力 2.责任				

续上表

权责范围	1. 监督 2. 指导 3. 报告工作 4. 合作者 5. 外部关系
工作环境	
工作关系	
身体要求	

工作内容说明书

表 33-10　工作内容说明书

姓名		职务		职称	
类外		工作内容说明		估计工作量	
日常性工作					
周期性工作					

续上表

偶发性工作		
特别工作		

第三十四章
员工培训及考评表单

员工培训计划表

表 34-1　员工培训计划表

受训人员	姓名		培训日期	至　止	辅导人员	姓名	
	学历					部门	
	专长					职称	
项次	培训日期	培训时间	培训部门	培训项目	培训师	培训日程及内容	
1	月　日至 月　日止	天					
2	月　日至 月　日止	天					
3	月　日至 月　日止	天					
4	月　日至 月　日止	天					
5	月　日至 月　日止	天					
6	月　日至 月　日止	天					

员工培训档案

表 34-2 员工培训档案

培训名称					培训时间		
培训课程时数及负责人							
课程	负责人	培训时间	起讫日期	课程	负责人	培训时间	起讫日期
参加人员共　人,名单如下							
单位	职务		姓名	单位	职务		姓名
费用预算:　　　　　　　　　　　　　　　　　　　　每人分摊:							

员工培训意见调查表

表 34-3 员工培训意见调查表

	训练课程	时间(年 月)	共计(小时)	地点
入职前				

续上表

入职后				

外派培训统计表

表 34-4 外派培训统计表

姓名	组织单位	课程名称	培训地点	讲师	课时	费用	费用总计

培训申请表（团体申请）

表 34-5 培训申请表（团体申请）

训练课程		时　　间	月　日起　月　日止　共　小时
讲　　师		训练方式	
申请部门		训练地点	
训练课程简述：		预定受训者名单：	

续上表

申请理由：						
效果预测：						
经费预估：						
审核	姓名	日期	姓名	日期	姓名	日期

培训申请表（个人申请）

表 34-6　培训申请书（个人申请）

申请人姓名		职员编号		服务部门		职位	
培训机构				培训课程			
申请理由：							

续上表

课程内容	名 称		日期起	日期讫	学 费
审核	部门意见	人力资源部意见		分管总监意见	

受训人员报告书

表 34-7 受训人员报告书

培训名称		学员姓名	
培训时间		使用资料	
培训方式		培训地点	
培训师		主办单位	
培训人员意见	受训体会（值得应用于本公司的建议）		
	在培训之后,对公司的一些建设性意见		
	对下次派员参加本训练课程的建议事项		
主办单位意见			

受训统计表

表 34-8 受训统计表

培训 课程		培训日期： 年 月 日至 年 月 日	
姓名		培训指导者：	
单位		记录日期： 年 月 日	
实 习 内 容	实习内容汇总	启发和感想	
培 训 内 容	研修内容汇总	启发和感想	
意 见	成功之外	受训者的提案	
上 司 意 见	部门主管意见	部门经理意见	

培训经费申请表

表 34-9 培训经费申请表

申请单位	受训人员	人员代号	培训费	教材费	食宿费	总计/元	备注

续上表

申请单位	受训人员	人员代号	培训费	教材费	食宿费	总计/元	备注
财务部			人力资源部		本单位		

新员工岗位实习指导重点表

表 34-10　新员工岗位实习指导重点表

姓名	序号	目前完成	技术知识	商品知识	顾客应付	意见沟通	评价统计
	问题重点						
	指导重点						
姓名	序号	目前完成	技术知识	商品知识	顾客应付	意见沟通	评价统计
	问题重点						
	指导重点						

续上表

姓名	序号	目前完成	技术知识	商品知识	顾客应付	意见沟通	评价统计
	问题重点						
	指导重点						

新员工岗位实习缺点检查表

表34-11 新员工岗位实习缺点检查表

姓名			部门		编号	
项目	负面评价计分			评语		指导
经验	5 4 3 2 1					
执行能力	5 4 3 2 1					
达成能力	5 4 3 2 1					
技术能力	5 4 3 2 1					
观察能力	5 4 3 2 1					
分析能力	5 4 3 2 1					
指导能力	5 4 3 2 1					
说服能力	5 4 3 2 1					
判断能力	5 4 3 2 1					
包容能力	5 4 3 2 1					
忠诚度	5 4 3 2 1					
决断能力	5 4 3 2 1					
交涉能力	5 4 3 2 1					

续上表

项目	负面评价计分	评语	指导
忍耐能力	5　4　3　2　1		
迟到缺席	5　4　3　2　1		
缺乏干劲	5　4　3　2　1		
效率太低	5　4　3　2　1		
错误太多	5　4　3　2　1		
临阵脱逃	5　4　3　2　1		
容易攻击别人	5　4　3　2　1		
容易发脾气	5　4　3　2　1		
变得喜欢喝酒	5　4　3　2　1		
顾客的评语不好	5　4　3　2　1		
有花边新闻	5　4　3　2　1		
在金钱上有纠葛	5　4　3　2　1		
因家庭问题而烦恼	5　4　3　2　1		
健康状况不佳	5　4　3　2　1		
其他	5　4　3　2　1		
总　　计			

员工培训前行为分析表

表 34-12　员工培训前行为分析表

评价内容	评价分值	实际评价
1. 工作态度		
上班时间出入娱乐场所	5　4　3　2　1	
无故迟到、缺勤、早退的情形增加	5　4　3　2　1	

续上表

评价内容	评价分值	实际评价
工作的内容没有改变,业绩却急剧下降	5　4　3　2　1	
有事外出,遇到紧急事务无法取得联系	5　4　3　2　1	
做很多兼职	5　4　3　2　1	
2.交友、生活态度		
私人的电话很多	5　4　3　2　1	
私人的访客变多	5　4　3　2　1	
生活不简洁、挥金如土	5　4　3　2　1	
没有上报上司就接受别人的招待	5　4　3　2　1	
有很多花边传闻或是家庭不和	5　4　3　2　1	
3.对金钱、物品的处理		
没写退货单就处理退货	5　4　3　2　1	
没写出货单就处理出货	5　4　3　2　1	
申请费用时,没有收据的情形很多	5　4　3　2　1	
收据的日期或金额作假	5　4　3　2　1	
销售的折扣或更改价格的理由不正当	5　4　3　2　1	
4.抱怨		
怀疑给顾客的回扣是否合理	5　4　3　2　1	
顾客对个人的业务活动抱怨增多	5　4　3　2　1	
应收账款未收回是不正常的状况	5　4　3　2　1	
是否挪用收回的款项	5　4　3　2　1	
付款人抱怨	5　4　3　2　1	
5.个人的谈话或传言		
经常说要辞职	5　4　3　2　1	
从聊天中透露想借钱的意愿	5　4　3　2　1	
赌博的情形变多	5　4　3　2　1	
有敲诈顾客的传闻	5　4　3　2　1	

职前教育计划表

表 34-13 职前教育计划表

月份	教育步骤	内　　容
月 至 月	第 1 阶段 提高对公司的关心度，培训归属意识	公司简介
		商品目录
		参观会
		庆祝会
		受训者和辅导者的恳谈会
		受训者和管理者的恳谈会
		公司业绩报告书
月 至 月	第 2 阶段 增强适应能力，普及职场基本礼仪知识	与受训者父母的恳谈会
		职员教育的教材
		聚会
		集训
		座谈会
		提出报告
月 至 月	第 3 阶段 提升专业技能	笔试
		讲授
		比赛
月 至 月	第 4 阶段 基础研修	入职典礼
		研修
月 至 月	第 5 阶段 现场研修	研修
备注		

受训人员资历表

表 34-14 受训人员资历表

项次	姓名	资历			训练课程	累积时数	训练日期	成绩	考核记录
		学历	职务	职称					

员工培训感性认知测评表

表 34-15 员工培训感性认知测评表

项　目	评　定
1.公司理念	
了解公司经营理念	
熟知公司的理念	
认同公司的经营理念	
以公司的理念为荣	
能为公司的理念写出深刻的感想	
2.公司价值	
了解公司存在的意义	
了解公司利益与社会利益的关系	
了解公司的社会使命	
了解创造公司利益的重要性	
了解自身利益与公司利益的关系	

续上表

项　目	评　定
3.公司概况	
能画出公司组织设计图	
了解公司产品	
了解各部门的工作职能	
了解公司产品特征、优点	
对于公司的资产、收入等基本数据非常熟悉	
4.公司历史	
了解公司历史	
认同公司优良传统	
了解创业者的信念和创业历程	
对公司的标准色、标志和标准字理解并接受	
热爱公司	
5.行业知识	
能说出公司所处的行业	
了解行业概况	
了解公司在行业中的奋斗目标	
了解公司在行业中的地位	
能对提高公司在行业中的地位提出建议	

培训报告书

表 34-16　培训报告书

课程名称			课程编号	
项目	训练时数	举办日期		参加人数
计划				

续上表

实际				
经费统计	项目	预算资金	实际支出	异常说明
	教材费			
	讲师费			
	场租费			
	食宿费			
	其他			
	合计			
训练情况及考核	学员意见			
	讲师意见			
	效果总评			
	财务部			

员工培训后工作作风测评表

表 34-17 员工培训后工作作风测评表

项　　目	评　　定
1. 工作流程	
了解工作流程的意义	
了解同志和睦的重要性	
学会上下合作、横向合作	
做事有始有终	
团队精神明显增强	
2. 对指令的认识	
立即记下指令	
了解指令的重要性	
正确理解指令	
未发生遗忘指令的行为	
严格执行指令	
3. 工作态度	
珍惜时间、不提前下班	
提前上班	
整理现场后方离开	
精神饱满、充满干劲	
态度端正	
4. 报告与复命	
了解及时报告和及时回复命令的重要性	
报告时条理清楚、思路清晰	
对工作中的困难能主动提出解决办法	
能及时报告和复命	

续上表

项 目	评 定
勇于承担责任	
5.其他	
重视礼节	
仪表整洁	
勤于学习	
能虚心接受批评	
会客不胆怯	

新员工培训成效考评表

表34-18　新员工培训成效考评表

姓名		专业		学历	
培训时间		培训项目		培训部门	
1.受训人员对即将从事的工作的了解程度：					
2.受训人员对公司文化理念的理解程度：					
3.受训人员对各项规章、制度的了解情况：					
4.受训人员受训结束后,所在部门对其工作的评价：					

续上表

5.工作辅导人员的评价：

新员工培训成效统计表

表 34-19　新员工培训成效统计表

考评内容	第 1 次评价	第 2 次评价
1.工作流程		
是否了解工作流程？		
是否了解公司横向的联系、合作关系？		
是否了解公司上下关系的重要性？		
是否认识到做一件工作必须有始有终？		
是否了解与同事间和睦相处的重要性？		
2.指示、命令的重要性		
是否了解上司的指示、命令的重要性？		
对指示、命令若有不明了之处，是否确认到懂为止？		
是否将上司的指示、命令记录备忘？		
是否复诵指示、命令，加以确认？		
是否遵守指示、命令？		
3.工作步骤、准备		
是否了解工作步骤的重要性？		
是否了解工作步骤的组织方式？		
是否了解工作准备得当，进展就顺利？		
是否了解工作的准备方式？		
是否按照步骤、准备程序完成工作？		

续上表

考评内容	第1次评价	第2次评价
4.报告、联络、协商		
是否了解报告、联络、协商是工作的重点？		
联络是否应适时、简要？		
报告时，是否先讲结论？		
是否了解通过协商可以使工作顺利完成？		
是否将挨批评的事也向上司报告、联系、协商？		
5.工作基本认识		
是否学会工作上使用的机器、工具的操作方法？		
是否了解公司的工作大部分都要靠团队合作来完成？		
是否了解会议或洽商时应有的态度？		
是否了解会议或洽商的重要？		
是否了解工作上完成期限或交货期的重要？		

受训人员成绩登记表

表34-20　受训人员成绩登记表

学号	姓名	课程1分数	课程2分数	课程3分数	课程4分数	课程5分数	课程6分数	课程7分数	课程8分数

受训人员成绩测评表

表34-21　受训人员成绩测评表

测评项目	改变很好	略有改变	无改变	变差	很差	不明确
1.工作量提高情况						

续上表

测评项目	改变很好	略有改变	无改变	变差	很差	不明确
2.工作质量提高情况						
3.成本意识变化情况						
4.安全意识变化情况						
5.出勤情况						
6.团队合作情况						
7.勤奋程度						
8.敬业精神						
9.忠诚度						
10.奉献精神						
11.工作主动性						
12.宽容心						
13.责任意识						
14.感恩意识						
15.意志力						
16.自信心						
17.工作热情						
18.个人品性						
19.其他						
综合评价						

员工培训后行为分析表

表 34-22 员工培训后行为分析表

评价内容	评价分值	实际评价
1.工作态度		
无故缺度、迟到、早退的情形增加	5 4 3 2 1	

评价内容	评价分值	实际评价
上班时间沉浸在娱乐场所	5 4 3 2 1	
有事外出,碰到紧急要事却联络不上	5 4 3 2 1	
工作的内容不变,业绩却急剧下降	5 4 3 2 1	
热衷于兼职	5 4 3 2 1	
2.对金钱、物品的处理		
没写出货单就处理出货	5 4 3 2 1	
没写退货单就处理退货	5 4 3 2 1	
伪造收据的日期或金额	5 4 3 2 1	
申请费用时,没有收据的情形很多	5 4 3 2 1	
销售的折扣或更改价格的理由不正当	5 4 3 2 1	
3.抱怨		
顾客对个人的业务活动抱怨增多	5 4 3 2 1	
怀疑给顾客的回扣是否合理	5 4 3 2 1	
付款人发牢骚	5 4 3 2 1	
应收账款未收回是不正常的状况	5 4 3 2 1	
是否挪用收回的款项	5 4 3 2 1	
4.个人的谈话或传言		
经常扬言说要辞职	5 4 3 2 1	
赌博的情形变多	5 4 3 2 1	
谈话中透露为借钱而苦恼	5 4 3 2 1	
有敲诈顾客的传言	5 4 3 2 1	
私人的访客变多	5 4 3 2 1	
5.交友、生活态度		
未报告上司而接受别人的招待	5 4 3 2 1	
突然变得奢侈、挥金如土	5 4 3 2 1	
很多私人的电话	5 4 3 2 1	
有花边新闻或家庭不和的传言	5 4 3 2 1	

各部门年度培训统计表

表 34-23　各部门年度培训统计表

部门	项目	班次	课时	人数	费用	备注
	预定					
	实际					
	预定					
	实际					
	预定					
	实际					
	预定					
	实际					
	预定					
	实际					
	预定					
	实际					

年度培训计划实际情况统计表

表 34-24　年度培训计划实际情况统计表

部门		班次		人数		费用		时间		备注
计划	实际	计划	实际	计划	实际	计划	实际	计划	实际	
分管总监核签			人力资源部核签				经办人			

部属每月工作评价表

表 34-25 部属每月工作评价表

因素			评价的依据	程度	分数	小计
智能		知识		优、良、中、差	5、4、3、2、1	
	技能	作业方法		优、良、中、差	5、4、3、2、1	
		物料		优、良、中、差	5、4、3、2、1	
		设备		优、良、中、差	5、4、3、2、1	
		经验		优、良、中、差	5、4、3、2、1	
责任		财产设备		优、良、中、差	5、4、3、2、1	
		严重程度		优、良、中、差	5、4、3、2、1	
		警觉程度		优、良、中、差	5、4、3、2、1	
		物料制品		优、良、中、差	5、4、3、2、1	
		公共关系		优、良、中、差	5、4、3、2、1	

月份工作项目考评表

表 34-26 月份工作项目考评表

姓名		职位		工作年限		工资等级	
工作项目		考核成绩					
		优秀 5 分	良好 4 分	合格 3 分	需改善 2 分	缺点甚多 0 分	

续上表

工作项目		考核成绩				
		优秀 5 分	良好 4 分	合格 3 分	需改善 2 分	缺点甚多 0 分
直接主管评分	总分		直接主管盖章	部门经理盖章		
	等级					

员工每月考评成绩登记表

表 34-27　员工每月考评成绩登记表

编号	姓名	上半年度							下半年度							年度考绩
		1月	2月	3月	4月	5月	6月	小计	7月	8月	9月	10月	11月	12月	小计	

员工年度考评成绩登记表

表 34-28　员工年度考评成绩登记表

编号　姓名　记录　考核项目	到职			薪资	假勤记录						功过记录		年中考核	年度考绩	年度平均
	年	月	日		迟到	早退	事假	旷工	病假	其他	惩罚	奖励			

第三十五章
业绩奖惩及薪资表单

年度奖惩公告表

表 35-1　年度奖惩公告表

姓名	单位	职务	奖惩事由	奖惩办法	备注

奖惩呈报表

表 35-2　奖惩呈报表

当事人姓名		奖(惩)事发日期	
奖(惩)班次			
具体内容			
核实情况			
核实人签字		核实日期	
当事人签字		经办人签字	
审批人签字		部门意见	

奖惩登记表

表 35-3 奖惩登记表

姓名	所在部门	奖惩事项	奖惩呈报表编号	奖惩级次					
				警告	记过	记大过	记大功	记功	嘉奖

业绩奖金核定表（管理人员、营销人员适用）

表 35-4 业绩奖金核定表（管理人员、营销人员适用）

本月营业额		本月净利润		利润率	
可得奖金		应发奖金		调整比率	
个人奖金及明细核定	单位	姓名	职别	资金系数	奖金

续上表

奖金核定标准	基础奖金		调整奖金	
	当月净利润	应得奖金	当月营业额	奖金提高比率
	10 万以下	0	500 元以下	0%
	10 万～20 万(不含 20 万)	300	500 万～600 万(不含 600 万)	5%
	20 万～30 万(不含 30 万)	500	600 万～700 万(不含 700 万)	10%
	30 万～40 万(不含 40 万)	800	700 万～800 万(不含 800 万)	15%
	40 万～50 万(不含 50 万)	1000	800～900 万(不含 900 万)	20%
	50 万以上	每增加 10 万利润增加 300 元奖金	900 万以上	每增加 100 万营业额,奖金提高 7.5%

业绩奖金核定表(生产人员适用)

表 35-5　业绩奖金核定表(生产人员适用)

本月总产值		本月工作人数		生产批数	
可得奖金合计		应发奖金		调整奖金比率	
资金核定	姓名	单位	职别	奖金系数	奖金
	合计				

	基础奖金		调整奖金	
	生产资金	可得奖金	工作人数	奖金提高比率
奖金核定标准	400 万以下	0	180 人以上	0％
	400 万～500 万(不含 500 万)	500	180 人～160 人	3％
	500 万～600 万(不含 600 万)	700	160～140 人	5％
	600 万～700 万(不含 700 万)	900	140～120 人	7％
	700 万～800 万(不含 800 万)	1 000	120 人～100 人	9％
	800 万以上	每增加 100 万产值，奖金增加 250 元	100 人以下	每降低 20 人，奖金提高 5％

调资申请表(个人申请)

表 35-6　调资申请表(个人申请)

姓名		编号		工龄	
专业		学历		工作部分	
职称		职务		工作内容	
此前业绩记录					

续上表

历次调薪记录	
目前工资等级	
目前工资额	
申请调资额	
申请理由	□晋升　　　□考绩优良　　　□调整工作　　　□工龄增加
理由详细说明	
新工作需要条件	
原工作需要条件	
备注	

申请人签章	部门意见	分管领导意见	人力资源部意见	总经理意见

工资调整表（人力资源部适用）

表 35-7　工资调整表（人力资源部适用）

所在部门				
姓名	原工资	调整事由	申报工资	调整工资

续上表

生效日期					
部门主管	人力资源部主管		分管总监		总经理

工资登记表

表 35-8　工资登记表

员工编号	姓名	核定工资					总计
		本薪	工龄工资	技术津贴	职务津贴	补助	

工资计算表（按日计薪人员适用）

表 35-9　工资计算表（按日计薪人员适用）

编号			姓名		单位				
本薪计算									
日期	上午	下午	加班	小计	日期	上午	下午	加班	小计

续上表

日期	上午	下午	加班	小计	日期	上午	下午	加班	小计
本薪小计									

应加项目			应扣项目			
津贴			餐费			
加班费			税金			
资金			借款			
其他			保险			
			其他			
应加小计			应扣小计			
实发			实发			

工资计算表（按件计薪人员适用）

表 35-10 **工资计算表**（按件计薪人员适用）

产品名称 ＼ 计算项目	时间	件数	件薪	合格品	日产量	日薪	备注

工资定额调整表

表 35-11　工资定额调整表

产品名称			定额核定单编号		
作业名称	员工工资定额	折算每日所得	每件耗用时间	调整比率	调整原因

工资汇总统计表

表 35-12　工资汇总统计表

单位	本薪	业绩奖金	加班津贴	全勤奖金	应发工资	扣除部分				实发工资
						保险	税金	餐费	借支	
合计										

工资发放表

表 35-13　工资发放表

工号	姓名	工作日数	本薪	日薪	业绩奖金	全勤资金	假日津贴	加班津贴	应发工资	扣除项目				实发工资	签领
										餐费	保险	税金	借款		
合计															

抚恤金申请表

表 35-14　抚恤金申请表

申请人姓名		性别		年龄		籍贯		与死亡者关系		住址	
										身份证号码	
死亡者姓名		性别		年龄		籍贯		年　　月　　日生			
到职日期		服务单位				职称				薪金	
死亡日期		死亡原因				死亡原因与执行公务关系					

续上表

请发恤葬金额	1.抚恤金　　个月薪资计　　元 2.公司奠仪　　　　　　　　元 3.丧葬费计　　　　　　　元　　项共计人民币　　元								
相关核实	核实人： 年　　月　　日								
相关签批	总经理		分管领导		人力资源部		部门主管		申请人

第三十六章
员工调动及离退申请表单

辞职申请表（非作业人员通用）

表 36-1　辞职申请表（非作业人员通用）

姓名			部门	
职位或岗位				
进入公司时间			离职申请时间	
自述原因				
分管领导意见				
所在部门意见				
人力资源部意见				

续上表

总经理意见	

辞职申请表（工人专用）

表 36-2　辞职申请表（工人专用）

姓名		单位		组班	
离职原因	□ 就学 □ 服兵役 □ 另觅他职 □ 返乡结婚 □ 其他	申请时间	年 月 日	担任职务	□ 作业员 □ 批导员 □ 副班长 □ 班长 □ 品管员
核准	副厂长	科长		组长	班长
缴回物品	□ 制服 □ 工作牌 □ 物品箱钥匙 □ 其他				

接收人签字：

年　　月　　日

续上表

离职手续	总务后勤部		工具科		财务部		人力资源部	

离职申请表（辞职、辞退通用）

表 36-3 离职申请表（辞职、辞退通用）

姓名			部门			职位		
申请日期		年 月 日	在公司服务年资	由 年 月 日起至 年 月 日 共 年				
离职原因	主动离职	健康不佳		志趣不合		另谋职业		报兵役
	被动解聘	试用不合格		开除		其他因素		
意见或对公司的忠告	请你说出你心中真实的意见或者对公司各方面经营管理的忠告，我们将永远感谢你。							

核准人	财务部			总务后勤部			本部门主管		填表人
	工资	伙食	借支	退物	缴回	记事	工作	借物	

工作调动申请表

表 36-4　工作调动申请表

申请人		职务	
申请调离单位		申请调入单位	
调动理由			
调入单位意见			
调离单位意见			
人力资源部核实			
审批	原部门主管	原单位分管领导	新单位分管领导	人力资源部	总经理

停薪留职申请表

表 36-5　停薪留职申请表

申请人		所属部门		
职务		工龄		
申请原因				
停薪留职期限		申请离职日期		
部门负责人意见		人力资源部意见	总经理意见		分管领导意见

移交手续	有关部门移交			工作移交		
	办理项目	日期	指示移交项目	盖章	接交人	监交人

免职通知书

表 36-6 免职通知书

姓名			编号	
职称				
级别				
免除职务				
工作部门				
免除日期				
办理事项	1. 2. 3. 4. 5. 6. 7. 8. 9.			
免职依据 （文件及 文号）				
相关说明				

工作调动(升职、降职、兼职)通知书

表36-7 工作调动(升职、降职、兼职)通知书

姓名				编号	
原任	部门:		调任	部门:	
	职务:			职务:	
	工资:			工资:	
	兼职:			兼职:	
	职务补贴:			职务补贴:	
相关说明					
调动生效日期: 年 月 日					
批示	调入部门意见	调出部门意见		分管领导意见	人力资源部意见

离职人员面谈记录

表36-8 离职人员面谈记录

姓名		职务或岗位	
工作部门			
离职原因			
对公司的看法和建议			
其他谈话内容			

续上表

有关领导 的批示	

辞退通知单

表 36-9　辞退通知单

姓名		职务或岗位	
工作部门			
通知及原 因说明	根据　　　号文件《　　　　　》，因　　　　　，公司拟辞退你。请于 　　　年　　月　　　日前主张你的申诉权力，如果逾期不申诉或放弃申 诉，则请你于　　　年　　月　　　日前交接手中的工作，并于　　　年 　　月　　日到财务部领取辞退补偿金。 　　　　　　　　　　　　　　　　　　　　　　　　　　　××××部 　　　　　　　　　　　　　　　　　　　　　　　　　　年　月　日		
相关指示	部门主管意见	总经理意见	分管领导意见	人力资源部意见

小型单位离职移交手续清单

表 36-10　小型单位离职移交手续清单

姓名		部门	
职位或岗位			
进入公司 时间		离职申请 时间	

续上表

工作交接	1. 2. 3. 接手人意见： 部门负责人意见：
资料办公用品	1. 2. 档案室意见： 所在部门意见：
人力资源部意见	
分管领导意见	
财务部意见	

较大型单位离职移交手续清单

表 36-11 较大型单位离职移交手续清单

离职人	职别	姓名	离职事由		单位	记事	主管签章
					总务后勤部		
工作移交	部门负责人指定接手人,并由部门负责人监督检查。 1. 2. 3. 4. 5. 6. 7. 8. 9. 10. 离职人签章: 监督人签章: 接手人签章:			会签单位	人力资源部		
					仓库		
					食堂		
					工具室		
					财务部		
					保卫部		
					服务单位		
					其他部门		
资料用品移交	部门负责人指定接手人,并由部门负责人监督检查。 1. 2. 3. 4. 5. 6. 7. 8. 9. 10. 离职人签章: 接手人签章: 监督人签章:			说明	1.单位对离职人员的离职手续请予即刻办理。 2.各接收、监督及会签单位,务必认真对待,如果交接工作失职,给公司造成损失,相关人员将负安全责任。 3.离职人凭办妥的本单出门,本单由离职人员交门卫室,由门卫警员交人力资源部。门卫不收属门卫失职。		

中高层管理者离职移交手续清单

表 36-12　中高层管理者离职移交手续清单

离职人姓名					
离职原因					

1. 文件移交

名称	数量	起讫时间	接收人	监交人

2. 物品实物移交

名称	数量	单位	内容	接收人	监交人

3. 未完及待办事项

接交人：　　　　　　　　　　监交人：

4. 与工作相关的社会公共关系移交（带领接交人建立关系）

接交人：　　　　　　　　　　监交人：

续上表

5. 离职后联系方式、固定住址
  核实人：

退休申请书

表 36-13　退休申请书

姓名		性别	籍贯	出生日期	住址	
			省 市	年　月 日	身份证号	
历 任 职 务	工作单位			起止年月		职务或工种
				自　年　月至　年　月		
				自　年　月至　年　月		
				自　年　月至　年　月		
				自　年　月至　年　月		
				自　年　月至　年　月		
申请退休日期	年　月　日 起退休			申请法规或 制度依据	《　　》第　条第　款	
工作、物品 移交情况		退休人 签名盖章			部门主管 盖章	
审核情况					核实责任人： 年　月　日	
总经理		分管 总监		人力资源部		

离职证明书

表 36-14 离职证明书

姓名		性别		年龄	
职务		职称		到职日期	
离职原因					
工作简评					
该同志已于　　　　年　月　　日正式从我公司离职,并合法解除劳动关系。 　　　　　　　　　　　　　　　　　　　　　　　　　　（公章） 　　　　　　　　　　　　　　　　　　　　　年　　月　　日					

第三十七章
员工出勤及差旅情况表单

员工每日出勤登记表

表 37-1　员工每日出勤登记表

姓名	工时类别	1	2	3	4	5	6	7	8	9	10	11	12	13	14	15	16	17	18	19	20	合计
	正常																					
	加班																					
	正常																					
	加班																					
	正常																					
	加班																					

签到簿

表 37-2　签到簿

顺序	上班时间	签到者	下班时间	签退者	
1					
2					请假人员：
3					出差人员：
4					迟到人员：
5					旷职人员：
6					出勤人数：
7					出差人数：
8					请假人数：
9					

考勤日报表

表 37-3　考勤日报表

单位	应到人数	实到人数	迟到人数	病假	事假	公假	旷职	原因不明
本日到、离职人数	报到人数 离职人数 停薪留职							

员工年度出勤统计表

表 37-4　员工年度出勤统计表

姓名 项目 月份	出勤日数	休假日数	事假日数	病假日数	公假日数	婚假日数	丧假日数	迟到次数	早退次数	旷职日数	公差日数
1											
2											
……											
11											
12											
合计											
1											
2											
……											
11											
12											
合计											
1											
2											
……											
11											
12											
合计											

加班申请表（非生产类人员适用）

表 37-5　加班申请表（非生产类人员适用）

编号	姓名	预定加班时间			工作内容及地点	实际加班时间			加班时间变更原因	证明人
		起	讫	时数		起	讫	时数		
核准人						申请人				

加班申请表（生产作业类人员适用）

表 37-6　加班申请表（生产作业类人员适用）

事由		预定时间	自　午　点　分～　午　点　分　共　小时				
		实际时间	自　午　点　分～　午　点　分　共　小时				
生产项目	品名	工作内容	预定数	实际数	合格数	不合格数	备注
加班人员							
厂长		车间主任		组长		班长		申请人	

员工请假单

表 37-7　员工请假单

姓名			编号		职别	
服务单位						
请假事由						
请假时间		自　月　日　时至　月　日　时　共　日　时				
批示	总经理		分管领导		部门经理（厂长）	直接主管
销假记录						

年度出差计划表

表 37-8　年度出差计划表

部门	时间	出差计划												费用合计
		时间	地点	费用	时间	地点	费用	时间	地点	费用	时间	地点	费用	
	1月													
	2月													
	3月													
	4月													
	5月													
	6月													
	...													

出差申请单

表 37-9　出差申请单

出差人员姓名		职别	
同行人员姓名		职别	
出差地点			
出差线路			
出发时间		返回时间	
交通工具			
出差事由			
介绍信编号		借款金额	
部门批示			
办公室批示			
人力资源部批示			
以下为回来后填写			
是否已交书面报告		材料是否归档	
实用差旅费		报账时间	
直接上级批示			

出差派遣单

表 37-10 出差派遣单

出差地点			
出差人员		职别	
出差线路			
出发时间		返回时间	
交通工具			
出差任务			
介绍信编号		借款金额	
办公室批示			
人力资源部批示			
部门批示			
以下为回来后填写			
是否已交书面报告		材料是否归档	
实用差旅费		报账时间	
直接上级批示			

出差资料交接清单

表 37-11 出差资料交接清单

资料名称	内容摘要	页数

资料名称	内容摘要			页数
交出人		接收人	日期	

差旅开支清单

表 37-12 差旅开支清单

费用项目	金额(元)	单据张数	无单据情况说明
合　计			
承诺	以上费用均属实,并与派遣单(申请单)要求相符。		

出差报告书(非营销人员适用)

表 37-13 出差报告书(非营销人员适用)

目的:

续上表

地点：
日期：
目标：
实绩：
感想、意见：
附件1：费用计算表共　页。 附件2：资料共　页。

出差报告书（营销人员适用）

表 37-14　出差报告书（营销人员适用）

时间	记问对象		报告事项	订货量及收据号	差旅费及相关证明
	客户名称				
	地址				
	电话				
	目的				
	接洽人				

续上表

时间	记问对象		报告事项	订货量及收据号	差旅费及相关证明
	客户名称				
	地址				
	电话				
	目的				
	接洽人				
	客户名称				
	地址				
	电话				
	目的				
	接洽人				
核查					

行政费用计划表

表 37-15　行政费用计划表

科目			上年度平均数	本年度预算数			变动量	变动率%	备注
				一季度	二季度	三季度	四季度		
固定费用	01	薪次支出							
	02	间接人工							
	03	租金支出							
	04	办公费							
	05	邮电费							
	06	水电油料费							

续上表

科目		上年度平均数	本年度预算数			变动量	变动率%	备注
			一季度	二季度	三季度	四季度		
固定费用	07 保险费							
	08 医保费							
	09 社保费							
	合计							
变动费用	01 加班费							
	02 差旅费							
	03 运费							
	04 维护费							
	05 交际费							
	06 样品费							
	07 包装费							
	08 燃料费							
	09 职工福利费用							
	10 杂项购置费用							
	11 会务费							
	12 培训费							
	13 劳务费							
	14 间接材料费用							
	15 消耗品费用							
	16 保健费							
	17 其他费用							
合计								

行政费用申请表

表 37-16　行政费用申请表

费用类别	金额	用途说明		附件张数
合计		人民币(大写)		

通信费用报销单

表 37-17　通信费用报销单

部门			使用人	
通信工具类别	( )移动电话( )固定电话( )其他		号　码	
费用(合计)		人民币(大写)		
审批意见: 　　　　　　　主管领导(签字)　　审核(签字)　　总经理(签字)				
费用明细				

外勤费用报销单

表 37-18　外勤费用报销单

员工姓名		所属部门		报销时间		备注
序号	费用类别	大写		小写		
0001	资料费					

续上表

员工姓名		所属部门		报销时间		备注
序号	费用类别	大写		小写		
0002	补贴费					
0003	交际费					
0004	交通费					
0005	其他费用					
合计						
财务审批	部门主管审题批	财务复核	部门经理审核		经办人签名	报销人签名

车辆费用报销单

表37-19　车辆费用报销单

驾驶员			部门		车号	
预支期间	年　月　日至		年　月　日		车型	
项目	张数	金额	（单据粘贴处）			
		金额（大写）				
财务审批	部门主管审题批	财务复核	部门经理审核		经办人签名	报销人签名

招待费用报销单

表 37-20　招待费用报销单

姓名		职务		招待事由									附件
部门													
招待对象			招待人数										
日期	招待地点		餐饮费	信宿费	礼品礼金	其他费用	金额合计							张
							万	千	百	十	元	角	分
金额（大写）					合计								
财务审批	部门主管审批		财务复核	部门经理审核		经办人签名		报销人签名						

第三十八章
人事档案表单

人事通知单

表 38-1　人事通知单

姓名								
事由								
原服务单位		原任职务		原支薪额		调资日期	年　月　日	
现调派单位		现调派职务		核定薪额		核薪说明		
备注：								

人事通报单

表 38-2　人事通报单

姓名	新任职务	生效日期	原任职务	备注

员工人事档案卡

表 38-3 员工人事档案卡

姓名		性别		出生年月		年龄		贴照片处
户籍地址		电话		籍贯				
现面通信处		电话		身份证编号				
最高学历		服役情况		家庭成员				
应征工作		希望待遇		伙食		信宿		

履历					工作经验	人事单位意见	主管批示
起讫		工作机关名称及所在地(县市)	担任工作	薪酬			
年 月	年 月				①最熟悉工作项目:		**本人保证**
							兹保证以上资料都是真实的,如有虚伪,原受公司重新核定薪资或解职之处分。
					②最擅长操作机械或技能:		签名: 年 月 日
紧急通知人		关系		地址		电话	

(背面)

薪资记录						奖惩记录				
年	月	日	服务部门	薪资	职称	年	月	日	记事	主管签章

续上表

薪资记录						奖惩记录				
年	月	日	服务部门	薪资	职称	年	月	日	记事	主管签章

员工提案卡

表 38-4　员工提案卡

提案项目	
类别	
目前状况及问题	
改善意见及实施说明（可以另附具体方案）	

续上表

经费估计	
效果估计	
以上由鉴定小组和实施部门填写	

初审意见	1.采用（　）不采用（　）
	2.申请专利（　）不申请专利（　）
	3.出专著（　）不出专著（　）
	4.综合评价
	5.提案奖　　元
实施跟踪情况	
实施成果及鉴定	
效益奖	

提案收集表

表 38-5　提案收集表

收件日期	提案部门	提案人	编号	项目内容摘要

提案记录表

表 38-6 提案记录表

编号	提案人	部门	类别	提案事项	收件日期	鉴定日期	采用情况	提案奖	实施情况	实施结果	效益奖

提案处理通知

表 38-7 提案处理通知

提案项目	
提案编号	
提案人	
提案人所属部门	
	上述提案已于　　　　年　　月　　日第　　　次鉴定小组会议鉴定,现(已采用/不拟采用),具体意见如下: 　　　　　　　　　　　　　提案鉴定小组 　　　　　　　　　　　　　组长: 　　　　　　　　　　　　　年　　月　　日
总经理签批	

提案初步鉴定表

表 38-8　提案初步鉴定表

提案项目			提案编号	
评分记录				
标准			分值	得分
动机性	主动发觉		14～20	
	原有问题激发灵感		7～13	
	基于上级要求而提出		1～6	
创造性	独特发明		11～15	
	参考科技资料,创造改良的结果		6～10	
	引进性质		1～5	
可行性	可依提案或作小改进实施		16～25	
	需进行较大改进才可实施		6～15	
	有一定可行性,但需重大改进		1～5	
回收性	投资回收期不到半年		21～30	
	投资回收期在半年以上,一年以下		11～20	
	投资回收期在一年以上		1～10	
适用性	适用于各个部门		9～10	
	适用于部分部门		4～8	
	适用于一个部门		1～3	
合　　计			100	
综合评价				
是否采用				
鉴定人		复核人		

提案实施跟踪表

表 38-9 提案实施跟踪表

提案编号	交办日期	目标要求	预定完成日期	改善事项具体说明	处理结果	未完成原因	对策与建议

提案成果鉴定表

表 38-10 提案成果鉴定表

提案项目		提案编号	
直接量化效益及效益测算过程（如果无法量化则说明原因）			
作业改善情况			
其他改善情况			
等级			
鉴定人		复核人	

档案索引表

表 38-11 档案索引表

序号	档案号	档案名称	建档日期	储存位置	档案内容	处理

档案明细表

表 38-12 档案明细表

全宗号	目录号	案卷号	移出				归还	
			日期	单位名称	经手人姓名	管理人员签字	日期	管理人员签字

档案调阅表

表 38-13 档案调阅表

类别		调卷部门	
		调卷人	
文件内容摘要			
调阅用途			
调阅期限	自　　年　月　日至　　　年　月　日止,计　　日		
原收文编号		借出日期	
档号		归还日期	
备注		保管人签章	

第六部分
实战案例解析

内容提要

- 宝洁公司的校园招聘

- 耐顿公司的失败招聘解析

- 松下公司这样培训商业人才

- 戴尔的员工发展框架——"70—20—10"

- 华为人力资源管理助力企业发展

- 阿里巴巴留人策略

- 肯德基的绩效传导

- 亚实公司聪明对待离职员工

- 红蜻蜓员工的"精神福利"

- 从丰田北美受挫看高管人才流失

【案例1】宝洁公司的校园招聘

【案例详情】

宝洁公司始创于 1837 年,是世界上最大的日用消费品公司之一,在日用化学品市场上也有着相当高的知名度。

广州宝洁有限公司成立于 1988 年,它在中国的品牌包括:飘柔、潘婷、海飞丝、舒肤佳、玉兰油、护舒宝、碧浪、汰渍、佳洁士、品客、吉列等家喻户晓的品牌。

其独特的人力资源战略是宝洁取得巨大成就的重要因素,尤其值得称赞的是宝洁的校园招聘。在记者的采访中,有一位宝洁的员工这样形容宝洁的校园招聘:"由于宝洁的招聘做得实在太好,对我有一种强大的吸引力,它具有人性化和个性化。即使在求职这个对学生而言比较困难的关口,也能感觉到自己被充分尊重,被需要,让我感觉得自己的价值所在。就是在这种感觉的驱使下,我选择了来到宝洁。"

以下就是宝洁校园招聘程序。

1.前期的广告宣传:派送招聘手册,让应邀人员充分了解招聘相关事宜。

2.邀请大学生参加宝洁的校园招聘介绍会:方式为公司高级经理的有关介绍、播放精彩的招聘专题片、校友亲身感受介绍、学生提问回答、发放宝洁招聘介绍会介绍材料。

3.网上申请:全球通用的自传式申请表,在网上申请中进行一次筛选。

4.笔试:解难能力测试、专业技能测试、英文测试,对应聘者进行全方位的能力考核。

5.面试:初试采用一对一的方式,一位经理面试一位应聘者,面试时间为10~15 分钟。面试过程如下。

(1)面试开始。相互介绍并创造轻松交流的气氛,为面试的实质阶段进行铺垫。

(2)交流信息。由宝洁公司高级人力资源专家设计 8 个问题,每一位应试者能够对他们所提出的问题做出一个实例的分析,而实例必须是在过去亲自经历过的。

(3)面试引向结尾。讨论的问题逐步减少或合适的时间一到,面试结束,这时面试官会给应聘者一定时间,由应聘者向主考人员提几个自己关心的问题。

(4)面试评价。面试评价测试方法是经历背景面谈法。面试结束后,面试人立即整理记录,根据求职者回答问题的情况及总体印象作评定。

6. 录用通知:面试通过后,公司发录用通知书给本人及学校。

7. 等待录用:从参加面试到被通知录用时间约为一个月。

宝洁8个核心面试问题:

(1)请你举一个具体的例子,说明对所处的环境你是怎样进行评估;

(2)请你举一个你在实际生活中的具体的例子,说明你是如何设定一个目标然后采用什么方法达到它的;

(3)请举例说明你在团队中怎样起到领导者的作用,如何采取主动性,最终达成目标;

(4)请你描述一种情形,你是怎样去发现关键的问题并且自己决定依照一些步骤来取得相关信息并获得期望的结果;

(5)请你举一个例子,说明在执行一项重要任务时,你采取了怎样的方法进行有效合作的;

(6)请你举一个例子说明你是怎样通过事实来履行你对他人的承诺的,当承诺无法达成时你又是怎样处理的;

(7)请你举一个例子,说明你的一个有创意的建议曾经对一项计划的成功起到了重要的作用,你的创意又是怎样的来;

(8)请你举一个具体的例子,说明你是怎样学习一门技术并且怎样将它用于实际工作中,在学习和运用中你遇到了那些困难? 你是怎样克服的?

8. 校园招聘后续工作:宝洁的人力资源部对应聘者被录用与否还要确认,并办理有关入职、离校手续。除此之外还有以下事情要处理。

(1)招聘后期的沟通。宝洁认为他们竞争的人才类型大致上是一样的,物质待遇大致相当,"感情投资"是竞争重点,一旦成为宝洁决定录用的毕业生,宝洁 HR 跟踪服务,定期与录用人员保持沟通和联系,把决定录用的毕业生当成自己的同事关怀照顾,让录用的毕业生找到企业的归属感。

(2)招聘效果考核。考核主要指标包括:①招聘人员素质是否符合标准;②是否按要求招聘到一定数量的优秀人才,招聘的人员是否全部合格;③因招聘而引起的费用分摊是否按计划执行;④招聘时间是否及时或录用人员是否准时上岗,招聘是否及时满足岗位需求;⑤因招聘录用新员工所需的人均费用。

【权威点评】

1. 校园招聘是选拔人才的重要渠道:招聘的人员一般作为未来的管理人员及专业技术人员来培养,招聘要做好把关。

2. 企业在招聘中要确定招聘渠道:内部、外部招聘渠道,并做好招聘工作的宣传和推广,为企业招聘到合适的人才。

3. 做好不同招聘渠道的比较：员工推荐介绍、招聘会、猎头公司、报纸招聘、网络招聘以及校园招聘，保证招聘程序的完整性和严谨性。

【参考提示】

招聘要从企业的长远发展着手，企业重在员工知识结构的更新和人力资源的长期开发，要为企业招聘到优质高效的人才，就应在招聘的过程中做好把关，让企业和个人实现同步成长和发展，如此才能实现企业招聘的价值。

【案例 2】耐顿公司的失败招聘解析

【案例详情】

NLC 化学有限公司是一家跨国企业，主要以研制、生产、销售农药、医药为主，耐顿公司是 NLC 化学有限公司在中国的子公司。由于公司效益较好，随着生产业务的逐渐扩大和市场的拓展，为了更为有效的管理开发生产部门的人力资源，2000 年初始，分公司总经理将生产部门的经理于欣和人力资源部的经理李建华叫到办公室，讨论在生产部门设立一个新的职位，主要职责是负责生产部与人力资源部的协调工作。经过讨论后，总经理决定通过从外部招聘的方式寻找合适的人员。

在综合公司的实际情况和总经理的建议下，根据公司安排，人力资源部经理口建华设计两个方案：第一个方案是在大众媒体上做招聘，所需费用为 8 500 元。它能提高企业影响力度，但存在的弊端就是非专业人才的比例很高，加大了前期筛选的工作量，招聘所需成本高。第二个方案是在本行业专业媒体中做专业人员招聘，所需费用为 3 500 元。通过这种方式招聘到的对口的人才比例会高些，招聘所需成本低，但它所存在的弊端就是企业宣传力度小，影响不够广泛。于欣和口建华经过商讨，初步决定选用第二种方案。总经理看过招聘计划后，认为第二种方案宣传力度较小，公司在大陆地区处于初期发展阶段，应抓住任何一个为宣传企业的机会，提升公司在大陆的影响力，于是选择了第一种方案。

在第一个招聘方案执行的在一周的时间里，人力资源部收到了的简历已达 800 多封。众多的简历让他们看得眼花缭乱，经过几轮筛选和斟酌，李建华和人力资源部的人员在 800 份简历中筛出 70 封质量较好的简历，经最终筛选后，决定留下 5 人参加面试。于是他将此 5 人的简历交给了于欣，并让于欣直接约见面试。通过面试后，部门经理认为可从李楚和王智勇两人中做选择。

　　李楚和王智勇的基本资料相当,两人都具有一定的优势,都具有企业管理学士学位。王智勇有 7 年人事管理和生产经验,曾在两个单位工作过,第一个单位主管评价较好,但在招聘简历中没有前任主管的评价。李楚有 8 年的人事单位工作经验,在此之前的工作表现都较好。公司通知两人,一周后等待通知,在此期间,王智勇打过几次电话给人力资源部经理,第一次表示感谢及对公司的赞赏,第二次表示非常想得到这份工作;而在这期间李楚未曾与公司联系。

　　经综合分析,人力资源部和生产部门的负责人都比较满意这两位候选人的情况,认为两人都符合公司招聘职位的要求。虽然王志勇简历中没有前一位主管的评价,但是生产部门负责人认为之前的评价只是代表过去,并不一定影响到以后的工作。虽然感觉他为人处世有些圆滑,很懂得通过拉拢关系来争取自己的利益,功利心很强,但还是相信可以通过让他在以后的工作中让他得到好的发展。面试后他多次主动与公司负责人联系,生产部负责人认为其工作比较热爱这份工作,所以最后决定录用王志勇。

　　经观察发现,王智勇来到公司工作的六个月时间里,工作表现离招聘负责人的期望相差甚远。他经常不能按时完成上级安排的工作,有时甚至都不能胜任其本职工作,让工作得不到及时有效的落实,管理层也经常对此产生抱怨。经过以上的结论,显然他对此职位不适合,必须加以处理。

　　尽管如此,王智勇也感觉自己很委屈,有种被欺骗的感觉。在公司工作之中,他发现招聘所描述的公司环境和制度方面与实际情况并不符,甚至有较大差距;工作的性质和面试时所描述的也有所不同;薪酬待遇不但没有增加,甚至比招聘时所谈到的薪资还少;在实际的工作中,他感觉很盲目,既没有具体的岗位工作指导和岗位职责相关内容,又没有完善的岗位工作制度。在工作一段时间之后他还是找不到工作方向和目标,感觉力不从心,也渐渐失去了工作的热情和信心。

　　【权威点评】

　　从以上招聘失败案例分析得出以下结论。

　　1. 此次招聘失败的主要原因有两点:一是没有为用人部门提供应聘者足够的客观资料,二是用人部门的负责人依据直觉做出的判断通过后来的员工表现证明是错误的。

　　2. 应聘人员资料不充分,只是凭借对应聘者的主观印象做出判断,没有对其资料进行全面的分析和了解。

　　3. 缺乏相关的工作分析,没有对岗位职责及工作目标做出明确的定位,没有科学地确定该岗位人员的胜任要求。

　　4. 宣传缺乏真实客观性,在招聘宣传中,客观真实地向应聘者介绍自己的组织情况是必要的。

5.主观判断导致的失败,人力资源部门应该给用人部门提供足够的信息以方便用人部门做出决策,防止主观判断失误。

6.缺乏招聘人力成本效率和招聘渠道的选择误区,在招聘之前没有考虑到招聘成本效率的问题,没有对人力资源管理做好合理的规划。

【参考提示】

只有具备一套完善的招聘系统和实施计划才能保证招聘工作的顺利开展。通常情况下,招聘应按照前期资料收集、宣传、募集、挑选、面试、录用等流程进行。在企业招聘过程中,应为企业人力资源规划和招聘规划工作做好定位,并做好岗位分析工作。有了这两项工作作为基础,企业才可以开始科学的招聘和录用。只有以长期的人力资源发展规划和招聘计划来支持人力资源部门实施企业的招聘计划,才能实现企业招聘的成功。

【案例3】松下公司这样培训商业人才

【案例详情】

日本著名跨国公司"松下电器"的创始人松下幸之助认为,一个人的能力是有限的,如果只靠一个人的智慧指挥一切,即使一时取得惊人的进展,也肯定会有行不通的一天。合理利润的获得,不仅是商人经营的目的,也是社会繁荣的基石。

因此,松下电器公司的经营模式具有较强的实效性,它不是仅仅依靠总经理和干部经营,也不是仅仅依靠管理监督者经营,而是依靠全体职工的智慧经营,把公司每一位职工都当作企业的经营者。松下幸之助将"集中智慧的全员经营"作为公司的经营方针,此方针也为他的成功奠定了基础。

公司为了努力培养人才,集中员工的智慧,加强职工的教育训练和专业技能,公司开设有关西地区职工研修所、东京职工研修所、奈良职工研修所、宇都宫职工研修所和海外研修所这五个研修所。根据长期人才培养计划,开设各种综合性的系统的研修和教育讲座,让职工真正做到学以致用,提升技能。

从以上可以看出,松下之所以取得如此巨大的成就,在事业上如此成功,除特定的社会环境和历史条件,还离不开他的经营思想的精华,正是因为这些才奠定了他事业的成功。松下先生说"事业的成败取决于人","没有人就没有企业",一种事业成就一种人生,松下电器公司既是"制造电器用品"的公司,又是"造就人才的公司",也因此创造了日本电器史上的奇迹。

松下认为，人才可遇不可求，人才的鉴别，不能单凭外表，人才效应不能急功近利，领导者不能操之过急。人才是企业成败的关键，唯有顺其自然，不凭自己的好恶用人，容忍与自己个性不合的人，并尽量发挥其优点，才能造就人才。提拔年轻人时，不可只提升他的职位，还应该给予支持，帮他建立威信。

人才是企业发展的重要力量，如何去获得人才，要靠的不是运气或缘分。人才是要去寻求的。领导者必须有慧眼识珠的本领和敏锐的洞察力才能找到合适的人才，天下万物都必须常常有求贤若渴的心，人才才会源源而至，才会为企业的发展带来不竭的动力。

松下认为吸引人们来求职的手段，不是靠高薪，而是靠企业所树立的经营形象。要求职者有诚心，肯苦干，不一定非用有经验的人。公司应招募适用的人才，程度过高，不见得就合用。

一个企业是否能吸收人才也是企业魅力所在的一部分。每个企业的烦恼都各不相同，但是目前中小企业的烦恼，就是不易吸收人才或者无法留住人才，甚至于大企业也有同样的困扰。就现在的日本来说，大都缺乏劳动人口，但是在工作的劳动人口也还是有一部分，因为在日本，初中或高中毕业后就工作的人有好几万。因此，如果有意录用，就不可能找不到人，但人才的需求仍然是供不应求，如想雇用合适的人才，就必须使你的企业有吸引人的魅力。

对于人才的标准，松下这样认为：不墨守成规而常有新观念的人，不念初衷而虚心好学的人，爱护公司和公司成为一体的人，有自主经营能力的人，随时随地都有热忱的人，能忠于职守的人，不自私而能为团体着想的人，有气概担当公司重任的人，才能作为企业的人才之选。

现在松下公司科长、主任以上的干部，多数是公司自己培养起来的。为了加强经常性的教育培训，总公司设有"教育训练中心"，不断对招收进来的高中毕业生和青年职工进行内部培养。

【权威点评】

从松下公司招聘人才的过程中可以得出以下结论。

1. 人才招聘制度对企业人才发展有着至关重要的作用，建立合理、高效的人才招聘制度是企业吸收人才的关键因素。

2. 关于人才培养，培训就是针对合适的人采取合适的方法，使之在合适的岗位上做有用的事。"事业的成败取决于人"，"没有人就没有企业"。

3. 关于企业魅力，企业的魅力是吸收人才的基础，加强企业魅力就是吸引人才。

【参考提示】

要想在激烈竞争中获胜，就必须实现高效率管理。以人性为出发点，因此而建立的经营理念及管理方法，必然正确且强而有力。

经营者除了具备学识、品德外，还要全心投入，随时反省，才能领悟经营要诀，结出美好的果实。

【案例4】 戴尔的员工发展框架——"70-20-10"

【案例详情】

戴尔以 IT 直销享誉全球，主要生产家用笔记本、家用台式机、商务笔记本、商务台式机等多种类型的电脑。戴尔的成功离不开它独特的培训方法，比如其独创的著名的"70-20-10"式发展框架"太太式培训"等，这些培训方法同样也值得其他企业借鉴和学习。戴尔认为，要想把事业做得更好，要从各个方面去用心，不能仅仅注重商业结果，而应该不断提高员工的技能，不断培育和发展知识型员工，因为人才是技术发展的和核心力量，尤其在当今经济不景气的社会环境中，努力发展人才是解决危机的最好办法。关于戴尔对员工的发展框架主要有以下内容。

1. "70-20-10"式发展框架

将重点放在员工的发展计划上是戴尔在培训管理方面的核心内容。"70-20-10"的员工发展框架是戴尔有名的发展体系，它的宗旨就是，集中 70% 的员工通过工作经验来不断学习和提高，对其他 20% 的员工进行辅导和指导提高自身，而另外 10% 的员工则进行正规学习计划。戴尔的这种模式在实践中也取得了显著成效，根据这一模型，10% 的雇员是通过正式的课堂进行培训学习。他们学习的内容包括基本技能的培训和管理能力的培训，培训的重点则放在领导力的培训上。另有 20% 的雇员的学习重点是和不同领域的人和事接触，做跨领域的项目，从中得到自身的学习。其余 70% 的员工则是在工作的过程中不断积累经验，学习经验再造的机会。

戴尔的学习与发展都是在"70-20-10"的原则上制定发展的，同时，戴尔的绩效管理、招聘等其他人力资源发展的领域当中也用到该原则，并取得较好的效果。

2. 太太式培训

"太太式培训"是戴尔对公司销售人员经常采取的培训方法。这种培训方式就是把销售经理比喻为销售新人的"太太"，销售经理对待销售新人就像太太一样不断地唠叨、鼓励、指导，让新人在销售经理的指导下逐渐形成良好销售习惯，从而让销售培训能真正发挥其作用。由培训经理和销售经理一起完成培训工作。销售人员要及时将培训后的具体事项和工作中的问题向销售经理和培训经理汇报。销售经理的主要工作职责是，通过新人的最终执行，促使其达到提高业绩的目的。培训经理的主要职责是，技能培训和跟踪、考核职能，负责每周给销售新人排名。"太太式培训"先是为期三周的集中培训，对员工的专业技能和沟通及管理能力进行培训，然后由专家对销售的过程和技巧进行分析讲解，邀请有经验的销售人员进行经验分享。同时，每周末召开会议由销售经理与培训经理对新人上周进度进行检查，分享工作心得，相互学习，分析新的销售机会，制订销售计划。

3. 在工作中学习

戴尔中国员工在接受各种基础课程的培训同时，每年还会接受人均50小时的其他培训和教育。这些课程既能让员工提高技能，又能让他们的知识领域得到拓展，为后续在工作中取得更好的发展奠定基础。员工参加课程的内容非常广泛，不但包括工作所需的专业技能培训，而且还包括管理能力和沟通技巧的培训。"在工作中学习"是戴尔提升员工能力的重要内容，给每个员工充分的学习机会和自我发展的平台。戴尔每个月都有学习的项目，员工可以利用这两天的时间任意挑选自己想要学习的课程。这种培训的课程分为两种形式，一种是面对面的课程讲授，一种是网上学习。

【权威点评】

1. 企业的发展框架在企业的发展中发挥着导向作用，也是一个企业的行动指南，只有具有良好的企业发展框架才能让企业的发展不偏离正确的轨道。

2. 人才发展是企业发展框架中的重要部分，要将发展知识性人才做到以质取胜才能提高竞争力。

3. 企业的发展框架应将员工与管理者都包含在其中，形成一套整体发展的模式，做好人员培训的管理和知识的互动，使之为构建良好的发展框架而服务。

【参考提示】

企业的发展战略和具体的发展框架应结合企业当前的实际情况和未来的发展趋势来制定，使之成为一种行之有效的方案，并以此指导企业的发展，促进企业的成长。

【案例5】华为人力资源管理助力企业发展

华为人力资源管理的四个要点

【案例详情】

"她的崛起，是外国公司的灾难。"这是英国一份经济周刊对华为公司的评价。华为公司成立于 1988 年,当时的注册资本只有 2 万元,员工只有 20 人。华为涉足的电信行业,技术风险很高,市场环境也不好,国内市场资源被国有单位占据,国际市场资源被大牌厂商把持。可以说,当时华为一无所有,唯一的资源就是人,就是任正非领导的那几十个人的团队。

然而,华为的发展却让人震惊。到 2014 年的时候,华为销售收入达到 2 882 亿人民币,占据世界 500 强第 285 位。2015 年,华为的年销售收入更是大幅增长,达到了 3 950 亿人民币。

华为能够快速发展,成为中国企业的骄傲,与其人力资源管理有着巨大的关系。正因为华为具有独特的人才培养管理理念和制度,才使得其保持了强有力的竞争优势。

华为的大规模人力资源体系建设,开始于 1996 年。1996 年 1 月,华为发生了一件被内部人称为"惊天地、泣鬼神"的大事。当时,华为市场部所有正职干部,包括总裁,都采用竞聘的方式上岗,不合格的人员全部淘汰。这为华为人力资源管理扫除了障碍,奠定了基础。

华为的人力资源管理主要分为四个重要环节:选拔、培育、激励、留人。

第一步:选拔员工。

1. 不一定选最优秀的,但一定会选最合适的。华为公司认为,企业不应该只是选择最优秀的人才,而是要寻找到最合适的,这样才是"最好的"。因为最优秀的人才,如果无法融入到企业工作和企业文化中,只会让企业浪费人才资源。在华为公司里,"合适"的标准是:企业目前需要什么样的人和岗位需要什么样的人,前者更看重于人才的兴趣、态度和个性,后者则偏向于人才的能力和素质。

2. 华为招聘员工的途径有两种,主要为校园招聘和社会招聘。在校园招聘里,华为看重的是大学生的可塑性;而面向社会进行招聘的时候,华为主要看重的是对专业技术的掌握程度和实际操作能力。这两种招聘途径,为华为源源不断地输送人才。

3. 华为招聘员工的思路会因时而变、因地制宜。企业在不同的发展阶段,会有不同的人才需要,为了适应不同发展阶段的需要,就要求采取不同的招聘思路,否则就可能会限制企业人才的成长,甚至是影响企业发展。在华为的发展过程中,其早期的招聘思路只是在小范围内来寻找需要的人才,而且还是偏向于技术类的人员。随着公司的快速发展,以前的招聘思路已经无法适应当时的发展需要,所以从二十世纪末开始,华为将招聘的思路转向了高校毕业生群体,来引进高学历的专业人才。而到了本世纪初,当公司的业务开始走向国际化后,华为再次将招聘思路偏重于配备国际化的人才。

第二步:培育员工。

1. 入职培训。为了让新招聘的众多大学生尽快适应工作,华为对他们会进行职前培训。华为的职前培训主要有五个部分,分别是:军事训练、企业文化、车间实习、技术培训和市场演习。军事训练的培训理念,与任正非有很大的关系(任正非曾经是军人),但这种军事训练,可以让刚刚走出校园的大学生改变很多不好的习惯,并快速适应岗位。其他的培训内容,都一定程度上为大学生入职提供了非常大的帮助。

2. 全员导师制。每个新进入华为的员工都会被安排一个导师。华为的导师不仅仅在于业务、技术上的"传、帮、带",还有思想上的指引,生活细节上的引领等等。华为的"全员导师制"是一项非常好的企业员工培养制度,不仅可以有效缩短员工进入新环境的"磨合"期,尽快适应新的工作岗位,而且可以密切员工之间、上下级之间的关系,增强企业的凝聚力。

3. 企业文化培训。华为的企业文化,是一种"狼性"的文化价值观,但就是这种文化,才让华为实现了快速发展。任正非认为,狼群能够生存的三大优势在于:第一,有敏锐的嗅觉;第二,有不屈不挠、奋不顾身的进攻精神;第三,就是群体奋斗。通过培训,华为让员工也逐渐具有了这三大优势,从而达到对市场占领、对竞争对手蚕食的目的。

第三步:激励员工。

1. 高薪激励。华为能够吸引到众多的高素质人才加入,与其高薪激励密不可分。华为支付给大学生的薪酬,远远高于同行业的平均水平。这使得众多高素质的人才纷纷流向华为,而这些高素质的人才也为华为的发展创造了源源不断的价值和利润。的确,有付出,才有产出。如果企业过于吝啬,只在乎眼前的高成本支出,不去投入人才的引进,那么企业的发展只能停留在原地,甚至还会被超越。

2. 股权激励。在中国企业里,华为是极少实行全员持股的企业,其公司99%的股票由员工持有。根据所持有的股份,员工可以从华为公司分得红利。实行股权激励,一方面可以吸引人才的引进,另一方面可以激励人才的发展,从而创造更大的价值。正是这种股权激励,实现了华为的不断发展。

3. 内部创业。华为的内部创业模式,在中国企业里也同样是稀少的。从2000年开始,华为就实行鼓励内部创业的政策。这个政策就是鼓励员工出去创办企业,华为可免费提供一批产品供员工所创公司销售,并给予一定时间的支持(至少一年)。一般情况下,免费提供的产品价值＝员工所持华为内部股×1.7。通过这种方式,让离开的员工可以与华为一起共同取得发展。

第四步:尽量留住员工。

1. 轮岗制。在华为公司,不会因为员工绩效差就轻易解雇,而是会采取轮岗制的形式,让员工在不同的岗位上获得改进的空间。假如轮岗的员工多次无法适应新的岗位,那么公司再好好解决,并提供其他的工作机会,帮助员工继续就业。由此可见,华为是一家非常爱惜人才的企业。公司会采取多种方式来为员工找到最合适的岗位,来达到双赢的结果。

2.离职面谈。对于不想失去的员工,华为会想尽办法挽留。公司领导会与想要离职的员工好好进行离职面谈,询问离职的主要原因,并给予关心。直到无法让员工回心转意的时候,华为才会很友好地接受员工的离职。所以,大部分来开华为的员工不会心怀愤懑,并对公司保留感情。华为和思科曾经打过一场官司,当时就有很多华为的离职员工在网上维护华为的利益,特别令人感动。

【权威点评】

1.选择最适合企业而不是最优秀的员工是一种最经济、最聪明的选才方式。

2.狼性文化在华为的发展历程中起到了重要的作用,这是毋庸置疑的。任正非带领着"华为狼"攻占市场,打败竞争对手,屡立奇功。但是,华为也经历了狼性文化后遗症的痛苦和折磨。

3.全员持股制度把企业与员工捆绑在了一起,让员工觉得为企业干就是为自己干。这极大地激发员工的工作积极性。

【参考提示】

华为的人力资源管理值得每一个公司学习,但不仅仅只是这四个主要环节,还有员工国际化管理、员工绩效考核等方面。不过,最重要的是要依据自身的实际情况,来找到华为人力资源管理模式中适合自身发展的内容。去其糟粕,取其精华,方为上策。

【案例6】阿里巴巴留人策略

【案例详情】

阿里巴巴在1999年成立于中国杭州市,阿里巴巴为全球领先的小企业电子商务公司,也是阿里巴巴集团的旗舰业务。它主要是通过旗下三个交易市场协助世界各地数以百万计的买家和供应商从事网上生意。

阿里巴巴宣布将推出"ihome"置业贷款计划,向旗下两万多名基层员工提供30亿人民币的无息住房贷款,为员工提供了较好的福利;在此之前腾讯也启动了与此相似的员工"安居计划",同行业的其他大型互联网企业在今年上半年先后对薪酬进行可调整。

由此可见,在如今的社会发展趋势下人才竞争将日益激烈,各个企业,纷纷采用各种优厚的福利,都希望通过各种方式留住内部员工,并吸引外部优秀人才。然而每个企业的实力各不相同,能够提供的福利待遇也有所差别,并非每个企业都有阿里、腾讯这些大公司的实力,能为员工提供如此具有吸引力的薪资福利。那么那些实力欠缺的企业,该如何在人才大战中吸引人才呢? 或者说所以企业都是靠物质去留住人才的吗? 或者说除了物质留人的方法外,还有没有吸引人才留在自己的企业的更好策略,能保持企业运行与发展的稳定和健康呢? 根据对一些知名企业和所服务客户以及相关行业的研究和调查,发现,除了直接的物质报酬外,以下几个策略也是企业吸引和留住人才的关键策略。

1. 前景留人策略

文化留人只是众多留人策略中的一种,如果能让员工感知到所从事的事业的发展前景,觉得在企业工作有较好的前途,同样也是一个很好的留人策略。这就要求我们的企业家有激情、有能力将企业的前景无限挖掘,在行动上令员工信服,并为员工发展提供较好的路径,从而让员工信服。

对公司前景认同就是对公司领导层的发展方向的认同,目前众多企业人才流失都是因为员工看不到工作的方向,对工作失去信心,或者感觉公司的前景不够明朗,看不到未来的发展方向,所以才选择离开。如果一个公司可以把员工的激情和奋斗目标与公司的理念相结合,时刻坚持着以人为本的管理和发展理念,那么它才称得上是一个成功的企业,一个能留住人的企业。比如阿里巴巴的创始人马云曾说过:你不是在为阿里巴巴打工,而是为了完成自己的心愿。能让一个普通的员工也有公司的使命感,将自己的利益与公司的利益放在同等的位置上,这是一件非常重要的事。

今天资本市场上众所周知的百度就是一个鲜明的例子,李彦宏在 1999 年回到中国参加国庆庆典时,对中国市场的搜索技术产品做了一个考察,发现所擅长的搜索技术产品在国内将会有较好的市场发展前景。于是他马上展开行动,就在 2000 年互联网泡沫的高潮时回到国内展开了火热的创业。

百度每六个月就给员工涨一次薪水,以此来留住产品开发的核心人员,而这时同行业的互联网公司都是三个月就涨一次工资。由于自身的财力有限,百度无法和其他互联网公司一样涨薪,所以百度只能依靠让核心团队感知所从事事业的前景,让他们在心理上对公司前景有信心,才使得团队总体保持了稳定。通过后续的不断努力并百度终于开发出了第一款搜索产品,从此也在中国市场立住了脚跟。时至今日,百度在此基础上已经发展成为中国互联网行业的领导者,占据了 75% 的搜索市场份额,成为搜索市场的领航者。

2. 文化留人策略

企业除了要具备丰厚的物质条件之外,还应在精神上能给予员工归属感。这就要求企业能够建立具有自身吸引力的独特文化,让员工除工作外,能找到精神的寄托,把企业视为自己的精神归宿。只有这样才能从根本上避免完全只是靠薪资、福利与竞争对手进行简单的"价格战"了。只有独特的文化和强大的精神归属感才能真正吸引员工并留住员工。我们可以看到很多具有魅力的企业,员工跟随老板多年,即使面对外部高新的诱惑和竞争对手的强烈邀请也不离开老板,他们始终都是不拒艰辛,不怕阻挠,不计薪水,对老板始终都是不离不弃,其中也包括创业初期的阿里巴巴。

众所周知,企业的竞争归根结底是人才的竞争,谁拥有更多有用的人才谁就能在竞争中立于不败之地。如何建设吸引人才、留住人才的企业文化,已经成为一个企业持续发展的战略重点。能够留住人才也是企业文化的综合要求。企业能够留住人才必然有它的独特之处,它战略措施通常被划分为"待遇留人、环境留人、事业留人"。这三条准则也是一个整体,是企业文化的重要组成部分,三者缺一不可。经各方面的综合分析,能够留住人才的企业文化通常不应当脱离以下几个方面的内容。

(1)它应该是乐观的、积极的、能够激发员工斗志的,能引导员工奋发向上的企业文化。

(2)它要为企业的长远发展提供不竭的动力,为企业服务,这是企业文化的最终目标。

(3)它应该是宽松的,富有包容性的,让员工感觉到被需求,能成为公司吸引人才的一个亮点。

(4)培养员工的认同感。员工只有真正认同企业才会对企业产生归属感。培养员工对企业的认同感,就是要求企业目标中包含有众多的个人目标,将企业的利益与员工个人的利益紧密相连,使员工深刻地认识到个人的利益离不开组织的利益,在心理上产生利益相关、命运与共的情感。

3. 员工自我实现留人策略

在当今的时代,员工需要的不仅仅是基本生活得到满足,更多的是其高层次的自我实现需求的满足,在市场竞争日益激烈的浪潮中,这也变得更为迫切。当今社会80后、90后已成为劳动力市场的主力,他们的价值取向也在随着社会的发展不断变化,同时在知识型的企业中,对自我实现的要求更是表露无遗。

作为日本的企业家兼哲学家第一人,稻盛和夫在企业经营和人生理念方面均有独到见解,并取得了骄人的成就。他也是适应员工自我实现留人策略方面需求的一个典范。

稻盛和夫的"阿米巴经营"理念及管理方式,在他的企业经营管理中发挥了重要作用。它让每一位员工成为主角——"全员参与经营"——让每一位员工的智慧都能为企业的发展提供力量。他也正是依靠汇聚全体智慧和努力才完成企业经营目标,让企业的实力得到提升,实现企业的快速发展。

当员工的基本生活和自我价值都得到满足和体现,就会提升员工对企业的信任和认同感,员工的心态稳定了,才能全身心投入企业工作中,为企业长久服务。

【权威点评】

1.人才是企业发展的重要力量,要想留住人,物质激励是基础,首先应该提供有竞争力的薪酬;其次,建立企业文化并与个人愿望有效结合;再次,还应让员工看到企业发展的前景,这有这样员工才会与企业同进退。

2.从精神上加强员工的归属感,让员工感觉到被需要,并激发员工的激情和斗志也是留住人的强有力的方法之一。

3.文化留人、前景留人、自我实现留人,三者缺一不可,只有从企业综合能力各方面得到提升,才能真正留住人。

【参考提示】

当今社会,企业竞争归根到底就是人才的竞争,企业只有加大人才政策和体制机制改革创新力度,才能大力培养吸收核心人才,这样就要求企业除了具有高薪外还有自己的独特魅力与引人之处。

【案例 7】肯德基的绩效传导

【案例详情】

肯德基(Kentucky Fried Chicken 肯塔基州炸鸡),人们习惯将其称为KFC,是来自美国、闻名世界的连锁快餐厅。1952 年哈兰·山德士上校创建了肯德基品牌,主要出售汉堡、炸鸡、汽水、薯条等西式快餐食品。2012 年下旬,肯德基通过狂轰滥炸的广告向大众推销得克萨斯新口味的汉堡,而肯德基的服务员们,也微笑着引导消费者将本来预定好的奥尔良变成了得克萨斯。

为什么奥尔良变成了得克萨斯呢,这个问题主要包括以下三个方面。

1. 肯德基的绩效传导机制

从一个微观层面来看,肯德基在做新品推广的时候一定制定了自己的促销方案和激励制度,它在对其属下店面的考核体系中一定也存在一个考核指标为其产品的销售起着重要作用。这样一个指标也是与每个单店的收入息息相关的,这样每个店长的行动就有了一个非常清晰而强烈的导向和目标了:这段时间内的重要工作就是卖出更多的新产品。有了相关的行动导向和目标,店长对员工进行培训就可以根据肯德基提供的新品销售作为指南。

当然,每个指标的达成都需要多方的共同努力,这个指标不断需要多部门的协同,还需要有良好的机制来激励它执行。在此过程中,一方面是要面对营销体系猛烈的市场攻势,另一方面是需要物料供应系统的支持,同时还必须包括提前进行的培训,然后才是销售执行,要做好每一个环节的细节工作和程序之间工作的协调。这其中也包括在全国各城市统一的步调,这种组织动员能力是非常强大的。

通过这个分析可以知道:

- 绩效指标是一个指挥棒,通过指标的层层分解可以实现多层级协调行动。绩效考核也是按照一定的标准,采用科学的方法,对企业员工的品德、工作绩效、能力和态度进行综合的检查和评定,以确定其工作业绩和潜力的管理方法;

- 有了绩效指标的管理方法,还应对员工的行动做好前期的工作指导和相关培训。大多数员工去做被要求做的,只有清楚地告诉员工如何去做,才能让绩效考评真正发挥作用。

2. 肯德基的绩效指标

要明白这个新品销售的绩效指标从哪里来,才能找到提升绩效的方法。很显然,如果简单地从企业经营的战术这个层面来理解,对于一家餐饮企业而言,能够持续将新产品成功推出是一项至关重要的能力。推出新产品不仅仅要依赖从市场需求开始的整个研发和市场营销计划,还要依赖销售渠道,这两者在销售中都起着重要的作用,共同促进销售绩效的提升。任何新产品在推出初期被消费者充分认知都需要一定的过程,这个过程也必然存在时间的长、短。在此就需要销售体系能承受巨大的压力、持续推进、直至畅销;如果执行力不到就很可能让一个非常有潜力的产品不能得到相应的市场地位,从而对企业的销售带来不理影响。

新品发展对企业既是机遇也是挑战,最关键的是看企业如何去主导其发展。新品在其发展起步至成熟的过程中也存在一些弊和利。从短期来看,如果销售系统要将各种资源倒向新品销售,就意味着要将新品为主导而暂时放下旧产品,这样就可能导致销售额的下降;但是从长期来看,如果企业不能持续推出新品,市场上不断涌现的其他新产品就会取代同等旧产品,就会面临产品老化,如果等到产品生命周期末端而没有后续产品推出,就会面临市场的萎缩,市场就会被其他企业替代。因此,上面讲新品销售额作为具有一定权重的指标,在新品销售中起到了相当的平衡作用。

3. 肯德基与绩效配套的体系

绩效指标只是整体销售的一个组成部分,除此之外还必须有配套体系,将配套体系与绩效指标相关联的奖惩机制联系在一起,另一方面还应与具体执行相配套的操作手册、培训体系相联系。

指标以及与之关联的奖惩机制对企业的整体发展有着向导作用,它保证了将各层级行动引导到与企业长期发展相一致、对他们的行动有一定的推动力,从而使其贯彻执行有了充分的动力;但是具体的操作手册和培训体系才是贯彻实施的保证,才能推动它的发展。

4.肯德基员工的能力

经过以上的各种分析和论证,可以断定组织能力是一个企业制胜的关键,在企业的成功发展中发挥着举足轻重的作用。因此,组织能力也是员工能力中重要组成部分,也是判定员工能力的前提条件。也就是说,每一位员工在肯德基的组织体系之下都非常有力,他们的能力和工作动力也离不开企业的组织,如果将该员工从这个大体系下分离出来,他可能与其他企业的员工没有太大的差别。

也就是说,企业应当是一部运转的机器,每个小零件就组成了一个庞大而高效运转的组织,带动企业的运行;因此不要舍本逐末,过度强调个体员工能力,个体员工的能力对组织的影响并不是起着决定性作用。

【权威点评】

1.要提高企业的绩效要对行业本质、市场特性有全面的了解和认识,根据其实际情况并结合市场进行发展的导向制定适合企业自身的发展方向和战略措施。

2.企业所需要的指标体系,要依照战略分解为多个层级,要注意各指标之间相互关联,使其共同促进企业的整体发展。

3.企业的相关指标应建立在具体的战略措施和实际行动之上,知道行动的方向,还应知道怎样去做,怎样去推动。

【参考提示】

企业的绩效发展作为企业发展中的核心内容,绩效管理是战略目标实施的有效工具,绩效管理指标应围绕战略目标逐层分解而不应与战略目标的实施脱节。只有当员工努力的方向与企业战略目标一致时,企业整体的绩效才可能提高。

【案例8】亚实公司聪明对待离职员工

【案例详情】

在通常情况下员工的离职就意味着企业人才的流失,但亚实科技有限责任公司对待离职的员工采取的态度,却是"人走茶不凉",并不因为人才的离职而导致人才的流失,他们始终与员工保持"终生交往",使离职工"流而不失"。

不断为企业的发展提供了优秀的人力资源,也得到了企业员工的一致认可。在亚实公司离职员工仍被看作公司的人力资源,并且公司还会对这部分特殊的人力资源实施高效管理,保证了企业人力资源的合理发展。事实证明,这种管理制度的作用是非常有效的,它不仅使离职员工向公司传递了市场信息,提供合作机会,还帮助公司改进工作。同时,他们在新岗位上优秀的表现,也折射出公司企业文化的光彩,提升了企业的形象。

就当前市场上的企业的人力资源管理而言,普遍存在不够重视离职管理。离职管理也是人力资源管理中最后一个重要环节,做好了人员的离职管理,会有很多意想不到的收获。

综合目前企业的人力资源管理而言,对待关键员工离职管理应该注意以下事项。

1. 切忌恋人变仇人

当员工在企业服务时,企业与员工双方关系良好,两者相互需要,关系像恋人一样亲密无间,但是一旦关键员工提出离职,企业就故意设立种种障碍,导致最终企业与员工之间的关系破裂,甚至像是仇人一样。

企业觉得员工对企业不忠诚,枉费了企业的培养和给予的发展机会,对企业不信任,认为这是员工负了企业,心里会不平衡。员工觉得企业没有对其付出给予公平合理的回报,自己在企业没有得到足够的重视,也没有得到应有的职业发展平台和晋升机会,这就导致了员工心理严重不平衡。

离职无非就是主动、被动和不可抗力三种。员与企业之间的关系在一定程度是相互依存的。员工到企业工作,在实质上双方是一种交换关系,两者各取所需,其实最关键的是企业和员工双方一种契合度,只有两者之间契合度平衡才能和谐发展,如果这个契合度出现某一方的倾斜,这种情况产生的不平衡就会浮出水面,结果就是离职。

关键员工离职,企业为了招聘到合适的人,就会花费招募成本、培训成本、时间成本、离职补偿成本,甚至还会面临着商业机密泄露风险、给了竞争对手的利用空间。员工则需寻找发展平台的机会成本、时间成本、生活成本,甚至跳槽风险损失,职业空白期损失,家庭不稳定,都会给生活带来不利的影响和增加心理负担。

2. 规避离职员工对企业的负面影响力

离职员工和企业已经没有利益关系了,如果他在职期间对企业的印象较差,那么离职后当然不会对企业有好的口碑。因为他又深入了解企业,所以在某些层面上也有很强的说服力。

企业在员工离职时要给予员工充分的理解和支持,如果企业在对待员工离职时都做到这样,每个员工都会对企业留下良好的印象,这对于吸引优秀人才和重要合作伙伴以及吸引重要商机都有着很大作用。如果离职员工对企业心存感恩，就会在无形中为企业的品牌打广告，甚至会在无形中增加了企业的销售力量。如果让他们成为企业最为忠诚的客户，他们也许会介绍更多的客户。

3.重视离职档案管理

很多企业对档案管理不够重视，没有设立专人管理档案，甚至没有建立起明确的员工档案管理体系，更没有对员工档案进行分类管理，电子存档系统，定期维护，保密管理。

①建立电子档案管理系统。目前此类软件比较多，可根据企业的实际情况选择适合自己的档案管理系统。在员工入职后将其档案信息录入电子系统，做好分类管理，设定重要提醒。对于关键员工的信息要尽可能真实、全面、及时，至少保留优先五年甚至以上。员工档案管理中必须包含：员工的家庭背景、教育背景、重要培训经历、职业生涯、晋升记录、资格及证书、奖惩记录、重要总结等。

②档案权限管理。员工档案属于个人重要信息，具有一定的隐私，必须做好妥善保管。尤其是关键员工档案资料会有一定的商业价值，应该设定权限管理，最好是设立专人进行管理，避免管理中出现资料泄露等情况，企业要对人员档案资料做好道德风险规避。

③定期维护更新。员工档案信息具有一定的时效性，企业应定期指定专人对其进行更新，及时做好分类及信息的维护，确保信息与人员的实际情况同步。

4.离职面谈不是走过场

不管是老员工还是新员工离职，其直接上司在得知这一消息时应及时与该员工进行面谈。真正去了解其思想动态，弄清楚其离职原因，并对其原因进行分析，如果是企业原因，应及时做好相关改善；如果是员工自身原因，应努力为其分忧，并做好精神上的辅导。最后还应尊重员工的最终选择。

5.员工离职仪式的重大意义

员工离职后也许与企业之间不再有利益关系，但毕竟他曾经也为企业的发展贡献过自己的力量，企业应对其表示感激。当员工离职时如果能最好离职仪式的工作，给他们留下好的印象，也能提高公司的形象。

6.保持离职员工的定期联系

对关键员工要定期与其保持联系，也许他们能为企业带来良好的合作机会或者商机，他们也是企业人力资源管理的特殊部分，所以不能疏忽。

7.给予离职员工工作优先权

对于离职员工如果再回企业工作，企业应给予接纳，并以宽容的态度对待。因为他们对企业工作较熟悉，能及时熟悉岗位工作，能为企业节省招聘成本、时间成本、人力成本。

【权威点评】

1. 员工离职是人力资源管理的重要部分,只有做到人员离职但人才不流失,才算是成功的人力资源管理。

2. 对待关键人员离职要采取高效、人性化的管理,定期与其保持联系,随时发现合作机会并从中挖掘商机。

3. 提升企业的人文关怀,用心对待离职员工,给他们留下好印象,在无形中提升企业形象。

4. 做好离职员工离职前的心理辅导和问题解决,并做好离职后的档案管理及后续工作。

【参考提示】

只有提升企业的文化魅力和人文关怀及相关薪资福利才能真正从心理上去获得员工的认可,减少人员的流失。从如何对待离职员工的细节中也能体现出一个企业的素养,留住人心,才能留住人才。

【案例9】红蜻蜓员工的"精神福利"

【案例详情】

红蜻蜓集团创始于 1995 年 3 月,位于中国温州市,是一家从事专业制鞋、服饰、多元投资的全国无区域性集团。现在,红蜻蜓集团已经成为国家中型企业、全国民企 500 强、全国行业百强、中国皮革工业协会优势企业、浙江省重点民营企业。另外,"红蜻蜓"皮鞋获得首批"国家免检产品"称号,2002 和 2005 年相继被评为"中国名牌产品"。

2006 年,红蜻蜓开设了阳光咨询室,用来疏导员工的心理问题。自成立以来,预约咨询的员工一直很多,证明适当的心理咨询确实能达到精神抚慰的作用,并成为红蜻蜓关爱员工健康的一项"福利"。

红蜻蜓集团人力资源部的骨干谢作武也曾进行过心理咨询,他表示:"平常工作压力大,难免会有心理压力。通过咨询可以舒缓情绪。"谢作武生于湖北,有着五年的工作经验,曾在一家公司担任过人力资源部经理。到红蜻蜓的人力资源部工作之后,他感觉自己的工作压力越来越大了。

压力大的原因,一方面在于工作突发太强,有些部门总是临时提出用人要求,几天内就得到岗,红蜻蜓是一个规模大的企业,部门分很多,实在让人难以应付；另一方面，谢作武坦言，他与顶头上司的工作沟通有时候并不顺畅。

事实上，像谢作武这样的员工还有很多，他们总是习惯把事情憋在心里，不主动与领导进行沟通，一直等领导的关注。但实际上领导并没有那么多精力顾及到每一个员工，致使部分员工工作和情绪不稳定，心情十分压抑，严重时会出现失眠、食欲不振等症状。

存在心理问题的员工与心理咨询师"聊天"以后，找到问题的症结，尽快去解决这些问题，情况就会有很大好转。谢作武结束心理咨询后，睡眠质量有了明显提升。他找自己的直接领导进行交流，将自己对工作的看法和意见和盘托出。领导听了也非常理解和支持，谢作武也如释重负。

2006年4月21日，一位一线员工打电话到人力资源部要求给自己安排心理辅导。但当再次联系上这位员工，让他与咨询师见面时，他却表示"不需要了"。而据当时接电话的工作人员介绍，这位员工打来电话时的情绪非常激烈，一直说"很恐怖"，"我快受不了了，再不过来我就要崩溃了！"但由于当时心理咨询师忙于其他工作，没有在当天提供咨询，就错过了最佳时期。

红蜻蜓永嘉总部就有4000多名工人，加上全国各地的终端，员工人数已经达到2.5万人。假如面向全体员工开展心理咨询，按照比例配置，红蜻蜓一家企业就需要配备至少2500名心理咨询师，这显然是不现实的。心理咨询师的缺乏必然会影响咨询进度。

于是，红蜻蜓的人力资源部想到了其他办法——利用企业版QQ与员工进行交流。这样一来，无论心理咨询师在不在公司，只要一上网，就能够随时接受公司在线或留言的员工的咨询。

预约会受地点和时间的限制，而网上咨询方便快捷，随时随地都可以进行，而且交谈也更随意，更真实。事实上，员工很多不太严重的心理问题，只要向一个人倾诉出来，问题就算是解决了。即使是预约咨询，大多也是员工说咨询师在听，等员工说完了，就会长叹一口气，觉得一下子轻松了。心理咨询师并不提供具体的解决方案，而是提供一些思路，让员工自己领会该怎么做。

【权威点评】

企业向员工开展心理咨询活动，其影响极其深远。

1. 心理咨询能帮助员工建立理性的价值观念，使员工明白价值观对于人的行为和抉择的影响。有利于员工多角度、多方面地看待学习和生活，树立积极的心态。

2. 心理咨询可以有效地解决企业内部问题，创造一个健康的工作环境。

3. 通过心理咨询，可以处理员工关系的死角，消除可能影响员工效绩的一些因素，进而让企业更有凝聚力，保持持续的竞争力。

4. 企业管理者可以利用员工心理咨询来迅速提升员工尤其是核心员工（如中层管理人员、部门主管等）的能力，然后再让能力提升后的核心员工带动一般员工。

5. 重视员工心理咨询的企业，可以留住人才。

6. 重视员工心理咨询的企业，可以吸引很多优秀的人才加入团队。

7. 心理咨询能够有效地激励员工，鼓舞士气。

8. 心理咨询可以提高企业效益，让企业在市场上更占优势。

【参考提示】

心理咨询是企业面向全体员工提供的一项特殊福利，这项福利已经逐渐延伸到基层员工，利用讲座等方式，为生产一线员工提供心理咨询的机会。心理咨询能够排解公司各个部门难以解决的问题，进而建立起公司与员工的沟通渠道，完善员工的健康档案。

【案例10】从丰田北美受挫看高管人才流失

【案例详情】

丰田作为日本最大的汽车公司，世界十大汽车工业公司之一，创立于 1933年。早年的丰田牌、光冠、皇冠、花冠汽车曾风靡一时，近年来的凌志、克雷西达豪华汽车也是远近闻名。然而 2009 年，三位高层人才的流失给了丰田汽车北美公司沉重的打击。丰田汽车北美公司雷克萨斯品牌总经理吉姆·法雷一夜间变身为福特汽车公司全球市场营销及公关负责人。

法雷已经是 2009 年第三位从丰田跳槽的高管，实际上，人才流失带给丰田美国公司的打击是连续性的。2009 年 8 月，丰田北美公司雷克萨斯品牌市场营销副总裁黛博拉·梅耶加盟克莱斯勒控股有限公司，担任该公司副总裁兼营销总监。9 月初，丰田汽车北美公司总裁吉姆·普莱斯也跳槽到克莱斯勒，担任联席总裁兼董事会副主席。早在 2004 年 9 月，丰田印第安纳州普林斯顿工厂质保总经理道格拉斯·拜茨就跳槽到日产北美公司，担任产品质量副总裁。

法雷在 2009 年负责丰田雷克萨斯品牌在全球范围内的运营，而且他还因创建和推广丰田赛昂品牌而备受瞩目。甚至有的业内人士认为，法雷将来会成为丰田北美公司最高职位的继任者。法雷和从丰田跳槽的黛博拉·梅耶、吉姆·普莱斯在过去 10 年中，为丰田制定了非常连贯的营销及品牌推广策略，并让丰田产品可靠性和高质量为大众所熟知，三人的合作相当默契。

法雷在决定离开丰田的时候表示:尽管在丰田工作了长达 20 年,确定离开是非常艰难的。但是考虑到将来的个人发展,他还是下了狠心离职。法雷的同事也表示,法雷在最后一次升职后情绪低落,他原本以为自己可以担任丰田北美公司总裁,但最终的结果却出人意料。

专业人士分析称,普莱斯这位高管离开丰田,也可能是因为企业没有提供更大的职业发展空间。普莱斯是丰田任命的董事会中第一位非日籍人士,尽管他 30 岁后得到了提升,但事实上还是担任丰田顾问的角色。因此,普莱斯非常清楚,自己留在丰田已经没有进一步被提拔的可能。

对于高层人才连续离开的现象,不管是丰田北美公司还是普通大众都表现出担忧。丰田及雷克萨斯品牌经销商、丰田全国经销商委员会前任主席克里斯古罗表示,法雷的离职让他非常震惊,不会有人愿意看到这样出色的人离开自己的团队。而且法雷和之前跳槽到克莱斯勒的普莱斯都曾为丰田做出过卓越贡献。

高管的相继离开无疑是丰田的巨大损失,对于整个管理团队的成长非常不利。丰田为了培育这个团队付出了极大心血,而失去这些高管人才后,丰田方面将不得不投入高成本重新培育人才。

尽管丰田方面声称,自己有很多经验丰富的后备人才来填补空缺,但事实上,高管人才并不是"少了人、补个缺"如此简便的事情。丰田在北美市场的营销策略一直有着非常强的连贯性,营销与市场表现密切相关。假如忽然更换了高管,其连贯性极容易遭到破坏。即使丰田可以在短期内找到合适的继任者,其适应新环境、融入新团队也同样要付出很大的代价。

此外,多位高管连续辞职、跳槽到别家不仅会打击经销商团队的信心和士气,也会对消费者、尤其是经销商的心理带来一定的负面影响。

【权威点评】

一家公司的核心高管纷纷离职,这无疑表明这家公司的管理存在问题。但公司的管理者还是要保持镇定,认真分析这场人事危机的前因后果,进而吸取教训,制定有效的应对策略。

1. 公司要留意细微之处,公司的高层管理者应该关注员工的需求,时常深入第一线,向员工了解他们的情绪变化,对公司某些事情的看法,以及为公司提的建议。让员工成为重要角色,稳固人心。

2. 公司要加强人才继任规划,为了避免今后高管人才流失给公司带来的负面影响,公司应加强核心人员的继任规划,培养后备力量。

3. 公司可以通过加强知识管理,让高管人才的经验逐渐转变为企业文化和知识。这样一来,即便有一天高管人才离开了企业,他的经验、思维方式和办事方式却会留下来。

【参考提示】

公司遇到高管人才流失的问题，不宜过分追究其离开的原因，而要把重心放在采取措施降低该人才流失后的负面影响。与此同时，公司高层应就高管离职一事向员工做出解释说明，一方面减少了流言，一方面也能够鼓舞士气，进而防止其他中层主管跟随其离职。

第七部分
人力资源管理相关法律法规

内容提要

- 《中华人民共和国劳动法》
- 《职工带薪年休假条例》
- 《工伤保险条例》

《中华人民共和国劳动法》

(1994年7月5日第八届全国人民代表大会常务委员会第八次会议通过,中华人民共和国国务院令第535号公布。根据2009年8月27日第十一届全国人民代表大会常务委员会第十次会议通过的《全国人民代表大会常务委员会关于修改部分法律的决定》修正)

第一章　总则

第一条　为了保护劳动者的合法权益,调整劳动关系,建立和维护适应社会主义市场经济的劳动制度,促进经济发展和社会进步,根据宪法,制定本法。

第二条　在中华人民共和国境内的企业、个体经济组织(以下统称用人单位)和与之形成劳动关系的劳动者,适用本法。

第三条　劳动者享有平等就业和选择职业的权利、取得劳动报酬的权利、休息休假的权利、获得劳动安全卫生保护的权利、接受职业技能培训的权利、享受社会保险和福利的权利、提请劳动争议处理的权利以及法律规定的其他劳动权利。

劳动者应当完成劳动任务,提高职业技能,执行劳动安全卫生规程,遵守劳动纪律和职业道德。

第四条　用人单位应当依法建立和完善规章制度,保障劳动者享有劳动权利和履行劳动义务。

第五条　国家采取各种措施,促进劳动就业,发展职业教育,制定劳动标准,调节社会收入,完善社会保险,协调劳动关系,逐步提高劳动者的生活水平。

第六条　国家提倡劳动者参加社会主义义务劳动,开展劳动竞赛和合理化建议活动,鼓励和保护劳动者进行科学研究、技术革新和发明创造,表彰和奖励劳动模范和先进工作者。

第七条　劳动者有权依法参加和组织工会。

工会代表和维护劳动者的合法权益,依法独立自主地开展活动。

第八条　劳动者依照法律规定,通过职工大会、职工代表大会或者其他形式,参与民主管理或者就保护劳动合法权益与用人单位进行平等协商。

第九条　国务院劳动行政部门主管全国劳动工作。

县级以上地方人民政府劳动行政部门主管本行政区域内的劳动工作。

第二章　促进就业

第十条　国家通过促进经济和社会发展,创造就业条件,扩大就业机会。

国家鼓励企业、事业组织、社会团体在法律、行政法规规定的范围内兴办产业或者拓展经营,增加就业。

国家支持劳动者自愿组织起来就业和从事个体经营实现就业。

第十一条　地方各级人民政府应当采取措施,发展多种类型的职业介绍机构,提供就业服务。

第十二条　劳动者就业,不因民族、种族、性别、宗教信仰不同而受歧视。

第十三条　妇女享有与男子平等的就业权利。在录用职工时,除国家规定的不适合妇女的工种或者岗位外,不得以性别为由拒绝录用妇女或者提高对妇女的录用标准。

第十四条　残疾人、少数民族人员、退出现役的军人的就业,法律、法规有特别规定的,从其规定。

第十五条　禁止用人单位招用未满 16 岁的未成年人,必须依照国家有关规定,履行审批手续,并保障其接受义务教育的权利。

第三章　劳动合同和集体合同

第十六条　劳动合同是劳动者与用人单位确立劳动关系、明确双方权利和义务的协议。

建立劳动关系应当订立劳动合同。

第十七条　订立和变更劳动合同,应当遵循平等自愿、协商一致的原则,不得违反法律、行政法规的规定。

劳动合同依法订立即具有法律约束力,当事人必须履行劳动合同规定的义务。

第十八条　下列劳动合同无效:

(一)违反法律、行政法规的劳动合同;

(二)采取欺诈、威胁等手段订立的劳动合同。

无效的劳动合同,从订立的时候起,就没有法律约束力。确认劳动合同部分无效的,如果不影响其余部分的效力,其余部分仍然有效。

劳动合同的无效,由劳动争议仲裁委员会或者人民法院确认。

第十九条 劳动合同应当以书面形式订立,并具备以下条款:

(一)劳动合同期限;

(二)工作内容;

(三)劳动保护和劳动条件;

(四)劳动报酬;

(五)劳动纪律;

(六)劳动合同终止的条件;

(七)违反劳动合同的责任。

劳动合同除前款规定的必备条款外,当事人可以协商约定其他内容。

第二十条 劳动合同的期限分为有固定期限、无固定期限和以完成一定的工作为期限。

劳动者在同一用人单位连续工作满 10 年以上,当事人双方同意续延劳动合同的,如果劳动者提出订立无固定限期的劳动合同,应当订立无固定限期的劳动合同。

第二十一条 劳动合同可以约定试用期。试用期最长不得超过 6 个月。

第二十二条 劳动合同当事人可以在劳动合同中约定保守用人单位商业秘密的有关事项。

第二十三条 劳动合同期满或者当事人约定的劳动合同终止条件出现,劳动合同即行终止。

第二十四条 经劳动合同当事人协商一致,劳动合同可以解除。

第二十五条 劳动者有下列情形之一的,用人单位可以解除劳动合同:

(一)在试用期间被证明不符合录用条件的;

(二)严重违反劳动纪律或者用人单位规章制度的;

(三)严重失职、营私舞弊,对用人单位利益造成造成重大损害的;

(四)被依法追究刑事责任的。

第二十六条 有下列情形之一的,用人单位可以解除劳动合同,但是应当提前 30 日以书面形式通知劳动者本人:

(一)劳动者患病或者非因工负伤,医疗期满后,不能从事原工作也不能从事由用人单位另行安排的工作的;

(二)劳动者不能胜任工作,经过培训或者调整工作岗位,仍不能胜任工作的;

(三)劳动合同订立时所依据的客观情况发生重大变化,致使原劳动合同无法履行,经当事人协商不能就变更劳动合同达成协议的。

第二十七条 用人单位濒临破产进行法定整顿期间或者生产经营状况发生严重困难,确需裁减人员的,应当提前 30 日向工会或者全体员工说明情况,听取工会或者职工的意见,经向劳动行政部门报告后,可以裁减人员。

用人单位依据本条规定裁减人员,在 6 个月内录用人员的,应当优先录用被裁减人员。

第二十八条 用人单位依据本法第二十四条、第二十六条、第二十七条的规定解除劳动合同的,应当依照国家有关规定给予经济补偿。

第二十九条 劳动者有下列情形之一的,用人单位不得依据本法第二十六条、第二十七条的规定解除劳动合同:

(一)患职业病或者因工负伤并被确认丧失或者部分丧失劳动能力的;

(二)患病或者负伤,在规定的医疗期内的;

(三)女职工在孕期、产期、哺乳期的;

(四)法律、行政法规规定的其他情形。

第三十条 用人单位解除劳动合同,工会认为不适当的,有权提出意见。如果用人单位违反法律、法规或者劳动合同,工会有权要求重新处理;劳动者申请仲裁或者提起诉讼的,工会应当依法给予支持和帮助。

第三十一条 劳动者解除劳动合同,应当提前三十日以书面形式通知用人单位。

第三十二条 有下列情形之一的,劳动者可以随时通知用人单位解除劳动合同:

(一)在试用期内的;

(二)用人单位以暴力、威胁或者非法限制人身自由的手段强迫劳动的;

(三)用人单位未按照劳动合同约定支付劳动报酬或者提供劳动条件的。

第三十三条 企业职工一方与企业可以就劳动报酬、工作时间、休息休假、劳动安全卫生、保险福利等事项,签定集体合同。集体合同草案应当提交职工代表大会或者全体职工讨论通过。

集体合同由工会代表职工与企业签定;没有建立工会的企业,又职工推举的代表与企业签定。

第三十四条 集体合同签定后应当报送劳动行政部门;劳动行政部门自收到集体合同文本之日起 15 日内未提出异议的,集体合同即行生效。

第三十五条 依法签定的集体合同对企业和企业全体职工具有约束力。职工个人与企业订立的劳动合同中劳动条件和劳动报酬等标准不得低于集体合同的规定。

第四章 工作时间和休息休假

第三十六条 国家实行劳动者每日工作时间不超过 8 小时、平均每周工作时间不超过 44 小时的工时制度。

第三十七条 对实行计件工作的劳动者,用人单位应当根据本法第三十六条规定的工时制度合理确定其劳动定额和计件报酬标准。

第三十八条 用人单位应当保证劳动者每周至少休息 1 日。

第三十九条 企业应生产特点不能实行本法第三十六条、第三十八条规定的,经劳动行政部门批准,可以实行其他工作和休息办法。

第四十条 用人单位在下列节日期间应当依法安排劳动者休假:

(一)元旦;

(二)春节;

(三)国际劳动节;

(四)国庆节;

(五)法律、法规规定的其他休假节日。

第四十一条 用人单位由于生产经营需要,经与工会和劳动者协商后可以延长工作时间,一般每日不得超过 1 小时;因特殊原因需要延长工作时间的在保障劳动者身体健康的条件下延长工作时间每日不得超过 3 小时,但是每月不得超过 36 小时。

第四十二条 有下列情形之一的,延长工作时间不受本法第四十一条规定的限制:

(一)发生自然灾害、事故或者因其他原因,威胁劳动者生命健康和财产安全,需要紧急处理的;

(二)生产设备、交通运输线路、公共设施发生故障,影响生产和公众利益,必须及时抢修的;

(三)法律、行政法规规定的其他情形。

第四十三条 用人单位不得违反本法规定延长劳动者的工作时间。

第四十四条 有下列情形之一的,用人单位应当按照下列标准支付高于劳动者正常工作时间工资的工资报酬:

(一)安排劳动者延长时间的,支付不低于工资的百分之一百五十的工资报酬;

(二)休息日安排劳动者工作又不能安排补休的,支付不低于工资的百分之二百的工资报酬;

（三）法定休假日安排劳动者工作的，支付不低于工资的百分之三百的工资报酬。

第四十五条 国家实行带薪年休假制度。

劳动者连续工作 1 年以上的，享受带薪年休假。具体办法由国务院规定。

第五章　工资

第四十六条 工资分配应当遵循按劳分配原则，实行同工同酬。

工资水平在经济发展的基础上逐步提高。国家对工资总量实行宏观调控。

第四十七条 用人单位根据本单位的生产经营特点和经济效益，依法自主确定本单位的工资分配方式和工资水平。

第四十八条 国家实行最低工资保障制度。最低工资的具体标准由省、自治区、直辖市人民政府规定，报国务院备案。

第四十九条 确定和调整最低工资标准应当综合参考下列因素：

（一）劳动者本人及平均赡养人口的最低生活费用；

（二）社会平均工资水平；

（三）劳动生产率；

（四）就业状况；

（五）地区之间经济发展水平的差异。

第五十条 工资应当以货币形式按月支付给劳动者本人。不得克扣或者无故拖欠劳动者的工资。

第五十一条 劳动者在法定休假日和婚丧假期间以及依法参加社会活动期间，用人单位应当依法支付工资。

第六章　劳动安全卫生

第五十二条 用人单位必须建立、健全劳动卫生制度，严格执行国家劳动安全卫生规程和标准，对劳动者进行劳动安全卫生教育，防止劳动过程中的事故，减少职业危害。

第五十三条 劳动安全卫生设施必须符合国家规定的标准。

新建、改建、扩建工程的劳动安全卫生设施必须与主题同时设计、同时施工、同时投入生产和使用。

第五十四条 用人单位必须为劳动者提供符合国家规定的劳动安全卫生

条件和必要的劳动防护用品,对从事有职业危害作业的劳动者应当定期进行健康检查。

第五十五条 从事特种作业的劳动者必须经过专门培训并取得特种作业资格。

第五十六条 劳动者在劳动过程中必须严格遵守安全操作规程。

劳动者对用人单位管理人员违章指挥、强令冒险作业,有权拒绝执行;对危害生命安全和身体健康的行为,有权提出批评、检举和控告。

第五十七条 国家建立伤亡和职业病统计报告和处理制度。县级以上各级人民政府劳动行政部门、有关部门和用人单位应当依法对劳动者在劳动过程中发生的伤亡事故和劳动者的职业病状况,进行统计、报告和处理。

第七章 女职工和未成年工特殊保护

第五十八条 国家对女职工和未成年工实行特殊劳动保护。

未成年工是指年满16周岁未满18周岁的劳动者。

第五十九条 禁止安排女职工从事矿山井下、国家规定的第四级体力劳动强度的劳动和其他禁忌从事的劳动。

第六十条 不得安排女职工在经期从事高处、低温、冷水作业和国家规定的第三级体力劳动强度的劳动。

第六十一条 不得安排女职工在怀孕期间从事国家国家规定的第三级体力劳动强度的劳动和孕期禁忌从事的劳动。对怀孕7个月以上的女职工,不得安排其延长工作时间和夜班劳动。

第六十二条 女职工生育享受不少于90天的产假。

第六十三条 不得安排女职工在哺乳未满1周岁的婴儿期间从事国家规定的第三级体力劳动强度的劳动和哺乳期禁忌从事的其他劳动,不得安排其延长工作时间和夜班劳动。

第六十四条 不得安排未成年工从事矿山井下、有毒有害、国家规定的第四级体力劳动强度的劳动和其他禁忌从事的劳动。

第六十五条 用人单位应当对未成年工定期进行健康检查。

第八章 职业培训

第六十六条 国家通过各种途径,采取各种措施,发展职业培训事业,开发劳动者的职业技能,提高劳动者素质,增强劳动者的就业能力和工作能力。

第六十七条　各级人民政府应当把发展职业培训纳入社会经济发展的规划,鼓励和支持有条件的企业、事业组织、社会团体和个人进行各种形式的职业培训。

第六十八条　用人单位应当建立职业培训制度,按照国家规定提取和使用职业培训经费,根据本单位实际,有计划地对劳动者进行职业培训。

从事技术工种的劳动者,上岗前必须经过培训。

第六十九条　国家确定职业分类,对规定的职业制度职业技能标准,实行职业资格证书制度,由经过政府批准的考核鉴定机构负责对劳动者实施职业技能考核鉴定。

第九章　社会保险和福利

第七十条　国家发展社会保险,建立社会保险制度,设立社会保险基金,使劳动者在年老、患病、工伤、失业、生育等情况下获得帮助和补偿。

第七十一条　社会保险水平应当与社会经济发展水平和社会承受能力相适应。

第七十二条　社会保险基金按照保险类型确定资金来源,逐步实行社会统筹。用人单位和劳动者必须依法参加社会保险,缴纳社会保险费。

第七十三条　劳动者在下列情形下,依法享受社会保险待遇:

(一)退休;

(二)患病;

(三)因工伤残或者患职业病;

(四)失业;

(五)生育。

劳动者死亡后,其遗属依法享受遗属津贴。

劳动者享受社会保险待遇的条件和标准由法律、法规规定。

劳动者享受的社会保险金必须按时足额支付。

第七十四条　社会保险基金经办机构依照法律规定收支、管理和运营社会保险基金,并负有使社会保险基金保值增值的责任。

社会保险基金监督机构依照法律规定,对社会保险基金的收支、管理和运营实施监督。

社会保险基金经办机构和社会保险基金监督机构的设立和职能由法律规定。

任何组织和个人不得挪用社会保险基金。

第七十五条 国家鼓励用人单位根据本单位实际情况为劳动者建立补充保险。

国家提倡劳动者个人进行储蓄性保险。

第七十六条 国家发展社会福利事业,兴建公共福利设施,为劳动者休息、体养和疗养提供条件。

用人单位应当创造条件,改善集体福利,提高劳动者的福利待遇。

第十章 劳动争议

第七十七条 用人单位与劳动者发生劳动争议,当事人可以依法申请调解、仲裁、提起诉讼,也可以协商解决。

调解原则适用于仲裁和诉讼程序。

第七十八条 解决劳动争议,应当根据合法、公正、及时处理的原则,依法维护劳动争议当事人的合法权益。

第七十九条 劳动争议发生后,当事人可以向本单位劳动争议调解委员会申请调解;调解不成,当事人一方要求仲裁的,可以向劳动争议仲裁委员会申请仲裁。当事人一方也可以直接向劳动争议仲裁委员会申请仲裁。对仲裁裁决不服的,可以向人民法院提出诉讼。

第八十条 在用人单位内,可以设立劳动争议调解委员会。劳动争议调解委员会由职工代表、用人单位代表和工会代表组成。劳动争议调解委员会主任由工会代表担任。

劳动争议经调解达成协议的,当事人应当履行。

第八十一条 劳动争议仲裁委员会由劳动行政部门代表、同级工会代表、用人单位代表方面的代表组成。劳动争议仲裁委员会主任由劳动行政部门代表担任。

第八十二条 提出仲裁要求的一方应当自劳动争议发生之日起 60 日内向劳动争议仲裁委员会提出书面申请。仲裁裁决一般应在收到仲裁申请的 60 日内作出。对仲裁裁决无异议的,当事人必须履行。

第八十三条 劳动争议当事人对仲裁裁决不服的,可以自收到仲裁裁决书之日起 15 日内向人民法院提起诉讼。一方当事人在法定期限内不起诉又不履行仲裁裁决的,另一方当事人可以申请强制执行。

第八十四条 因签定集体合同发生争议,当事人协商解决不成的,当地人民政府劳动行政部门可以组织有关各方协调处理。

因履行集体合同发生争议,当事人协商解决不成的,可以向劳动争议仲裁委员会申请仲裁;对仲裁裁决不服的,可以自收到仲裁裁决书之日起 15 日内向人民法院提出诉讼。

第十一章　监督检查

第八十五条　县级以上各级人民政府劳动行政部门依法对用人单位遵守劳动法律、法规的情况进行监督检查,对违反劳动法律、法规的行为有权制止,并责令改正。

第八十六条　县级以上各级人民政府劳动行政部门监督检查人员执行公务,有权进入用人单位了解执行劳动法律、法规的情况,查阅必要的资料,并对劳动场所进行检查。

县级以上各级人民政府劳动行政部门监督检查人员执行公务,必须出示证件,秉公执法并遵守有关规定。

第八十七条　县级以上各级人民政府有关部门在各自职责范围内,对用人单位遵守劳动法律、法规的情况进行监督。

第八十八条　各级工会依法维护劳动者的合法权益,对用人单位遵守劳动法律、法规的情况进行监督。

任何组织和个人对于违反劳动法律、法规的行为有权检举和控告。

第十二章　法律责任

第八十九条　用人单位制定的劳动规章制度违反法律、法规规定的,由劳动行政部门给予警告,责令改正;对劳动者造成损害的,应当承担赔偿责任。

第九十条　用人单位违反本法律规定,延长劳动者工作时间的,由劳动行政部门给予警告,责令改正,并可以处以罚款。

第九十一条　用人单位有下列侵害劳动者合法权益情形之一的,由劳动行政部门责令支付劳动者的工资报酬、经济补偿,并可以责令支付赔偿金:

(一)克扣或者无故拖欠劳动者工资的;

(二)拒不支付劳动者延长工作时间工资报酬的;

(三)低于当地最低工资标准支付劳动者工资的;

(四)解除劳动合同后,未依照本法规定给予劳动者经济补偿的。

第九十二条　用人单位的劳动安全设施和劳动卫生条件不符合国家规定或者未向劳动者提供必要的劳动防护用品和劳动保护设施的,由劳动行政部门或者有关部门责令改正,可以处以罚款;情节严重的,提请县级以上人民政府决定责令停产整顿；对事故隐患不采取措施，致使发生重大事故，造成劳动者生命和财产损失的，对责任人员依照刑法有关规定追究刑事责任。

第九十三条 用人单位强令劳动者违章冒险作业，发生重大伤亡事故，造成严重后果的，对责任人员依法追究刑事责任。

第九十四条 用人单位非法招用未满 16 周岁的未成年人的，由劳动行政部门责令改正，处以罚款；情节严重的，由工商行政管理部门吊销营业执照。

第九十五条 用人单位违反本法对女职工和未成年工的保护规定，侵害其合法权益的，由劳动行政部门责令改正，处以罚款；对女职工或者未成年工造成损害的，应当承担赔偿责任。

第九十六条 用人单位有下列行为之一，由公安机关对责任人员处以 15 日以下拘留、罚款或者警告；构成犯罪的，对责任人员依法追究刑事责任：

（一）以暴力、威胁或者非法限制人身自由的手段强迫劳动的；

（二）侮辱、体罚、殴打、非法搜查和拘禁劳动者的。

第九十七条 由于用人单位的原因订立的无效合同，对劳动者造成损害的，应当承担赔偿责任。

第九十八条 用人单位违反本法规定的条件解除劳动合同或者故意拖延不订立劳动合同的，由劳动行政部门责令改正；对劳动者造成损害的，应当承担赔偿责任。

第九十九条 用人单位招用尚未解除劳动合同的劳动者，对原用人单位造成经济损失的，该用人单位应当依法承担连带赔偿责任。

第一百条 用人单位无故不缴纳社会保险费的，由劳动行政部门责令其限期缴纳；逾期不缴的，可以加收滞纳金。

第一百零一条 用人单位无理阻挠劳动行政部门、有关部门及其工作人员行使监督检查权，打击报复举报人员的，由劳动行政部门或者有关部门处以罚款；构成犯罪的，对责任人员依法追究形事责任。

第一百零二条 劳动者违反本法规定的条件解除劳动合同或者违反劳动合同中约定的保密事项，对用人单位造成经济损失的，应当依法承担赔偿责任。

第一百零三条 劳动行政部门或者有关部门的工作人员滥用职权、玩忽职守、徇私舞弊，构成犯罪的，依法追究刑事责任；不构成犯罪的，给予行政处分。

第一百零四条 国家工作人员和社会保险基金经办机构的工作人员挪用社会保险基金，构成犯罪的，依法追究刑事责任。

第一百零五条 违反本法规定侵害劳动者合法权益，其他法律、行政法规已规定处罚的，依照该法律、行政法规的规定处罚。

第十三章　附则

第一百零六条　省、自治区、直辖市人民政府根据本法和本地区的实际情况，规定劳动合同制度的实施步骤，报国务院备案。

第一百零七条　本法自 1995 年 1 月 1 日起施行。

《职工带薪年休假条例》

（2007 年 12 月 7 日国务院第 198 次常务会议通过，2007 年 12 月 24 日中华人民共和国国务院令第 514 号公布）

第一条 为了维护职工休息休假权利，调动职工工作积极性，根据劳动法和公务员法，制定本条例。

第二条 机关、团体、企业、事业单位、民办非企业单位、有雇工的个体工商户等单位的职工连续工作 1 年以上的，享受带薪年休假（以下简称年休假）。单位应当保证职工享受年休假。职工在年休假期间享受与正常工作期间相同的工资收入。

第三条 职工累计工作已满 1 年不满 10 年的，年休假 5 天；已满 10 年不满 20 年的，年休假 10 天；已满 20 年的，年休假 15 天。

国家法定休假日、休息日不计入年休假的假期。

第四条 职工有下列情形之一的，不享受当年的年休假：

（一）职工依法享受寒暑假，其休假天数多于年休假天数的；

（二）职工请事假累计 20 天以上且单位按照规定不扣工资的；

（三）累计工作满 1 年不满 10 年的职工，请病假累计 2 个月以上的；

（四）累计工作满 10 年不满 20 年的职工，请病假累计 3 个月以上的；

（五）累计工作满 20 年以上的职工，请病假累计 4 个月以上的。

第五条 单位根据生产、工作的具体情况，并考虑职工本人意愿，统筹安排职工年休假。

年休假在 1 个年度内可以集中安排，也可以分段安排，一般不跨年度安排。单位因生产、工作特点确有必要跨年度安排职工年休假的，可以跨 1 个年度安排。

单位确因工作需要不能安排职工休年假的，经职工本人同意，可以不安排职工休年假。对职工应休未休假天数，单位应当按照该职工日工资收入的 300％支付年休假工资报酬。

第六条 县级以上地方人民政府人事部门、劳动保障部门应当依据职权对单位执行本条例的情况主动进行监督检查。

工会组织依法维护职工的年休假权利。

第七条 单位不安排职工休年休假又不依照本条例规定给予年休假工资

报酬的,由县级以上地方人民政府人事部门或者劳动保障部门依据职权责令限期改正;对逾期不改正的,除责令该单位支付年休假工资报酬外,单位还应当按照年休假工资报酬的数额向职工加付赔偿金;对拒不支付年休假工资报酬、赔偿金的,属于公务员和参照公务员法管理的人员所在单位的,对直接负责的主管人员以及其他直接责任人员依法给予处分;属于其他单位的,由劳动保障部门、人事部门或者职工申请人民法院强制执行。

第八条 职工与单位因年休假发生的争议,依照国家有关法律、行政法规的规定处理。

第九条 国务院人事部门、国务院劳动保障部门依据职权,分别制定本条例的实施办法。

第十条 本条例自 2008 年 1 月 1 日起施行。

《工伤保险条例》

(2003 年 4 月 27 日中华人民共和国国务院令第 375 号公布 根据 2010 年 12 月 20 日《国务院关于修改〈工伤保险条例〉的决定》修订)

第一章 总则

第一条 为了保障因工作遭受事故伤害或者患职业病的职工获得医疗救治和经济补偿,促进工伤预防和职业康复,分散用人单位的工伤风险,制定本条例。

第二条 中华人民共和国境内的企业、事业单位、社会团体、民办非企业单位、基金会、律师事务所、会计师事务所等组织和有雇工的个体工商户(以下称用人单位)应当依照本条例规定参加工伤保险,为本单位全部职工或者雇工(以下称职工)缴纳工伤保险费。

中华人民共和国境内的企业、事业单位、社会团体、民办非企业单位、基金会、律师事务所、会计师事务所等组织的职工和个体工商户的雇工,均有依照本条例的规定享受工伤保险待遇的权利。

第三条 工伤保险费的征缴按照《社会保险费征缴暂行条例》关于基本养老保险费、基本医疗保险费、失业保险费的征缴规定执行。

第四条 用人单位应当将参加工伤保险的有关情况在本单位内公示。

用人单位和职工应当遵守有关安全生产和职业病防治的法律法规,执行安全卫生规程和标准,预防工伤事故发生,避免和减少职业病危害。

职工发生工伤时,用人单位应当采取措施使工伤职工得到及时救治。

第五条 国务院社会保险行政部门负责全国的工伤保险工作。

县级以上地方各级人民政府社会保险行政部门负责本行政区域内的工伤保险工作。

社会保险行政部门按照国务院有关规定设立的社会保险经办机构(以下称经办机构)具体承办工伤保险事务。

第六条 社会保险行政部门等部门制定工伤保险的政策、标准,应当征求工会组织、用人单位代表的意见。

第二章　工伤保险基金

第七条　工伤保险基金由用人单位缴纳的工伤保险费、工伤保险基金的利息和依法纳入工伤保险基金的其他资金构成。

第八条　工伤保险费根据以支定收、收支平衡的原则,确定费率。

国家根据不同行业的工伤风险程度确定行业的差别费率,并根据工伤保险费使用、工伤发生率等情况在每个行业内确定若干费率档次。行业差别费率及行业内费率档次由国务院社会保险行政部门制定,报国务院批准后公布施行。

统筹地区经办机构根据用人单位工伤保险费使用、工伤发生率等情况,适用所属行业内相应的费率档次确定单位缴费费率。

第九条　国务院社会保险行政部门应当定期了解全国各统筹地区工伤保险基金收支情况,及时提出调整行业差别费率及行业内费率档次的方案,报国务院批准后公布施行。

第十条　用人单位应当按时缴纳工伤保险费。职工个人不缴纳工伤保险费。

用人单位缴纳工伤保险费的数额为本单位职工工资总额乘以单位缴费费率之积。

对难以按照工资总额缴纳工伤保险费的行业,其缴纳工伤保险费的具体方式,由国务院社会保险行政部门规定。

第十一条　工伤保险基金逐步实行省级统筹。

跨地区、生产流动性较大的行业,可以采取相对集中的方式异地参加统筹地区的工伤保险。具体办法由国务院社会保险行政部门会同有关行业的主管部门制定。

第十二条　工伤保险基金存入社会保障基金财政专户,用于本条例规定的工伤保险待遇,劳动能力鉴定,工伤预防的宣传、培训等费用,以及法律、法规规定的用于工伤保险的其他费用的支付。

工伤预防费用的提取比例、使用和管理的具体办法,由国务院社会保险行政部门会同国务院财政、卫生行政、安全生产监督管理等部门规定。

任何单位或者个人不得将工伤保险基金用于投资运营、兴建或者改建办公场所、发放奖金,或者挪作其他用途。

第十三条　工伤保险基金应当留有一定比例的储备金,用于统筹地区重大事故的工伤保险待遇支付;储备金不足支付的,由统筹地区的人民政府垫付。

储备金占基金总额的具体比例和储备金的使用办法,由省、自治区、直辖市人民政府规定。

第三章 工伤认定

第十四条 职工有下列情形之一的,应当认定为工伤:

(一)在工作时间和工作场所内,因工作原因受到事故伤害的;

(二)工作时间前后在工作场所内,从事与工作有关的预备性或者收尾性工作受到事故伤害的;

(三)在工作时间和工作场所内,因履行工作职责受到暴力等意外伤害的;

(四)患职业病的;

(五)因工外出期间,由于工作原因受到伤害或者发生事故下落不明的;

(六)在上下班途中,受到非本人主要责任的交通事故或者城市轨道交通、客运轮渡、火车事故伤害的;

(七)法律、行政法规规定应当认定为工伤的其他情形。

第十五条 职工有下列情形之一的,视同工伤:

(一)在工作时间和工作岗位,突发疾病死亡或者在48小时之内经抢救无效死亡的;

(二)在抢险救灾等维护国家利益、公共利益活动中受到伤害的;

(三)职工原在军队服役,因战、因公负伤致残,已取得革命伤残军人证,到用人单位后旧伤复发的。

职工有前款第(一)项、第(二)项情形的,按照本条例的有关规定享受工伤保险待遇;职工有前款第(三)项情形的,按照本条例的有关规定享受除一次性伤残补助金以外的工伤保险待遇。

第十六条 职工符合本条例第十四条、第十五条的规定,但是有下列情形之一的,不得认定为工伤或者视同工伤:

(一)故意犯罪的;

(二)醉酒或者吸毒的;

(三)自残或者自杀的。

第十七条 职工发生事故伤害或者按照职业病防治法规定被诊断、鉴定为职业病,所在单位应当自事故伤害发生之日或者被诊断、鉴定为职业病之日起30日内,向统筹地区社会保险行政部门提出工伤认定申请。遇有特殊情况,经报社会保险行政部门同意,申请时限可以适当延长。

用人单位未按前款规定提出工伤认定申请的,工伤职工或者其近亲属、工会组织在事故伤害发生之日或者被诊断、鉴定为职业病之日起1年内,可以直接向用人单位所在地统筹地区社会保险行政部门提出工伤认定申请。

按照本条第一款规定应当由省级社会保险行政部门进行工伤认定的事项,根据属地原则由用人单位所在地的设区的市级社会保险行政部门办理。

用人单位未在本条第一款规定的时限内提交工伤认定申请,在此期间发生符合本条例规定的工伤待遇等有关费用由该用人单位负担。

第十八条 提出工伤认定申请应当提交下列材料:

(一)工伤认定申请表;

(二)与用人单位存在劳动关系(包括事实劳动关系)的证明材料;

(三)医疗诊断证明或者职业病诊断证明书(或者职业病诊断鉴定书)。

工伤认定申请表应当包括事故发生的时间、地点、原因以及职工伤害程度等基本情况。

工伤认定申请人提供材料不完整的,社会保险行政部门应当一次性书面告知工伤认定申请人需要补正的全部材料。申请人按照书面告知要求补正材料后,社会保险行政部门应当受理。

第十九条 社会保险行政部门受理工伤认定申请后,根据审核需要可以对事故伤害进行调查核实,用人单位、职工、工会组织、医疗机构以及有关部门应当予以协助。职业病诊断和诊断争议的鉴定,依照职业病防治法的有关规定执行。对依法取得职业病诊断证明书或者职业病诊断鉴定书的,社会保险行政部门不再进行调查核实。

职工或者其近亲属认为是工伤,用人单位不认为是工伤的,由用人单位承担举证责任。

第二十条 社会保险行政部门应当自受理工伤认定申请之日起60日内作出工伤认定的决定,并书面通知申请工伤认定的职工或者其近亲属和该职工所在单位。

社会保险行政部门对受理的事实清楚、权利义务明确的工伤认定申请,应当在15日内作出工伤认定的决定。

作出工伤认定决定需要以司法机关或者有关行政主管部门的结论为依据的,在司法机关或者有关行政主管部门尚未作出结论期间,作出工伤认定决定的时限中止。

社会保险行政部门工作人员与工伤认定申请人有利害关系的,应当回避。

第四章 劳动能力鉴定

第二十一条 职工发生工伤,经治疗伤情相对稳定后存在残疾、影响劳动能力的,应当进行劳动能力鉴定。

第二十二条 劳动能力鉴定是指劳动功能障碍程度和生活自理障碍程度的等级鉴定。

劳动功能障碍分为十个伤残等级,最重的为一级,最轻的为十级。

生活自理障碍分为三个等级:生活完全不能自理、生活大部分不能自理和生活部分不能自理。

劳动能力鉴定标准由国务院社会保险行政部门会同国务院卫生行政部门等部门制定。

第二十三条 劳动能力鉴定由用人单位、工伤职工或者其近亲属向设区的市级劳动能力鉴定委员会提出申请,并提供工伤认定决定和职工工伤医疗的有关资料。

第二十四条 省、自治区、直辖市劳动能力鉴定委员会和设区的市级劳动能力鉴定委员会分别由省、自治区、直辖市和设区的市级社会保险行政部门、卫生行政部门、工会组织、经办机构代表以及用人单位代表组成。

劳动能力鉴定委员会建立医疗卫生专家库。列入专家库的医疗卫生专业技术人员应当具备下列条件:

(一)具有医疗卫生高级专业技术职务任职资格;

(二)掌握劳动能力鉴定的相关知识;

(三)具有良好的职业品德。

第二十五条 设区的市级劳动能力鉴定委员会收到劳动能力鉴定申请后,应当从其建立的医疗卫生专家库中随机抽取 3 名或者 5 名相关专家组成专家组,由专家组提出鉴定意见。设区的市级劳动能力鉴定委员会根据专家组的鉴定意见作出工伤职工劳动能力鉴定结论;必要时,可以委托具备资格的医疗机构协助进行有关的诊断。

设区的市级劳动能力鉴定委员会应当自收到劳动能力鉴定申请之日起 60 日内作出劳动能力鉴定结论,必要时,作出劳动能力鉴定结论的期限可以延长 30 日。劳动能力鉴定结论应当及时送达申请鉴定的单位和个人。

第二十六条 申请鉴定的单位或者个人对设区的市级劳动能力鉴定委员

会作出的鉴定结论不服的,可以在收到该鉴定结论之日起 15 日内向省、自治区、直辖市劳动能力鉴定委员会提出再次鉴定申请。省、自治区、直辖市劳动能力鉴定委员会作出的劳动能力鉴定结论为最终结论。

第二十七条 劳动能力鉴定工作应当客观、公正。劳动能力鉴定委员会组成人员或者参加鉴定的专家与当事人有利害关系的,应当回避。

第二十八条 自劳动能力鉴定结论作出之日起 1 年后,工伤职工或者其近亲属、所在单位或者经办机构认为伤残情况发生变化的,可以申请劳动能力复查鉴定。

第二十九条 劳动能力鉴定委员会依照本条例第二十六条和第二十八条的规定进行再次鉴定和复查鉴定的期限,依照本条例第二十五条第二款的规定执行。

第五章 工伤保险待遇

第三十条 职工因工作遭受事故伤害或者患职业病进行治疗,享受工伤医疗待遇。

职工治疗工伤应当在签订服务协议的医疗机构就医,情况紧急时可以先到就近的医疗机构急救。

治疗工伤所需费用符合工伤保险诊疗项目目录、工伤保险药品目录、工伤保险住院服务标准的,从工伤保险基金支付。工伤保险诊疗项目目录、工伤保险药品目录、工伤保险住院服务标准,由国务院社会保险行政部门会同国务院卫生行政部门、食品药品监督管理部门等部门规定。

职工住院治疗工伤的伙食补助费,以及经医疗机构出具证明,报经办机构同意,工伤职工到统筹地区以外就医所需的交通、食宿费用从工伤保险基金支付,基金支付的具体标准由统筹地区人民政府规定。

工伤职工治疗非工伤引发的疾病,不享受工伤医疗待遇,按照基本医疗保险办法处理。

工伤职工到签订服务协议的医疗机构进行工伤康复的费用,符合规定的,从工伤保险基金支付。

第三十一条 社会保险行政部门作出认定为工伤的决定后发生行政复议、行政诉讼的,行政复议和行政诉讼期间不停止支付工伤职工治疗工伤的医疗费用。

第三十二条 工伤职工因日常生活或者就业需要,经劳动能力鉴定委员会确认,可以安装假肢、矫形器、假眼、假牙和配置轮椅等辅助器具,所需费用按照国家规定的标准从工伤保险基金支付。

第三十三条　职工因工作遭受事故伤害或者患职业病需要暂停工作接受工伤医疗的,在停工留薪期内,原工资福利待遇不变,由所在单位按月支付。

停工留薪期一般不超过 12 个月。伤情严重或者情况特殊,经设区的市级劳动能力鉴定委员会确认,可以适当延长,但延长不得超过 12 个月。工伤职工评定伤残等级后,停发原待遇,按照本章的有关规定享受伤残待遇。工伤职工在停工留薪期满后仍需治疗的,继续享受工伤医疗待遇。

生活不能自理的工伤职工在停工留薪期需要护理的,由所在单位负责。

第三十四条　工伤职工已经评定伤残等级并经劳动能力鉴定委员会确认需要生活护理的,从工伤保险基金按月支付生活护理费。

生活护理费按照生活完全不能自理、生活大部分不能自理或者生活部分不能自理 3 个不同等级支付,其标准分别为统筹地区上年度职工月平均工资的50%、40% 或者 30%。

第三十五条　职工因工致残被鉴定为一级至四级伤残的,保留劳动关系,退出工作岗位,享受以下待遇:

(一)从工伤保险基金按伤残等级支付一次性伤残补助金,标准为:一级伤残为 27 个月的本人工资,二级伤残为 25 个月的本人工资,三级伤残为 23 个月的本人工资,四级伤残为 21 个月的本人工资;

(二)从工伤保险基金按月支付伤残津贴,标准为:一级伤残为本人工资的90%,二级伤残为本人工资的 85%,三级伤残为本人工资的 80%,四级伤残为本人工资的 75%。伤残津贴实际金额低于当地最低工资标准的,由工伤保险基金补足差额;

(三)工伤职工达到退休年龄并办理退休手续后,停发伤残津贴,按照国家有关规定享受基本养老保险待遇。基本养老保险待遇低于伤残津贴的,由工伤保险基金补足差额。

职工因工致残被鉴定为一级至四级伤残的,由用人单位和职工个人以伤残津贴为基数,缴纳基本医疗保险费。

第三十六条　职工因工致残被鉴定为五级、六级伤残的,享受以下待遇:

(一)从工伤保险基金按伤残等级支付一次性伤残补助金,标准为:五级伤残为 18 个月的本人工资,六级伤残为 16 个月的本人工资;

(二)保留与用人单位的劳动关系,由用人单位安排适当工作。难以安排工作的,由用人单位按月发给伤残津贴,标准为:五级伤残为本人工资的70%,六级伤残为本人工资的60%,并由用人单位按照规定为其缴纳应缴纳的各项社会保险费。伤残津贴实际金额低于当地最低工资标准的,由用人单位补足差额。

经工伤职工本人提出,该职工可以与用人单位解除或者终止劳动关系,由工伤保险基金支付一次性工伤医疗补助金,由用人单位支付一次性伤残就业补助金。一次性工伤医疗补助金和一次性伤残就业补助金的具体标准由省、自治区、直辖市人民政府规定。

第三十七条 职工因工致残被鉴定为七级至十级伤残的,享受以下待遇:

(一)从工伤保险基金按伤残等级支付一次性伤残补助金,标准为:七级伤残为 13 个月的本人工资,八级伤残为 11 个月的本人工资,九级伤残为 9 个月的本人工资,十级伤残为 7 个月的本人工资;

(二)劳动、聘用合同期满终止,或者职工本人提出解除劳动、聘用合同的,由工伤保险基金支付一次性工伤医疗补助金,由用人单位支付一次性伤残就业补助金。一次性工伤医疗补助金和一次性伤残就业补助金的具体标准由省、自治区、直辖市人民政府规定。

第三十八条 工伤职工工伤复发,确认需要治疗的,享受本条例第三十条、第三十二条和第三十三条规定的工伤待遇。

第三十九条 职工因工死亡,其近亲属按照下列规定从工伤保险基金领取丧葬补助金、供养亲属抚恤金和一次性工亡补助金:

(一)丧葬补助金为 6 个月的统筹地区上年度职工月平均工资;

(二)供养亲属抚恤金按照职工本人工资的一定比例发给由因工死亡职工生前提供主要生活来源、无劳动能力的亲属。标准为:配偶每月 40%,其他亲属每人每月 30%,孤寡老人或者孤儿每人每月在上述标准的基础上增加 10%。核定的各供养亲属的抚恤金之和不应高于因工死亡职工生前的工资。供养亲属的具体范围由国务院社会保险行政部门规定;

(三)一次性工亡补助金标准为上一年度全国城镇居民人均可支配收入的 20 倍。

伤残职工在停工留薪期内因工伤导致死亡的,其近亲属享受本条第一款规定的待遇。

一级至四级伤残职工在停工留薪期满后死亡的,其近亲属可以享受本条第一款第(一)项、第(二)项规定的待遇。

第四十条　伤残津贴、供养亲属抚恤金、生活护理费由统筹地区社会保险行政部门根据职工平均工资和生活费用变化等情况适时调整。调整办法由省、自治区、直辖市人民政府规定。

第四十一条　职工因工外出期间发生事故或者在抢险救灾中下落不明的，从事故发生当月起3个月内照发工资，从第4个月起停发工资，由工伤保险基金向其供养亲属按月支付供养亲属抚恤金。生活有困难的，可以预支一次性工亡补助金的50％。职工被人民法院宣告死亡的，按照本条例第三十九条职工因工死亡的规定处理。

第四十二条　工伤职工有下列情形之一的，停止享受工伤保险待遇：

（一）丧失享受待遇条件的；

（二）拒不接受劳动能力鉴定的；

（三）拒绝治疗的。

第四十三条　用人单位分立、合并、转让的，承继单位应当承担原用人单位的工伤保险责任；原用人单位已经参加工伤保险的，承继单位应当到当地经办机构办理工伤保险变更登记。

用人单位实行承包经营的，工伤保险责任由职工劳动关系所在单位承担。

职工被借调期间受到工伤事故伤害的，由原用人单位承担工伤保险责任，但原用人单位与借调单位可以约定补偿办法。

企业破产的，在破产清算时依法拨付应当由单位支付的工伤保险待遇费用。

第四十四条　职工被派遣出境工作，依据前往国家或者地区的法律应当参加当地工伤保险的，参加当地工伤保险，其国内工伤保险关系中止；不能参加当地工伤保险的，其国内工伤保险关系不中止。

第四十五条　职工再次发生工伤，根据规定应当享受伤残津贴的，按照新认定的伤残等级享受伤残津贴待遇。

第六章　监督管理

第四十六条　经办机构具体承办工伤保险事务，履行下列职责：

（一）根据省、自治区、直辖市人民政府规定，征收工伤保险费；

（二）核查用人单位的工资总额和职工人数，办理工伤保险登记，并负责保存用人单位缴费和职工享受工伤保险待遇情况的记录；

（三）进行工伤保险的调查、统计；

（四）按照规定管理工伤保险基金的支出；

（五）按照规定核定工伤保险待遇；

（六）为工伤职工或者其近亲属免费提供咨询服务。

第四十七条 经办机构与医疗机构、辅助器具配置机构在平等协商的基础上签订服务协议，并公布签订服务协议的医疗机构、辅助器具配置机构的名单。具体办法由国务院社会保险行政部门分别会同国务院卫生行政部门、民政部门等部门制定。

第四十八条 经办机构按照协议和国家有关目录、标准对工伤职工医疗费用、康复费用、辅助器具费用的使用情况进行核查，并按时足额结算费用。

第四十九条 经办机构应当定期公布工伤保险基金的收支情况，及时向社会保险行政部门提出调整费率的建议。

第五十条 社会保险行政部门、经办机构应当定期听取工伤职工、医疗机构、辅助器具配置机构以及社会各界对改进工伤保险工作的意见。

第五十一条 社会保险行政部门依法对工伤保险费的征缴和工伤保险基金的支付情况进行监督检查。

财政部门和审计机关依法对工伤保险基金的收支、管理情况进行监督。

第五十二条 任何组织和个人对有关工伤保险的违法行为，有权举报。社会保险行政部门对举报应当及时调查，按照规定处理，并为举报人保密。

第五十三条 工会组织依法维护工伤职工的合法权益，对用人单位的工伤保险工作实行监督。

第五十四条 职工与用人单位发生工伤待遇方面的争议，按照处理劳动争议的有关规定处理。

第五十五条 有下列情形之一的，有关单位或者个人可以依法申请行政复议，也可以依法向人民法院提起行政诉讼：

（一）申请工伤认定的职工或者其近亲属、该职工所在单位对工伤认定申请不予受理的决定不服的；

（二）申请工伤认定的职工或者其近亲属、该职工所在单位对工伤认定结论不服的；

（三）用人单位对经办机构确定的单位缴费费率不服的；

（四）签订服务协议的医疗机构、辅助器具配置机构认为经办机构未履行有关协议或者规定的；

（五）工伤职工或者其近亲属对经办机构核定的工伤保险待遇有异议的。

第七章   法律责任

第五十六条   单位或者个人违反本条例第十二条规定挪用工伤保险基金，构成犯罪的，依法追究刑事责任；尚不构成犯罪的，依法给予处分或者纪律处分。被挪用的基金由社会保险行政部门追回，并入工伤保险基金；没收的违法所得依法上缴国库。

第五十七条   社会保险行政部门工作人员有下列情形之一的，依法给予处分；情节严重，构成犯罪的，依法追究刑事责任：

（一）无正当理由不受理工伤认定申请，或者弄虚作假将不符合工伤条件的人员认定为工伤职工的；

（二）未妥善保管申请工伤认定的证据材料，致使有关证据灭失的；

（三）收受当事人财物的。

第五十八条   经办机构有下列行为之一的，由社会保险行政部门责令改正，对直接负责的主管人员和其他责任人员依法给予纪律处分；情节严重，构成犯罪的，依法追究刑事责任；造成当事人经济损失的，由经办机构依法承担赔偿责任：

（一）未按规定保存用人单位缴费和职工享受工伤保险待遇情况记录的；

（二）不按规定核定工伤保险待遇的；

（三）收受当事人财物的。

第五十九条   医疗机构、辅助器具配置机构不按服务协议提供服务的，经办机构可以解除服务协议。

经办机构不按时足额结算费用的，由社会保险行政部门责令改正；医疗机构、辅助器具配置机构可以解除服务协议。

第六十条   用人单位、工伤职工或者其近亲属骗取工伤保险待遇，医疗机构、辅助器具配置机构骗取工伤保险基金支出的，由社会保险行政部门责令退还，处骗取金额2倍以上5倍以下的罚款；情节严重，构成犯罪的，依法追究刑事责任。

第六十一条   从事劳动能力鉴定的组织或者个人有下列情形之一的，由社会保险行政部门责令改正，处2000元以上1万元以下的罚款；情节严重，构成犯罪的，依法追究刑事责任：

（一）提供虚假鉴定意见的；

（二）提供虚假诊断证明的；

（三）收受当事人财物的。

第六十二条 用人单位依照本条例规定应当参加工伤保险而未参加的，由社会保险行政部门责令限期参加，补缴应当缴纳的工伤保险费，并自欠缴之日起，按日加收万分之五的滞纳金；逾期仍不缴纳的，处欠缴数额1倍以上3倍以下的罚款。

依照本条例规定应当参加工伤保险而未参加工伤保险的用人单位职工发生工伤的，由该用人单位按照本条例规定的工伤保险待遇项目和标准支付费用。

用人单位参加工伤保险并补缴应当缴纳的工伤保险费、滞纳金后，由工伤保险基金和用人单位依照本条例的规定支付新发生的费用。

第六十三条 用人单位违反本条例第十九条的规定，拒不协助社会保险行政部门对事故进行调查核实的，由社会保险行政部门责令改正，处2 000元以上2万元以下的罚款。

第八章　附则

第六十四条 本条例所称工资总额，是指用人单位直接支付给本单位全部职工的劳动报酬总额。

本条例所称本人工资，是指工伤职工因工作遭受事故伤害或者患职业病前12个月平均月缴费工资。本人工资高于统筹地区职工平均工资300％的，按照统筹地区职工平均工资的300％计算；本人工资低于统筹地区职工平均工资60％的，按照统筹地区职工平均工资的60％计算。

第六十五条 公务员和参照公务员法管理的事业单位、社会团体的工作人员因工作遭受事故伤害或者患职业病的，由所在单位支付费用。具体办法由国务院社会保险行政部门会同国务院财政部门规定。

第六十六条 无营业执照或者未经依法登记、备案的单位以及被依法吊销营业执照或者撤销登记、备案的单位的职工受到事故伤害或者患职业病的，由该单位向伤残职工或者死亡职工的近亲属给予一次性赔偿，赔偿标准不得低于本条例规定的工伤保险待遇；用人单位不得使用童工，用人单位使用童工造成童工伤残、死亡的，由该单位向童工或者童工的近亲属给予一次性赔偿，赔偿标准不得低于本条例规定的工伤保险待遇。具体办法由国务院社会保险行政部门规定。

前款规定的伤残职工或者死亡职工的近亲属就赔偿数额与单位发生争议的,以及前款规定的童工或者童工的近亲属就赔偿数额与单位发生争议的,按照处理劳动争议的有关规定处理。

第六十七条 本条例自 2004 年 1 月 1 日起施行。本条例施行前已受到事故伤害或者患职业病的职工尚未完成工伤认定的,按照本条例的规定执行。

扫码下载人事制度
PC 端下载网址:
http://upload. m. crphdm. com/
2018/1220/1545264829295. doc

扫码下载人事表单
PC 端下载网址:
http://upload. m. crphdm. com/
2018/1220/1545264831177. doc